우리는 고조선을

어떻게 이어왔는가

우리는 고조선을
어떻게 이어왔는가

초판 1쇄 발행 | 2023년 8월 25일
글 | 복기대
펴낸이 | 이연숙

펴낸곳 | 도서출판 덕주
출판신고 | 제2018-000137호.(2018년 12월 13일)
주소 | 서울시 종로구 인사동길 19-2(와담빌딩) 6층
전화 | 02-733-1470
팩스 | 02-6280-7331
이메일 | duckjubooks@naver.com
홈페이지 | www.duckjubooks.co.kr

ISBN 979-11-979349-3-3 (93910)

문헌 사료로 살펴보는
시대별 고조선 인식

우리는
고조선을
어떻게
이어왔는가

복기대 편저

∞덕주

단군 일리아드, 그리고 단군 오디세이

1.

필자는 고조선을 연구하기 위해 분야를 막론하고 많은 자료들을 모아서 읽어 보고 정리하였다. 특히 문헌 자료를 많이 참고하였다. 어쩌면 쉽게 연구하고 싶어 문헌 자료를 가장 많이 찾았을지도 모른다. 더구나 우리나라 학계의 고조선 연구에 대한 기본적인 인식은, 문헌 자료가 없어서 연구를 못한다는 것이기 때문에 이게 사실인지 확인해 보기 위해서라도 자료들을 찾아볼 필요가 있었다.

이런저런 이유를 들어 고조선 관련 자료를 찾기 시작한 것이 이미 적지 않은 세월이 흘렀다. 그동안 찾은 자료들을 국가 자료, 이름이 정확하고 개인의 이력이 구체적으로 알려진 개인 자료, 그리고 출처나 저자가 확인되지 않은 자료와 1900년대에 들어 만들어진 자료로 분류하였다.

이렇게 분류한 자료들 중 국가 자료와 개인 자료를 모아 책으로 펴내려고 준비하는 중에 고려대 한국사연구소에서 『역주 고조선사료집성』이라는 고조선 관련 자료집을 출판하였다는 소식을 들었다. 많은 연구진들이 참여하여 정리를 하였으니 잘했겠거니 하면서 한편으로는 아쉽고, 다른 한편으로는 '아이고 고생 덜었네' 하면서 그간 정리한 자료들을 내 누리집에 넣고 출판을 접었다. 그리고 고려대에서 나온 자료집을 사서 읽어 보면서 고려대 한국사연구소 선생님들의 고생으로 좋은 책이 나왔구나 하는 생각을 하였고, 전공자로서 고마움도 느꼈다.

그러면서 적지 않은 아쉬움이 있었다. '왜 우리 관찬 기록들을 넣지 않았을까? 왜 이렇게 기자 관련 자료를 많이 넣었을까' 하는 생각을 했다. 그 생각에 다다르자 치워두었던 내 자료들을 꺼내서 고려대 자료집과 비교하면서 읽어 보았다. 그리고 고려대에서 활용한 자료들은 빼고 거기에 없는 자료들만 다시 편집하여 출판을 하기로 하였다. 고려대에서 많은 연구진이 참여하여 만들었기 때문에 그걸 활용하면 되므로 굳이 이미 출판된 내용들까지 힘들게 정리할 필요가 없다고 생각했기 때문이다.

이렇게 마음을 정하고 다시 자료를 정리하다 보니 귀찮은 일도 많아졌고 코로나 영향 때문인지 일이 많이 더뎌졌다. 그렇지만 내 자료도 필요할 거라 생각했기에 말 그대로 몸과 마음을 가다듬으며 정리를 해나갔다.

2.

이 책은 전체 6부로 구성되어 있는데, 1부는 삼국시대, 2부는 고려시대, 3부는 조선시대 고조선 인식 문헌 사료이다. 4부에는 중국의 고조선 인식 문헌 사료를 수록했다. 5부는 짧지만 유럽의 시각을, 6부는 한국사에서 고조선 인식의 흐름을 담았다. 그리고 부록으로 내소 이성계 신도비문을 정리해 두었다.

필자는 우리나라의 역사를 연구할 때 무엇보다 우리 사서를 먼저 활용한다. 이웃 나라의 사서가 시대적으로 빠르고 자세하다 할지라도 그것은 한국 사료를 보완하는 역할을 할 뿐이다. 이 책도 이 원칙을 적용하였다. 그래서 국가에서 편찬한 자료들을 앞에 두고 개인 자료나 외국 자료는 뒤에 두었다. 이런 이유는 간단하다. 국가에서 만든 자료는 여럿이 여러 자료들을 모아서 비교 분석하여 만들었을 것이므로 정확도가 높을 것이라 생각하기 때문이다. 그래서 『삼국유사』, 『삼국사기』, 『고려사』, 『조선왕조실록』, 『승정원일기』 등등 이런 국가적인 문서를 우선으로 한 다음 개인적인 저작들을 그 뒤에 붙였다. 많은 분들이 『삼국유사』를 일연이 편찬하였다고 하는데 필자가 볼 때는 일연이 편찬했다는 증거는 찾지 못했다. 오히려 조선시대 기록을 참조해보면 김부식이 『삼국유사』 편찬에 참여하였을 가능성이 높다는 증거를 확인했다.

이렇게 준비를 하는 과정에서 대부분의 자료들은 한국사 데이터베이스에 올라와 있는 것을 기본적으로 사용하였고, 개인 문집 관련은 한국 고전번역원의 자료를 대부분 활용하였다. 그러므로 별도로 주석을 달지는 않았다.

이런 작업을 한 분들이 현재 한문을 제일 잘하는 분들이라는 것은 누구도 부인을 못하는 것이고, 그분들이 해놓은 결과물들을 뛰어넘기가 쉽지 않다. 그럼에도 불구하고 간혹 원문과 번역문을 대조하다가 그냥 지나치기 어려울 정도로 문제가 있는 것들은 필자가 조금 고친 것들도 있다. 그리고 원문은 있는데 번역문이 없는 것들은 필자가 번역을 한 것들도 꽤 있다. 『승정원일기』 부분에서는 적지 않게 그런 부분들이 있어, 필자가 안 되는 부분은 전문가들을 찾아가 번역을 지도받고 의견을 듣고 정리를 하였는데, 이 과정에서 윤한택 교수님과 심규하 교수님께서 많이 도와주셨다. 이 자리를 빌려 깊은 감사를 드린다.

이 작업을 하면서 확인한 것은 실록이나 개인 문집에 기록된 단군이나 고조선 관련 기록은 인과관계가 모두 기록되어 있었다. 이런 관계를 모두 새로운 자료집에 넣자니 분량이 어마어마하게 많아졌다. 그래서 줄여서 정리한 것이 대부분인데, 원문을 볼 필요가 있으면 출처를 적어 놨으니 그걸 확인하면 될 것이다.

그러나 별도의 주석은 내지 않았다. 이 책을 펴낸 목적이 주석을 달기 위함도 아니려니와 주석을 달자면 언제 이 작업이 끝날지도 모를 일이었다. 더구나 주석이라는 것은 말 그대로 태평양같이 넓고, 에베레스트산같이 높은 지식이 있어야 내는 것인데 그렇지 못한 걸 뻔히 알면서 주석을 낼 수는 없었다. 이런 수준은 내가 그렇다는 것이지 다른 분들도 그렇다는 것은 아니니 오해는 없기를 바란다. 그럼에도 불구하고 몇 군데는 주석을 달아 놓았다. 대표적으로 이승휴의 『제왕운기』같은 경우인데 이 주석은 보는 이에 따라 화도 날 것이고, 아 그렇구나! 하는 내용이 될 것이다.

이렇게 1~5부까지 자료를 모으고 정리한 후 6부에서는 앞에서 정리한 자료들 중에 주목할 만한 것을 뽑아서 나름대로 분석하고 필자의 의견을 제시하였다. 6부의 글을 쓰다 보니 전통시대의 단군 인식에서 출발하여 현대 한국 교과서에서 단군이나 고조선의 인식도 다루게 되었다. 원래는 매우 많은 양의 글이었는데 이 책에 넣고자 줄이다 보니 좀 매끄럽지 못한 부분이 있음을 인정한다. 그렇지만 골격을 잡아서 필자의 의견을 제시하였기 때문에 읽는 분들이 필자의 생각은 짐작하리라 스스로 위안을 해보고자 한다.

3.

단군 논쟁은 어제 오늘 일이 아니었다. 그리고 국내의 일만도 아닌 것이었다. 고려 전기에 쓰였을 것으로 추정되는 『삼국유사』 「기이」편 서문에 다음과 같은 글이 실려 있다.

서왈(叙曰)

스스로 서술하여 말하기를 "대저 옛 성인(聖人)은 예악(禮樂)으로 나라를 일으키고 인의(仁義)로 가르침을 베푸는 데 있어 괴력난신(怪力亂神)에 대해서는 말하지 않았다. 그러나 제왕(帝王)이 장차 일어날 때 부명(符命)에 응하기나 도록(圖籙)을 받아 반드시 범인(凡人)과 다름이 있은 연후에야 능히 큰 변화를 타고 내기(大器)를 잡고 대업(大業)을 이룰 수 있는 것이다. 그러므로 황하(黃河)에서 도(圖)가 나왔고 낙수(洛水)에서 서(書)가 나와서 성인이 일어났다. 무지개가 신모(神母)를 휘어감아 복희(伏義)를 낳았으며 용이 여등(女登)에게 감응하여 염제(炎帝)를 낳았으며 황아(皇娥)가 궁상(窮桑)의 들에서 놀다가 자칭 백제(白帝)의 아들이라는 신동(神童)과 교통(交通)하여 소호(小昊)를 낳았다. 간적(簡狄)이 알을 삼켜서 설(契)을 낳았으며 강원(姜嫄)이 발자국을 밟아 기(弃)를 낳았다. 요(堯)는 잉태된 지 십사 개월만에 낳았으며 용(龍)이 대택(大澤)에서 교접하여 패공(沛公)을 낳았다. 이후의 일들을 어찌 다 기록할 수 있겠는가? 그런즉 삼국(三國)의 시조(始祖)가 모두 신이(神異)한 데서 나왔다는 것이 어찌 괴이하다 할 수 있겠는가! 이 기이(紀異)가 제편(諸篇)의 첫머리에 실린 것은 그 뜻이 바로 여기에 있는 것이다."라고 하였다.

이 글을 볼 때 『삼국유사』의 저자는 본인이 살아 있을 때도 단군이나 동명왕의 탄생 과정에 나타나는 과학적으로 증명할 수 없는 내용들에 대한 비판을 하고 있었던 것으로 보인다. 그런데 단군이나 동명왕을 비판하면서도 차이나계의 기록에 대한 것은 비판하지 않고 믿기 때문에 그들을 비판하기 위하여 이 글을 쓴 것으로 보인다. 이런 글을 볼 때 그때도 지금처럼 단군 논쟁은 있었던 것으로 보인다. 그럼에도 불구하고 어떤 형태로든지 단군에 대한 인식은 계속 이어지고 있는 것을 볼 수 있다. 그 이유는 무엇일까?

고려시대도 그랬고, 조선시대도 이어지는 것 하나가 단군은 하늘과 소통하고 있다는 것이다. 그러면서 이 자부심을 세워야 할 필요가 있는 것이다. 그런데 조선의 학자들이 늘 주장하지만, 단군에 대한 기록이 없기 때문에 단군을 말하고 싶어도 말을 할 수 없는 것이었다. 이런 아쉬움 속에서 기자라는 사람이 등장하는데 고려나 조선의 학자들이 보는 책들에서 기자에 관한 기록들을 자주 접하게 되었고, 이 기자가 여러 문물을 전했다고 하니까 그를 내세워 우리도 문화 국가라는 말을 할 근거로 삼기 시작한 것이다. 그럼에도 불구하고 조선의 학자들은 명나라와 대거리를 할 때, 명나라 사람들도 알고 있는 단군을 조선의 시조로 내세우고 그다음으로 기자를 인정하면서 명나라와 신경전을 하는 것이었다. 그런 예는 세종 때 명나라에서 평양에 기자 사당을 세우라고 압력을 넣자 기자 사당을 세우면서 동시에 그 사당 안에 단군상을 모신 것이나 곧이어 독립된 단군 사당을 세운 것으로 봐도 알 수 있다.

더구나 왕들의 입장에서는 단군은 명나라와 대척점에서 우리의 자주성을 지키는 가장 큰 무기가 된 것이다.

4.

우리에게 단군은 언제부터인가 점점 멀어졌는데, 그 시기가 고려 말이었던 것으로 보인다. 고려 말은 정치적으로 공민왕이 주도한 항원정책과 사상적으로는 정체성이 모호한 성리학으로 인해 고려의 지식인들은 변하고 있었다. 이 과정에서 단군을 연구할 때 빠질 수도, 빼어놓을 수도 없는 스스로를 동안거사라 불렀던 이승휴의 『제왕운기』가 나오게 된다. 그는 『제왕운기』에서 단군에 대한 구체적인 기록을 해놨다. 그의 단군에 대한 기록은 많은 한국 사람들로부터 한국인의 자존심을 지키는 큰 근거가 되었다.

옳은 말이다. 그런데 하나를 살펴볼 필요가 있다. 그것은 그가 단군을 어떻게 봤느냐 하는 것이다. 그의 『제왕운기』의 편제를 보면 알 수 있는데 '상편'은 중국사로 '하편'은 한국사로 나누어서 지었다. 춘추필법을 근거하여 이 책을 짓는다고 그 방향을 제시해가며 상편은 중국사로, 한편은 고려의 역사를 서술한 것이다. 이것은 무엇을 말하는 것일까? 그가 살았던 시기는 이른바 성리학이 고려와 들어와 새로운 사상체계를 수립하였고, 그 사상체계는 사대주의라는 춘추필법의 체제를 형성하고, 그것이 동아시아 국제질서의 기본 틀이 되어가고 있던 시기였다. 그런 조류의 한 단면이 『제왕운기』에서 고스란히 자리잡고 있었던 것이다. 이승휴의 이런 생각은 『삼국유사』에 기록된 단군 관련과는 전혀 다른 관점이었다. 어쩌면 소중화사관이 이때부터 시작된 것이 아닌가 하는 생각도 든다. 이승휴의 이런 관점은 우연이든 답습을 하였든 조선으로 바로 이어지는 것을 볼 수 있다.

5.

그리스사를 연구하는 과정에서 반드시 읽어봐야 하는 책이 호메로스의 『일리아드』라는 장편 서사시이다. 우리가 책으로 분류하는 것이지만 한국으로 말하면 『삼국유사』나 이승휴의 『제왕운기』, 혹은 권근의 『응제시』와 같은 부류이다.

『일리아드』는 단순한 문학작품이라는 설과 역사라는 설로 대립을 하다가 후자를 믿는 골동품 장사 슐레이만이 전설로 전해지던 그 지역을 발굴이라는 이름하에 골동품을 찾는 작업을 시작하였다. 그의 예상대로 그 지역에서는 많은 유물들이 쏟아져 나왔다. 그는 이 작업을 당시로 볼 때는 체계적으로 한다고 하면서 많은 성과를 거뒀고, 이를 통해서 골동품 장사꾼에서 일약 고고학자로 둔갑되어 엄청난 이름을 날리게 되었다. 그러는 동시에 『일리아드』에 나오는 이야기가 역사적 사실이라는 것에 확신을 주게 되었고, 그리이스 역사 연구뿐만 아니라 다른 지역의 역사 연구에도 많은 영향을 주면서 고고학이 중시되는 근대 실증주의 역사학의 대문을 열게 되었다. 한국의 단군이나 고조선의 역사도 그렇게 증명이 될 수도 있지 않을까 하는 생각이 든다. 중국에서 공부한 필자는 충분히 그럴 수 있다고 생각한다.

6.

앞서 말한 바와 같이 이 책이 나오기까지는 자료를 수집하는 과정에서 여러 어려움과 필자의 게으름과 변덕으로 오랜 시간이 걸렸다. 이렇게 변덕을 부리고 있을 때 덕주출판사의 이연숙 대표와 인연이 되어 책을 출간하게 되었다. 긴 시간 참고 기다려주신 이연숙 대표님께 큰 감사를 드린다. 그리고 자료집을 모으고 정리를 할 때 말없이 오며 가며 도와주신 국제뇌교육대학원 박사과정의 강행원 선생님과 중국 사회과학원에서 박사과정을 하고 있었던 박진호 박사, 그리고 인하대학교 융합고고학전공 박사과정생인 이인숙 선생에게도 큰 감사를 드린다.

이 책은 고조선, 단군 관련 자료를 모두 다 정리한 것은 아니다. 고려대 한국사연구소에서 나온 『역주 고조선사료집성』에서 빠진 것이 있듯이, 이 자료도 빠진 것이 많다. 또 누군가가 빠진 것을 모아서 정리해주기를 바란다.

2023년 8월
복기대 드림

차례

3부 조선시대의 고조선 인식 문헌 사료

1장 국가 문집

2장 개인 문집

4부

차이나계의 고조선 인식 문헌 사료

 5부

서양의 고조선 인식 문헌 사료

6부　　　　　　　　　　　한국사에서 고조선 인식의 흐름

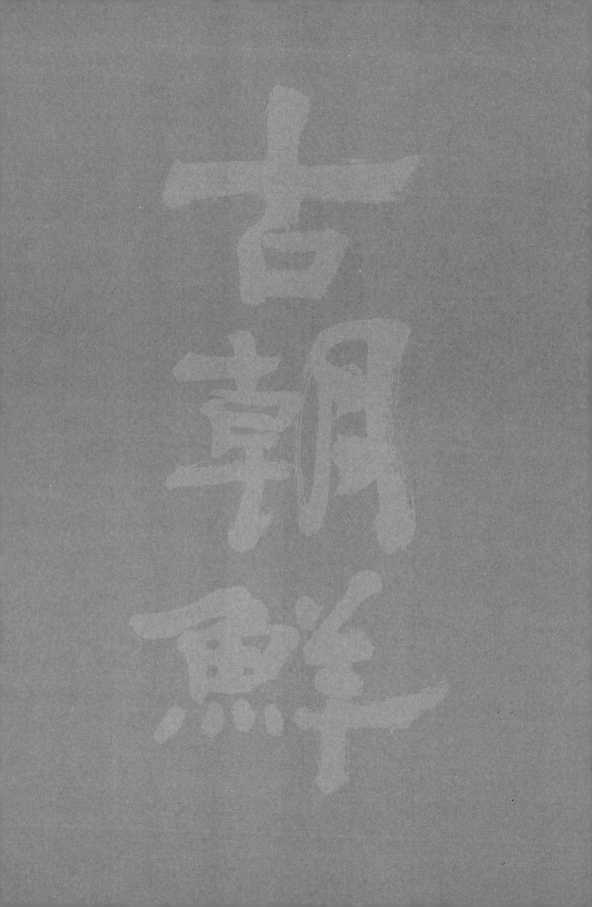

1부

삼국시대의 고조선 인식

문헌 사료

1.『삼국사기(三國史記)』

1)『삼국사기』¹「권제1 「신라본기」 제1

始祖姓朴氏, 諱赫居世. 前漢孝宣帝五鳳元年甲子, 四月丙辰 一曰正月
十五日. 即位, 號居西干. 時年十三, 国號徐那伐. 先是, 朝鮮遺民分居
山谷之間, 爲六村, 一曰閼川楊山村, 二曰突山髙墟村, 三曰觜山珍支村
或云干珍村. 四曰茂山大樹村, 五曰金山加利村, 六曰明活山髙耶村, 是
爲辰韓六部.

시조의 성은 박이고, 이름은 혁거세이다. 전한 효선제 오봉 원년 갑자년 4
월 병진일(일설에는 정월 15일이라고도 한다.)에 즉위하여 호칭을 거서간이라
고 하니, 이때 나이가 13세였다. 나라 이름은 서나벌이라고 하였다. 이에 앞

---

1 두산백과,『삼국사기』
   1145년(인종 23) 국왕의 명령을 받은 김부식의 주도 아래 최산보(崔山甫) 등 8명의 참고(參考)와 김
   충효(金忠孝) 등 2명의 관구(管勾)가 편찬하였다. 이들은 자료의 수집과 정리를 함께 작업했지만, 「진
   삼국사기표(進三國史記表)」와 머리말, 논찬(論贊) 및 사료의 선택, 인물의 평가 등은 김부식이 직접
   했을 것으로 여겨진다. 특히 「진삼국사기표」에는 "사대부가 우리 역사를 잘 알지 못하니 유감이다.
   중국 사서는 우리나라 사실을 간략히 적었고,『고기(古記)』는 내용이 졸렬하므로 왕·신하·백성의 잘잘
   못을 가려 규범을 후세에 남기지 못하고 있다."고 하여 편찬 동기를 기록하고 있다.
   구성은 크게 본기(本紀) 28권, 지(志) 9권, 연표(年表) 3권, 열전(列傳) 10권으로 이루어졌다. 그동안
   이 책에서 가장 주목되어 왔던 것은 사론(史論)의 성격을 지닌 논찬(論贊)이다. 논찬은 「신라본기」 10
   개, 「고구려본기」 7개, 「백제본기」 6개, 「열전」 8개 등 모두 31개가 있다.

서 조선의 유민이 산골짜기 사이에 나누어 살면서 6촌을 이루고 있었는데, 첫째는 알천 양산촌, 둘째는 돌산 고허촌, 셋째는 취산 진지촌 혹은 간진촌 이라고도 한다. 넷째는 무산 대수촌, 다섯째는 금산 가리촌, 여섯째는 명활 산 고야촌으로, 이들이 바로 진한의 6부이다.

2) 『삼국사기』 권제17 「고구려본기」 권5

二十一年, 春二月, 王以丸都城經亂, 不可復都, 築平壤城, 移民及廟社. 平壤者, 本仙人王儉之宅也. 或云, "王之都王險."

21년 봄 2월에 왕이 환도성이 전란을 겪어 다시 도읍으로 삼을 수 없다고 하여, 평양성을 쌓고 백성과 종묘와 사직을 옮겼다. 평양은 본래 선인 왕검 의 땅이다. 다른 기록에는 "왕이 되어 왕험에 도읍하였다."라고 하였다.

2. 『삼국사절요(三國史節要)』

1) 『삼국사절요』[2] 서

吾東方檀君立國, 鴻荒莫追, 箕子受周封, 八條之敎, 有存神之妙, 當時
必有掌故之官, 記動記言矣, 而今無所存, 良可嘆已, 衛滿盜竊, 箕準奔
竄, 漢置二府四郡, 國勢中絶矣. 三韓間起, 然無君臣上下之分, 安有載
籍之可傳者乎. 新羅始祖赫居世, 始興越二十年, 而高句麗始祖朱蒙立,
又二十年, 而百濟始祖溫祚立, 各有民社, 鼎足之勢成矣, 雖其昧於善隣
之道 干戈日尋, 生靈塗炭, 然新羅三姓相傳仁厚爲政, 歷年幾一千.

우리나라는 단군이 나라를 세운 일은 오래돼서 알 수가 없고, 주나라로부
터 책봉을 받은 기자는 팔조법금으로 교화하여 존신의 오묘함이 있었다. 당
시에도 역사를 담당하는 관리가 있어서 언행을 기록했을 터인데 지금 남아

---

2 두산백과, 『삼국사절요』

1458년(세조 4) 삼국사와 고려사를 합쳐 『동국통감』을 편찬할 것을 명령하였으며, 1463년에 구체적
으로 동국통감청(東國通鑑廳)을 설치하여 양성지(梁誠之)가 주관하고 신숙주(申叔舟)·권람(權擥)이
감수하며 이파(李坡)가 출납을 담당하게 하였다. 1474년(성종 5)에 신숙주의 건의로 작업하되 이파가
주도하였으며, 이때는 고대사를 중심으로 서술되었다.

이에 1476년 12월에 삼국시대까지만 다룬 『삼국사절요』를 완성했는데 진전(進箋)은 노사신(盧思愼),
서문은 서거정이 서술하였다. 이 책은 총 15권인데, 삼국 이전의 상고사는 외기(外紀)로서 권수에 포
함하지 않고 14권으로 목차를 작성하였다. 『삼국사기』를 기본으로 하고 『삼국유사』, 『수이전』, 『동국
이상국집』, 『세종실록지리지』, 『고려사지리지』 등을 통해 보완하였다.

있는 것이 없으니 참으로 안타깝다. 위만이 나라를 빼앗아서 기준이 망명하자 한나라가 2부와 4군을 설치하니 나라의 형세가 중간에 단절되었다. 삼한이 중간에 일어나기는 하였으나 군신 상하의 분별이 없었으니 어찌 전할 만한 역사서가 있었겠는가. 신라의 시조 혁거세가 처음 일어났고 그 20년 뒤에 고구려의 시조 주몽이 나라를 세웠으며, 또 20년이 지나서 백제의 시조 온조가 나라를 세워 각각 백성과 사직을 두니 솥발 같은 형세가 이루어졌다. 비록 그 세 나라가 선린의 도리에 어두워 전쟁이 날마다 계속되고 백성이 도탄에 빠졌으나, 신라는 세 성씨가 서로 왕위를 전하면서 인후한 정치를 하며 거의 1천 년이 지났다.

3. 『삼국유사(三國遺事)』

1) 『삼국유사』[3] 「기이」 제1 고조선

魏書云, 乃往二千載有壇君王儉, 立都阿斯達 [經云無葉山, 亦云白岳, 在白州地, 或云在開城東, 今白岳宮是], 開國號朝鮮, 與高同時. 古記云, 昔有桓因 [謂帝釋也] 庶子桓雄, 數意天下, 貪求人世, 父知子意, 下視三危太伯可以弘益人間, 乃授天符印三箇, 遣往理之. 雄率徒三千, 降於太伯山頂 [卽太伯今妙香山] 神壇樹下, 謂之神市, 是謂桓雄天王也. 將風伯·雨師·雲師, 而主穀·主命·主病·主刑·主善惡, 凡主人間三百六十餘事, 在世理化. 時有一熊·一虎, 同穴而居, 常祈于神雄, 願化爲人. 時, 神遺靈艾一炷·蒜二十枚曰, 爾輩食之, 不見日光百日 便得人形. 熊·虎得而食之忌三七日, 熊得女身, 虎不能忌而不得人身. 熊女者無與爲婚, 故每於壇樹下, 呪願有孕, 雄乃假化而婚之, 孕生子, 號曰壇君王儉. 以唐高卽

---

3 두산백과, 『삼국유사』

편찬 연대는 확실하지 않다. 내용으로 보아 고려시대에 편찬된 것으로 보인다. 고려시대의 각본(刻本)은 발견되지 않았고, 완본으로는 1512년(조선 중종 7) 경주부사(慶州府使) 이계복(李繼福)에 의하여 중간(重刊)된 정덕본(正德本)이 최고본(最古本)이며, 그 이전에 판각(板刻)된 듯한 영본(零本)이 전한다.

『삼국유사』의 체재와 내용은 다음과 같다. 권1에 「왕력(王曆)」 제1과 「기이(紀異)」 제1을, 권2에 「기이」 제2를, 권3에 「흥법(興法)」 제3과 「탑상(塔像)」 제4를, 권4에 「의해(義解)」 제5를, 권5에 「신주(神呪)」 제6과 「감통(感通)」 제7과 「피은(避隱)」 제8 및 「효선(孝善)」 제9를 각각 수록하고 있다.

位五十年庚寅 [唐高卽位元年戊辰, 則五十年丁巳, 非庚寅也, 疑其未實], 都平壤城 [今西京], 始稱朝鮮. 又移都於白岳山阿斯達, 又名弓[一作方]忽山, 又今彌達, 御國一千五百年. 周虎王卽位己卯, 封箕子於朝鮮, 壇君乃移於藏唐京, 後還隱於阿斯達爲山神, 壽一千九百八歲. 唐·裵矩傳云, 高麗本孤竹國 [今海州], 周以封箕子爲朝鮮. 漢分置三郡, 謂玄菟·樂浪·帶方(北帶方). 通典亦同此說. [漢書則眞·臨·樂·玄四郡, 今云三郡, 名又不同, 何耶.]

『위서』에 이르되 지금으로부터 2,000년 전에 단군왕검이 있어, 도읍을 아사달[경에는 무엽산이라 하고 또한 백악이라고도 하니 백주에 있다. 혹은 개성 동쪽에 있다 하니 지금의 백악궁이 그것이다.]에 정하고 나라를 열고 조선이라 일컬으니 고와 같은 시기이다.

고기에 이르되 옛날에 환인[제석을 말한다.]의 서자 환웅이 있어, 항상 천하에 뜻을 두고 인간 세상을 탐냈는데 아버지가 아들의 뜻을 알고 삼위태백을 내려다보니 인간을 널리 이롭게 할 만하였다. 이에 천부인 3개를 주어 가서 다스리게 하였다. 환웅이 무리 3,000을 이끌고 태백산 꼭대기[태백은 지금 묘향산이다.] 신단수 밑에 내려와 여기를 신시라 이르니 이가 환웅천왕이다. 환웅은 풍백, 우사, 운사를 거느리고 곡식, 생명, 질병, 형벌, 선악을 주관하는 등 무릇 인간의 360여 가지 일을 주관하며 인간 세상을 다스리고 교화하였다. 그때 곰 한 마리와 호랑이 한 마리가 같은 굴에서 살며 항상 신웅에게 빌며 사람이 되기를 원하였다. 그때에 신웅이 신령스러운 쑥 한 자루와 마늘 20개를 주고 이르기를 '너희들이 이것을 먹고 백 일 동안 햇빛을 보지 않으면 곧 사람이 되리라.' 하였다. 곰과 범이 이것을 먹고 3·7일 동안 금기를 지키자 곰은 여자의 몸을 얻었고 범은 금기를 지키지 못하여 사람이 되지 못하였다. 웅녀는 그와 혼인해 주는 이가 없으므로 항상 신단수 아래서 임신하기를 축원하였다. 이에 환웅이 잠깐 변하여 결혼하여 아들을 낳으니 이름을 단군왕검이라고 하였다. 왕검은 당요가 즉위한 지 50년인 경인년[당고의 즉위 원년은 무진년이므로 50년은 정사년이지 경인년이 아니다. 아마 틀린 듯하다.] 평양성[지금의 서경이다.]에 도읍하고 비로소 조선이라 일컫고, 또 도읍을 백악산 아사달로 옮겼는데 그곳을 또 '궁[혹은 방이라고도 쓴다.]홀산', 또는 금미달이라고도 하는데 1,500년 동안 나라를 다스렸다. 주나라 호왕 즉위 기묘년에 기자를 조선에 봉하니 단군은 장당경으로 옮기었다가 후에 아사달에 돌아와 숨어서 산신이 되니 나이가 1,908세였다. 『당서』 배구전에는 고려는 본시 고죽국[지금 해주이다.]인데 주나라 기자를 봉하여 조선이라고 했다고 한다. 한나라는 3군을 나누어 설치하여 현도·낙랑·대방(북대방)이라 하였으며, 『통전』에도 이 말과 같다.[『한서』에는 진번·임둔·낙랑·현도의 4군으로 되어 있는데, 여기에서 3군이라고 하고 또 이름도 같지 않으니 무슨 까닭인가.]

2부

고려시대의
고조선 인식

문헌 사료

1. 『제왕운기(帝王韻紀)』

1) 『제왕운기』[1] 하1

遼東別有一乾坤

遼東別有一乾坤, 斗與中朝區以分. 洪濤萬頃圍三面, 於北有陵連如線.(一作華句). 中方千里是朝鮮, 江山形勝名敷天. 耕田鑿井禮義家, 華人題作小中華.

요동(遼東)에 따로 하나의 천하[乾坤]가 있었으니

요동에 따로 하나의 천하가 있었으니, 돌연히 중조와 구분되어 나뉘었

---

1 두산백과, 『제왕운기』

고려 후기인 1287년(충렬 13)에 이승휴(李承休)가 중국과 한국의 역사를 운율시 형식으로 쓴 책이다. 상·하 각 1책씩으로 되어 있는데, 상권에는 서(序)에 이어 중국 역사의 요점을 신화시대부터 삼황오제(三皇五帝), 하(夏), 은(殷), 주(周)의 3대와 진(秦), 한(漢) 등을 거쳐 원(元)의 흥기에 이르기까지의 역사 내용을 7언고시 264귀로 쓴 것이다.

하권은 우리나라 역사에 관한 내용으로, '동국군왕개국연대'에는 서(序)에 이어 지리기(地理記), 단군의 전조선(前朝鮮), 후조선(後朝鮮), 위만, 삼한, 신라·백제·고구려의 3국과 후삼국 및 발해가 고려로 통일되는 과정까지를 7언시(七言詩) 264귀 1,460언으로 쓴 것이다. '본조군왕세계연대'에는 고려 태조 세계설화(世系說話)에서부터 필자 당대인 충렬왕 때까지를 오언시(五言詩)로 700언을 읊고 있다. 『제왕운기』의 구성은 중국사, 한국사를 각 권으로 분리하여, 중국 동쪽에 독립된 고려 왕조가 존재함을 적었다. 우리 민족은 하늘과 연결되는 단군(檀君)을 시조로 하는 단일민족임을 나타냈다. 드디어 단군신화를 한국사 체계 속에 당당히 포함시킴으로써 우리 역사의 유구성을 강조하였다. 또한 발해(渤海)를 고구려의 계승국으로 확인하고, 발해인이 고려에 귀순해온 사실을 서술하여, 발해 역사를 최초로 우리 역사와 연결시켰다.

네. 큰 물결이 드넓어 삼면을 둘러싸고, 북쪽에는 큰 언덕이 있어 선처럼 늘어섰네. (다른 곳에서는 중국[華句]이라고 되어 있다.) 가운데 사방 천 리는 조선이니, 강산의 형승이 천하에 이름이 났네. 밭을 갈아 먹고살며 우물을 파서 물을 마시며 예의로 집안을 일구니, 중국 사람들이 글에 소중화라고 하였다네.

2) 『제왕운기』 하2

初誰開國啓風雲, 釋帝之孫名檀君. 本紀曰, '上帝桓因, 有庶子, 曰雄云云. 謂曰, "下至三危太白, 弘益人間歟." 故雄, 受天符印三箇, 率鬼三千, 而降太白山頂神檀樹下, 是謂檀雄天王也云云.' 令孫女飮藥, 成人身, 與檀樹神婚而生男, 名檀君. 據朝鮮之域, 爲王. 故尸羅, 高禮, 南北沃沮, 東北扶餘, 穢與貊, 皆檀君之壽也. 理一千三十八年, 入阿斯達山, 爲神, 不死故也. 竝與帝高興戊辰, 經虞歷夏居中宸. 於殷虎丁八乙未, 入阿斯達山爲神.今九月山也, 一名弓忽, 又名三危, 祠堂猶在. 享國一千二十八, 無奈變化傳桓因. 却後一百六十四, 仁人聊復開君臣一作, 爾後一百六十四, 雖有父子, 無君臣.

처음에 누가 나라를 세워 세상을 열었는가? 석제의 자손으로 이름은 단군이라네. 본기에 이르기를, '상제 환인에게 서자가 있는데 웅이라 하였다. 일러 말하기를, "〈땅으로〉 내려가 삼위태백에 이르면 인간을 널리 이롭게 할 수 있겠는가?"라고 하였으므로 환웅은 천부인 3개를 받고 귀신 3,000명을 데리고 태백산 꼭대기 신단수 아래로 내려왔으니, 이분을 일러 단웅천왕이라 하였다.'라고 하였다. 손녀에게 약을 먹여 사람의 몸이 되게 하고 단수신과 혼인하게 하여 남자 아이를 낳게 하니, 이름하여 단군이라 하였다. 조선의 영역에 자리잡고 왕이 되었다. 그리하여 시라, 고례, 남북옥저, 동북부여, 예와 맥이 모두 단군의 후손이었다. 1,038년을 다스리다가 아사달 산에 들어가서 산신이 되었으니, 〈이는 단군이〉 죽지 않은 까닭이다. 요임금과 함께 무진년에 나라를 세워 순임금 때를 지나 하나라 때까지 왕위에 계셨도다. 은나라 무정 8년 을미년에 아사달 산으로 들어가 산신이 되었네. 지금의 구월산으로 일명 궁홀 또는 삼위라고 부르는데, 사당이 아직도 있다. 나라를 다스린 지가 1,028년으로, 어찌 변화시켜 환인께 전할 것이 없었겠는가? 그 뒤 164년 만에 어진 사람이 군신관계를 다시 열었도다. 다른 곳에서는 이후 164년 동안 비록 부자관계는 있었으나 군신관계는 없었다고 되어 있다.

2. 『고려사(高麗史)』

1) 『고려사』[2] 권1 「세가」 권제1 태조

世祖時爲松嶽郡沙粲, 乾寧三年丙辰, 以郡歸于裔, 裔大喜, 以爲金城太
守. 世祖說之曰, "大王若欲王朝鮮·肅愼·卞韓之地, 莫如先城松嶽, 以
吾長子爲其主." 裔從之, 使太祖築勃禦塹城, 仍爲城主. 時太祖年二十.

세조는 그때 송악군의 사찬이 되었는데, 건녕 3년 병진에 송악군을 가지
고 궁예에게 귀부하니 궁예가 크게 기뻐하며 그를 금성태수로 삼았다. 세조
가 기뻐하며 말하기를, "대왕께서 만약 조선, 숙신, 변한의 땅에서 왕이 되고
자 하신다면 먼저 송악에 성을 쌓고 저의 장남을 그 성주로 삼는 것만 한 게
없습니다."라고 하자, 궁예는 이를 따라 태조에게 발어참성을 쌓게 하고 성

---

2 두산백과, 『고려사』
　　세가(世家) 46권, 지(志) 39권, 연표 2권, 열전 50권, 목록 2권 총 139권으로 되어 있다. 1392년(태
　　조 1) 10월 태조로부터 이전 왕조의 역사책을 만들라는 명을 받은 조준(趙浚)·정도전(鄭道傳) 등은
　　1396년 37권의 『고려국사』를 만들었다.
　　세종은 1431년에 『태종실록』이 편찬된 것을 계기로 『고려사』를 다시 쓰는 작업을 추진하기 시작하
　　여, 1442년 8월에 신개(申槩)·권제(權踶)가 『고려사전문(高麗史全文)』이라는 이름으로 만들어 바쳤
　　다. 이 책은 1448년에 양성지(梁誠之)의 교감을 거쳐 일단 인쇄되었으나 편찬자 개인과 관련된 곳이
　　나 청탁받은 곳을 제멋대로 썼기 때문에 배포가 곧 중지되었다. 세종은 다시 1449년에 김종서·정인
　　지·이선제(李先齊)·정창손(鄭昌孫)에게 명령을 내려 내용을 더 충실하게 하면서 이런 잘못을 고치게
　　하였다. 김종서는 드디어 1451년(문종 1) 8월에 이 책을 완성하였다.

주로 임명하였다. 이때 태조의 나이가 20세였다.

2)『고려사』제9 「세가」 권제9 문종 31년 3월

乙卯 以子朝鮮侯燾·雞林侯熙, 進爵爲公, 㸌檢校司空金官侯, 愔檢校司空卞韓侯.

을묘 왕자 조선후 왕도와 계림후 왕희에게 관작을 올려 공으로 삼고, 왕비는 검교사공 금관후로, 왕음은 검교사공 변한후로 삼았다.

3)『고려사』권10 「세가」 권제10 선종 3년 2월

庚辰 以朝鮮公燾·雞林公熙守太保, 常安侯琇·扶餘侯㷃·金官侯㸌·卞韓侯愔守司徒, 辰韓侯愉守司空.

경진 조선공 왕도와 계림공 왕희를 수태보로, 상안후 왕수와 부여후 왕수, 금관후 왕비, 변한후 왕음을 수사도로, 진한후 왕유를 수사공으로 삼았다.

4)『고려사』권10 「세가」 권제10 선종 5년 11월

十一月 癸亥 賜延和宮元子名昱, 賜銀器·匹段·布穀·鞍轡·奴婢. 王奉太后, 宴于壽春宮, 朝鮮·雞林·常安三公, 扶餘·金官二候侍宴, 竟夜而罷.

11월 계해 연화궁의 원자에게 왕욱이라는 이름을 하사하고, 은그릇과 필

단, 옷감과 곡식, 말의 안장과 고삐, 노비 등을 하사하였다. 왕이 태후를 모시고 수춘궁에서 잔치를 베풀었으며 조선공, 계림공, 상안공의 3공과 부여후, 금관후의 2후가 잔치에 참석하여 밤을 새우고 난 후에 끝났다.

5) 『고려사』 권10 「세가」 권제10 헌종 즉위년 6월

己亥 以朝鮮公燾·鷄林公熙守太師, 常安公琇·扶餘公㸂守太保, 辰韓侯愉·漢山侯昀·樂浪伯瑛守司徒.

기해 조선공 왕도와 계림공 왕희를 수태사로, 상안공 왕수와 부여공 왕수를 수태보로, 진한후 왕유, 한산후 왕윤, 낙랑백 왕영을 수사도로 각각 임명하였다.

6) 『고려사』 권11 「세가」 권제11 숙종 4년 1월

乙丑 朝鮮公燾卒

을축 조선공 왕도가 죽었다.

7) 『고려사』 권15 「세가」 권제15 인종 2년 8월

庚午 御神鳳樓, 大赦, 敎曰 "朕自叨上嗣, 濫位震宮, 不能以孝行, 奉於君親, 仁德聞於士庶. 不天遘禍, 易月終喪. 抱弓劍以哀號, 覬羹墻而永慕. 欲尊外家之長, 以慰先后之靈. 況朝鮮國公, 忠誠夾輔, 功業旣崇, 遣使策命公及夫人, 兼敍用諸子壻, 宜以餘恩推及內外, 斬絞二罪以下咸救除之, 望秩山川, 饗老人及篤廢疾·鰥寡·孤獨·義夫·節婦, 賜物有差.
凡有職者, 各以次陞職."

경오 왕이 신봉루에 행차하여 대사면령을 내렸는데, 교서에 이르기를,
"내가 함부로 대를 이어 외람되게 태자궁에 있으면서 효를 다하여 선왕을 받
들지 못하였고, 어진 덕망을 백성들에게 베풀지도 못하였다. 〈그 때문에〉
하늘의 도움을 받지 못하여 부친상을 당하고, 날로써 달을 바꾸어 급히 상례
를 끝마쳤다. 〈남기신〉 활과 칼을 껴안고 소리 내어 슬피 울면서 밥 먹을 땐
국 속에서, 앉으면 담장에서 선왕이 보여를 사모하는 마음을 금치 못한다.
이에 외가 어른의 지위를 높임으로써 돌아가신 모후의 혼령을 위로하고자
한다. 더구나 조선국공은 충성으로 〈나를〉 보좌하여 공적이 이미 높으니,
사자를 보내 공과 그 부인을 책봉하는 명령을 내리는 동시에 그 아들과 사위
들을 등용할 것이며, 전국에도 다른 은혜를 미치게 하는 것이 당연하니 참형
과 교수형 이하의 죄인은 모두 사면하고, 모든 산천에는 망제를 지내며 노인
과 독질자와 폐질자, 환과고독, 의부와 열녀에게 음식을 대접하고 차등을 두
어 물품을 내릴 것이다. 관직에 있는 모든 사람은 각각 차례대로 승진시키
도록 하라."라고 하였다.

8) 『고려사』 권58 「지」 권제12 지리 3 '북계', '연혁'

北界本朝鮮故地. 在三國, 爲高句麗所有. 寶藏王二十七年, 新羅文武
王, 與唐將李勣, 夾攻滅之, 遂倂其地. 孝恭王九年, 弓裔據鐵圓, 自稱後
高麗王, 分定浿西十三鎭. 成宗十四年, 分境內, 爲十道, 以西京所管, 爲
浿西道. 後稱北界. 肅宗七年, 又稱西北面, 後以黃州·安岳·鐵和·長命
鎭, 來屬. 辛禑十四年, 復屬西海道. 領京一, 大都護府一, 防禦郡二十

五, 鎭十二, 縣十. 中葉以後所置, 府二, 郡一.

북계는 본래 조선의 옛 땅이다. 삼국시대에 고구려가 소유하였다. 보장 왕 27년에 신라 문무왕이 당나라 장수 이적과 함께 협공하여 멸망시키고 그 땅을 병합하였다. 효공왕 9년에 궁예가 철원을 근거지로 삼아 후고려왕 이라 자칭하며 나누어서 패서 13진을 정하였다. 성종 14년에 전국을 나누 어 10도를 만들 때에 서경의 소관으로 하여 패서도라 하였다. 뒤에 북계라 불렀다. 숙종 7년에 또 서북면이라 불렀고, 뒤에 황주·안악·철화·장명진 을 내속시켰다. 우왕 14년에 다시 서해도에 소속시켰다. 관할하는 경이 1 개, 대도호부가 1개, 방어군이 25개, 진이 12개, 현이 10개이다. 〈고려〉 중 엽 이후로 설치한 부가 2개, 군이 1개이다.

9) 『고려사』 권71 「지」 권제25 '악' 2 '속악', '서경'

西京.
古朝鮮卽箕子所封之地, 其民習於禮讓, 知尊君親上之義, 作此歌, 言仁 恩充暢, 以及草木, 雖折敗之柳, 亦有生意也.

서경.
고조선은 바로 기자가 책봉되었던 땅이다. 그 백성들이 예양을 익혀서 임 금과 부모와 어른을 공경하는 의리를 알아 이 노래를 지었다. 그 뜻은 어진 사랑으로 베푼 은혜가 충만하게 펼쳐져 초목에까지 미치게 하면 비록 꺾이 고 썩은 버들가지라도 살아나고자 하는 의지가 있다는 것이다.

10) 『고려사』 권88 「열전」 권제1 '후비'

仁敬賢妃李氏, 亦子淵之女, 號壽寧宮主, 文宗三十六年正月, 封淑妃.
生朝鮮公燾·扶餘公㻑·辰韓公愉, 卒謚仁敬.

인경현비 이씨 또한 이자연의 딸로 수령궁주라 불리다가 문종 36년 정월
에는 숙비로 봉해졌다. 조선공왕도·부여공 왕수·진한공 왕유를 낳았으며,
죽고 나서 시호를 인경이라 하였다.

11) 『고려사』 권90 「열전」 권제3 '종실'

文宗十三子. 仁睿太后李氏, 生順宗·宣宗·肅宗·大覺國師煦·常安公琇·
道生僧統竀·金官侯㶊·卞韓侯愔·樂浪侯忱·聰惠首座璟. 仁敬賢妃李氏,
生朝鮮公燾·扶餘侯㻑·辰韓侯愉.

문종은 아들 열셋을 두었다. 인예태후 이씨는 순종, 선종, 숙종, 대각국사
왕후, 상안공 왕수, 도생승통 왕탱, 금관후 왕비, 변한후 왕음, 낙랑후 왕침,
총혜수좌 왕경을 낳았다. 인경현비 이씨는 조선공 왕도, 부여후 왕수, 진한
후 왕유를 낳았다.

12) 『고려사』 권90 「열전」 권제3 '종실'

朝鮮公燾, 文宗十五年, 冊爲崇仁廣義功臣·開府儀同三司·檢校尙書令·
守司徒·上柱國·朝鮮侯, 食邑二千戶. 三十一年, 進封公. 宣宗三年, 加
守太保, 食邑三千戶, 獻宗卽位, 加守太師. 肅宗立, 增封食邑五千戶, 食

實封五百戶. 四年卒, 贈諡襄憲.

조선공 왕도는 문종 15년 '숭인광의공신 개부의동삼사 검교상서령 수사도 상주국 조선후' 식읍 2,000호로 책봉되었고, 문종 31년에는 공로 진봉되었다. 선종 3년에는 수태보 식읍 3,000호를 덧붙여 주었으며, 헌종이 왕위에 오르자 수태사를 더하였다. 숙종이 왕위에 올라서는 식읍 5,000호에 식실봉 500호를 더하여 책봉하였다. 숙종 4년에 죽자 시호를 추증하여 양헌이라 하였다.

13) 『고려사』 권113 「열전」 권제26 '제신', '정세운'

昔蒐兵於己亥, 曾掃賊於朝鮮, 再克寇侵之强, 皆非臣等之績, 兹盖伏遇殿下. 勇智天錫, 聖敬日躋. 遠播休風, 遵禮樂於三代, 誕敷文德, 舞干羽于兩階.

지난 기해년에 군사를 모아 일찍이 조선에서 적을 소탕하고 재차 적의 강력한 침략을 이겨낸 것은 모두 신 등의 공적이 아니라 이 모두가 삼가 전하를 만났기 때문입니다. 용기와 지혜는 하늘이 내리셨고 성스러움과 공경함은 나날이 올라갔습니다. 아름다운 풍속이 멀리까지 전파되어 3대의 예악을 따랐으며, 문덕을 널리 펼치시니 두 섬돌에서 문무의 춤을 추었습니다.

14) 『고려사』 권118 「열전」 권제31 '제신', '조준'

王在潛邸, 廣植田園, 嘗惡革私田. 至是欲復之, 浚又上書爭之, 語在食貨志. 浚在憲司, 前後論列, 累數萬言, 皆砭切時病, 弊政一革. 進評理兼判尙瑞寺事, 掌銓選, 賜中興功臣錄券, 封朝鮮郡忠義君.

공양왕이 잠저에 있으면서 전원을 넓게 가지고 있었으므로 일찍이 사전 혁파를 싫어하였다. 이때 이르러 그것을 회복하고자 하였는데 조준이 또 상서하여 간쟁하니, 그 글이 「식화지」에 실려 있다. 조준이 헌사에 있으면서 전후에 의논한 것이 매우 많았는데, 모두 당시의 병폐를 적절히 지적하여 폐정이 한꺼번에 개혁되었다. '평리겸판상서시사'로 승진해 전선을 관장하였으며, 중흥공신의 녹권을 받고 '조선군충의군'으로 봉해졌다.

15) 『고려사』 권127 「열전」 권제40 '반역', '이자겸'

王又遣使, 冊爲亮節翼命功臣中書令領門下尙書都省事判吏·兵部西京留守事朝鮮國公, 食邑八千戶, 食實封二千戶. 府號崇德, 置僚屬, 宮曰懿親. 崇德本逆臣金致陽西宅號, 後乃知之.

왕이 다시 사자를 보내어, '양절익명공신 중서령 영문하상서도성사 판이병부 서경유수사 조선국공'으로 책봉하고 식읍 8,000호와 식실봉 2,000호를 내렸다. 부를 숭덕이라 이름하고 소속 관료를 두었으며 그 궁을 의친궁이라 하였다. 숭덕은 본래 역적 김치양의 서쪽 집 이름이었는데, 후에 곧 그 사실을 알게 되었다.

16) 『고려사』 권129 「열전」 권제40 '반역', '이자겸'

睿宗納資謙第二女爲妃, 由是驟貴. 至叅知政事尙書左僕射柱國, 進開府儀同三司守司徒中書侍郞同中書門下平章事. 尋加守大尉, 賜翼聖功

臣號. 封其母金氏通義國大夫人, 妻崔氏朝鮮國大夫人, 同日降三勑于
其第.

예종이 이자겸의 둘째 딸을 비로 맞아들이니, 이로 말미암아 갑자기 귀하
게 되었다. '참지정사 상서좌복야 주국'에 이르렀다가 '개부의동삼사수사도
중서시랑동중서문하평장사'로 승진하였다. 얼마 안 되어 '수태위'를 더하고
익성이라는 공신호를 하사받았다. 또 모친 김씨는 '통의국대부인'으로, 처
최씨는 '조선국대부인'으로 책봉되었는데, 같은 날 이자겸의 집에 세 차례나
조칙이 내려갔다.

17) 『고려사』 권11 「세가」 권제11 숙종 즉위년 10월

庚辰 制加朝鮮國公熹, 食邑五千戶食實封五百戶, 扶餘公璲守太傅, 辰
韓侯愉爲尙書令, 樂浪伯瑛爲樂浪侯, 黃仲寶爲尙書左僕射, 尹莘傑爲
龍虎軍上將軍兵部尙書, 黃兪顯爲工部尙書, 崔迪爲金吾衛上將軍攝刑
部尙書.

경진에 제서를 내려 조선국공 왕도에게 식읍 5,000호와 식실봉 500호를,
부여공 왕수에게 수태부를 더하였으며, 진한후 왕유를 상서령으로, 낙랑백
왕영을 낙랑후로, 황중보를 상서좌복야로, 윤신걸을 용호군상장군 병부상
서로, 황유현을 공부상서로, 최적을 금오위상장군 섭형부상서로 각각 임명
하였다.

18) 『고려사』 「세가」 인종 2년 7월

甲申 冊李資謙, 爲朝鮮國公.

갑신 이자겸을 조선국공으로 삼다.

19) 『고려사』 「세가」 인종 2년 8월

庚午 御神鳳樓, 大赦, 敎曰 “…… 況朝鮮國公, 忠誠夾輔, 功業旣崇, 遣
使策命公及夫人, 兼敘用諸子壻, 宜以餘恩推及內外, 斬絞二罪以下咸
赦除之, 望秩山川, 饗老人及篤廢疾·鰥寡·孤獨·義夫·節婦, 賜物有差.
凡有職者, 各以次陞職.”

경오 왕이 신봉루에 행차하여 대사면령을 내렸는데, 교서에 이르기를,
“…… 더구나 조선국공은 충성으로 보좌하여 공적이 이미 높으니, 사자를 보
내 공과 그 부인을 책봉하는 명령을 내리는 동시에 그 아들과 사위들을 등용
할 것이며, 전국에도 다른 은혜를 미치게 하는 것이 당연하니 참형과 교수형
이하의 죄인은 모두 사면하고, 모든 산천에는 망제를 지내며 노인과 독질자
와 폐질자, 환과고독, 의부와 열녀에게 음식을 대접하고 차등을 두어 물품을
내릴 것이나. 관직에 있는 모든 사람은 각각 차례대로 승진시키도록 하라.”
라고 하였다.

20) 『고려사』 권88 「열전」 권제1 '후비'

文敬太后李氏, 朝鮮國公資謙第二女, 選入宮, 號延德宮主. 睿宗四年,

生元子於私第, 是爲仁宗.

문경태후 이씨는 조선국공 이자겸의 둘째 딸로서 궁에 뽑혀 들어갔고, 연덕궁주라고 불렸다. 예종 4년 사제에서 원자를 낳으니 그가 바로 인종이 된다.

21) 『고려사』 권88 「열전」 권제1 '후비'

仁宗. 廢妃李氏, 朝鮮國公資謙第三女. 資謙恐他姓爲妃, 權寵有所分, 強請納之.

인종의 후비 폐비 이씨는 조선국공 이자겸의 셋째 딸이다. 이자겸은 다른 성씨가 왕비가 되면 권세와 총애가 나눠지게 될까 걱정하여 억지로 맞아들일 것을 요청하였다.

22) 『고려사』 권98 「열전」 권제11 '제신', '최기우'

崔奇遇, 字正甫, 舊名巨鱗. …… 仁宗卽位, 資謙專制國命, 奇遇言, "陛不新登寶位, 宜有善政, 以慰民心. 而昵近憸佞, 疏遠學士大夫, 此臣所缺望. 乞常御便殿, 詳延儒臣, 訪問今古, 引見兩府, 咨諏國事, 一遵太祖遺訓." 又言, "朝鮮國公, 不宜區區親細務."

최기우는 자가 정보이며 옛 이름은 최거린이다. …… 인종이 즉위하자 이자겸이 나라의 운영을 마음대로 하였다. 최기우가 말하기를, "폐하께서 새로 왕위에 오르셨으니 마땅히 선정을 펼쳐서 민심을 위로하여야 합니다. 그런데 간사하고 아첨하는 이들을 가까이하시고 학사와 대부를 멀리하시니, 이것은 신이 부족하게 여기고 원망하는 바입니다. 바라건대 항상 편전에 나가시어 유신을 불러들여 고금에 대해 찾아 물어보시고, 양부를 불러들여 나랏일을 묻거나 의논하시어 한결같이 태조의 유훈을 따르십시오."라고 하였다. 또 말하기를, "조선국공은 구구하게 자잘한 일을 직접 맡게 해서는 안 됩니다."라고 하였다.

23) 『고려사』 권125 「열전」 권제38 '간신', '박승중'

仁宗卽位, 拜樞密院使. …… 又奏, 加資謙中書令, 封朝鮮國公, 又請, 依王太子禮, 數立府, 置寮屬. 遂令中外進牋獻方物.

인종이 즉위하자 〈박승중을〉 추밀원사에 제배하였다. …… 또한 〈박승중이〉 아뢰어 이자겸을 중서령으로 올려주고 조선국공으로 책봉하자고 하였다. 또 청하기를 왕태자의 의례에 따라 부를 세우고 요속을 두자고 하였다. 마침내 〈왕은〉 온 나라에 명령해 이자겸에게 전을 올리고 방물을 바치게 하였다.

24) 『고려사』 권127 「열전」 권제40 '반역'

尋冊爲漢陽公, 以母喪去位. …… 賜衣帶鞍馬金銀幣帛, 甚多, 資謙上表陳謝, 請終制. 王又遣使, 冊爲亮節翼命功臣中書令領門下尙書都省事判吏·兵部西京留守事朝鮮國公, 食邑八千戶, 食實封二千戶. 府號崇德, 置僚屬, 宮曰懿親. 崇德本逆臣金致陽西宅號, 後乃知之.

얼마후 〈이자겸은〉 한양공으로 책봉되었으나 모친상을 당하여 벼슬에서 물러났다.…… 그리고 의대, 안마, 금은, 폐백을 매우 많이 하사하였는데 이자겸은 사양하는 표문을 올리면서 상제를 마치게 해달라고 청하였다. 왕이 다시 사자를 보내어, '양절익명공신 중서령 영문하상서도성사 판이병부 서경유수사 조선국공'으로 책봉하고 식읍 8,000호와 식실봉 2,000호를 내렸다. 부를 숭덕이라 이름하고 소속 관료를 두었으며 그 궁을 의친궁이라 하였다. 숭덕은 본래 역적 김치양의 서쪽 집 이름이었는데, 후에 곧 그 사실을 알게 되었다.

25) 『고려사』 권135 「열전」 권제48 우왕 11년 9월

周倬·雒英等來, 冊禑爲國王制曰, 爾高麗, 地有三韓, 生齒且庶, 國祖朝鮮, 其來遐矣, 典章文物, 豈同諸夷? 今者, 臣服來賓, 願遵聲敎, 奏襲如前.

주탁, 낙영 등이 왔는데, 우왕을 책봉하여 국왕으로 임명하는 제서에서 이르기를, "너희 고려는 삼한 땅을 차지하고 있으며 인구도 많은 데다 국조인 조선은 그 역사가 오래되었으며 제도와 문물이 어찌 다른 오랑캐들과 같겠는가? 이번에 신하로 복속되려고 사신을 보내 우리의 통치를 받기를 원하고 그 선왕의 작위를 잇게 해달라고 아뢰었다.

3. 『고려사절요(高麗史節要)』

1) 『고려사절요』[3] 제1권 태조신성대왕

世祖因說裔曰, 大王若欲王朝鮮肅愼卞韓之地, 莫如先城松嶽, 以吾長子, 爲其主.

세조가 곧이어 궁예에게 말하기를, "대왕께서 만약 조선, 숙신, 변한 지역의 왕이 되시고자 하면 먼저 송악군에 성을 쌓고 저의 맏아들을 그 성주로 삼는 것이 가장 좋습니다."라고 하였다.

2) 『고려사절요』 제34권 공양왕1

癸亥, 王諸孝思觀, 以誅禑昌, 告于太祖曰, 朝鮮之季, 國分錙銖, 至七十

---

3   두산백과, 『고려사절요』
    고려시대 편년체(編年體) 역사서로서 35권 35책의 활자본이다. 1452년(문종 2) 김종서(金宗瑞) 등이 왕명을 받고 『고려사』를 저본으로 찬수(纂修)하여 춘추관(春秋館)의 이름으로 간행하였다. 현재는 전하지 않지만 당시의 편년체 사서로 세종 때 윤회(尹淮)가 편찬한 『수교고려사(讎校高麗史)』와 권제(權踶)의 『고려사전문(高麗史全文)』을 참조하고, 1451년 완성된 『고려사』의 내용을 축약하여 5개월 만에 편찬한 것이다. 비록 『고려사』만큼 내용이 풍부하지는 못하나 거기에 없는 사실들이 많이 수록되어 있고, 또 『고려사』에 누락된 연대가 밝혀져 있는 것도 있어 고려시대의 역사서로 상호 보완적인 사료적 가치가 있다.

八, 弱吐强呑, 併爲三雄, 戰爭不息.

계해일에 왕이 효사관에 나아가서 우와 창을 벤 일을 태조에게 고하기를, "조선의 말기에는 나라가 아주 작게 나누어져서 78개나 되었는데 약한 나라를 강한 나라가 합하여 큰 세 나라가 되어 전쟁이 그치지 않았습니다."라고 하였다.

3부

조선시대의
고조선 인식

문헌 사료

1장
국가 문집

1. 『조선경국전(朝鮮經國典)』

『朝鮮經國典』上

「國號」

海東之國. 不一其號. 爲朝鮮者三. 曰檀君曰箕子曰衛滿. 若朴氏昔氏金氏相繼稱新羅. 溫祚稱百濟於前. 甄萱稱百濟於後. 又高朱蒙稱高句麗. 弓裔稱後高麗. 王氏代弓裔. 仍襲高麗之號. 皆竊據一隅. 不受中國之命. 自立名號. 互相侵奪. 雖有所稱. 何足取哉. 惟箕子受周武之命. 封朝鮮侯. 今天子命曰惟朝鮮之稱美. 且其來遠矣. 可以本其名而祖之. 體天牧民. 永昌後嗣. 蓋以武王之命箕子者. 命殿下. 名旣正矣. 言旣順矣. 箕子陳武王以洪範. 推衍其義. 作八條之敎. 施之國中. 政化盛行. 風俗至美. 朝鮮之名. 聞於天下後世者如此. 今旣襲朝鮮之美號. 則箕子之善政亦在所當講焉. 嗚呼. 天子之德無愧於周武. 殿下之德亦豈有愧於箕子哉. 將見洪範之學. 八條之敎. 復行於今日也. 孔子曰. 吾其爲東周乎. 豈欺我哉.

『조선경국전』상

「국호」

우리나라는 국호가 한결같지 않다. 조선이라 이름한 것이 셋이 있었으니 단군, 기자, 위만이 바로 그것이다. 박씨, 석씨, 김씨는 서로 계승하며 신라라고 칭하였다. 온조는 앞서 백제라고 하고, 견훤은 뒤에 후백제라고 하였다. 또 고주몽은 고구려라고 칭하였고, 궁예는 후고구려라고 불렀으며, 왕씨는 궁예를 대신하여 고려라는 국호를 그대로 사용하였다. 이들은 모두 한 지역을 차지하였지만 중국의 명령을 받지 않고 스스로 나라를 세워 이름을 짓고는 서로를 침탈하였으니, 비록 호칭한 것이 있더라도 어떻게 그 이름을 취할 수 있겠는가? 하지만 기자만은 주나라 무왕의 명령을 받아 조선후에 봉해졌다.

지금 천자께서, "오직 조선이란 칭호가 아름다울 뿐 아니라, 그 유래가 오래되었으니 이 이름을 근본으로 삼아 그대로 지킬 만하다. 하늘을 본받아 백성을 다스리면, 후손이 영원히 번창하리라."라고 명하셨다. 이는 주 무왕이 기자에게 명한 것처럼 전하에게 명한 것이니, 이름이 이미 바르고 말이 이미 순조롭게 되었다.

기자는 무왕에게 홍범을 설명하면서 홍범의 뜻을 부연하여 8조교를 만들어 나라 안에 실시하니, 정치와 교화가 성대하게 행해지고 풍속이 지극히 아름다워졌다. 그러므로 조선이란 이름이 천하 후세에 이와 같이 알려지게 되었던 것이다.

이제 조선이라는 아름다운 국호를 그대로 이어받게 되었으니, 기자의 선정 또한 당연히 강구해야 할 것이다. 아! 명나라 천자의 덕은 주 무왕에게 부끄러울 게 없으니, 전하의 덕 또한 어찌 기자에게 부끄러울 게 있겠는가? 장차 홍범의 학문과 8조의 교가 오늘에야 다시 시행되는 것을 보게 되리라. 공자께서, "나는 동주처럼 만들겠노라."라고 하셨으니, 공자께서 어찌 나를 속이겠는가?

2. 『조선왕조실록(朝鮮王朝實錄)』

1) 『조선왕조실록』[1] 「태조실록」 권1 1년 8월

朝鮮檀君東方始受命之主, 箕子始興教化之君, 令平壤府以時致祭.

조선의 단군은 동방에서 처음으로 천명을 받은 임금이고, 기자는 처음으로 교화를 일으킨 임금이오니, 평양부로 하여금 때에 따라 제사를 드리게 할 것입니다.

---

1 『조선왕조실록 소개』

『조선왕조실록(朝鮮王朝實錄)』은 조선시대 역대 임금들의 실록(實錄)을 통칭하는 것으로서 『태조강헌대왕실록(太祖康獻大王實錄)』으로부터 『철종대왕실록(哲宗大王實錄)』에 이르기까지 472년간에 걸친 25대 임금들의 실록 28종을 일컫는다. 『조선왕조실록』은 특정한 시기에 특정한 사람들이 의도적으로 기획하여 편찬한 역사서가 아니라, 역대 조정에서 국왕이 교체될 때마다 편찬한 것이 축적되어 이루어진 것이다. 이 실록에는 『고종태황제실록(高宗太皇帝實錄)』과 『순종황제실록(純宗皇帝實錄)』이 포함되어 있지 않다. 두 실록은 1927부터 1932년까지 조선총독부의 주도로 조선사편수회가 편찬한 것으로 일본의 대한제국 국권 침탈과 황제·황실의 동정에 관한 기록들에서 왜곡이 많기 때문이다. 또한 조선시대의 엄격한 실록 편찬 규례에도 맞지 않는 점이 많다. 그러므로 고종·순종실록의 역사는 참고하거나 인용하는 데에 주의가 필요하다.

『조선왕조실록』은 『이조실록(李朝實錄)』이라고 부르기도 하고, 『실록』으로 약칭하기도 한다. 이들 중에는 『연산군일기(燕山君日記)』나 『광해군일기(光海君日記)』와 같이 '일기'라고 한 것도 있지만, 그 체제나 성격은 다른 실록들과 똑같다. 대부분 왕대마다 1종의 실록을 편찬하였지만, 『선조실록』, 『현종실록』, 『경종실록』은 만족스럽지 않은 면이 있다고 하여 후에 수정(修正) 혹은 개수(改修) 실록을 편찬하기도 하였다. 또 『광해군일기』는 인쇄되지 못한 '정초본(正草本 : 鼎足山本)'과 '중초본(中草本 : 太白山本)'이 함께 전하는데, 중초본에는 최종적으로 산삭한 내용들이 그대로 남아 있어 많은 정보를 간직하고 있다.

2) 『조선왕조실록』「태조실록」권6 3년 8월

檀君以來, 或合或分, 各有所都, 及前朝王氏統合之後, 都于松嶽, 子孫相傳, 殆五百年, 運祚旣終, 自底于亡.

(우리나라는) 단군 이래로 혹은 합하고 혹은 나누어져서 각각 도읍을 정했으나 전조 왕씨가 통일한 이후 송악에 도읍을 정하고, 자손이 서로 계승해 온 지 거의 500년에 천운이 끝이 나서 자연히 망하게 되었습니다.

3) 『조선왕조실록』「태조실록」권11 6년 3월

御製詩曰, 此是昔時王氏業, 檀君逝久幾更張. [右高麗故京.]
始古開闢東夷主, 聞說鴻荒日, 檀君降樹邊. 位臨東國土, 時在帝堯天.
傳世不知幾, 歷年曾過千. 後來箕子代, 同是號朝鮮.

어제시에 이르기를, …… 이것이 옛날 왕씨의 기업, 단군이 가신 지 오래이니 몇 번이나 경장하였나. (위는 고려 옛 서울이다.) '시고개벽동이주'라는 제목에 대하여, "듣자 하니 황막한 그 옛날 단군이 단목가에 강림하시어 동쪽 나라 왕위에 오르시니, 그때가 제요의 시절인데 대를 전해온 것 몇인지, 햇수는 천 년을 지났다 하오. 그 뒤에 기자의 대에도 한가지로 조선이라 이름하였소."라고 하였다.

4) 『조선왕조실록』「태종실록」권10 5년 11월

東方檀君箕子, 俱歷年一千, 當時亦未有佛法.

우리 동방은 단군·기자가 모두 그 역년이 천 년이나 되었으며 당시에는 불법이 있지 않았습니다.

5) 『조선왕조실록』「태종실록」 권14 7년 10월

一, 平壤, 自檀君, 箕子建都之後, 爲西北一方本營, 又設土官, 號曰西都. 名聞中國.

1. 평양은 단군과 기자가 도읍을 세운 뒤로 서북 지방의 본영이 되었고, 또 토관을 설치하고 '서도'라 이름하여 그 이름이 중국에까지 알려졌습니다.

6) 『조선왕조실록』「태종실록」 권23 12년 6월

禮曹右參議許稠上書. 書略曰, …… 及至京師, 吏部尙書蹇義問臣等曰, 有箕子之後否, 且有行四時之祭者乎. 臣對曰, 無後嗣矣, 然本國命所在邑守行之. 臣竊謂本國之有箕子, 猶中國之有帝堯, 乞於箕子之廟, 依朝廷祀堯之例祭之. 命下禮曹. 河崙亦嘗建議, 請祀朝鮮檀君. 禮曹參詳, 箕子之祭, 宜載祀典, 春秋致祭, 以昭崇德之義. 且檀君, 實吾東方始祖, 宜與箕子竝祀一廟. 從之.

예조우참의 허조가 상서하였다. 상서의 대략은 이러하였다. "…… 경사에 이르니, 이부 상서 건의가 신 등에게 묻기를 '기자의 후손이 있는가? 또한 사시의 제사를 행하는 자가 있는가?' 하였습니다. 신이 대답하기를, '후사는 없다. 그러나 본국에서 소재지 고을의 수령에게 명하여 제사를 지낸다.'고 하였습니다. 신은 생각건대, 본국에서 기자가 있는 것이 중국에서 요임금이 있는 것과 같습니다. 아뢰건대, 기자 사당은 조정에서 요임금을 제사하는 예에 의하여 제사하소서." 예조에 내리라고 명하였다.

하윤이 또한 일찍이 건의하여 조선의 단군을 제사하도록 청하였다. 예조에서 상세하게 관찰하기를, "기자의 제사는 마땅히 사전에 싣고, 춘추에 제사를 드리어 숭덕의 의를 밝혀야 합니다. 또 단군은 실로 우리 동방의 시조이니, 마땅히 기자와 더불어 한 사당에 제사 지내야 합니다."라고 하여 그대로 따랐다.

7) 『조선왕조실록』 「태종실록」 권24 12년 7월

禮曹啓請, 春秋遣使, 致祭檀君, 箕子之廟.

예조에서 임금께 아뢰어 청하기를 "춘추로 사신을 보내어 단군·기자의 사당에 제사 드리게 하소서." 하였다.

8) 『조선왕조실록』 「태종실록」 권26 13년 11월

一, 謹按唐禮樂志, 古先帝王, 竝列中祀. 國朝先農, 先蠶, 文宣王, 列於中祀, 檀君, 箕子, 前朝太祖, 宜陞中祀.
一, 謹按校書館祝板式, 於檀君, 箕子稱國王, 前朝太祖稱朝鮮國王, 似不合理. 許於檀君, 箕子稱朝鮮國王.

1. 삼가 당나라 『예악지』를 보니 옛 선제왕들을 모두 중사에 두었고, 국조에서도 선농·선잠·문선왕을 중사에 두었으니, 단군·기자·전조 태조도 마땅히 중사에 올리소서.

1. 삼가 교서관 축판식을 보니 단군과 기자에게는 '국왕'이라 칭하고, 전조 태조는 '조선국왕'이라 칭하니 의리에 합하지 않은 것 같습니다. 단군과 기자에게는 '조선국왕'이라고 칭하도록 허락하소서.

9) 『조선왕조실록』「태종실록」권28 13년 9월

詳定祀檀君箕子高麗始祖儀, 祀靈星馬祖司寒山川儀, 久雨禜祭國門儀 以啓, 從之.

단군, 기자, 고려 시조에게 제사하는 의례와 영성, 마조, 사한, 산천에 제사하는 의례와 오랫동안 비가 와서 국문에 영제하는 의례를 상정하여서 아뢰니, 임금이 그대로 따랐다.

10) 『조선왕조실록』「태종실록」권31 16년 6월

吾東方, 檀君始祖. 蓋自天而降焉, 非天子分封之也. 檀君之降, 在唐堯 之戊辰歲, 迄今三千餘禩矣. 或曰, 檀君國於海外, 朴略少文, 不與中國 通焉, 未嘗爲君臣之禮矣.

우리 동방은 단군이 시조인데, 대개 하늘에서 내려왔고 천자가 분봉한 나라가 아닙니다. 단군이 내려온 것이 당요 무진년에 있었으니, 오늘에 이르기까지 3,000여 년이 됩니다. 혹은 말하기를 '단군은 해외에 나라를 세웠는데, 그에 관한 전하는 내용들이 적으며, 중국과 통하지 않았으므로 일찍이 군신의 예를 차리지 않았다.'라고 합니다.

11) 『조선왕조실록』「세종실록」권27 7년 1월

惟昔檀君之朝鮮箕子之朝鮮, 俱未有佛氏之祝釐, 而歷年皆至一千, 曾謂盛朝而捨此取彼哉.

옛날 단군조선과 기자조선에는 모두 불교의 축리가 없었으나 그 지난 햇수가 모두 1,000에 이르렀으니, 일찍이 성조에서 이것을 버리고 저것을 취하라고 하셨겠습니까?

12) 『조선왕조실록』「세종실록」권29 7년 9월

司醞注簿鄭陟上書曰, 去辛丑年十月, 恭承朝廷易換點馬之命, 到義州點馬事畢, 翼年二月, 回至平壤, 謁箕子祠堂. 箕子之位在北向南, 檀君之位在東向西. 臣問於其府教授官李簡, 曰, 昔朝廷使臣到此府, 問箕子祠堂與後嗣之有無, 往謁其墓. 其後國家命建祠堂於文廟之東, 又有檀君配享之令, 故迄今如此而享之也. 臣愚因竊, 謂檀君與唐堯竝立, 而自號朝鮮者也, 箕子受武王之命, 而封朝鮮者也. 以帝王歷年之數, 自帝堯至武王凡千二百三十餘年矣. 然則箕子之坐北, 檀君之配東, 實有違於立國傳世之先後矣. 臣敢將愚抱, 欲達天聰, 適遭父喪, 未克上聞. 今除臣爲司醞注簿, 仍差儀禮詳定別監. 臣敬此謹按本朝諸祀儀式, 享檀君陳設圖云, 神位堂中南向. 臣曩時所見西向之坐, 不合於此圖. 若使檀君箕子竝坐南向, 而檀君居上, 箕子次之, 則立國之先後, 似不紊矣. 然箕子爲武王陳洪範, 在朝鮮作八條, 政教盛行, 風俗淳美, 朝鮮之名聞於天下後世, 故當我太祖康獻大王之請國號也. 太祖高皇帝命襲朝鮮之號. 於是朝廷使臣凡過平壤者, 或往謁焉, 則名之以箕子祠堂, 而檀君作主,誠爲未便. 臣又聞箕子有祭田, 而檀君無之, 故箕子每奠於朔望, 而檀君只祭於春秋. 今檀君旣配於箕子, 則幷坐一堂, 而獨不奠於朔望, 似亦未安. 臣愚以謂, 別建檀君祠堂, 南向奉祀, 則庶合祀儀. 命下禮曹, 如上書施行.

사온서 주부 정척이 글을 올려 말하였다. "지난 신축년 10월에 명나라에 보낼 말을 확인하라는 명을 받고, 의주에 가서 말 점고하는 일을 마치고 다음 해 2월에 돌아오다가 평양에 들러서 기자 사당을 배알하였습니다. 그런데 기자 신위는 북쪽에서 남쪽을 향해 있고, 단군 신위는 동쪽에서 서쪽을 향해 있었습니다. 신이 평양부의 교수관 이간에게 물으니, 그가 말하기를 '예전에 중국 사신이 평양에 와서 기자의 사당과 후손의 있고 없음을 묻고 기자의 묘소에 가서 배알하였는데, 그 뒤에 나라에서 기자 사당을 문묘 동편에 세우라고 명하였고, 또 단군으로 배향하라는 영이 있었으므로 지금까지 이와 같이 하여 제향한다.' 하였습니다.

신의 어리석은 소견으로 단군은 요임금과 같은 시대에 나라를 세워 스스로 국호를 조선이라고 하신 분이고, 기자는 주나라 무왕의 명을 받아 조선에 봉해진 분이니, 역사의 햇수를 따지면 요임금에서 무왕까지가 무려 1,230여 년입니다. 그러니 기자의 신위를 북쪽에 모시고, 단군의 신위를 동쪽에 배향하게 한 것은, 실로 나라를 세워 후세에 전한 일의 선후에 어긋남이 있다고 생각합니다. 신이 감히 어리석은 생각을 가지고 위에 아뢰고자 하였으나, 마침 아비의 상을 만나 미처 말씀을 올리지 못하였습니다. 이제 신을 사온서 주부로 제수하시고 이어 의례상정별감으로 임명하시었기에 신이 이에 공경히 삼가 본조의 여러 제사 의식을 상고하오니, 향단군진설도에 '신위는 방의 중앙에서 남쪽을 향한다.'라고 하였습니다. 신이 전일에 뵈온 서향 좌차는 이 도식과 합치되지 않사오니, 만약 단군과 기자가 같은 남향으로서,

단군이 위가 되고 기자가 다음이 되게 한다면 나라를 세운 선후가 어긋나지 않을 듯하오나, 기자는 무왕을 위해서 홍범을 진술하고 조선에 와서 여덟 조목을 만들어서 정치와 교화가 성행하고 풍속이 아름다워져서 조선이라는 명칭이 천하 후세에 드러나게 되었습니다. 그러기 때문에 우리 태조 강헌대왕께서 명나라 태조 고황제에게 국호를 정하는 일을 청했을 때, 태조 고황제는 조선이라는 명칭을 이어받기를 명하였던 것이고, 그 뒤로 중국 사신으로서 평양을 지나는 자가 혹 사당에 가서 배알하게도 된 것입니다. 그런즉 명칭은 기자 사당으로 되어 있는데, 단군 신위를 모시는 것은 진실로 편안하지 않은 일입니다. 신이 또 들으니, 기자 사당에는 제전이 있고 단군 제전이 없기 때문에, 기자에게는 매달 초하루와 보름마다 제물을 올리되, 단군에게는 봄과 가을에만 제사한다 하옵니다. 현재 단군 신위를 기자 사당에 배향하게 되어서 한 방에 함께 계신데 홀로 단군에게는 초하루와 보름 제물을 올리지 아니한다는 것은 또한 미안하지 않을까 합니다. 신의 생각에는 단군의 사당을 별도로 세우고, 신위를 남으로 향하도록 하여 제사를 받들면 거의 제사 의식에 합당할까 합니다." 이 글을 예조에 내리어 그대로 이행하도록 명하였다.

13) 『조선왕조실록』 「세종실록」 권37 9년 8월

檀君箕子廟制更議. 新羅高句麗百濟始祖立廟致祭, 幷考古制, 詳定以聞.

단군과 기자의 묘제를 다시 의논하고, 신라·고구려·백제의 시조에게 묘를 세워 제사드리는 일을 모두 옛 제도에 상고하여 상세하게 정하여 아뢰라.

14) 『조선왕조실록』 「세종실록」 권37 9년 9월

季良曰, 分而祭之可矣, 合而祭之亦可矣, 陰陽不相離也. 且中國, 天地合祭一壇, 今檀君三國始祖, 共置一壇祭之亦可矣. 上曰, 三國始祖, 合祭於檀君, 則是去本國, 適他邦, 不可. 季良曰, 檀君, 吾東方都祀也, 不妨. 上曰, 檀君統有三國, 予所未聞. 然則聚於京師, 共置一室祭之, 似可矣.

변계량이 말하기를 "나누어서 제사 지내는 것도 옳으며 합하여 제사 지내는 것도 또한 옳으니 음과 양은 서로 떨어지지 않는 것입니다. 또한 중국에서는 하늘과 땅을 한 단에 합하여 제사 지내니 지금 단군과 삼국의 시조도 함께 한 단에 두고 제사 지내는 것도 또한 옳습니다."라고 하였다. 임금이 말하기를 "삼국의 시조를 단군과 합하여 제사 지낸다면 이는 본국을 버리고 다른 나라로 가는 것이니 옳지 못하다."라고 하였다. 그러자 변계량이 아뢰기를 "단군은 우리 동방에서 모두 합하여 제사 지내는 것이 무방할 것입니다."라고 하였다. 임금이 말하기를 "단군이 삼국을 통일했다고 내가 듣지 못한 바이니, 그렇다면 서울에 모아서 한 제실에 같이 두어 제사 지내는 것이 옳을 것 같다."라고 하였다.

15) 『조선왕조실록』 「세종실록」 권40 10년 6월

右議政仍令致仕柳寬上書曰, 黃海道文化縣, 是臣本鄕, 自爲幼學, 下去多年, 聞諸父老之言, 乃知事迹久矣. 九月山是縣之主山, 在檀君朝鮮時名阿斯達山, 至新羅改稱闕山, 其時文化始名闕口縣, 至前朝陞爲儒州監務, 至高宗代, 又陞爲文化縣令, 山名闕字, 緩聲呼爲九月山. 山之東嶺, 高大而長, 至一息安岳郡而止. 嶺之腰有神堂焉, 不知創於何代, 北

壁檀雄天王, 東壁檀因天王, 西壁檀君天王, 文化之人常稱三聖堂, 其山
下居人, 亦稱曰聖堂里. 堂之內外, 鳥雀不棲, 麋鹿不入. 當旱暵之時祈
雨, 稍有得焉. 或云檀君入, 阿斯達山, 化爲神, 則檀君之都, 意在此山之
下. 三聖堂至今猶存, 其迹可見. 以今地望考之, 文化之東, 有地名藏壯
者, 父老傳以爲檀君之都, 今只有東西卯山, 爲可驗耳. 或者以爲檀君,
都于王儉城, 今合在箕子廟. 臣按檀君與堯竝立, 至于箕子千有餘年, 豈
宜下合於箕子之廟? 又或以爲檀君, 降於樹邊而生, 今之三聖, 固不可
信, 然臣又按遂古之初, 混沌旣開, 先有天而後有地. 旣有天地, 則氣化
而人生焉. 自後人之生也, 皆以形相禪, 豈得數十萬年之後至堯時, 復有
氣化, 而生之理? 其樹邊之生, 固爲荒怪 伏惟聖鑑裁擇, 命攸司講求所
都, 以祛其疑. 命留之.

우의정에서 물러난 유관이 글을 올려 말하였다. "황해도 문화현은 신의
본향입니다. 스스로 벼슬을 그만두고 본향에 내려온 지가 여러 해 되었는
데 여러 부로들의 말을 듣고 비로소 (이 고을이) 사적이 오래인 것을 알았습
니다. 구월산은 이 현의 주산입니다. 단군조선 때에 있어서는 이름을 아사
달산이라고 하였고, 신라 때에 이르러 궐산이라고 고쳐 불렀습니다. 그때에
문화현을 처음으로 궐구현이라고 명명하였습니다. 전조에 이르러서는 유주
감무로 승격시켰으며, 고종 때에 이르러 또 문화현령으로 승격하였고, 산의
이름 '궐' 자를 느린 소리로 발음하여 구월산이라고 하였다고 합니다. 이 산
의 동쪽 재는 높고 크고 길어서 일식 정도 가야 안악군에 이르러 끝납니다.
재의 허리에 신당이 있는데 어느 시대에 처음 세웠는지 알지 못합니다. 북
쪽 벽의 단웅천왕, 동쪽 벽의 단인천왕, 서쪽 벽의 단군천왕 상이 있어 문화
현 사람들은 항상 삼성당이라고 부르며, 그 산 아래에 있는 동리를 또한 성
당리라고 일컫습니다. 신당의 안팎에는 까마귀와 참새들이 깃들이지 아니

하며 고라니와 사슴도 들어오지 않습니다. 날씨가 가물 때를 당하여 비를 빌면 다소 응보를 얻는다고 합니다.

어떤 이는 말하기를 '단군은 아사달산에 들어가 신선이 되었으니 아마도 단군의 도읍이 이 산 아래에 있었을 것'이라고 합니다. 삼성당은 지금도 있어서 그 자취를 볼 수가 있습니다. 지금의 땅 모양을 살펴보건대, 문화현의 동쪽에 이름을 장장이라고 하는 땅이 있는데, 부로들이 전하는 말에 단군의 도읍 터라고 합니다. 지금은 증험이 될 만한 것은 다만 동서에 알산이 있을 뿐입니다. 어떤 이는 말하기를 '단군이 왕검성에 도읍하였으니, 지금 기자묘가 있는 곳이 바로 그곳'이라고 합니다. 신이 살펴본 바로는 단군은 요임금과 같은 때에 임금이 되었으니, 그때부터 기자에 이르기까지는 천여 년이 넘습니다. 어찌 아래로 내려와 기자묘와 합치하여야 한단 말입니까.

또 어떤 이는 말하기를 '단군은 단목 곁에 내려와서 태어났다 하니 지금의 삼성설은 진실로 믿을 수 없다.'고 합니다. 그러나 신이 또 살펴보건대 태고의 맨 처음에 혼돈이 개벽하게 되어, 먼저 하늘이 생기고 뒤에 땅이 생겼으며, 이미 천지가 있게 된 뒤에는 기가 화하여 사람이 생겼습니다. 그 뒤로 사람이 생겨나서 모두 형상을 서로 잇게 되었으니, 어찌 (사람이 생긴 지) 수십만 년 뒤의 요임금 때에 다시 기가 화하여 사람이 생겨나는 이치가 있었겠습니까. 그 나무 곁에서 생겼다는 설은 진실로 황당무계한 것입니다. 엎드려 바라옵건대 성감으로 헤아려 결정하시고 유사에 명하여 도읍한 곳을 찾아내어 그 의혹을 없애게 하소서." 보류하여 두라고 명하였다.

16) 『조선왕조실록』 「세종실록」 권49 10년 8월

一, 箕子殿神位版, 書曰, 朝鮮侯箕子之位. 依本朝諸祀儀式, 改書曰, 後朝鮮始祖箕子. 削之位二字. 一, 檀君神位版, 書曰, 朝鮮侯檀君之位.

高〈句〉麗始祖神位版, 書曰, 高句麗始祖之位. 依本朝諸祀儀式改書
曰, 朝鮮檀君. 削侯字及之位二字. 已上六條, 依所申施行.

1. 기자전의 신위판에 '조선후기자지위'라 쓴 것은 본조의 모든 사전 의식
에 따라 '후조선시조기자'라 고쳐 쓰고, '지위' 두 글자는 삭제하도록 하소서.
1. 단군의 신위판에 '조선후단군지위'라 쓰고, 고구려 시조의 신위판에 '고
구려시조지위'라 쓴 것은 본조의 모든 사전의 의식에 따라 '조선 단군'이라
고쳐 쓰고, '후'와 '지위'의 두 글자는 삭제하게 하자고 한 6개 조항은 아뢴 대
로 시행하소서.

17) 『조선왕조실록』 「세종실록」 권51 13년 3월

平壤檀君箕子中祀位田各三結, 麻田縣高麗始祖以下四位位田, 亦依三
國始祖位田例, 每一位給三結, 餘(日)[田], 竝屬軍資.

평양의 단군과 기자의 중사 위전은 각각 3결을 주고, 마전현에 있는 고려
시조 이하 4위의 위전도 역시 삼국 시조의 예에 따라 1위마다 3결을 주고,
그 나머지의 전답은 모두 군자전에 귀속시키소서.

18) 『조선왕조실록』 「세종실록」 권57 14년 8월

檀君箕子高句麗三殿祭器, 初倣圖畫體制造作, 竝不如法. 請三位祭器內
簠簋等, 改以鑄器 ; 籩篚, 令奉常寺造送, 瓦甒, 本道見樣燔造.

단군, 기자, 고구려 삼전의 제기를 처음에는 도화체제를 모방하여 만들었

으나 모두 법과 같지 않습니다. 청하건대 삼위의 제기 중에서 보, 궤 등을 주기로서 고치고, 변, 비는 봉상시로 하여금 만들어 보내고, 기와는 본도에 양품을 보내어 만들게 하소서.

19) 『조선왕조실록』 「세종실록」 권75 18년 12월

前判漢城府事柳思訥上書曰, 臣伏覩世年歌, 檀君, 朝鮮之始祖也. 其生也異於人, 其歿也化爲神, 其享國歷年之多, 未有若此也. 曩者殿下命攸司建廟致詞, 當其時也, 攸司未究其實, 請立廟於(於)平壤, 臣叔父寬辨論其非, 事未施行. 臣以世年歌考之, 檀君初都平壤, 後都白岳, 武丁八年乙未, 入阿斯達山爲神. 其歌曰, 享國一千四十八, 至今廟在阿斯達. 則豈無所據乎. 又況高麗建廟於九月山下, 其堂宇位版猶存, 與 世年歌合, 臣愚以爲捨此而更立廟於他處, 恐非其所, 伏惟上裁. 命下禮曹.

전판한성부사 유사눌이 임금께 글을 올렸다. "신이 삼가 『세년가』를 보니 단군은 조선의 시조입니다. 그가 날 때는 사람들보다 달랐으며, 그가 죽어서는 화하여 신이 되었으며, 그가 나라를 누린 역년의 많음은 이와 같은 것이 있지 않았습니다. 지난번에 전하께서 유사에 명하여 사당을 세우고 제문을 짓게 했는데, 그때에는 유사가 그 사실을 살피지도 아니하고 평양에다 사당을 세우기를 청하니, 신의 숙부 유관이 그 그릇된 점을 변론하여 일이 시행되지 못했습니다. 신이 『세년가』로 상고해보건대, 단군이 처음에는 평양에 도읍했다가 후에는 백악에 도읍했으며, 은나라 무정 8년 을미에 아사달산에 들어가서 신이 되었는데, 그 노래에 이르기를, '1,048년 동안 나라를 누리고, 지금도 사당이 아사달에 있네.' 했으니 어찌 그 근거가 없겠습니까? 또 더군다나 고려에서는 구월산 밑에 사당을 세워 그 당우와 위판이 아직도 남아 있어서『세년가』와 합치하니, 신의 어리석은 소견으로서는 이곳을 버리고 다시 사당을 다른 곳에다 세운다면 아마 그 장소가 잘못된 듯합니다. 삼가 생각하옵건대 성상께서 재결하시옵소서." 명하여 예조에 내리게 하였다.

20)『조선왕조실록』「세종실록」권76 19년 3월

箕子, 中祀, 殿位版, 書朝鮮始祖箕子. 檀君, 中祀, 高句麗始祖, 中祀, 殿檀君位版, 書朝鮮檀君, 高句麗位版, 書高句麗始祖.

기자는 중사이고, 전의 위판은 조선 시조 기자라 쓸 것. 단군은 중사이고, 고구려 시조는 중사이며, 전의 단군 위판은 조선 단군이라 쓰고, 고구려 위판은 고구려 시조라 쓸 것.

21)『조선왕조실록』「세종실록」권85 21년 6월

吾東方檀君之朝鮮, 始於唐堯, 箕子之朝鮮封於周武, 君臣上下禮樂文物, 維持相傳者久矣.

우리 동방은 단군조선이 당요 때에 시작하였고, 기자조선은 주 무왕 때에 봉하였사오니, 군신 상하와 예악 문물을 유지하여 서로 전한 것이 오래였사옵니다.

22)『조선왕조실록』「단종실록」권1 즉위년 6월

臣問黃海道人民發病之由, 答曰, 嚮文化縣檀君之祠, 移於平壤之後, 怪氣結聚, 若有神狀夜行, 黑氣成陣, 有行動聲, 有一人望而驚怪, 隱避之. 以是播告, 閭里人相語曰, 此病之發, 實移檀君之故也, 厲氣先起於九月山間, 民戶漸漬於文化長淵載寧信川等處, 傳染殞命者頗多, 民生可哀. …… 今修史草, 至戊申, 有右議政致仕柳觀上書曰, 文化縣, 臣之本鄉. 父老云, 九月山, 是縣之主山, 在檀君時, 名阿斯達山. 山之東嶺高大邐迤, 其山之腰, 有神堂, 不知創於何代. 北壁有檀因天王, 東壁有檀雄天王, 西壁有檀君天王, 縣人稱之曰, 三聖堂. 其山下人居, 亦稱曰, 聖堂里. 堂之內外, 鳥鵲不栖, 麋鹿不入, 檀君入阿斯達山爲神, 此山之下三聖堂, 至今猶存, 其迹可見. 縣之東有地名曰藏唐京. 父老傳以爲檀君之都, 或者以爲, 檀君初都王儉城. 今宜合在箕子廟. 蓋檀君與堯竝立, 至箕子千有餘歲, 豈宜下合於箕子之廟歟. 臣先齊, 夷考三國遺史, 有曰, 古記云, 昔有桓因庶子桓雄, 數意於天下, 貪求人世, 父知子意, 下視三危太伯, 可以弘益人間. 乃授天符印三箇, 使往理之, 雄率徒三千, 降於太伯山頂, 卽今妙香山也. 將風伯雨師, 而主穀主命主病主刑主善惡, 凡主人間三百六十餘事, 在世理化, 時有一熊, 一虎同穴而居, 常祈于神雄, 願化爲人, 雄遺靈艾一炷蒜二十枚曰, 爾輩食之, 不見日光, 百日便得人形. 熊虎得而食之, 忌三七日, 熊得女身, 虎不得人身. 熊女者, 無以爲婚, 故每於檀樹下, 呪言有孕, 雄乃假化而婚之, 孕生子. 號曰檀君王儉. 以唐堯卽位五十年庚寅, 都平壤, 始稱朝鮮, 又都白岳山阿斯達, 御國一千五百年. 周武王卽位, 封箕子於朝鮮, 檀君又移於藏唐京, 還隱於阿斯達爲山神, 壽一千九百八歲. 夫檀君, 離平壤四百餘歲, 而還隱於阿斯達爲神, 則爲君於斯, 爲神於斯, 不厭於此地, 明矣. 箕子傳四十代, 燕人衛滿, 都王儉城, 傳二世, 高句麗傳七百五歲, 新羅竝二百餘歲, 高麗王氏傳四百餘年, 則檀君之去平壤, 遐哉邈矣. 其肯顧戀於平壤乎. 且爲山神, 致土人之尊祀, 豈有樂遷於平壤, 與東明王同廟哉. 遺事註云, 桓

因天帝, 卽柳觀書所謂檀因也, 桓雄天帝之庶子, 卽所謂檀雄也. 邃初之
人, 不忘其本, 創立寺宇, 改桓爲檀, 號稱三聖, 果不知創於何時也. 向者
移檀君於平壤, 而置二聖於何地. 是檀君不獨起怨於土人, 二聖必有騁
怪作癘, 爲害於民矣. 臣初聞吳成祐之言, 暫不介意, 今見柳觀之疏, 語
意不相(予)|矛|盾, 豈不更議以求神意乎.

신이 황해도 사람들이 병이 난 연유를 물으니 대답하기를, "지난날에 문
화현에 있는 단군사당을 평양에 옮긴 뒤에, 괴이한 기운이 뭉쳐 마치 귀신
모양 같은 것이 밤에 다니며 검은 기운이 진을 이루고 행동하는 소리가 있
었습니다. 한 사람이 바라보고 놀라고 괴이하여 숨어 피하고, 이 내용을 여
러 사람들에게 알렸습니다."라고 하였고, 마을 사람들이 서로 말하기를, "이
병의 발생이 실로 단군의 사당을 옮긴 까닭이다. 여기가 먼저 구월산의 산
간 민호에서 일어나 점점 문화·장연·재령·신천 등지에 번져 전염되어서 죽
은 자가 매우 많았으니, 민생이 불쌍하다."라고 하였습니다. …… 지금 사초
를 편수하는데 무신년에 이르러 우의정으로 벼슬을 그만둔 유관이 글을 올
리기를, "문화현은 신의 본향입니다. 부로들이 말하기를, '구월산은 이 고을
의 주산인데 단군 때에는 아사달산이라 이름하였다.'라고 하였습니다. 산의
동쪽 재가 높고 커서 연접하였는데 그 산허리에는 신당이 있습니다. 어느
시대에 창건하였는지 알지 못하나, 북쪽 벽에 단인천왕이 있고 동쪽 벽에는
단웅천왕이 있고 서쪽 벽에는 단군천왕이 있는데, 고을 사람들이 삼성당이
라고 칭하고 그 산 아래에 사람이 사는 곳도 또한 성당리라 칭합니다. 당의
안팎에는 까막까치가 깃들이지 않고 고라니와 사슴도 들어오지 않습니다.
단군이 아사달산에 들어가 신이 되었는데 이 산 아래에 삼성당이 지금도 남
아 있으니, 그 자취를 볼 수 있는 것입니다. 고을의 동쪽에 장당경이라고 이
름하는 땅이 있는데, 부로들이 전하기를 단군이 도읍하였던 곳이라 합니다.

혹자는 말하기를, '단군이 처음 왕검성에 도읍하였으니 지금 마땅히 기자 사당에 합하여 있어야 한다.'라고 합니다. 대개 단군이 요와 더불어 아울러 섰는데 기자에 이르기까지 천여 년이니, 어찌 아래로 기자 사당에 합하겠습니까?'라고 했습니다.

신 이선제가 『삼국유사』를 살펴보니 거기에 "『고기』에 이르기를, '옛적에 환인의 서자 환웅이 자주 천하에 뜻을 두어 인간 세상을 탐구하므로 아비가 아들의 뜻을 알고 삼위태백을 내려다보니 인간을 널리 이롭게 할 만하였다. 이에 천부인 3개를 주어 가서 다스리게 하니 환웅이 무리 3,000을 거느리고 태백산 정상에 내렸으니, 곧 지금의 묘향산이다. 풍백과 우사를 거느리고 곡식을 주관하고, 생명을 주관하고, 병을 주관하고, 형벌을 주관하며, 선악을 주관하는 등 무릇 인간의 360여 가지 일을 주관하며 세상을 다스리고 교화하게 하였다. 그때 곰 한 마리와 호랑이 한 마리가 같은 굴에서 사는데 항상 신인 환웅에게 기도하여 사람이 되기를 원하였다. 환웅이 신령스러운 쑥 1주와 마늘 20매를 주며 말하기를, '너희들이 이것을 먹고 백 일 동안 햇빛을 보지 않으면 사람의 형상을 얻으리라.' 하였다. 곰과 호랑이가 이것을 얻어먹고 삼칠일을 기피하였더니, 곰은 여자의 몸을 얻었으나 호랑이는 사람의 몸을 얻지 못하였다. 웅녀가 혼인을 할 데가 없어서 매양 단수 아래에서 잉태가 있기를 빌었다. 환웅이 이에 잠시 사람으로 변하여 혼인하자, 잉태하여 아들을 낳았는데 호를 단군왕검이라 하였다. 당요가 즉위한 지 50년이 되는 경인년에 평양에 도읍하고 비로소 조선이라 하였다. 또 백악산 아사달에 옮기어 나라를 다스린 지 1,500년에 주나라 무왕이 즉위하여 기자를 조선에 봉하니, 단군이 또 장당경에 옮기었다가 돌아와 아사달에 숨어 산신이 되었는데, 1,908세를 살았다.'고 하였다."라고 하였습니다.

대저 단군이 평양을 떠난 지 400여 세에 돌아와 아사달에 숨어 신이 되었으니, 여기에서 임금 노릇을 하였고 여기에서 신이 되었으니 이 땅을 싫어하지 않은 것은 분명합니다. 기자가 40대를 전하고, 연나라 사람 위만이 왕검성에 도읍하여 2세를 전하였고, 고구려는 705년을 전하였으며, 신라는 병합한 지 200여 년이고, 고려 왕씨는 400여 년을 전하였으니, 단군이 평양을 떠난 것은 아득하게 먼데, 평양을 돌아보고 연연하겠습니까? 또 산신이 되어 토착민들이 높이고 제사하는 것을 받았으니 어찌 평양에 즐겁게 옮기어 동명왕과 사당을 함께 하려고 하겠습니까? 『삼국유사』의 주에서 이른 환인천제는 곧 유관의 상서에서 말한 단인이고, 환웅은 천제의 서자이니 곧 이른바단웅이라 하겠습니다. 상고 사람들이 그 근본을 잊지 못하여 사우를 창립하고 환을 고쳐 단으로 하였으며, 삼성이라 호칭하였으니 과연 어느 시대에 창건하였는지 알지 못합니다. 지난번에 단군을 평양으로 옮겼는데 이성은 어느 땅에 두었겠습니까? 이것은 단군이 토착민에게 원망을 일으킬 뿐 아니라 이성도 반드시 괴이한 것을 마음대로 하고 여역을 지어 백성에게 해를 끼칠것입니다. 신이 처음에 오성우의 말을 듣고 조금도 개의하지 않았었는데, 지금 유관의 소를 보니 말뜻이 서로 모순되지 않으니 어찌 다시 의논하여 신의 뜻을 구하지 않겠습니까?

23) 『조선왕조실록』「세조실록」 권1 1년 7월

願殿下亦以上天立君愛民之心, 前代得民永年之效, 反覆思之, 全以休養生聚, 勤恤民隱爲事, 則本朝之業, 直與檀君箕子三國前朝而竝美矣. …… 三面阻海, 一面負山, 區域自分, 風氣亦殊. 檀君以來設官置州, 自爲聲敎.

원컨대 전하께서도 또한 하늘이 군왕을 세워 백성을 사랑하게 한 마음과, 전대에서 민심을 얻어 긴 역년을 누리게 된 효험을 가지고 반복해 생각하시고 순전히 생민의 산업을 기르고 민간의 숨은 고통을 구휼하는 것을 일삼아 하신다면 본조의 성업이 곧장 단군·기자와 삼국, 그리고 전조와 더불어 함께 아름다울 것입니다. …… 3면이 바다로 막혀 있고, 한쪽 면은 산을 등지고 있어 그 구역이 자연적으로 나뉘어져 있고, 풍토와 기후도 역시 달라서 단군 이래 관아와 주군을 설치하고 독자적인 성위와 교화를 펴왔습니다.

24)『조선왕조실록』「세조실록」권3 2년 3월

龍興江我太祖興運之地, 至於妙香山檀君所起, 九月山有檀君祠, 太白山神祠所在, 金剛山名聞天下, 長白山在先春嶺之南甲山之北, 實爲國之北岳. …… 乞每年春秋於東郊, 合祭前朝鮮王檀君後朝鮮王箕子新羅始祖太宗王文武王 〔二王統合麗濟〕 高句麗始祖嬰陽王 〔大敗隋兵〕 百濟始祖高麗太祖成宗顯宗忠烈王以上十二位.

용흥강은 우리 태조께서 일어나신 땅이고, 묘향산은 단군이 일어난 곳이며, 구월산에는 단군사가 있고, 태백산은 신사가 있는 곳입니다. 금강산은 천하에 명성이 있고, 장백산은 선춘령의 남쪽과 갑산의 북쪽에 있으니, 진실로 국가의 북쪽 산악이 됩니다. …… 바라건대 매년 봄가을로 동교에서 전조선왕 단군, 후조선왕 기자, 신라의 시조·태종왕·문무왕 〔두 왕은 고구려와 백제를 통합하였다.〕, 고구려의 시조·영양왕 〔수나라 군대를 대패시켰다.〕, 백제의 시조, 고려의 태조·성종·현종·충렬왕 이상 12위를 합제하소서.

25)『조선왕조실록』「세조실록」권3 2년 4월

承政院奉旨馳書于平安道觀察使曰, 平壤檀君箕子及高句麗始祖祠宇墻壁頹圮, 丹靑汚毁, 有違觀瞻, 可於明使回還前修治, 務要無弊.

승정원에서 임금의 명령을 받들어 평안도 관찰사에게 서신을 보내어 이르기를, "평양의 단군·기자와 고구려 시조의 사우는 장벽이 무너지고 단청이 더러워져서 보기에 딱하니, 중국 사신이 돌아오기 전에 수리하되 폐단이 없도록 힘쓰라."라고 하였다.

26) 『조선왕조실록』「세조실록」권4 2년 7월

更定朝鮮檀君神主爲朝鮮始祖檀君之位, 後朝鮮始祖箕子爲後朝鮮始祖箕子之位, 高句麗始祖爲高句麗始祖東明王之位.

'조선단군신주'를 조선시조단군지위'로, '후조선 시조 기자'를 '후조선시조기자지위'로, '고구려시조'를 '고구려시조동명왕지위'로 고쳐 정했다.

27) 『조선왕조실록』「세조실록」권7 3년 5월

諭八道觀察使曰, 古朝鮮秘詞大辯說朝代記周南逸士記誌公記表訓三聖密記安含老元董仲三聖記道證記智異聖母河沙良訓, 文泰山, 王居仁, 薛業 等三人記錄, 修撰企所一百餘卷, 動天錄磨蝨錄通天錄壺中錄地華錄道詵漢都讖記等文書, 不宜藏於私處, 如有藏者, 許令進上, 以自願書冊回賜, 其廣諭公私及寺社.

팔도관찰사에게 유시하기를, "『고조선비사』, 『대변설』, 『조대기』, 『주남일사기』, 『지공기』, 『표훈삼성밀기』, 『안함노원동중삼성기』, 『도중기지리성모

하사량훈」, 문태산·왕거인·설업 등『삼인기록』,『수찬기소』의 100여 권과
『동천록』,『마슬록』,『통천록』,『호중록』,『지화록』,『도선한도참기』등의 문
서는 개인적으로 거처하는 곳에 간직해서는 안 되니, 만약 간직한 사람이
있으면 진상하도록 허가하고, 스스로 원하는 서책으로 돌려줄 것이니 이
일을 관청, 민간 및 사사에 널리 효유하라."라고 하였다.

28)『조선왕조실록』「세조실록」권15 5년 3월

平壤府常行檀君, 高句麗始祖, 箕子殿, 九津溺水, 平壤江祭及文宣王釋
奠時, 皆用時服, 有違盛服承祀之意.

평양부에서 단군전·고구려시조전·기자전·구진 익수, 평양강의 제사와
문선왕의 석전제를 항상 지낼 때 모두 시복을 착용하니, 성복하여 제사를 받
든다는 뜻에 어긋남이 있습니다.

29)『조선왕조실록』「세조실록」권22 6년 10월

上親祭于永崇殿, 遂詣檀君高句麗始祖箕子殿行祭.

임금이 친히 영숭전에 제사를 지낸 다음에 단군, 고구려 시조, 기자전에
나아가 제사하였다.

30)『조선왕조실록』「세조실록」권22 6년 10월

享日未行事前, 殿司設殿下於朝鮮始祖檀君, 高句麗始祖東明王神位之

間, 王世子位於東階東南北向.

제향를 모시는 날 제사를 지내기 전에 전사가 전하의 자라를 조선 시조 단군과 고구려 시조 동명왕의 신위 사이에 설치하고, 왕세자의 자리를 동쪽 계단의 동남쪽에 설치하되 북향하게 하였다.

31) 『조선왕조실록』「세조실록」권40 12년 11월

一, 東國文籍, 自檀君至本朝, 歷歷可考, 非他蕃國遼金西夏之比也.

1. 우리나라의 문적은 단군 시대로부터 본조에 이르기까지 역력히 상고할 수가 있으니, 다른 번국인 요, 금, 서하에 비할 것이 아닙니다.

32) 『조선왕조실록』「세조실록」권43 13년 8월

東國自檀君至今, 纔七代. 此非徒華夷風俗淳漓之不同也.

우리나라에서는 단군으로부터 지금에 이르기까지 겨우 7대뿐입니다. 이는 다만 화이의 풍속이 순후하고 야박한 것이 같지 않기 때문입니다.

33) 『조선왕조실록』「성종실록」권13 2년 11월

昔日本道惡疾, 何因而發歟? 諸種惡疾, 何邑爲甚, 而何證最多歟? 檀君神祠, 前在何處, 而今何故移之歟?

옛날에 본도의 악질은 무엇 때문에 발병하였느냐? 모든 종류의 악질이 어느 고을에서 심하였으며 어떤 증세가 가장 많았느냐? 단군의 신사는 전에 어느 곳에 있었는데 지금 무슨 까닭으로 이전하였느냐?

34)『조선왕조실록』「성종실록」권13 2년 11월

下書黃海道觀察使李芮曰, 人言, 檀君天王堂, 本在九月山上峯, 後以貝葉寺在其下, 堂不宜在佛刹上, 移於寺之前峯. 後又移於山麓, 設天王三位, 又設使者配享廳及典祀廳, 降香致祭行之已久. 其後廢不祀, 又築祈雨壇於其側, 宰殺雞豚, 爲神所厭, 惡病遂起. 所謂天王堂及使者配享廳, 典祀廳古基, 猶存歟. 神位建設之因, 有傳之者歟. 降香致祭前禮可考歟. 祈雨壇之築, 在何時乎. 至今祈雨行於此壇歟. 宰殺雞豚之言然歟. 惡病果前所無, 而因此始起歟. 必有諺傳之言, 其逐條訪問, 詳究病源, 以啓.

황해도 관찰사 이예에게 글을 내리기를, "사람들의 말에는 '단군의 천왕당은 본래 구월산의 상봉에 있었다. 뒤에 패엽사가 그 아래에 있어 당이 절 위에 있음은 마땅하지 않다 하여 절의 앞산 봉우리에 옮겼다가 얼마 뒤에 또 산기슭에 옮겨 천왕 3위를 설치하였다. 또 사자의 배향청과 전사청을 설치하여 향을 내려 제사를 행한 지가 이미 오래되거늘 그 뒤에 폐지하여 제사하지 아니하였고, 또 기우단을 그 곁에 쌓아 닭과 돼지를 잡으니, 신이 미워하여 악병이 마침내 일어났다.'고 한다. 천왕당과 사자의 배향청·전사청이라고 하는 옛 터전이 아직도 있는지 신위를 건설한 원인을 전하는 자가 아직도 있는가? 향을 내려 제사를 지낸 전례를 상고할 수 있으며, 기우단을 쌓은 것은 어느 때에 있었는가? 지금도 이 단에서 기우제를 행하며, 닭과 돼지를 잡는다는 말이 옳은가? 악병은 과연 전에 없었던 것인데 이로 인하여 처음 일어났는가? 필시 속언으로 전하는 말이 있을 것이니 그 조목조목을 따라 방문하여 자세히 병의 근원을 궁구하여 계문하라."라고 하였다.

35)『조선왕조실록』「성종실록」권15 3년 2월

黃海道觀察使李芮馳啓曰：“臣因前下諭, 訪問文化縣古老人前司直崔池, 前殿直崔得江, 得三聖堂事跡, 條錄以聞. 一, 諺傳檀君初爲神, 入九月山, 祠宇在貝葉寺西大甑山, 臨佛刹. 後自移于寺下小峯, 又移于小甑山, 卽今之三聖堂也. 大甑山及貝葉寺下小峯, 今無堂基, 其時致祭與否及幷祭三聖, 未可知. 一, 檀君及父檀雄, 祖桓因, 稱爲三聖, 建祠宇祭之, 自祀廢後, 堂宇傾頹. 逮景泰庚午, 縣令申孝源重創, 戊寅縣令梅佐施丹靑. 一, 三聖堂 桓因天王南向, 檀雄天王西向, 檀君天王東向, 幷板位. 俗傳古皆木像, 我太宗朝河崙建議, 革諸祠木像, 三聖木像亦例罷, 儀物設置與否未可知. 一, 三聖堂西夾室, 九月山大王居中, 左土地精神, 右四直使者, 竝位板南向. 一, 古無典祀廳, 梅佐乃於三聖堂下作草屋數間, 令緇徒居之, 祭祀時則齋宿于此, 祭物亦於此辦設. 一, 三聖堂西北三里許有二寺, 五里許有一寺, 東北四里許有一寺. 一, 貝葉寺亦在三聖堂西六里許, 隔一嶺, 一澗. 一, 三聖堂祭器, 古用金銀, 自倭亂後, 用沙器, 梅佐始造鍮器. 一, 廟宇移平壤後, 罷此堂之祭, 今已六十餘年. 或云我太宗朝庚辰, 辛巳, 壬午年間也, 未知是否, 其降香致祭儀軌亦不可考. 一, 九月山上峯非天王堂, 乃名爲四王峯, 亦古降香致祭處, 我太宗乙未年間始革之, 其堂基曾無見者, 今亦氷凍危險, 人不得上. 一, 『關西勝覽』載文化縣古跡云：‘九月山下聖堂里, 有小甑山, 有桓因, 檀雄, 檀君 三聖祠; 九月山頂有四王寺, 古之星宿醮禮處.’ 一, 自三聖堂移平壤後, 雖國家不致祭, 若祈雨,祈晴, 縣官具朝服親祭, 祭用白餅, 白飯, 幣帛, 實果, 此外不得行他祭, 邑俗稱爲靈驗, 人不敢來祭. 一, 祈雨龍壇在三聖堂下百餘步, 未知設置日月. 縣所藏宋 景德三年丙午五月儀注載：'用餅, 飯, 酒及白鵝, 行祭.' 今代用白雞, 不用豚. 一, 三聖堂下近處人家稠密, 自罷祭後, 惡病始發, 人家一空, 其雞,豚宰殺, 爲神所厭之語則未聞. 禮曹據此啓："百姓皆謂'三聖堂移設于平壤府, 不致祭, 其後惡病乃興.' 是雖怪誕,無稽之說, 然古記：'檀君入阿斯達山, 化爲神.' 即今本道文化縣九月山其廟存焉, 且前此降香致祭. 請從民願, 依平壤 檀君廟例, 每年春秋降香祝行祭." 從之.

황해도 관찰사 이예가 치계하기를, "신이 전번의 하유로 인하여, 문화현의 옛 노인 전 사직 최지, 전 전직 최득강을 방문하고 삼성당의 사적을 얻어 그것을 조목으로 기록하여 아룁니다.

1. 속언에 전하기는 단군이 처음 신이 되어 구월산에 들어갔다고 합니다. 사우는 패엽사의 서쪽 대증산의 불찰에 임하여 있었다가 그 뒤에 절 아래 작은 봉우리로 옮겼고, 또다시 소증산으로 옮겼다 하는데 곧 지금의 삼성당입니다. 대증산과 패엽사 아래의 작은 봉우리에 지금은 당기가 없고 따라서 그때 제사를 지낸 것과 또 삼성도 아울러 제사 지냈는지 그것은 알 수가 없습니다.

1. 단군과 아버지 단웅, 할아버지 환인을 일컬어 삼성이라 하고 사우를 세워 제사를 지내다가, 제사를 폐한 뒤로부터 당우가 기울어져 무너졌었는데, 경태 경오년에 이르러 현령 신효원이 중창하고, 무인년에 현령 매좌가 단청을 베풀었습니다.

1. 삼성당의 환인천왕은 남향하고, 환웅천왕은 서향하고, 단군천왕은 동향하여 다 위패가 있습니다. 속설에 전하기를 옛날에는 모두 목상이 있었는

데, 태종조에 하윤이 제사의 목상을 혁파할 것을 건의하여 삼성의 목상도 또한 예에 따라 파하였다 하며 의물의 설치 여부는 알 수 없습니다.

1. 삼성당의 서쪽 협실에는 구월산 대왕이 가운데 있고, 왼쪽에 토지정신이 오른쪽에 사직사자가 있는데, 그 위판은 모두 남향하여 있습니다.

1. 예전에는 전사청이 없었는데 매좌가 삼성당 아래에 초옥 수칸을 지어 치도로 하여금 거주하게 하고, 제사 때는 여기에서 재숙하고 제물도 또한 여기에서 장만하였습니다.

1. 삼성당의 서북쪽 3리쯤에 두 절이 있고 5리쯤에 한 절이 있고, 동북쪽 4리쯤에 한 절이 있습니다.

1. 패엽사도 또한 삼성당 서쪽 6리쯤의 고개와 시내를 사이에 두고 있습니다.

1. 삼성당의 제기는 옛적에는 금은을 사용하였는데 왜란 이후 사기를 쓰다가 매좌가 비로소 유기를 만들었습니다.

1. 사당을 평양으로 이전한 뒤로는 이 당의 제사를 폐지한 것이 벌써 60여 년이 되었다 하고, 혹은 태종조 경진년, 신사년, 임오년 사이라고도 합니다. 어떤 것이 옳은지 알 수 없으며 향을 내려 제사를 지낸 의궤도 또한 상고할 수 없습니다.

1. 구월산 상봉에는 천왕당이 아니고 이름을 사왕봉이라 하며 또한 예전에 향을 내려 제사를 지내던 곳이 있었는데, 태종 을미년 사이에 처음 혁파하였다 하나 그 터를 본 사람이 없고, 이제 또한 얼음이 얼어 위험하여 사람이 올라갈 수도 없습니다.

1. 『관서승람』에 문화현의 고적을 기재하기를, '구월산 아래 성당리에 소증산이 있는데 환인, 단웅, 단군의 삼성사가 있고, 구월산 마루에는 사왕사가 있는데, 옛적에 별에 초례 하던 곳이다.' 하였습니다.

1. 삼성당을 평양으로 옮긴 뒤로부터 비록 국가에서는 제사를 지내지 않았

으나, 기우, 기청을 할 때는 현관이 조복을 갖추고 친히 제사 지내며, 제사에는 백병, 백반, 폐백, 과실을 쓰고 이 밖에 다른 제사는 행할 수가 없는데, 고을의 풍속에는 영험이 있다고 일컬어 사람들이 감히 와서 제사하지 못합니다.

1. 기우용단은 삼성당 아래 백여 보에 있으나, 설치한 날짜는 알지 못하고, 현에 소장된 송나라 경덕 3년 병오년 5월 의주에는, '떡, 밥, 술과 흰 거위를 사용하여 제사를 행했다.'라고 기재되었으나, 지금은 흰 닭을 대신 쓰고 돼지는 쓰지 않습니다.

1. 삼성당 아래 근처에는 인가가 빽빽하였는데 제사를 파한 뒤로부터 악병이 발생하기 시작하여 인가가 텅 비었습니다. 그러나 닭, 돼지를 도살하여 신령이 싫어하였다는 말은 듣지 못하였습니다. 예조에서 이것을 근거하여 아뢰기를, "백성이 모두 삼성당을 평양부에 옮기고 제사를 지내지 않자 그 뒤로부터 악병이 일어났다고 하니, 이는 비록 괴탄무계한 말입니다. 그러나 옛 기록에, '단군이 아사달산에 들어가 화하여 신이 되었다.' 하였고, 지금 본도 문화현 구월산에 그 묘당이 있으며, 또 전에는 향을 내려 제사를 지냈으니, 청컨대 백성의 원하는 바에 따라 평양의 단군묘의 예에 의하여 해마다 봄가을로 향과 축문을 내려 제사를 행하소서." 하니, 그대로 따랐습니다.

36) 『조선왕조실록』 「성종실록」 권134 12년 10월

自檀君與堯竝立, 歷箕子新羅, 皆享千年, 前朝王氏亦享五百.

단군이 요와 함께 즉위한 때부터 기자조선, 신라가 모두 천 년을 누렸고 전조의 왕씨 또한 오백 년을 누렸습니다.

37) 『조선왕조실록』 「성종실록」 권151 14년 2월

天開神祖繼(擅君)[=檀君], 聖本箕疇治道敦.

하늘이 신조를 개벽하여 단군을 계승시켰고 성인이 기자의 홍범구주를
근본으로 하니 통치의 도리가 돈독해졌네.

38) 『조선왕조실록』 「성종실록」 권214 19년 3월

正使曰, 箕子之墳與廟在乎, 吾等欲拜焉. 答曰, 墳則遠在城外, 今不可
到, 廟則在城內矣. 曰然則當謁廟矣. 卽詣箕子廟, 行拜禮. 出廟門, 指
檀君廟曰, 此何廟乎. 曰檀君廟也. 曰檀君者何, 曰東國世傳, 唐堯卽位
之年甲辰歲, 有神人降於檀木下, 衆推以爲君. 其後入阿斯達山, 不知所
終. 曰我固知矣. 遂步至廟, 行拜禮. 入廟中, 見東明神主曰, 此又何也.
曰此高句麗始祖高朱蒙也. 曰檀君之後, 何人代立, 曰檀君之後, 卽箕子
也. 傳至箕準, 當漢之時, 燕人衛滿逐準代立. 箕準亡入馬韓之地, 更立
國, 所都之基, 今猶在焉. 檀君箕子衛滿, 謂之三朝鮮. ’曰衛滿之後, 則
漢武帝遣將滅之, 在漢史矣.

정사가 말하기를, "기자의 무덤과 사당이 있습니까? 우리가 배알하려고
합니다."라고 하므로, 대답하기를, "분묘는 멀리 성 밖에 있어 지금 도달할
수는 없으나 사당은 성안에 있습니다."라고 하니, 말하기를, "그렇다면 마땅
히 사당을 배알하겠습니다."라고 하고, 즉시 기자묘에 나아가 배례를 행하
였습니다. 묘문을 나와 단군묘를 가리키며 말하기를, "이는 무슨 사당입니
까?"라고 하므로 말하기를, "단군묘입니다."라고 하니, 말하기를, "단군이란

누구입니까?"라고 하기에 "동국에 세전하기를, '당요가 즉위한 해인 갑진년에 신인이 있어 단목 아래에 내려오니, 사람들이 추대하여 임금으로 삼았는데 그 뒤 아사달산에 들어가 죽은 곳을 알지 못한다.'고 합니다."라고 하니, 말하기를, "내가 알고 있습니다."라고 하고, 드디어 걸어서 사당에 이르러 배례를 행하였습니다. 사당 안에 들어가 동명왕의 신주를 보고 이르기를, "이분은 또 누구입니까?"라고 하기에, 말하기를, "이분은 고구려 시조 고주몽입니다."라고 하니, 이르기를, "단군 뒤에 어떤 사람이 대를 이어 섰습니까?"라고 하기에, 말하기를, "단군의 뒤는 바로 기자인데, 기준에 이르러 한나라 때 연나라 사람 위만이 준을 쫓아내고 대신 섰으며, 기준은 도망하여 마한 땅에 들어가 다시 나라를 세웠는데 도읍하던 터가 지금도 남아 있습니다. 단군, 기자, 위만을 삼조선이라고 말합니다."라고 하니, 이르기를, "위만의 후예는 한무제가 장수를 보내어 멸망시킨 것이 한나라 역사책에 있습니다."라고 하였다.

39) 『조선왕조실록』 「성종실록」 권214 19년 3월

天使到平壤, 謁箕子廟, 行四拜禮, 又謁檀君廟, 行再拜禮.

중국 사신이 평양에 도착하여 기자묘를 배알하여 사배례를 행하고, 또 단군묘를 배알하여 재배례를 행하였습니다.

40) 『조선왕조실록』 「중종실록」 권29 12년 8월

臣等竊念, 惟我東方, 若檀君之世, 洪荒遠矣, 不復徵也, 箕子肇封, 僅能施八條而已.

신 등이 가만히 생각해 보니 오직 우리 동방에서 단군 시절은 먼 옛날이라 징험할 수 없으며, 기자가 나라를 세우고서야 겨우 팔조를 시행하였을 뿐이었습니다.

41) 『조선왕조실록』 「중종실록」 권84 32년 3월

天使二十九日, 入平壤, 欲見箕子廟, 檀君廟, 臣等曰, 路由文廟前, 若過行則須謁聖也. 至箕子廟檀君廟, 行揖禮, 因往練光亭, 喜嘆曰, 天下絶勝也.

중국 사신이 29일에 평양에 들어왔는데, 기자묘와 단군묘를 참배하려 하기에, 신들이 "길이 문묘 앞을 통과하므로 지나가려면 알성을 해야 한다."라고 하였습니다. 기자묘와 단군묘에 이르러 읍례를 하고, 이어 연광정으로 갔는데 기뻐하고 감탄하며 천하에 없는 경치라고 하였습니다.

42) 『조선왕조실록』 「중종실록」 권90 34년 4월

又往檀君廟, 行揖禮後, 往練光亭觀武才, 州官等皆多中.

또 단군묘로 가서 예를 올린 다음 연광정에 가서 무예를 관람했는데 주관들이 거의가 활을 잘 쏘았습니다.

43) 『조선왕조실록』 「선조실록」 권56 27년 10월

但徐居正等所撰通鑑, 則自檀君以下, 尤爲荒茫, 高麗史節要姑爲進講無妨.

다만 서거정 등이 지은『동국통감』은 단군 이하부터는 더욱 황망하니『고려사절요』로 진강하는 것이 무방할 듯합니다.

44)『조선왕조실록』「선조실록」권89 30년 6월

三聖祠亦在文化九月山, 卽桓因桓雄檀君之祠. 而桓因桓雄檀君三聖, 各有位版, 事迹不同, 祝文各製宜當, 故藝文館如是分牌矣.

삼성사 역시 문화현 구월산에 있는데 바로 환인, 환웅, 단군의 사당이다. 환인, 환웅, 단군 삼성의 위판이 각각 있고 사적도 같지 않아 축문도 각기 짓는 것이 마땅하기 때문에 예문관에서 그처럼 패를 나눈 것이다.

45)『조선왕조실록』「선조실록」권98 31년 3월

自古豈有射殺之軍功乎? 中國自盤古以來, 曾無此例, 東國自檀君以來, 亦無此例.

예로부터 어찌 사살에 대한 군공이 있었던가. 중국에는 반고씨이래로 일찍이 이런 예가 없었고 우리나라에는 단군 이래로 역시 이런 예가 없었다.

46)『조선왕조실록』「인조실록」권45 22년 2월

箕, 檀千百年間, 豈無讀春秋之人.

기자, 단군 이후 1,100년 동안에 그 어찌 『춘추』를 읽은 사람이 없겠습니까?

47) 『조선왕조실록』 「효종실록」 권12 5년 6월

然東土建國, 自檀, 箕以下四五千年, 其間明君誼?, 碩輔良弼, 豈不知用
錢之有益於人國也?

그러나 동방에 나라를 세운 지가 단군, 기자 이래로 사오천 년인데, 그 사
이 밝고 의로운 임금과 훌륭하고 어진 보필이 어찌 돈을 사용하는 것이 백성
과 국가에 유익함을 알지 못하였겠습니까?

48) 『조선왕조실록』 「현종실록」 권17 7년 9월

檀君, 東方首出之君也. 世傳甲辰之歲, 竝堯而立, 降於太白, 都於鐵甕,
移於浿上, 入於阿斯, 人文宣朗, 肇基於此.

단군은 동방에서 맨 먼저 출현했던 임금입니다. 세상에 전해지기로는 갑
진년에 중국의 요임금과 함께 왕위에 올랐는데 태백산으로 내려와 철옹에
도읍을 정했다가 패수가로 옮겨 아사달로 들어갔었는데 인문을 밝게 편 기
초가 여기에서 시작하였다고 합니다.

49) 『조선왕조실록』 「숙종실록」 권6 3년 1월

論其治則檀君淳厖之治, 箕子八條之敎, 各千年. 衛滿以兵威財物, 拓地
數千里, 暴得暴亡.

그들이 나라 다스린 것을 논해 보면, 단군은 어질게 다스리고, 기자는 8조로 가르쳐 각각 천 년씩을 가고, 위만은 병력의 위엄과 재물을 가지고 수천 리의 땅을 개척했으나 갑자기 얻었다가 갑자기 망했습니다.

50) 『조선왕조실록』 「숙종실록」 권8 5년 11월

檀君, 東明王廟, 亦在箕子廟傍, 自世宗朝春秋祭以中牢.

단군과 동명왕의 사당도 기자의 사당 옆에 있어, 세종 때부터 봄가을에 중뢰로써 제사를 올렸습니다.

51) 『조선왕조실록』 「숙종실록」 권8 5년 11월

箕子廟, 檀君, 東明王廟參奉, 竝加給料米二斗.

기자묘와 단군, 동명왕 사당의 참봉에게도 모두 급료로 쌀 두 말씩을 주라고 명하였다.

52) 『조선왕조실록』 「숙종실록」 권28 21년 6월

禮曹請黃海道三聖祠所在檀君祝文, 依平壤檀君祠例, 書以前朝鮮檀君, 崇義殿所安高麗顯宗元宗文宗三位, 依高麗太祖例, 竝勿書大王, 只稱某宗王, 上允之.

예조에서 황해도 삼성사에 있는 단군의 축문을 평양 단군사의 예에 의거

하여 '전조선단군'이라 쓸 것과, 숭의전에 봉안된 고려 현종·원종·문종 세 위패를 고려 태조의 예에 따라 모두 대왕이라 쓰지 말고, 다만 '아무 종·왕'이라고만 칭할 것을 청하니 임금이 윤허하였다.

53)『조선왕조실록』「숙종실록」권31 23년 7월

又請收用箕子後裔, 每歲修治江東檀君墓平壤東明王墓, 竝允之.

그리고 또 기자의 후손을 거두어 기용하고 해마다 강동의 단군묘와 평양의 동명왕묘를 손질하여 가다듬도록 청하자 모두 윤허하였다.

54)『조선왕조실록』「숙종실록」권51 38년 4월

漢陽是宜稻之地, 穀神乃稷神, 必依於谷, 含水而伏, 方可長命, 而爲檀君以來, 朝鮮所扶之神靈所侵困, 乘去山脊, 故爲短促之兆也.

한양은 벼를 심는 데에 좋은 땅이며 곡신은 곧 직신으로서 반드시 골짝에 의지하여 물을 머금고 엎드려야만 수명이 길 수 있는데, 단군 이래로 조선을 부호하는 신령이 곤욕을 받아 산마루를 타고 갔으므로 수명이 짧아지는 조짐이 됩니다.

55)『조선왕조실록』「영조실록」권31 8년 1월

命遣承旨, 致祭于平壤檀君廟, 旋命停止. 蓋頃年已致祭檀君, 而配享東明王墓, 又方致祭, 故嫌其瀆也.

승지를 파견하여 평양의 단군묘에 제사를 지내도록 명하였다가 도로 정지하도록 명하였다. 이유는 대체로 지난해에 이미 단군묘에 제사를 올리고 동명왕묘에 배향하였는데, 또 바야흐로 제사를 올리려 하기 때문에 그 번거로움을 혐의스럽게 여긴 것이었다.

56) 『조선왕조실록』 「영조실록」 권49 15년 5월

上行召對. 遣近臣, 致祭崇仁殿, 命修檀君, 箕子以下諸王陵墓, 從侍讀官兪最基言也.

임금이 소대를 행하였다. 가까이서 임금을 모시던 신하를 보내어 숭인전에 제사를 지내게 하고 단군, 기자 이하 여러 왕의 능묘를 수리하라고 명하였으니 시독관 유최기의 말을 따른 것이었다.

57) 『조선왕조실록』 「영조실록」 권52 16년 10월

上行召對. 敎曰 我東自檀君之後, 箕聖敷八條之敎, 從古稱禮義之邦.

임금이 소대를 행하였다. 하교하기를, "우리 동방은 단군 이후 기성이 팔조의 가르침을 폈으므로 예로부터 예의의 나라로 일컬어져 왔다."라고 하였다.

58) 『조선왕조실록』 「영조실록」 권101 39년 4월

命修理前朝舊陵及檀君箕子新羅高句麗百濟始祖陵.

전조의 옛 능과 단군, 기자, 신라, 고구려, 백제의 시조의 능을 수축하라고 명하였다.

59) 『조선왕조실록』 「영조실록」 권103 40년 5월

漢有南北部, 唐有牛, 李, 宋有洛, 蜀, 皇明有東浙黨, 而逮于東國, 自檀君至前朝, 其無聞焉.

한나라에 남북부가 있었고 당나라에는 우, 이가 있었으며, 송나라에는 낙, 촉이 있었고 명나라에는 동절의 당이 있었으나, 우리 동방에 있어서는 단군으로부터 전조에 이르기까지 들어보지도 못하였다.

60) 『조선왕조실록』 「영조실록」 권106 41년 12월

上召問三聖故蹟於副提學徐命膺, 命膺曰, 三聖卽桓因桓雄檀君, 而史所謂阿斯達山, 卽今之九月山也. 仍奏其故事甚詳. 上曰, 然則桓雄卽檀君之父, 桓因卽檀君之祖也.

임금이 부제학 서명응을 불러 삼성의 고적을 물으매 서명응이 말하기를, "삼성은 곧 환인·환웅·단군이며, 역사에서 말하는 바 아사달산은 곧 지금의 구월산입니다."라고 하고 그 고사를 심히 상세하게 아뢰었다. 임금이 말하기를, "그렇다면 환웅은 곧 단군의 아버지이고 환인은 곧 단군의 할아버지이다."라고 하였다.

61) 『조선왕조실록』「영조실록」 권111 44년 11월

教曰 中國自有帝王廟, 卽尊舊之義也. 我國亦有檀君祠·箕子殿·三國始
祖陵, 於前朝有崇義殿, 猗歟盛哉.

하교하기를, "중국은 본래 제왕의 묘가 있으니 바로 옛날을 존중하는 도
리이다. 우리나라에도 단군사, 기자전, 삼국의 시조릉이 있고, 전조에는 숭
의전이 있으니 아름답고 거룩하다.

62) 『조선왕조실록』「영조실록」 권122 50년 5월

命自檀君廟至前朝諸陵尙在祀典者, 令道臣親爲奉審, 兩都留守亦一體
奉審, 趁卽修補, 而皆用募軍, 以儲置米會減.

단군의 사당으로부터 전조의 여러 능에 이르기까지 지금껏 사전에 있는
곳은 도신으로 하여금 친히 보살피도록 하고, 양도의 유수도 또한 똑같이 보
살피도록 하며, 제때에 곧 고치고 수리하도록 하되 모두 모군을 이용하고,
저치미로 회계하도록 하라고 명하였다.

63) 『조선왕조실록』「정조실록」 권6 2년 8월

旣非唐, 虞, 三代, 漢, 唐, 宋, 明之法. 亦非檀君, 箕子我國初之法也.
이것은 이미 당, 우, 삼대와 한, 당, 송, 명의 법이 아니고, 또한 단군, 기자
와 우리나라 국초의 법도 아닙니다.

64) 『조선왕조실록』「정조실록」 권7 3년 1월

致祭于檀君廟高麗忠臣鄭夢周.

단군묘와 고려의 충신 정몽주에게 제사를 드렸다.

65) 『조선왕조실록』「정조실록」 권12 5년 12월

次對. 飭檀君, 箕子, 新羅, 高句麗, 百濟, 高麗始祖諸王陵修改之節.

차대하였다. 단군, 기자, 신라, 고구려, 백제, 고려 시조의 왕릉들을 보수
하고 고치는 절차에 대해 계칙하였다.

66) 『조선왕조실록』「정조실록」 권22 10년 8월

修檀君墓, 置守塚戶. 承旨徐瀅修啓言 ：“檀君, 卽我東首出之聖, 史稱
編髮蓋首之制. 君臣上下之分, 飮食居處之禮, 皆自檀君創始, 則檀君之
於東, 實有沒世不忘之澤. 其所尊奉, 宜極崇備. 臣待罪江東, 見縣西三
里許, 有周圍四百十尺之墓. 故老相傳, 指爲檀君墓, 登於柳馨遠輿地
志, 則毋論其虛實眞僞, 豈容任其荒蕪, 恣人樵牧乎. 若以爲檀君入阿斯
達山爲神, 不應有墓, 則旣有喬山之舃, 而又有崆峒之塚矣. 況檀君廟,
在於平壤, 而本郡秩之爲崇靈殿, 則此墓之尙闕彝典, 誠一欠事.

단군의 묘를 수리하고 무덤을 지킬 집들을 지정했다. 승지 서형수가 아뢰
기를, “단군은 우리 동방의 맨 먼저 나온 성인으로서 역사에 편발개수의 제

도를 제정하였다고 일컫고 있습니다. 군신 상하의 분수와 음식과 거처의 예절을 모두 단군이 창시하였다면 단군은 동방에 있어서 사실 세상이 끝나도록 잊지 못할 은택이 있는 것이니, 모든 것을 극도로 갖추어 높이 받들어야 할 것입니다. 그런데 신이 강동에서 벼슬할 때에 보았는데, 고을 서쪽 3리쯤 되는 곳에 둘레가 410척쯤 되는 무덤이 있었습니다. 옛 노인들이 서로 단군의 묘소라고 전하고 있었으며 유형원의 『여지지』에 기록되어 있으니, 그것이 참인지 거짓인지를 막론하고 어떻게 황폐해지도록 놔두고 사람들이 마음대로 땔나무를 하거나 소와 말을 먹이도록 놔둘 수 있겠습니까? 만약 단군이 아사달산에 들어가 신이 되었으므로 묘소가 있을 수 없다고 이의를 제기한다면, 중국의 황제는 교산에 신발이 있는 일도 있었고 공동산에 무덤이 있는 고사도 있습니다. 더구나 평양에 단군의 사당이 있고 본 고을에서 숭령전으로 높였는데 이 묘소만 떳떳한 전장에서 빠졌다는 것은 정말 하나의 흠결된 일입니다."라고 하였다.

67) 『조선왕조실록』 「정조실록」 권27 13년 6월

三聖祠, 祀桓因, 桓雄, 檀君之祠, 在文化九月山. 命本道奉審修改, 親撰祭文, 遣近侍致祭. 檀君則與堯竝立, 若稽首出肇造之跡, 崇奉之節, 尤合尊敬. 檀君之時, 風氣未闢, 人文何論?

삼성사는 환인, 환웅, 단군을 제사하는 사당으로 문화현 구월산에 있는데, 본도에 명하여 사당을 보살피고 개수하게 하고, 친히 제문을 지어 근시를 보내어 제사를 지냈다. 단군은 요와 나란히 서서 임금이 되었으니, 맨 먼저 나와서 비로소 나라를 세운 업적을 상고해보면 높여 받드는 절차에 있어 기자보다 더욱 존경하는 것이 합당하다. 단군 시대에는 풍속이 미개하였으니 문명을 어찌 논하겠는가. 단군, 기자와 우리나라 국초의 법도 아니다.

68) 『조선왕조실록』 「정조실록」 권28 13년 10월

檀箕以來四千載, 開物成務聖神作.

단군, 기자 이후 4천 년에 사물을 열어 일을 이루니 세상의 온갖 만물 성신들이 만들어졌네.

69) 『조선왕조실록』 「정조실록」 권35 16년 8월

我東建邦, 創自檀君, 而史稱自天而降, 壘石行祭天之禮.

우리 동방은 나라를 세운 것이 단군으로부터 시작되었는데 역사에서는 하늘에서 내려와 돌을 쌓아 제천의 예를 행하였다고 하였다.

70) 『조선왕조실록』 「정조실록」 권43 19년 9월

歷代后王祀典之所, 皆有稱號, 如箕子之崇仁殿, 檀君·東明王之崇靈殿, 新羅始祖之崇德殿, 高麗始祖之崇義殿, 是也.

역대 후왕을 제사 지내는 곳은 모두 부르는 이름이 있으니, 예컨대 기자의 숭인전, 단군과 동명왕의 숭령전, 신라 시조의 숭덕전, 고려시조의 숭의전 등이 바로 그것이다.

71) 『조선왕조실록』「정조실록」권52 23년 12월

洪惟我東方有國, 粤自邃古, 檀君首出, 箕子東來. …… 故檀氏之起, 竝
於陶唐, 箕聖之封, 肇自周武. …… 擊刺以爲能事, 叛亂殆無虛歲, 檀,
箕之遺風, 漠然不可見矣.

삼가 생각건대 우리 동방에 나라가 있게 된 것은 상고 시대로부터인데 단
군이 맨 먼저 나오시고 기자께서 동쪽으로 건너오셨습니다.…… 옛적에 단
군께서 나라를 일으키신 때는 도당씨 때와 일치하고 기자께서 봉해지신 것
은 주나라 무왕 때로 거슬러 올라갑니다.…… 그리하여 치고 찌르는 것을
능사로 삼아 반란이 일어나지 않는 해가 거의 없을 정도였으니 단군과 기자
께서 남겨 주신 풍도를 까마득히 볼 수가 없게 되었습니다.

72) 『조선왕조실록』「순조실록」권1 즉위년 9월

恭惟, 正宗文成武烈聖仁莊孝大王殿下, 自檀箕來, 繼堯舜作.

삼가 생각하건대, 정종문성무열성인장효대왕전하께서는 단군, 기자 이래
요순처럼 계승해 단생하셨습니다.

73) 『조선왕조실록』「순조실록」권3 1년 12월

粤自檀, 箕, 羅, 麗以來, 未曾聞者.

단군조선, 기자조선, 신라, 고려 이후로 일찍이 듣지 못했던 것이다.

74) 『조선왕조실록』「순조실록」권24 21년 8월

徧修檀君箕聖三國高麗始祖諸王陵, 號溫祚王廟曰崇烈殿.

단군과 기자 및 삼국, 고려 시조와 여러 왕릉을 골고루 수축하였고, 온조왕의 묘호를 숭렬전으로 하였다.

75) 『조선왕조실록』「순조실록」권27 24년 9월

況東國之爲東國, 始自檀箕, 理合尊奉.

더군다나 우리나라가 우리나라로서의 구실을 하게 된 것은 단군과 기자로부터 시작되었으니, 이치상 높여 받드는 것이 합당합니다.

76) 『조선왕조실록』「고종실록」권3 3년 9월

我朝自檀箕以來, 上之所敎導, 下之所服習, 皆先聖遺訓.

우리나라가 단군과 기자 이래 위에서 가르쳐 이끌고 아래에서 배운 것은 모두 선성들의 유훈이다.

77) 『조선왕조실록』「고종실록」권5 5년 4월

我國卽檀, 箕幾千年禮義之邦, 烏可以沈惑異端, 不之殄殄乎?

우리나라는 바로 단군과 기자로부터 몇 천 년 동안 이어온 예의의 나라인데 어찌 이단에 유혹되어 그것을 없애버리지 않을 수 있겠는가?

78) 『조선왕조실록』 「고종실록」 권5 5년 11월

敎曰, 是歲卽檀君立國舊甲也. 肇基東土, 歷年千餘, 而今此正衙, 又適告成, 迓納景命, 事不偶然矣. 崇靈殿, 遣道臣行祭, 祭文, 令文任撰進.

전교하기를 "올해는 단군이 국가를 세운 지 구갑이 되는 해이다. 동토에 터전을 세운 지 천여 년이 지났는데, 이제 정전이 또 마침 완성되어 큰 천명을 맞이하게 되었으니 우연한 일이 아니다. 숭령전에 도신을 보내어 제사를 지내도록 하고, 제문은 문임으로 하여금 지어 올리게 하라."라고 하였다.

79) 『조선왕조실록』 「고종실록」 권5 5년 12월

以歲則檀降神人, 淸河撰頌, 是月也, 日在婺, 女瑞宿增光.

이해로 말하면 단군 신인이 이 땅에 내려 청하송을 지은 해이고, 이달로 말하면 해가 무녀성에 있어 서수가 더욱 빛나던 때이다.

80) 『조선왕조실록』 「고종실록」 권9 9년 1월

其國則東方君子, 復檀, 箕之肇名. 若古有初頭聖人.

그 국가인즉 동방의 군자가 단군과 기자의 최초 명칭을 복구하였으니, 마치 태고에 최초의 성인이 있는 듯하였다.

81) 『조선왕조실록』「고종실록」 권14 9년 1월

符檀君戊辰之降, 誕膺千一淸聖生, 毓塗山癸甲之祥, 爰啓萬億年基命.

단군이 나라를 세우신 무진년에 부합하니 천세의 맑은 기운에 응하여 성인이 태어나셨고, 도산에 장가들어 4일밖에 거주하지 못한 상서로움을 길러서 만억 년 무궁한 나라의 기초를 열었다.

82) 『조선왕조실록』「고종실록」 권15 15년 1월

恭惟孝裕獻聖,宣敬正仁慈惠弘德純化文光元成肅烈明粹協天隆穆壽寧大王大妃殿下, 歲符檀君立竝堯, 功邁宣仁號曰舜.

생각건대 '효유헌성선경정인자혜홍덕순화문광원성숙렬명수협천융목 수녕 대왕대비' 전하께서 태어나신 해의 간지는 당요와 같은 시기에 나라를 세운 단군의 개국 간지와 부합하고, 공적은 여자 순임금이라 불렀던 선인태후보다 뛰어났다.

83) 『조선왕조실록』「고종실록」 권20 20년 1월

年符檀君竝堯立. 疊令聞於幽閒貞靜, 德媲太姒嗣任.

단군과 당요가 세상에 태어난 해와 같고 정직하고 조용한 성품이 널리 알려져 덕은 태사가 태임을 이은 것과 같았다.

84) 『조선왕조실록』「고종실록」 권24 24년 1월

黃河膺千一之聖運, 降符檀君戊辰.

황하가 천 번에 한 번 있을 성스러운 운수에 부응하였고, 단군이 내려온 것은 무진년에 부합되었다.

85) 『조선왕조실록』「고종실록」 권33 32년 11월

以臣愚見, 我東自檀, 箕以來, 編髮之俗, 轉成高髻, 愛惜毛髮, 視爲大件物事.

신의 어리석은 생각으로는, 우리나라는 단군과 기자 이래로 편발의 풍속이 점차 고계의 풍속으로 변하였으며 머리칼을 아끼는 것을 큰일처럼 여겼습니다.

86) 『조선왕조실록』「고종실록」 권34 33년 10월

粤昔東方, 初無君長, 檀君首出, 禮讓之風成 ; 箕聖設教, 仁賢之化興. 而曾未聞借才而用, 易民而治也. …… 假使我東之人, 出而與天下士大夫言之日 我是檀君, 箕子封之人云爾, 則天下之人, 必皆敬之禮之. 而今以檀鄉箕封之人, 乃反見侮於國中, 一何甚耶?

옛날 우리나라에는 원래 군장이 없었는데 단군이 처음 나오자 예의로 사양하는 풍속이 이루어졌고, 기자가 교육을 하자 인자하고 어진 교화가 일어났지만 일찍이 인재를 빌려서 쓰거나 백성을 바꾸어 다스렸다는 말은 듣지 못했습니다.…… 가령 우리나라 사람이 나가서 천하의 사대부들에게 말하기를, '나는 바로 단군과 기자의 봉지 사람이다.'라고 한다면 세상 사람들은 반드시 모두 존경하며 예우할 것입니다. 그런데 오늘날 단군의 고향 사람이고 기자의 봉지 사람인데도 도리어 나라 안에서 업신여김을 당하는 것이 어쩌면 이리도 심합니까?

87) 『조선왕조실록』「고종실록」 권36 34년 9월

惟我邦, 自檀箕以來, 服襲堯舜, 至于本朝, 炳焉與三代同風.

우리나라는 단군과 기자 이후로 요순을 따라서 답습하다가 본조에 이르러서야 3대와 풍속이 뚜렷이 같아졌습니다.

88) 『조선왕조실록』「고종실록」 권36 34년 9월

惟我東方, 檀君首出, 與堯竝立, 箕師道東, 一變爲夏.

우리나라는 단군이 맨 먼저 나와서 요임금과 같은 시기에 왕위에 올랐으며 기자의 도가 우리나라에 와서 하나라와 같이 변경시켰습니다.

89) 『조선왕조실록』「고종실록」 권36 34년 10월

奉天承運皇帝詔曰 "朕惟檀, 箕以來, 疆土分張, 各據一隅, 互相爭雄, 及高麗時, 呑竝馬韓, 辰韓, 弁韓, 是謂統合三韓.

봉천승운황제는 다음과 같이 조령을 내렸다. 짐은 생각건대, 단군과 기자 이후로 강토가 분리되어 각각 한 지역을 차지하고 서로 패권을 다투어 오다가 고려 때에 이르러서 마한, 진한, 변한을 통합하였으니, 이것이 '삼한'을 통합한 것이다.

90) 『조선왕조실록』「고종실록」 권36 34년 10월

遂擧檀, 箕開荒四千年未有之擧, 爰集聖祖垂創五百歲未集之統.

마침내 단군과 기자가 나라를 세운 이래 4,000년 동안에 없었던 기사를 이루었고, 훌륭한 선대 임금들이 나라를 세운 이래 500년간 성취하지 못한 정통을 이룬 것입니다.

91) 『조선왕조실록』「고종실록」 권36 34년 11월

允集大統, 誕膺大寶, 肇開我東方檀, 箕以來四千餘年未始有之大業. 於不休哉.

나라의 큰 왕통을 이루어 천자의 자리에 올랐으니, 비로소 우리나라가 단군과 기자 이후 4,000여 년간 일찍이 없었던 대업을 비로소 개척하셨습니

다. 아, 훌륭하지 않습니까.

92) 『조선왕조실록』 「고종실록」 권40 37년 1월

議官白虎燮疏略, 平壤卽檀君箕子東明王三聖人建都之地, 而檀君首出, 肇開鴻荒. 立國倂唐堯之世, 而故相臣許穆所述檀君世家曰, 松壤西有檀君塚, 松壤卽今之江東縣云. 其爲可徵可信, 固已章章明矣. 夫以三聖相繼之序, 則檀君墓之崇封, 當居其先, 而尙此未遑者, 豈不有欠於崇報之擧乎. 伏願皇上, 俯察堯言, 博採廟議, 特令本道道臣, 江東之檀君墓, 亦依箕, 東兩陵之例, 一體崇封, 以昭尊聖之義, 以慰群黎之望焉. 批曰 : "崇報之論, 尙云晩矣. 然而事體愼重, 令政府稟處."

의관 백호섭이 올린 상소의 대략에, "평양은 바로 단군, 기자, 동명왕 세 성인이 수도를 세운 곳입니다. 단군은 맨 먼저 나타나 태고 시대에 나라를 여셨는데 그가 나라를 세운 것은 당요와 때를 같이 하였고, 그리고 옛 상신 허목이 지은 『단군세가』에 이르기를, '송양 서쪽에 단군총이 있는데 송양은 곧 오늘의 강동현이다.'라고 하였으니, 증거가 확실하고 믿을 수 있고 당연히 명백합니다. 무릇 세 성인이 계승한 순서에 따라 단군묘를 단군릉으로 숭봉하는 것이 앞섰어야 하는데 아직까지 미처 겨를이 없었으니 어찌 은덕을 갚는 행동거지에 결함이 되지 않겠습니까? 삼가 바라건대, 황상께서는 변변치 않은 말이나마 굽어살피시고 조정의 의논을 널리 모으시어 특별히 본도 도신으로 하여금 강동의 단군묘도 기자와 동명왕 두 능의 예에 따라 똑같이 숭봉하게 하여 성인을 받드는 뜻을 밝히고 백성들의 기대를 위로하여 주소서." 하니, 비답하기를, "숭봉의 논의는 오히려 늦었다고 할 수 있다. 그러나 사체가 신중한 만큼 정부로 하여금 품처하도록 하겠다."라고 하였다.

93) 『조선왕조실록』 「고종실록」 권41 38년 7월

夫何檀君之墓, 尙且未封, 士庶含菀, 輿情共願.
檀王之靈, 亦感聖德, 永享無疆之休也.

그런데 어쩌다가 단군의 능은 아직도 봉을 받지 못하여 선비와 일반 백성들이 억울해하며, 많은 사람들이 다 같이 봉을 받기를 바라고 있습니다.
단군의 영혼도 폐하의 거룩한 덕에 감격하여 무궁한 복을 길이 누리게 될 것입니다.

94) 『조선왕조실록』 「고종실록」 권46 42년 11월

不惟我五百年宗社, 自檀, 箕以來, 四千餘年禮義之邦, 一朝爲他奴隷, 人種亦隨以盡滅.

우리 500년 종묘와 사직뿐 아니라 단군과 기자로부터 4,000여 년을 내려온 예의 있는 나라가 하루아침에 남의 노예로 되었으니 사람의 종자까지도 뒤따라 전멸될 것이다.

95) 『조선왕조실록』 「고종실록」 권46 42년 11월

惟我東以檀, 箕舊邦, 服孔, 孟遺敎, 保有衣冠文物, 僅如衆陰中微陽.

오직 우리 조선만이 단군과 기자의 옛 나라로서 공자와 맹자의 가르침을 받들어 의관과 문물을 보존하기를 겨우 여러 음 속에 작은 양이 남아 있듯하였다.

96)『조선왕조실록』「순종실록」권3 2년 1월

聞衣履之藏, 在江東地, 至今指點謂檀君陵, 而無沒不治, 殊欠崇奉之
禮. 其自今封植守護之節, 磨鍊擧行.

들건대 의복과 신발은 강동에 보관하고 있으며 지금 그것을 가리켜 단군
릉이라고 하는데, 잡초가 우거진 채로 거두지 않고 있다고 하니 높이 받드는
예차가 전혀 없다. 이제부터 관리하고 수호하는 절차를 마련하여 거행하도
록 하라.

97)『조선왕조실록』「순종실록」권3 2년 12월

嗟! 我檀君四千年神聖歷史를 保有ᄒ고 我太祖五百年創恢洪基에 奠居
ᄒ 二千萬國民同胞여! ······ 嗚呼라! 今日萬死一生의 路를 訴求ᄒᆯ 것은
檀君四千歲의 歷史와 太祖五百年의 洪基인 宗廟社稷을 永奠ᄒ고 嗚呼
라! 今日萬死一生의 路를 訴求ᄒᆯ것은 檀君四千歲의 歷史와 太祖五百年
의 洪基인 宗廟社稷을 永奠ᄒ고 神聖ᄒᆫ 民族을 安堵케ᄒᆯ 一片公心에서
出ᄒᆷ이니 若其時機를 利用치아니ᄒ면 天神이 必殛ᄒ리라. ······ 夫檀, 箕
邈矣, 且不尙論, 已考之於兩國史蹟, 其人族之不可分二家也舊矣. ······
故臣等言念結成合邦者, 所以擧檀, 箕四千有載不磨之大典, 起羅, 麗三
千里疆不易之盤岱者.

아! 우리 단군으로부터 4,000년의 신성한 역사를 지니고 우리 태조가 500

년 왕업을 창시한 땅에서 살고 있는 2,000만 국민 동포여! …… 오호라! 오늘 만 번의 죽을 고비를 넘어 한 번 살아날 길을 애달프게 호소하는 것은 단군으로부터 4,000년의 역사와 태조가 500년 왕업을 창시한 큰 터전인 종묘사직을 길이 편안하게 하고 신성한 민족을 편안케 하려는 하나의 양심에서 우러나온 것이다. 만약에 이 기회를 이용하지 않으면 하늘의 신령이 반드시 죄를 주리라. …… 대체로 단군과 기자때는 너무 멀어서 말할 것이 못 되지만 두 나라의 역사를 상고해보면 그 종족을 둘로 가를 수 없게 된 지가 오랩니다. …… 그래서 신들은 생각하기를 합방을 이룩하는 것은 단군, 기자 이래로 4,000년 동안 없어지지 않은 대전을 추켜세우기 위한 것이고 신라, 고구려의 삼천리 강토에 바꿀 수 없는 태산 같은 터전을 일으키는 것입니다.

98) 『조선왕조실록』 「순종실록」 권10 12년 2월

道無大小, 動皆合於經權. 猗歟三五之齊隆! 允屬千一之嘉會, 檀, 箕以來未曾有.

도는 대소가 없이 움직임은 모두 경법과 권도에 합치하였습니다. 아! 삼황과 오제가 한결같이 융성함이여, 진실로 천 년에 한 번 있을 아름다운 모임에 속하여 단군과 기자 이래 일찍이 없었던 일이었습니다.

3. 『세종실록(世宗實錄)』「지리지(地理志)」

1) 『세종실록』「지리지」[2] 평안도 평양부

檀君古記云, 上帝桓因有庶子, 名雄, 意欲下化人間, 受天三印, 降太白
山神檀樹下, 是爲檀雄天王. 令孫女飮藥成人身, 與檀樹神婚而生男, 名
檀君, 立國號曰朝鮮. 朝鮮尸羅高禮南北沃沮東北扶餘穢與貊, 皆檀君
之理. 檀君聘娶非西岬河伯之女生子, 曰夫婁.

『단군고기』에 이르기를, "상제 환인에게 서자가 있으니, 이름이 웅인데,
세상에 내려가서 사람이 되고자 하여 천부인 3개를 받아 가지고 태백산 신

---

2 두산백과, 『세종실록지리지』

　　1425년에 발간된 『경상도지리지』를 비롯한 8도 지리지를 모아 편찬한 『신찬팔도지리지(新撰八道地
理志)』를 수정하고 정리하여 1454년(단종 2)에 만들어졌다. 『세종장헌대왕실록』의 제148권에서 제
155권까지 8도에 관한 내용이 8권으로 실려 있는데, 당시의 경제·사회·군사·산업·지방 제도 등이
자세히 기록되어 있어 역사지리학과 지방사 연구에 필요한 자료를 제공한다. 구성은 제148권의 경도
한성부(京都漢城府), 구도개성유후사(舊都開城留後司), 경기도관찰부터 충청도, 경상도, 전라도, 황
해도, 강원도, 평안도, 함길도의 순으로 되어 있다.
　　내용은 경도한성부의 경우 연혁·부윤(府尹)·판사(判事) 등의 관직, 종묘와 궁실의 건립, 도성의 주위
와 사대문과 사소문 등을 언급하고 한성부의 행정구역인 5부(五部)에 관하여 밝혔다. 구도개성유후
사조의 내용은 경성한성부와 비슷하고 경기도를 비롯한 각 도와 그 밑의 단위조는 연혁, 사경(四境：
위치와 면적), 산천, 궐토(厥土), 풍기(風氣), 토의(土宜), 호구, 군정(軍丁), 성씨, 간전(墾田), 토산과 토
공(土貢), 약재, 목장, 어량(魚梁), 염소(鹽所), 철장(鐵場), 도자기소, 고적, 역전, 조운(漕運) 등의 20
개 항목에 관하여 자세히 서술하였다.

단수 아래에 강림하였으니, 이가 곧 단웅천왕이다. 손녀로 하여금 약을 마시고 사람의 몸이 되게 하여 단수의 신과 더불어 혼인해서 아들을 낳으니, 이름이 단군이다. 나라를 세우고 이름을 조선이라 하니, 조선, 시라, 고례, 남북옥저, 동북부여, 예와 맥이 모두 단군의 통치를 받았다. 단군이 비서갑 하백의 딸에게 장가들어 아들을 낳으니 이가 곧 부루이다."라고 하였다.

2) 『세종실록』 「지리지」 평안도 평양부

享國一千三十八年, 至殷武丁八年乙未, 入阿斯達爲神, 今文化縣九月山.

나라를 누린 지 1,038년 만인 은나라 무정 8년 을미에 아사달에 들어가 신이 되니 지금의 문화현 구월산이다.

3) 『세종실록』 「지리지」 황해도 풍천군 문화현

庄庄坪在縣東. [世傳朝鮮檀君所都, 卽唐莊京之訛] 三聖祠在九月山聖堂里小甑山. [有檀因檀雄檀君祠]

장장평은 문화현의 동쪽에 있다. [세속에서 전하기를, "조선의 단군이 도읍한 곳이다."라고 하는데 곧 당장경의 잘못이다.] 삼성사는 구월산 성당리 소증산에 있다. [단인, 단웅, 단군의 사당이 있다.]

4) 『세종실록』 「지리지」 황해도 풍천군 문화현

鎭山, 九月. [在縣東, 世傳阿斯達山.] 四境, 東距信川二十三里, 西距松禾三十五里, 南距嘉禾二十七里, 北距長連二十五里.

진산은 구월이다. [현의 동쪽에 있는데, 세상에서 전하기를 아사달산이라 한다.] 사방 경계는 동쪽으로 신천에 이르기까지 23리, 서쪽으로 송화에 이르기까지 35리, 남쪽으로 가화에 이르기까지 27리, 북쪽으로 장련에 이르기까지 25리이다.

5) 『세종실록』 「지리지」 경기 부평도호부 강화도호부

鎭山, 高麗 摩利山, [在府南, 山頂有塹星壇, 壘石築之, 壇高十尺, 上方下圓. 壇上四面, 各六尺六寸, 下廣各十五尺. 世傳朝鮮檀君祭天石壇, 山麓有齋宮. 舊例, 每春秋遣代言設醮, 今上十二年庚戌, 始遣二品以上. 齋宮壁上, 有東字韻詩. 太宗潛龍, 嘗爲代言, 齋宿于此, 次韻, 今刻于板上, 以金塡之]
傳燈山. [一名三郞城, 在塹城之東. 世傳朝鮮檀君使三子築之.]

진산은 고려 마리산이다. [부의 남쪽에 있다. 꼭대기에 참성단이 있는데, 돌로 쌓아서 단의 높이가 10척이며, 위로는 모지고 아래는 둥글며 단 위의 사면이 각기 6척 6촌이고, 아래의 너비가 각기 15척이다. 세상에 전하기를, "조선 단군이 하늘에 제사 지내던 석단이다." 한다. 산기슭에 재궁이 있는데, 예로부터 매년 봄가을에 대언을 보내어 초제를 지내었다. 금상 12년 경술에 비로소 2품 이상의 관원을 보내기 시작하였다. 재궁 벽 위에 '동' 자 운의 시가 있으니, 태종이 잠룡 때에 일찍이 대언이 되어서 이곳에서 재숙할 때 이 시를 지은 것인데, 지금 널에 새기고 금으로 메웠다.]

전등산. [일명은 삼랑성이니, 참성 동쪽에 있다. 세상에 전하기를, "조선 단군이 세 아들을 시켜서 쌓았다."고 한다.]

4. 『세종실록(世宗實錄)』 「예지(禮志)」 '오례'

1) 『세종실록』 128권 오례, 길례 서례, 변사

文宣王, 朝鮮檀君, 後朝鮮始祖箕子, 高麗始祖.

문선왕·조선 단군·후조선 시조 기자·고려 시조이다.

2) 『세종실록』 128권 오례, 길례 서례, 시일

仲春仲秋享朝鮮檀君後朝鮮始祖箕子高麗始祖.

중춘과 중추에 조선 단군과 후조선 시조 기자와 고려 시조에게 제사하였다.

3) 『세종실록』 128권 오례, 길례 서례, 신위

檀君設神位, 當中南向 魏書云, 檀君王儉開國, 號朝鮮, 與堯同時

단군의 신위를 설치할 때는 중앙에 위치하여 남쪽을 향하게 한다. 『위서』에 이르기를 "단군왕검이 나라를 세워 국호를 조선이라 하였으니, 요임금과 같은 시기이다." 하였다.

4) 『세종실록』 128권 오례, 길례 서례, 축판

檀君, 箕子, 高麗始祖, 竝稱朝鮮國王姓署. 嶽海瀆, 檀君, 箕子, 高麗始祖, 前期, 館員捧進, 近臣傳捧以進, 殿下署訖, 親授使臣.

단군·기자·고려 시조에게는 모두 "조선 국왕 성 서명 감소고"라 일컫는다. 높은산, 바다, 큰 강과 단군, 기자, 고려 시조에게는 기일 전에 관원이 받들어 바치는데, 근신이 전해 받들어 이를 바치면 전하가 서명하고 이를 마치면 친히 사신에게 준다.

5) 『세종실록』 128권 오례, 길례 서례, 찬실도, 단군·기자·고려 시조

檀君箕子高麗始祖饌實尊罍圖, 與風雲雷雨同.

단군, 기자, 고려 시조의 찬실도와 준뢰도는 풍운뇌우와 같다.

6) 『세종실록』 128권 오례, 길례 서례, 생뢰

檀君箕子高麗始祖, 各羊豕各一. 司寒, 馬祖, 先牧, 馬社, 馬步, 各豕一.

단군, 기자, 고려 시조 각 위에는 양, 돼지 각기 한 마리를 쓰고, 사한, 마조, 선목, 마사, 마보에게는 각기 돼지 한 마리를 쓴다.

7)『세종실록』128권 오례, 길례 서례, 헌관, 조선 단군의 집사관

朝鮮檀君行事執事官, 與嶽海瀆正祭同.

조선 단군의 행사 집사관은 높은 산, 바다, 큰 강의 바른 제사와 같다.

8)『세종실록』128권 오례, 길례 의식, 향조선 단군의[3]

時日, 書雲觀前一月, 以仲春上旬, 擇日報禮曹, [仲秋準此.] 禮曹啓聞, 散告中外攸司, 隨職供辦.

齋戒, 前享五日, 應行事執事官竝散齋三日, 宿於正寢 ; 致齋二日, 一日於廳事, 一日於享所. 凡散齋, 治事如故, 唯不縱酒, 不食蔥韭蒜薤, 不弔喪問疾, 不聽樂, 不行刑, 不判署刑殺文書, 不預穢惡事 ; 致齋, 唯行享事 ; 已齋而闕者, 通攝行事. [凡預祭者, 皆前享二日, 沐浴更衣.]

陳設, 前享二日, 有司掃除廟之內外, 設諸享官次, 又設饌幔, 皆於東門外, 隨地之宜. 前一日, 有司牽牲詣享所, 設獻官位於東階東南, 西向 ; 設執事者位於獻官東南, 西向北上 ; 設贊唱者, 贊禮者位於東階之西, 俱西向北上 ; 設獻官飲福位於堂上前楹外近東, 西向 ; 設門外位獻官以下於東門外道南, 重行北向西上 ; 開瘞坎於廟殿之北壬地, 方深取足容物, 南出陛 ; 設望瘞位於瘞坎之南, 獻官在南北向, 祝及贊唱者在東西向北上. 未後二刻, 有司掃除廟之內外. 贊禮者引獻官, 以常服詣廚, 視滌濯省饌具及視牲充腯, 還齋所. 晡後, 掌饌者帥宰人割牲. [連皮煮熟.] 享日未行事前, 執事者入, 奠祝版於神位之右, [有坫.] 陳幣篚於尊所, 設

---

3 이 내용은 길지만 조선 전기 단군에 제사 지내는 내용을 기록하에 그 내용을 모두 실어 놓도록 한다.

香爐香合幷燭於神位前. 次設祭器實饌具, 籩十在左, 爲三行右上 [第一行, 形鹽在前, 魚鱐, 乾棗, 栗黃次之. 第二行, 榛子在前, 菱仁芡仁次之. 第三行, 鹿脯在前, 白餅, 黑餅次之.], 豆十在右, 爲三行左上. [第一行, 韭菹在前, 醓醢, 菁菹, 鹿醢次之. 第二行, 芹菹在前, 兎醢, 筍菹次之. 第三行, 魚醢在前, 脾析, 豚拍次之.] 俎二, 一在籩前, 一在豆前. [籩前俎實以羊腥, 豆前俎實以豕腥. 宋『釋奠儀』云: "凡言在前者, 皆謂南也."] 簠簋各二在籩豆間, 簠在左簋在右. [簠實以稻粱, 粱在稻前. 簋實以黍稷, 稷在黍前.] 甄鉶各三在簠簋後, 鉶居前, 甄次之. [實以大羹, 實以和羹, 加芼滑.] 爵三在簠簋前. [各有坫.] 設犧尊二 [一實明水, 一實醴齋.] 象尊二 [一實明水, 一實盎齋.] 山罍二 [一實玄酒, 一實淸酒.] 爲三行, [第一行犧尊, 第二行象尊, 第三行山.] 皆加勺冪, 在殿上東南隅北向西上; [凡尊實明水, 玄酒爲上. 凡享神之物, 當時所無者, 以時物代之.] 設洗於東階東南北向, [盥洗在東, 爵洗在西.] 罍在洗東加勺, 篚在洗西南肆, 實以巾; [若爵洗之則又實以爵, 有坫.] 設諸執事盥洗於獻官洗東南, 俱北向; 設執尊罍[篚] 冪者位於尊罍篚冪之後.

行禮, 享日丑前五刻, [丑前五刻, 卽三更三點, 行事用丑時一刻.] 掌饌者入, 實饌具畢, 贊禮者引獻官升自東階, [凡行事執事官升降, 皆自東階.] 點視陳設訖, 退就次. 前三刻, 諸享官各服其服. 贊唱者, 贊禮者入自東門, 先就階間拜位, 北向西上四拜訖, 各就位. 贊禮者引獻官以下, 俱就門外位. 前一刻, 贊禮者引祝及執事者, 入就階間拜位, 北向西上. 立定, 贊唱者曰四拜. 祝及諸執事皆四拜訖, 各詣盥洗位盥帨訖, 各就位. 執事者詣爵洗位, 洗爵拭爵, 置於篚, 捧詣尊所, 置於坫上. 贊禮者引獻官入就位, 贊唱者曰四拜. 獻官四拜. 贊禮者進獻官之左白, 有司謹具, 請行事. 退復位. 贊唱者曰行奠幣禮. 贊禮者引獻官詣盥洗位北向立, 贊搢笏盥手帨手, [盥手帨手不贊.] 贊執笏, 引詣神位前北向立, 贊跪搢笏, 執事者一人捧香合, 執事者一人捧香爐, 贊禮者贊三上香, 執事者奠爐于神位前. 祝

112

以幣授獻官, 獻官執幣獻幣, 以幣授祝, 奠于神位前, |捧香授幣, 皆在獻官之右, 奠爐奠幣, 皆在獻官之左. 授爵奠爵, 準此.| 贊禮者贊執笏俛伏興, 引降復位. 少頃, 贊唱者曰, 行初獻禮. 贊禮者引獻官升詣尊所西向立, 執尊者舉羃酌醴齋, 執事者以爵受酒. 贊禮者引獻官詣神位前北向立, 贊跪搢笏, 執事者以爵授獻官, 獻官執爵獻爵, 以爵授執事者, 奠于神位前, 贊禮者贊執笏, 俛伏興少退北向跪. 祝進神位之右, 東向跪讀祝文訖, 贊禮者贊俛伏興, 引降復位. 少頃, 贊唱者曰, 行亞獻禮. 贊禮者引獻官升詣尊所西向立, 執尊者舉羃酌盎齋, 執事者以爵受酒. 贊禮者引獻官詣神位前北向立, 贊跪搢笏, 執事者以爵授獻官, 獻官執爵獻爵, 以爵授執事者, 奠于神位前. 贊禮者贊執笏俛伏興, 引降復位. 少頃, 贊唱者曰, 行終獻禮. 贊禮者引獻官行禮, 如亞獻儀. 贊唱者曰, 飲福受胙. 執事者詣尊所, 以爵酌罍福酒, 又執事者持俎進減神位前胙肉. 贊禮者引獻官詣飲福位西向立, 贊跪搢笏, 執事者進獻官之左, 北向以爵授獻官, 獻官受爵飲卒爵, 執事者受虛爵, 復於坫. 執事者北向以俎授獻官, 獻官受俎, 以授執事者, 執事者受俎, 降自東階出門. 贊禮者贊執笏俛伏興, 引降復位. 贊唱者曰, 再拜. 衆官在位者皆再拜. 贊唱者曰, 徹籩豆. 執事者入徹籩豆. [徹者, 籩豆各一, 少移於故處.] 贊唱者曰四拜. 獻官四拜. 贊唱者曰望瘞. 贊禮者引獻官詣望瘞位北向立, 贊唱者詣望瘞位西向立, 祝以篚取祝版及幣, 降自西階, 置於坎, 贊唱者曰可瘞. 寘土半坎, 贊禮者進獻官之左白禮畢, 贊禮者引獻官出. 贊唱者還本位, 祝及諸執事俱復階間拜位. 立定, 贊唱者曰四拜. 祝及諸執事皆四拜訖, 贊禮者引出. 贊唱者, 贊禮者就階間拜位, 四拜而出. 執事者徹禮饌, 闔戶以降乃退.

시일 : 서운관에서 한 달 전에 중춘 상순으로 날을 잡아 예조에 보고하고, [중추도 이에 준한다.] 예조에서 물어봐서 중외 유사에 널리 알려 직무에 따라

서 준비하게 한다.

　재계 : 제향 전 5일에 마땅히 행사할 집사관은 모두 3일 동안 산재하되 정침에서 자고, 2일 동안 치재하되, 하루는 청사에서, 하루는 향소에서 한다. 무릇 산재할 적에는 일 보기를 전과 같이 하되, 오직 술을 함부로 마시지 아니하고, 파, 부추, 마늘, 염교를 먹지 아니하며, 조상하거나 문병하지 아니하고, 음악을 듣지 아니하며, 형벌을 행하지 아니하고, 형살 문서에 결재하거나 서명하지 아니하며, 더럽고 악한 일에 참예하지 아니한다. 치재할 적에는 오직 제향의 일만을 행하는데, 이미 재계하고서 빠진 자는 대리로 행사한다. [무릇 제향에 참예할 자는 제향 전 2일에 목욕하고 옷을 갈아입는다.]

　진설 : 제향 전 2일에 유사 사당의 안팎을 깨끗이 하고 여러 제관의 천막을 설치하고, 또 찬만을 설치하는데 동문 밖에 땅의 형편에 따라서 적당히 설치한다. 제향 1일 전에 유사가 희생을 끌고 향소로 나아가고 헌관의 자리를 동계의 동남쪽에 서향하여 설치하고, 집사의 자리를 헌관의 동남쪽에 서향하여 북쪽을 위로 해서 설치한다. 찬창자와 찬례자의 자리를 동계의 서쪽에 설치하되 모두 서향하여 북쪽을 위로 하고, 헌관의 음복위를 당상의 전영 밖에 동쪽으로 가까이 서향하여 설치한다. 문외위를 설치하는데 헌관 이하가 동문 밖의 길 남쪽에 겹줄로써 북향하고 서쪽을 위로 하게 한다. 예감을 묘전의 북쪽 임지에 파되 넓이와 깊이는 물건을 넣기에 넉넉하게 하고 남쪽으로 섬돌을 낸다. 망예위를 예감의 남쪽에 설치하는데, 헌관은 남쪽에 있어 북향하게 하고, 축과 찬창자는 동쪽에 있어 서향하고 북쪽을 위로 하게 한다. 미시 뒤 2각에 유사가 묘의 내외를 소제하고, 찬례자가 헌관을 인도하여 상복으로써 주방에 나아가서 척탁을 보고, 찬구를 살피고 희생의 충돈을 보고 재소로 돌아간다. 포시 뒤에 장찬자가 재인을 거느리고 희생을 벤다. [가죽째 삶아 익힌다.] 제향일 행사하기 전에 집사자가 들어와서 축판을 신위의 오른편에 올려놓고, [점이 있다.] 폐비를 준소에 진설하고, 향로·향합과 초

를 신위 앞에 설치한다. 다음에 제기와 실찬구를 설치하는데, 변이 10개로서, 왼편에 있게 하여 세 줄로 해서 오른편을 위로 하고, [첫째 줄에는 형염이 앞에 있고, 어수·건조·율황이 다음이요, 둘째 줄에는 진자가 앞에 있고, 능인·검인이 다음이요, 셋째 줄에는 녹포가 앞에 있고, 백병·흑병이 다음이다.] 두(豆)가 10개로서, 오른편에 있게 하여 세 줄로 해서 왼편을 위로 하고, [첫째 줄에는 구저가 앞에 있고, 탐해·청저·녹해가 다음이요, 둘째 줄에는 근저가 앞에 있고, 토해·순저가 다음이요, 셋째 줄에는 어해가 앞에 있고, 비석·돈박이 다음이다.] 조가 2개로서, 하나는 변 앞에 있고, 하나는 두 앞에 있다. [변 앞의 조에는 양성을 담고, 두 앞의 조에는 시성을 담는다. 송나라『석전의』에 이르기를, "무릇 앞에 있다고 말하는 것은 다 남쪽을 이름이다." 하였다.] 보·궤가 각각 2개로서 변·두 사이에 있는데, 보가 왼편에 있고, 궤가 오른편에 있다. [보에는 도·양을 담는데, 양이 도 앞에 있고, 궤에는 서·직을 담는데, 직이 서 앞에 있다.] 등·형이 각각 3개로서 보·궤 뒤에 있는데, 형이 앞에 있고, 등이 다음이다. [등에는 대갱을 담고, 형에는 화갱을 담는데, 모활을 가한다.] 작이 3개로서 보·궤 앞에 있고, [각기 점이 있다.] 희준 2개 [하나는 명수를 담고, 하나는 예제를 담는다.], 상준 2개, [하나는 명수를 담고, 하나는 앙제를 담는다.] 산뢰 2개를 [하나는 현주를 담고, 하나는 청주를 담는다.] 설치하여 세 줄로 하고, [첫째 줄은 희준, 둘째 줄은 상준, 셋째 줄은 산뢰이다.] 다 작과 멱을 얹어서 전상의 동남쪽 모퉁이에 있게 하되, 북향하여 서쪽을 위로 한다. [무릇 순·뇌는 명수와 현주를 담은 것이 위가 된다. 무릇 신에게 제향할 물건으로서 당시에 없는 것은 시물로써 대신한다.] 세를 동계의 동남쪽에 북향하여 설치하고 [관세는 동쪽에 있고, 작세는 서쪽에 있다.], 뇌는 세의 동쪽에 있게 하여 작을 얹어 놓고, 비는 세의 서남쪽에 늘어놓되, 수건을 담아 놓는다. [만약 작세의 비라면 또 작을 담아 놓는데, 점이 있다.] 여러 집사의 관세는 헌관의 동남쪽에 모두 북향하여 설치하고, 집준자·집뢰자·집멱자의 자리는 준·뇌·비·멱의 뒤에 설치한다.

행례 : 제향일 축시 전 5각에 [축시 전 5각은 곧 3경 3점이니, 행사는 축시 1각에 한다.] 장찬자가 들어와서 찬구를 담고 나면, 찬례자가 헌관을 인도하여 동계로 올라가서 [무릇 행사 집사관이 오르내리는 것은 다 동계로 한다.] 진설을 점시하고 나서 물러나 막차로 나아간다. 축시 전 3각에 여러 향관이 각기 그 복색을 갖추고, 찬창자·찬례자가 동계로 들어와서 먼저 계간의 배위로 나아가 북향하고 서쪽을 위로 해서 네 번 절하고 나서, 각기 자리로 나아가고, 찬례자가 헌관 이하를 인도하여 모두 문외위로 나아간다. 축시 전 1각에 찬례자가 축과 집사자를 인도하여 들어와서 계간의 배위로 나아가서 북향하고 서쪽을 위로하여 서면, 찬창자가 "사배하라." 하여, 축과 여러 집사가 다 네 번 절하고 나서, 각기 관세위로 나아가 관세하고 나서, 각기 자리로 나아가고, 집사자가 작세위로 나아가 작을 씻고 작을 닦아서, 비에 넣어 가지고 받들어 준소로 나아가서 점 위에 놓는다. 찬례자가 헌관을 인도하여 들어와서 자리로 나아가면, 찬창자가 "사배하라." 하여, 헌관이 네 번 절한다. 찬례자가 헌관의 왼편으로 나아가서, "유사가 삼가 갖추었사오니 행사하기를 청합니다." 하고, 물러나서 제자리로 돌아가면, 찬창자가 "전폐례를 행하라." 하여, 찬례자가 헌관을 인도하여 관세위로 나아가서 북향하여 서게 하고, "홀을 꽂으라." 찬하여, 손을 씻고 손을 닦게 한다. [손을 씻고 손을 닦는 것은 찬하지 아니한다.] "홀을 잡으라." 찬하고, 인도하여 신위 앞으로 나아가서 북향하여 서게 하고, "꿇어앉아 홀을 꽂으라." 찬한다. 집사자 한 사람이 향합을 받들고, 집사자 한 사람이 향로를 받들면, 찬례자가 "세 번 상향하라." 찬하여, 집사자가 향로를 신위 앞에 드린다. 축이 폐백을 헌관에게 주어서, 헌관이 집폐 헌폐하는데, 폐백을 축에게 주어서 신위 앞에 드린다. [봉향·수폐는 다 헌관의 오른편에서 하고, 전로·전폐는 다 헌관의 왼편에서 한다. 수작·전작도 이에 준한다.] 찬례자가 "홀을 잡고 면복하였다 일어나라." 찬하고, 인도하여 내려와서 제자리로 돌아간다. 조금 있다가, 찬창자가 "초헌례를 행하라." 하

여, 찬례자가 헌관을 인도하여 올라가서 준소로 나아가 서향하고 서게 하면, 집준자가 멱을 들고 예제를 떠내고, 집사자가 작을 가지고 술을 받는다. 찬례자가 헌관을 인도하여 신위 앞으로 나아가서 북향하여 서게 하고, "꿇어앉아 홀을 꽂으라." 찬한다. 집사자가 작을 헌관에게 주어서, 헌관이 집작 헌작하는데, 작을 집사자에게 주어서 신위 앞에 드리게 한다. 찬례자가 "홀을 잡고 면복하였다 일어나서 조금 물러나 북향하여 꿇어앉으라." 찬하면, 축이 신위의 오른편으로 나아가서 동향하여 꿇어앉아 축문을 읽는다. 이를 마치면, 찬례자가 "면복하였다 일어나라." 찬하고, 인도하여 내려와서 제자리로 돌아간다. 조금 있다가, 찬창자가 "아헌례를 행하라." 하여, 찬례자가 헌관을 인도하여 올라가서 준소로 나아가 서향하여 서게 하면, 집준자가 멱을 들고 앙제를 떠내고, 집사자가 작을 가지고 술을 받는다. 찬례자가 헌관을 인도하여 신위 앞으로 나아가서 북향하여 서게 하고, "꿇어앉아 홀을 꽂으라." 찬한다. 집사자가 작을 헌관에게 주어서, 헌관이 집작 헌작하는데, 작을 집사자에게 주어서 신위 앞에 드리게 한다. 찬례자가 "홀을 잡고 면복하였다 일어나라." 찬하고, 인도하여 내려와서 제자리로 돌아간다. 조금 있다가 찬창자가 "종헌례를 행하라." 하여, 찬례자가 헌관을 인도하여 행례하기를 아헌의 의식과 같이 한다. 찬창자가 "음복하고 조육을 받으라." 하여, 집사자가 준소로 나아가서 작을 가지고 뇌의 복주를 떠내고, 또 집사자가 조를 가지고 나아가서 신위 앞의 조육을 덜어낸다. 찬례자가 헌관을 인도하여 음복 자리로 나아가서 서향하여 서게 하고, "꿇어앉아 홀을 꽂으라." 찬한다. 집사자가 헌관의 왼편으로 나아가서 북향하고 작을 헌관에게 주어서, 헌관이 작을 받아서 마시고, 작을 내면, 집사자가 빈 작을 받아서 점에 도로 놓는다. 집사자가 북향하고 조를 헌관에게 주면, 헌관이 조를 받아서 집사자에게 주고, 집사자가 조를 받아 가지고 동계로 내려와서 문을 나간다. 찬례자가 "홀을 잡고 면복하였다 일어나라." 찬하고, 인도하여 내려와서 제자리로 돌아가면,

찬창자가 "재배하라." 하여, 중관으로 자리에 있는 자가 다 두 번 절한다. 찬창자가 "변·두를 거두라." 하여, 집사자가 들어가서 변·두를 거두면, [거둔다는 것은 변·두 각 하나씩을 전 자리에서 조금 옮겨 놓는 것이다.] 찬창자가 "사배하라." 하여, 헌관이 네 번 절한다. 찬창자가 "망예하라." 하여, 찬례자가 헌관을 인도하여 망예위로 나아가서 북향하여 서게 하고, 찬창자가 망예위로 나아가서 서향하여 서면, 축이 비를 가지고 축판과 폐백을 취하여 서계로 내려와서 구덩이에 놓는다. 찬창자가 "묻어도 가하다." 하여, 흙을 반 구덩이 메우면, 찬례자가 헌관의 왼편으로 나아가서 "예가 끝났다."고 아뢰고, 찬례자가 헌관을 인도하여 나간다. 찬창자가 본위로 돌아가고, 축과 여러 집사자가 모두 계간의 배위로 돌아가서 서면, 찬창자가 "사배하라." 하여, 축과 여러 집사가 다 네 번 절하고, 이를 마치면, 찬례자가 인도하여 나간다. 찬창자·찬례자가 계간의 배위로 나아가서 네 번 절하고 나가고, 집사자가 예찬을 거두고, 지게문을 닫고 내려와서 이에 물러간다.

9) 『세종실록』 128권 오례, 길례 의식, 향조선 단군의, 시일

時日 享朝鮮檀君儀.

시일 조선 단군에게 제사를 드리는 의례는 [기자(箕子)에게 제향하는 의식도 같다.]

5. 『조선왕조실록(朝鮮王朝實錄)』 중 「왕검성(王儉城)과 아사달(阿斯達)」 기록

1) 「왕검성과 아사달」 세종 10년 6월

右議政仍令致仕柳寬上書曰：

黃海道文化縣, 是臣本鄕, 自爲幼學, 下去多年, 聞諸父老之言, 乃知事迹久矣. 九月山是縣之主山, 在檀君朝鮮時 名阿斯達山, 至新羅改稱闕山, 其時文化始名闕口縣, 至前朝陞爲儒州監務, 至高宗代, 又陞爲文化縣令, 山名闕字, 緩聲呼爲九月山. 山之東嶺, 高大而長, 至一息安岳郡而止. 嶺之腰有神堂焉, 不知創於何代, 北壁檀雄天王, 東壁檀因天王, 西壁檀君天王, 文化之人常稱三聖堂, 其山下居人, 亦稱曰聖堂里. 堂之內外, 鳥雀不棲, 麋鹿不入. 當旱暵之時祈雨, 稍有得焉. 或云檀君入, 阿斯達山, 化爲神, 則檀君之都, 意在此山之下. 三聖堂至今猶存, 其迹可見. 以今地望考之, 文化之東, 有地名藏壯者, 父老傳以爲檀君之都, 今只有東西卯山, 爲可驗耳. 或者以爲檀君都于王儉城, 今合在箕子廟. 臣按檀君與堯竝立, 至于箕子千有餘年, 豈宜下合於箕子之廟. 又或以爲檀君, 降於樹邊而生, 今之三聖, 固不可信, 然臣又按邃古之初, 混沌旣開, 先有天而後有地. 旣有天地, 則氣化而人生焉. 自後人之生也, 皆以形相禪, 豈得數十萬年之後至堯時, 復有氣化, 而生之理. 其樹邊之生, 固爲荒怪. 伏惟聖鑑裁擇, 命攸司講求所都, 以祛其疑.

우의정이었다가 나이가 들어 벼슬을 가진 채로 관직에서 물러난 유관이 글을 올려 말하기를, "황해도 문화현은 신의 본향으로 제 스스로 관직에서 물러나 본향에 내려온 지가 여러 해 되었는데, 여러 부로들의 말을 듣고 비로소 이 고을의 사적이 오래된 것을 알았습니다. 구월산은 이 현의 주산입니다. 구월산은 단군조선 때에 아사달산이라고 하였고, 신라 때에 궐산이라고 고쳐 불렀습니다. 신라 때에 문화현을 궐구현이라고 불렀고, 전조, 즉 고려 시대에 이르러서는 유주감무로 승격시켰으며, 고려 고종 때에 문화현령으로 승격시켰습니다. 이때 산의 이름의 '궐' 자를 느린 소리로 발음하여 구월산이라고 부르게 되었습니다.

이 산의 동쪽 산줄기는 높고 크고 길어서 30리를 가서야 안악군에 이르러 끝납니다. 산줄기의 중간에 신당이 있는데 어느 시대에 처음 세웠는지 알 수 없습니다. 이 신당의 북쪽 벽에는 단웅천왕, 동쪽 벽에는 단인천왕, 서쪽 벽에는 단군천왕이 있습니다. 그래서 문화현 사람들은 이 신당을 삼성당이라고 부르고, 그 산 아래 사람들이 사는 마을은 성당리라고 부릅니다. 신당의 안팎에는 까마귀와 참새들이 깃들지 아니하며, 고라니와 사슴도 들어오지 않습니다. 날씨가 가물 때에 비가 내리기를 빌면 약간의 보답을 얻는다고 합니다.

어떤 사람이 말하기를 '단군은 아사달산에 들어가 신선이 되었으니, 아마도 단군의 도읍지가 이 산 아래에 있었을 것이다.'라고 합니다. 삼성당은 지금까지도 자취가 남아 있어 그 흔적을 볼 수 있습니다. 지금 문화현의 지세를 살펴보면 문화현의 동쪽에 장장이라고 하는 땅이 있는데, 부로들이 전하는 말에 '단군의 도읍이 단지 동서묘산에 있다.'고 하니 이것이 증거가 될 만합니다. 어떤 사람은 말하기를, '단군이 왕검성에 도읍하였으니, 지금 기자묘가 있는 곳이다.'라고 합니다. 신이 살펴본 바로는, 단군은 요임금과 같은 때에 임금이 되었으니, 그때부터 기자에 이르기까지는 천여 년이 넘습니다.

어찌 후대로 내려와 기자묘와 합치되어야 한단 말입니까? 또 어떤 이는 말하기를, '단군은 나무 주변에 내려와 태어났다 하니, 지금의 삼성에 대한 것은 진실로 믿을 수 없다.'라고 합니다.

그러나 신이 또 살펴보건대, 태고에 혼돈이 개벽하게 되어, 먼저 하늘이 생기고 뒤에 땅이 생겼으며, 이미 천지가 있게 된 뒤에는 기가 화하여 사람이 생겼습니다. 그 뒤로 사람이 생겨나서 모두 형상을 서로 잇게 되었으니, 어찌 수십만 년 뒤의 요임금 때에 다시 기가 화하여 사람이 생겨나는 이치가 있었겠습니까? 그 나무 주변에 생겼다는 설은 진실로 황당무계한 것입니다. 엎드려 바라옵건대 임금의 안목으로 헤아려 결정하시고, 관청에 명하여 도읍한 곳을 찾아내어 그 의혹을 없애게 하소서."라고 하였다.

2) 「왕검성과 아사달」 세종 18년 12월

前判漢城府事柳思訥上書曰 :
臣伏覩世年歌, 檀君朝鮮之始祖也. 其生也異於人, 其歿也化爲神, 其享
國歷年之多, 未有若此也. 曩者殿下命攸司建廟致詞, 當其時也, 攸司未
究其實, 請立廟於⁽於⁾平壤, 臣叔父寬辨論其非, 事未施行. 臣以 世年歌
考之, 檀君初都平壤, 後都白岳, 武丁八年乙未, 入阿斯達山爲神. 其歌
曰 : "享國一千四十八, 至今廟在阿斯達. 則豈無所據乎? 又況高麗建廟
於九月山下, 其堂宇位版猶存, 與『世年歌』合, 臣愚以爲捨此而更立廟於
他處, 恐非其所, 伏惟上裁. 命下禮曹.

전 판한성부사 유사눌이 글을 올려 말하기를, "신이 엎드려 『세년가』를 보니, 단군은 조선의 시조입니다. 단군이 태어날 때는 보통 사람들과 달랐고 그가 죽어서는 신이 되었으니, 그가 다스린 햇수는 어느 누가 다스린 햇수보다 많았습니다. 지난번에 전하께서 관청에 명하여 사당을 세우고 제문을 짓게 했는데, 그때에는 관청에서 단군에 대한 사실을 살피지도 아니하고 평양에 사당을 세울 것을 청하니, 신의 숙부 유관이 그 그릇된 점을 변론하여 일이 시행되지 못했습니다. 신이 『세년가』로 상고해보건대, 단군이 처음에는 평양에 도읍했다가 후에는 백악에 도읍했으며, 은나라 무정 8년 을미에 아사달산에 들어가서 신이 되었습니다. 『세년가』에 이르기를, '1,048년 동안 나라를 누리고, 지금도 사당이 아사달에 있네.' 했으니, 어찌 그 근거가 없겠습니까. 또 더구나 고려에서는 구월산밑에 단군의 사당을 세웠고 그 당우와 위판이 아직도 남아 있어서 『세년가』와 합치하니, 신의 어리석은 소견으로서는 이곳을 버리고 다시 사당을 다른 곳에다 세운다면 아마 그 장소가 잘못된 듯합니다. 삼가 생각하옵건대, 성상께서 재결하시옵소서." 하니, 임금이 명하여 예조에 내리게 하였다.

3) 「왕검성과 아사달」 『세종실록』 「지리지」 평안도 평양부

本三朝鮮舊都. 唐堯戊辰歲, 神人降于檀木之下, 國人立爲君, 都平壤, 號檀君, 是爲前朝鮮. 周武王克商, 封箕子于此地, 是爲後朝鮮. 逮四十一代孫準, 時有燕人衛滿亡命, 聚黨千人, 來奪準地, 都于王險城, [卽平壤府.] 是爲衛滿朝鮮. 其孫右渠不肯奉詔, 漢 武帝 元封二年, 遣將討之, 定爲眞蕃, 臨屯, 樂浪, 玄菟四郡, 隷于幽州. 班固前漢書曰 : "玄菟, 樂浪, 本箕子所封, 昭帝始元元年, 以臨屯, 樂浪, 置東府都護. 唐書云 : "卞韓在樂浪之地."

평양부는 본래 삼조선의 옛 도읍이다. 당요 무진년에 신인이 박달나무 아래에 내려오니, 나라 사람들이 이 신인을 임금으로 삼고 평양에 도읍하여 이름을 단군이라 하였으니, 이것이 전조선이다. 그리고 주나라 무왕이 상나라를 무너뜨리고 기자를 이 땅의 영주로 삼았는데, 이것이 후조선이다. 기자의 41대 후손인 준 때에 이르러, 연나라 사람 위만이 망명하여 무리 천여 명을 모아 가지고 와서 준의 땅을 빼앗아 왕검성[곧 평양부이다.]에 도읍하니, 이것이 위만조선이었다. 위만의 손자 우거가 한나라 황제의 명령을 받들지 않자, 한나라 무제가 원봉 2년에 장수를 보내어 위만조선을 공격하였다. 그리고 위만조선을 진번·임둔·낙랑·현도의 4군으로 나누어 유주에 예속시켰다.

반고의 『전한서』에 이르기를, "현도와 낙랑은 본래 기자를 봉한 곳인데, 소제 시원 원년에 임둔·낙랑으로 동부도호를 설치하였다."라고 하였고, 『당서』에 이르기를, "변한은 낙랑 땅에 있다."라고 하였다.

4) 「왕검성과 아사달」 『세종실록』 「지리지」 평안도 평양부

『檀君古記』云 : 上帝桓因有庶子, 名雄, 意欲下化人間. 受天三印, 降太白山神檀樹下, 是爲檀雄 天王. 令孫女飮藥成人身, 與檀樹神婚而生男, 名檀君, 立國號曰朝鮮. 朝鮮, 尸羅, 高禮, 南北沃沮, 東北扶餘, 濊與貊, 皆檀君之理. 檀君聘娶非西岬河伯之女生子, 曰夫婁, 是謂東扶餘王. 檀君與唐堯同日而立, 至禹會塗山, 遣太子夫婁朝焉. 享國一千三十八年, 至殷武丁八年乙未, 入阿斯達爲神, 今文化縣 九月山.

『단군고기』에 이르기를, "상제 환인에게 서자가 있으니, 이름은 웅이었다. 웅은 세상에 내려가서 사람이 되고자 하였다. 그는 환인에게 천부인 3개를 받아 가지고 태백산 신단수 아래에 내려왔으니, 이가 곧 단웅천왕이다. 단웅은 손녀로 하여금 약을 마시고 사람의 몸이 되게 하였다. 손녀는 단수의 신과 혼인해서 아들을 낳았는데, 그의 이름이 단군이다. 단군은 나라를 세우고 이름을 조선이라고 하였다. 조선, 시라, 고례, 남·북 옥저, 동·북 부여, 예와 맥이 모두 단군의 통치를 받았다.

단군이 비서갑 하백의 딸에게 장가들어 아들을 낳았는데, 이름이 부루이다. 부루는 동부여의 왕이 되었다. 단군이 당요와 더불어 같은 날에 임금이 되고, 우의 도산 회의에는 태자 부루를 보내어 조회하게 하였다. 단군은 나라를 다스린 지 1,038년 만인 은나라 무정 8년 을미에 아사달에 들어가 신이 되었다. 아사달은 지금의 문화현 구월산이다."

5) 「왕검성과 아사달」『세종실록』「지리지」 황해도 풍천군 문화현

鎭山, 九月. [在縣東, 世傳阿斯達山.]

진산은 구월이다. [현의 동쪽에 있는데, 세간에 전하기를 아사달산이라 한다.]

6) 「왕검성과 아사달」 단종 즉위년 6월

慶昌府尹李先齊上書曰:
臣聞, 黃海道人民之病, 驟發閭巷, 漸染四方, 北至平安, 南至畿縣, 死亡相尋, 民戶掃地, 豈無致然而然歟. 臣於戊午, 己未年間, 入直集賢殿, 居鳳山郡, 書吏吳成祐隨入直所, 臣問黃海道人民發病之由, 答曰嚮文化縣檀君之祠, 移於平壤之後, 怪氣結聚, 若有神狀夜行, 黑氣成陣, 有行動聲, 有一人望而驚怪, 隱避之. 以是播告, 閭里人相語曰, 此病之發, 實移檀君之故也, 厲氣先起於九月山間, 民戶漸漬於文化, 長淵, 載寧, 信川等處, 傳染殞命者頗多, 民生可哀. 恭惟, 世宗痛極宸衷, 遣典醫副正金麗生, 率其道醫五人, 巡行州里, 多方救療, 又傳旨于監司曰, 於文化長淵黃州載寧信川等處州縣, 皆設厲祭壇, 豊備奠物, 令諸邑守令, 至誠齋戒行祭, 以消厲氣. 其救濟之法, 布在史策, 聖慮至矣. 然年愈久, 而病愈熾, 波及他方, 染死無遺, 蔓延之害, 將如何. 臣輾轉於心, 久矣. 今修史草, 至戊申, 有右議政致仕柳觀上書曰, 文化縣, 臣之本鄕. 父老云, 九月山, 是縣之主山, 在檀君時, 名阿斯達山. 山之東嶺高大邐迤, 其山之腰, 有神堂, 不知創於何代. 北壁有檀因天王, 東壁有檀雄天王, 西壁有檀君天王, 縣人稱之曰三聖堂. 其山下人居, 亦稱曰聖堂里. 堂之內外, 鳥鵲不栖, 麋鹿不入, 檀君入阿斯達山爲神, 此山之下三聖堂, 至今猶存, 其迹可見. 縣之東有地名曰藏唐京. 父老傳以爲檀君之都, 或者以爲檀君, 初都王儉城. 今宜合在箕子廟. 蓋檀君與堯竝立, 至箕子千有餘歲, 豈宜下合於箕子之廟歟. 臣先齊夷考三國遺史有曰, 古記云, 昔有桓因庶子桓雄, 數意於天下, 貪求人世, 父知子意, 下視三危太伯, 可以弘益人間. 乃授天符印三箇, 使往理之, 雄率徒三千, 降於太伯山頂, 卽今妙香山也. 將風伯雨師, 而主穀主命主病主刑主善惡, 凡主人間三百六十餘事, 在世理化, 時有一熊, 一虎同穴而居, 常祈于神雄, 願化爲人, 雄遺靈艾一炷, 蒜二十枚曰, 爾輩食之, 不見日光, 百日便得人形. 熊虎得而食之, 忌三七日, 熊得女身, 虎不得人身. 熊女者, 無以爲婚, 故每於檀樹下, 呪言有孕, 雄乃假化而婚之, 孕生子. 號曰檀君王儉. 以唐堯卽位五十年庚寅, 都平壤, 始稱朝鮮, 又都白岳山阿斯達, 御國一千五百年. 周武王卽位, 封箕子於朝鮮, 檀君又移於藏唐京, 還隱於阿斯達爲山神, 壽一千九百八歲 夫檀君, 離平壤四百餘歲, 而還隱於阿斯達爲神, 則爲君於斯, 爲神於斯, 不厭於此地, 明矣. 箕子傳四十代, 燕人衛滿, 都王儉城, 傳二世, 高句麗傳七百五歲, 新羅竝二百餘歲, 高麗王氏傳四百餘年, 則檀君之去平壤, 邈哉邈矣. 其肯顧戀於平壤乎? 且爲山神, 致土人之尊祀, 豈有樂遷於平壤, 與東明王同廟哉. 遺事註云, 桓因天帝, 卽柳觀書所謂檀因也, 桓雄天帝之庶子, 卽所謂檀雄也. 邃初之人, 不忘其本, 創立寺宇, 改桓爲檀, 號稱三聖, 果不知創於何時也. 向者移檀君於平壤, 而置二聖於何地? 是檀君不獨起怨於土人, 二聖必有騁怪作癘, 爲害於民矣. 臣初聞吳成祐之言, 暫不介意, 今見柳觀之疏, 語意不相(予)[矛]盾, 豈不更議以求神意乎?

경창부윤 이선제가 글을 올려 말하기를, "신이 들으니 황해도 백성들의 병이 갑자기 민가에서 시작으로 사방으로 퍼져 북으로 평안도에 이르고 남으로 기현에 이르기까지 죽음이 이어져 민가를 쓸어버렸다고 합니다. 어찌 이유 없이 그리하겠습니까? 신이 무오년과 기미년에 집현전에 들어가 숙직하는데 봉산군에 사는 서리 오성우가 숙직하는 곳에 들어왔습니다. 신이 황해도 인민의 발병한 이유를 물으니 오성우가 대답하기를, '지난날에 문화현의 단군 사당을 평양에 옮긴 뒤에, 괴이한 기운이 뭉쳐 마치 귀신 모양 같은 것이 있어 밤에 다니며 검은 기운이 진을 이루고 행동하는 소리가 있었습니다. 한 사람이 이것을 보고 놀라고 괴이하여 숨어 피하였고, 이것을 이곳저곳 알렸습니다.'라고 하였습니다. 또한 마을 사람들이 서로 말하기를, '이 병의 발생이 실로 단군의 사당을 옮긴 까닭이다. 돌림병의 기운이 먼저 구월산의 산간 민호에서 일어나 점점 문화, 장연, 재령, 신천 등지에 번져 전염되어서 죽은 자가 매우 많으니, 민생이 불쌍하다.'라고 하였습니다.

공손히 생각하건대 세종께서 이를 매우 안타깝게 여기고 전의부정 김여생을 보내 그 도의 의원 5인을 거느리고 마을에 돌아다니며 여러 방법으로 치료하고 구제하게 하셨습니다. 또 감사에게 임금의 뜻을 전하기를, '문화, 장연, 황주, 재령, 신천 등지의 주현에 모두 여제단을 설치하고 전물을 풍성하게 갖추어 여러 고을 수령으로 하여금 지성으로 재계하고 제사를 행하여 돌림병의 기운을 사라지게 하라.'고 하셨습니다. 이렇듯 그 구제하는 법이 역사책에 두루 있으니 임금의 염려가 지극하였습니다. 그러나 해가 오랠수록 병은 더욱 치성하여 다른 지방에 파급되고 남김없이 전염하여 죽으니, 만연하는 피해가 장차 어떠하겠습니까? 신이 마음속으로 오랫동안 이리저리 생각하였습니다.

지금 사초를 편수하는데 무신년에 이르러 우의정으로 관직에서 물러난 유관이 글을 올려 말하기를, '문화현은 신의 본향입니다. 부로들이 말하기를, 구월산은 이 고을의 주산인데 단군 때에는 아사달산이라 불렀다고 합니다. 산의 동쪽 산줄기가 높고 크며 길게 연결되어 있는데 그 산 중턱에는 신당이 있습니다. 어느 시대에 창건하였는지 알지 못하나, 북쪽 벽에 단인천왕이 있고 동쪽 벽에는 단웅천왕이 있으며 서쪽 벽에는 단군천왕이 있는데, 고을 사람들은 이 신당을 삼성당이라고 부르고 그 산 아래에 사람이 사는 곳도 성당리라 칭합니다. 당의 안팎에는 까막까치가 깃들지 않고 고라니와 사슴도 들어오지 않습니다. 단군이 아사달산에 들어가 신이 되었다 하는데, 이 아사달산 아래에 삼성당이 지금도 남아 있어 그 자취를 볼 수 있습니다. 고을의 동쪽에 장당경이라고 부르는 땅이 있는데, 부로들이 전하기를 단군이 도읍하였던 곳이라 합니다. 혹자는 말하기를, 단군이 처음 왕검성에 도읍하였으니 지금 마땅히 기자 사당에 합하여 있어야 한다고 합니다. 대개 단군이 요와 더불어 아울러 섰는데 기자에 이르기까지 천여 년이니, 어찌 아래로 기자 사당에 합하겠습니까?'라고 했습니다.

신 이선제가 『삼국유사』를 살펴보니, 『고기』에 이르기를, 옛적에 환인의 서자 환웅이 있어 자주 천하에 뜻을 두어 인간 세상을 탐구하므로 아비가 아들의 뜻을 알고 삼위태백을 내려다보니 인간을 널리 이롭게 할 만하였다. 이에 환인이 천부인 세 개를 환웅에게 주어 가서 다스리게 하였다. 환웅이 무리 3,000을 거느리고 태백산 정상에 내렸으니, 곧 지금의 묘향산이다. 환웅은 풍백과 우사를 거느리고 곡식을 주관하고, 생명을 주관하고, 병을 주관

하고, 형벌을 주관하며, 선악을 주관하니, 무릇 인간의 360여 가지 일을 주
관하여, 세상을 다스리고 교화하게 하였다. 그때에 한 곰과 한 호랑이가 있
어 같은 굴에서 사는데 항상 신인 환웅에게 기도하여 사람이 되기를 원하였
다. 환웅이 영험한 쑥 1자루와 마늘 20매를 주며 말하기를, 너희들이 이것
을 먹고 백 일 동안 햇빛을 보지 않으면 사람의 형상을 얻으리라 하였다. 곰
과 호랑이가 이것을 얻어먹고 삼칠일을 참았더니, 곰은 여자의 몸을 얻었으
나 호랑이는 사람의 몸을 얻지 못하였다. 웅녀가 혼인을 할 데가 없어서 늘
단수 아래에서 잉태하기를 빌었다. 환웅이 이에 잠시 사람으로 변하여 웅녀
와 혼인하였다. 웅녀가 잉태하여 아들을 낳았는데, 이름을 단군왕검이라 하
였다. 단군왕검은 당요가 즉위한 지 50년이 되는 경인년에 평양에 도읍하고
비로소 조선이라 칭하였다. 단군이 백악산 아사달로 도읍을 옮겨 나라를 다
스린 지 1,500년에 주나라 무왕이 즉위하여 기자를 조선에 봉하였다. 단군
이 또 장당경에 도읍을 옮겼다가 돌아와 아사달에 숨어 산신이 되었는데, 나
이가 1,908세였다고 하였다.'고 하였습니다.

  대저 단군이 평양을 떠난 지 400여 세에 돌아와 아사달에 숨어 신이 되었
으니, 아사달에서 임금 노릇을 하였고 아사달에서 신이 되었으니 이 땅을 싫
어하지 않은 것은 분명합니다. 기자가 40대를 전하고, 연나라 사람 위만이
왕검성에 도읍하여 2세를 전하였고, 고구려는 705년을 전하였으며, 신라는
병합한 지 200여 년이고, 고려 왕씨는 400여 년을 전하였으니, 단군이 평양
을 떠난 것은 아득하게 먼데, 평양을 돌아보고 연연하겠습니까? 또 산신이
되어 원주민들이 받들어 제사하는데 어찌 평양으로 즐겁게 옮겨 동명왕과
사당을 함께 하려고 하겠습니까? 『삼국유사』의 주에서 이른, 환인천제는 곧
유관의 상서에서 말한 단인이고, 환웅은 천제의 서자이니, 이른바 단웅입니
다. 옛사람들이 그 근본을 잊지 못하여 사우를 세우고 환을 고쳐 단으로 하
였으며, 삼성이라 호칭하였으니, 과연 어느 시대에 창건하였는지 알지 못합

니다. 지난번에 단군을 평양으로 옮겼는데 이성(즉 단인과 단웅)은 어느 땅에 두었겠습니까? 이로 인해 단군이 원주민에게 원망을 일으킬 뿐 아니라 이성도 반드시 괴이한 것을 마음대로 하고 전염병을 일으켜 백성에게 해를 끼칠 것입니다. 신이 처음에 오성우의 말을 듣고 조금도 개의하지 않았었는데, 지금 유관의 소를 보니 말뜻이 서로 모순되지 않습니다. 어찌 다시 의논하여 신의 뜻을 구하지 않겠습니까?"

7) 「왕검성과 아사달」효종 7년 9월

殿下遇災修省, 克謹天戒, 求言避殿, 無歲不爲. 而獨於千人之溺, 五聖之頹壓, 視之等閑, 以爲是適然, 例施恤典, 宣諭塞責, 反欲歸罪邊閫之武夫. 嗚呼! 此變, 果出於非天意乎. 檀君, 東方首出之君也. 世傳甲辰之歲, 竝堯而立, 降於太白, 都於鐵甕, 移於浿上, 入於阿斯, 人文宣朗, 肇基於此, 而非常之變, 不于他而在是, 識者之隱憂深慮. 蓋恐陰盛而陽消, 武競而文蹶也, 安可付之誕妄, 而莫之恤乎.

전하께서 재해를 만나면 자신을 수양하고 돌이켜보아 하늘의 경계에 따라 근신하시고 직언을 구하여 궁궐을 떠나는 일을 해마다 하지 않은 적이 없었습니다. 그런데 유독 1,000명이 물에 빠져 죽고 오성의 위판이 무너져 흙더미에 깔린 것에 대해서는 소홀하게 보아 넘기며 우연히 그렇게 된 것이라고 하면서 으레 휼전을 베풀고 유지를 백성들에게 널리 알려 책임만을 모면하시고 도리어 변방의 책임자인 무부에게 죄를 돌리려고 하십니다. 아, 이 변고가 정말 하늘의 뜻에서 나온 것이 아니란 말입니까? 단군은 동방에서 맨 먼저 출현했던 임금입니다. 세상에 전해지기로는 갑진년에 중국의 요임금과 함께 왕위에 올라 태백산으로 내려와 철옹에 도읍을 정했다가 패수가로 옮겨 아사달로 들어갔었는데, 인문을 퍼트리고 밝게 하였으며 여기에서 터전을 만들었다고 합니다. 그런데 이상한 변고가 다른 지역이 아니고 바로 이곳에서 일어났으니 식견이 있는 이들이 깊이 우려하고 있습니다. 이는 대체로 음기가 성하여 양기가 사그라지며 무가 강해지고 문이 위축되어서입니다. 어찌 허탄하고 망령된 것으로 여겨 염려하지 않을 수 있겠습니까?

8) 「왕검성과 아사달」 영조 41년 12월

禮曹判書沈鏽白上曰 : "黃海道九月山三聖廟位版之以土造成者多傷毀, 宜改造也. 上召問三聖故蹟於副提學徐命膺, 命膺曰 : "三聖卽桓因·桓雄·檀君, 而史所謂阿斯達山, 卽今之九月山也. 仍奏其故事甚詳. 上曰 : "然則桓雄卽檀君之父, 桓因卽檀君之祖也.

예조판서 심수가 임금에게 아뢰기를, "황해도 구월산의 삼성묘 위판이 흙으로 만든 부분이 많이 훼손되었으니, 마땅히 고쳐야 합니다."라고 하였다. 임금이 부제학 서명응을 불러 삼성의 고적을 물었다. 이에 서명응이 말하기를, "삼성은 곧 환인·환웅·단군이며, 역사에서 말하는 아사달산은 곧 지금의 구월산입니다."라고 하고 그 고사를 임금에게 매우 상세하게 아뢰었다.

임금이 말하기를, "그렇다면 환웅은 곧 단군의 아버지이고, 환인은 곧 단군의 할아버지이다."라고 하였다.

9) 「왕검성과 아사달」 정조 10년 8월

修檀君墓, 置守塚戶. 承旨徐瀅修啓言, 檀君, 卽我東首出之聖, 史稱編

髮蓋首之制. 君臣上下

之分, 飮食居處之禮, 皆自檀君創始, 則檀君之於東, 實有沒世不忘之
澤. 其所尊奉, 宜極崇備. 臣待罪江東, 見縣西三里許, 有周圍四百十尺
之墓. 故老相傳, 指爲檀君墓, 登於柳馨遠輿地志, 則毋論其虛實眞僞,
豈容任其荒蕪, 恣人樵牧乎. 若以爲檀君入阿斯達山爲神, 不應有墓, 則
旣有喬山之舃, 而又有崆峒之塚矣. 況檀君廟在於平壤, 而本郡秩之爲
崇靈殿, 則此墓之尙闕彝典, 誠一欠事.

　　단군의 묘소를 수리하고 무덤을 지킬 집들을 두었다. 승지 서형수가 아뢰
기를, "단군은 우리 동방에서 맨 먼저 나온 성인으로서, 역사에 편발개수(머
리를 땋고 모자를 쓰는 풍습)라 말하는 제도를 만들었다고 합니다. 임금과 신
하 및 상하의 구분과 음식과 거처의 예절을 모두 단군이 처음으로 시작하였
으니 단군은 동방에서 세상이 끝날 때까지 잊을 수 없는 은택이 있는 것이
니, 그 받드는 것을 마땅히 지극히 숭상하는 마음으로 갖추어야 할 것입니
다. 그런데 신이 강동에서 처벌을 기다리고 있을 때, 고을 서쪽 3리쯤 되는
곳에 둘레가 410척쯤 되는 무덤이 있었습니다. 옛일을 하는 노인들은 단군
의 묘소라고 전하고 있었으며, 유형원의 『여지지』에도 기록되어 있으니, 그
것이 참인지 거짓인지를 막론하고 어떻게 황폐해지도록 놔두고 사람들이
마음대로 땔나무를 하거나 소와 밀을 먹이도록 놔둘 수 있겠습니까? 만약
단군이 아사달산에 들어가 신이 되었으므로 묘소가 있을 수 없다고 이의를
제기한다면, 중국의 황제는 교산에 신발이 있고 공동산에는 무덤이 있음을
기억해야 할 것입니다. 하물며 평양에 단군의 사당이 있고 본 군에서도 숭
령전을 만들었는데 이 묘소만 오히려 정상적인 전례에서 빠졌다는 것은 진
실로 한 가지 흠입니다."라고 하였다.

6. 『승정원일기(承政院日記)』

1) 『승정원일기』⁴ 숙종 2년 2월

鑴曰, 孤竹國, 在遼東. 云雜記亦有箕子出來之後, 夷齊往來之言, 臣意海州, 缺二字孤竹, 亦缺數字, 似是夷齊往來之地耳. 上曰, 此不分明矣. 宇遠曰, 旣有首陽山, 故後人仍加孤竹之號矣, 豈有夷齊往來之事也? 鑴曰, 夷齊本在遼東, 與我國相近, 箕子出來之後, 亦豈無往來之事也? 且世人常謂周封箕子於朝鮮, 而其實不然矣, 商其淪喪, 我罔爲臣僕, 此箕子語也. 傳道於武王之後, 不欲在中國, 渡遼出來, 故武王仍以封之, 比諸外國也, 非旣受周封然後出來也. 上曰, 封箕子於朝鮮者, 乃古語也.

---

4 한국민족문화대백과, 『승정원일기』

조선시대 승정원에서 처리한 왕명 출납과 제반 행정 사무, 의례적 사항 등을 기록한 일기이다. 3,245책으로 된 필사본이다. 현재 1623년(인조 1) 3월부터 1910년(융희 4) 8월까지의 기록이 남아 있다. 본래 『승정원일기』는 1623년부터 1894년(고종 31)까지 3,047책이었다. 그런데 갑오경장 이후 여러 차례의 직제 개편으로 이름은 달라졌지만, 승정원의 기능을 이어받은 관서의 일기까지 합하면 모두 3,245책이 된다.

승정원의 직제는 도승지 이하 정3품의 승지 6인과 정7품의 주서(注書) 2인으로 이루어졌으며, 『승정원일기』의 기술은 주서의 소임이었다. 승정원에는 가관(假官)·분관(分官)으로서 가승지·분승지·사변가주서(事變假注書)·가주서·분주서가 있었다. 그런데 다른 가관·분관은 임시직이었으나, 임진왜란이 일어난 뒤 전쟁에 관한 사실을 기록하기 위해 임시로 설치한 사변가주서만은 상설화되어 군무와 칙사(勅使)·국안(鞫案 : 죄인을 신문한 기록) 등에 관한 기록을 맡게 되었다.

주서가 기록한 매일의 일기는 한 달분씩 정리해 국왕에게 올려서 재가를 받았다. 임금에게 올리기 전에 일기가 밖으로 나가는 것은 금지되었다. 한 달분을 대개 한 책으로 엮었으며, 분량이 많을 경우에는 두 책으로 나누었다. 윤달의 일기는 물론 따로 성책하였다.

鑴曰, 臣所達, 亦古語也, 非臣臆說也, 箕子渡遼出來, 而王儉以國讓之,
入九月山, 此乃堯舜相讓之風也. 箕子雖率半萬殷人, 而必不奪人之國,
王儉若不讓國, 則箕子何從得國也? 且箕子以聖人, 來王我東, 啓迪後
人, 使荒裔之人, 變爲君子之國, 至今文明之化, 皆其遺風, 而我國尊奉
之道, 極爲草草. 臣意作廟於國中, 名曰太師廟, 享奉之禮, 如祭夫子, 則
似爲得宜, 此實盛事, 而可傳於後世者也. 上曰, 祖宗朝, 亦無此事, 此
乃變通之大者也, 似難輕議. 宇遠曰, 箕子開我東億萬年之文治, 誠如鑴
言, 卽今平壤, 亦有廟宇, 使其子孫鮮于氏一人主之, 此甚草略, 不必立
廟於國都, 而仍其舊廟, 盛其尊享之禮, 似可矣. 上曰, 我國之禮樂文物,
實由於箕子之啓迪也, 予非不知, 而事甚重大, 不可輕爲耳.

휴가 말하기를 "고죽국은 요동에 있었습니다."라고 하였다. 또 말하기를
『잡기』에도 기자가 나온 후 백이와 숙제가 왕래했다는 말이 있습니다. 신이
해주에 대해 생각해 보면 고죽 두 글자가 빠졌고 또 여러 글자가 빠졌으므로
백이와 숙제가 왕래한 땅이라고 할 뿐입니다."라고 하였다. 주상께서 말씀
하시기를 "이것은 분명하지 않다."라고 하였다. 자원이 말하기를 "이미 수양
산이 있으므로 후세 사람들이 고죽이라는 이름을 더한 것입니다. 어찌 백이
와 숙제가 왕래한 일이 있었겠습니까?"라고 하였다. 휴가 말하기를 "백이와
숙제는 요동에 있어서 우리나라와 가까운데 어찌 왕래하는 일이 없었겠습
니까? 기자는 그 후에 나타나는데 그 사실이 그럴듯하지 않습니다. 상나라
가 망하고 신복이 된 적이 없다는 것이 기자의 말입니다. 도를 무왕에게 전
한 후에 중국에 있고 싶지 않아 요동으로 나갔으므로 무왕이 그를 봉한 것이
니 여러 다른 나라와 비슷하며 주나라에게 봉함을 받은 후에 나간 것은 아닙
니다."라고 하였다. 주상께서 말씀하시기를 "기자를 조선에 봉했다는 것은
옛날 말이다."라고 하였다. 휴가 말하기를 "신이 말씀드린 것은 옛날 말이지

신의 억측은 아닙니다. 기자가 요동으로 오고 왕검이 그에게 나라를 양보하여 구월산에 들어갔으니 이것은 곧 요순이 서로 사양한 풍습입니다. 기자가 비록 수만 명의 은나라 사람을 거느리고 다른 사람으로부터 나라를 빼앗지 않았고 왕검이 만약 나라를 사양하지 않았다면 기자가 어찌 나라를 얻을 수 있었겠습니까? 또한 기자는 성인으로 우리 동방에 와서 왕 노릇하며 후세 사람들에게 길을 열어주고 먼 외국 사람들로 하여금 군자의 나라로 변하게 하여 지금 문물이 창대한 것은 모두 그 유풍입니다. 그러나 우리나라에서는 (기자를) 받드는 도가 매우 미미합니다. 신의 생각으로는 나라 안에 사당를 만들고 이름을 태사묘라고 하고 향봉의 예를 공자에게 제사를 지내는 것처럼 하면 적절할 것 같습니다. 이것은 실로 성대한 일이니 후세 사람들에게 전해지는 것이 좋을 것 같습니다."라고 하였다. 주상이 말씀하시기를 "우리 왕조에 이런 일은 없었으니 이것은 변통해야 하는 일 중에서 큰일이다. 그래서 쉽게 의논하기 어려울 것 같다."라고 하였다. 자원이 말하기를 "기자가 우리 동방의 억만 년의 문치를 시작하였으며 묘우가 있으니 자손인 선우씨 중 한 사람으로 하여금 그것을 주관하게 하였습니다. 그러나 이것이 매우 간략하여 반드시 국도에 묘를 세울 필요는 없고 계속해서 옛 묘에서 존향의 예를 성대하게 거행하는 것이 좋을 것 같습니다."라고 하였다. 주상이 말씀하시기를 "우리나라의 예악과 문물은 실로 기자로부터 시작된 것이니 미리 알지 않을 수 없고 일도 매우 중대하니 가볍게 할 수 없다."라고 하였다.

2) 『승정원일기』 숙종 3년 1월

論其治, 則檀君淳厖之治, 以箕子八政之敎, 各(缺)財物, 拓地數千里, 衛滿以兵威財物, 拓地數千里, 暴得暴亡.

그들이 나라 다스린 것을 논해 보면, 단군은 어질게 다스리고, 기자는 8조로 가르쳐 각각 (궐락) 재물로 수천 리의 땅을 개척했으나 나라를 갑자기 얻었다가 갑자기 망했습니다.

3) 『승정원일기』 숙종 5년 11월

鄭維岳啓曰, 箕子廟祭文, 旣令大提學製進矣. 檀君·東明廟祭文, 則使藝文提學製進之意, 分付藝文館, 何如? 傳曰, 依啓.

정유악이 계문문에서 말하기를 "기자묘의 제문은 이미 대제학으로 하여금 만들어 올리게 하였습니다. 그리고 단군과 동명묘의 제문은 예문직제가 만들도록 예문관에 분부하였는데 어떻게 할까요?"라고 하였다. 전교에서 말하기를 "아뢴 대로 하라."라고 하였다.

4) 『승정원일기』 숙종 5년 11월

召對時, 上曰, 今遣近侍, 致祭箕子廟矣. 聞檀君·東明王廟, 在於箕子廟傍云, 亦爲擇日致祭. 上謂都承旨鄭維岳曰, 別遣近侍致祭, 乃所以重其事也. 卿須極致誠敬, 行祭廟宇, 及墳塋亦有頹圮處, 一一書啓, 以爲修葺之地. 箕子子孫中, 亦有可用者, 亦爲訪問書啓.

소대할 때 주상이 말하기를 "오늘 근시를 보내어 기자묘에 제사를 지낼 것이다. 들으니, 또한 단군묘와 동명왕묘가 기자묘 옆에 있다고 하니 날을 잡아서 제사를 올리도록 하라."라고 하였다. 또한 주상이 도승지 정유악에게 말하기를 "별도로 근시를 보내어 제사를 올리는 것은 그 사안을 중시하기 때문이다. 경은 매우 정성을 다해서 묘우에 제사를 드리고 무덤도 무너져 있으니 일일이 서계하여 고치도록 해라. 그리고 기자의 자손 중에서 쓸 만한 자가 있으면 방문하여 서계하도록 하라."라고 하였다.

5) 『승정원일기』 숙종 5년 11월

安如石啓曰, 檀君·東明王致祭文, 曾以大臣之意啓稟, 旣已改製, 且箕子祭文, 大提學金錫冑以爲其中有未妥處, 亦自添改, 故竝卽付標以入.

안여석이 계문을 올려 말하기를 "단군과 동명왕에게 제사하는 제문은 일찍이 대신들의 뜻으로 아뢰었으므로 이미 고쳤습니다. 또한 기자의 제문은 대제학 김석주가 타당하지 않은 곳이 있다고 하여 스스로 더하고 고쳤으므로 모두 표시를 붙여서 들였습니다."라고 하였다.

6) 『승정원일기』 숙종 20년 5월

王若曰, …… 箕師八條之敎風化猶存, 檀君千歲之基, 幅員斯廣.

국왕이 말씀하시기를 "…… 기자의 8조의 가르침과 교화가 아직 남아 있고 단군의 천년 터의 크기는 넓다."라고 하였다.

7) 『승정원일기』 숙종 23년 1월

禮曹啓曰, …… 取考謄錄, 則曾在己未年致祭時, 檀君·東明王廟, 在於其傍, 故亦爲一體致祭.

예조에서 계문을 올려 말하기를 "······ 비변사등록을 살펴보니 일찍이 기미년에 제사를 드릴 때 단군과 동명왕의 묘가 그 옆에 있었으므로 함께 제사를 지냈습니다."라고 하였다.

8) 『승정원일기』 숙종 23년 7월

引見入侍時, 監賑御史李寅燁所啓, 檀君墓在於江東, 東明王廟在於平壤. 今至蕪廢, 行路嗟傷, 宜令本道, 每年修治, 俾無耕牧之患矣.

입시하여 알현할 때 감진어사 이인화가 아뢰기를, "단군묘가 강동에 있고 동명왕묘는 평양에 있습니다. 지금은 버려져 있어 가는 길에 한탄하며 슬퍼하였으니 마땅히 본 도에서 매년 수리하여 경작과 목축의 근심이 없게 해야 합니다."라고 하였다.

9) 『승정원일기』 영조 원년 5월

李挺周曰, 國朝之興滅繼絕, 可謂至矣. 檀君廟·箕子廟·崇義殿是也. 至於擧逸民, 則尤可留意處.

이정주가 아뢰기를, "우리나라가 무너너진것을 것을 일으켜주고 끊어진 것을 잇게 해준 것이 지극하다고 할 만하니, 단군묘와 기자묘와 숭의전이 바로 이것입니다. 초야에 묻혀 지내는 훌륭한 사람을 등용하는 데 있어서는 더욱 유념할 만한 부분입니다."라고 하였다.

10) 『승정원일기』 영조 원년 8월

又以禮曹言啓曰, 平壤府檀君殿額號, 以崇靈, 啓下矣. 揭額之時, 不可無祭告之擧, 祭文, 令藝文館製進, 祭物執事, 亦令本道預爲整待, 本曹郞廳陪香祝, 下去後, 卽爲擧行之地, 何如? 傳曰, 允.

또 예조에서 말로 아뢰기를, "평양부에 소재한 단군전의 편액에 대한 호칭을 '숭령'으로 하라는 임금의 재가를 받았습니다. 편액을 걸 때에 제사하여 고하는 일이 없을 수 없으니, 제문은 예문관에서 지어 올리게 하고, 제물과 집사도 평안도로 하여금 미리 정돈하여 대기시키게 한 다음 본조의 낭청이 향축을 가지고 내려간 뒤에 즉시 거행하도록 하는 것이 어떻겠습니까?" 하니, 임금이 윤허하였다.

11) 『승정원일기』 영조 5년 윤7월

朴聖輅, 以禮曹言啓曰, 黃海道幼學韓壽禎等, 以長淵蓋浦頭村箕山下箕子畵像所奉祠宇請額事上言. 本曹覆啓判付內, 箕子實我東檀君後聖也. 禮樂文物, 從此時而始, 故予嘗欽嘆矣. 今觀上言, 誠爲稀貴之事, 臣僚之有賢者, 亦皆建宇而賜額也. 況功蓋東國之箕子乎? 特允所請事, 判下矣. 上年龍岡影殿, 揭額致祭時, 依成川影殿揭額時例, 直以箕聖影殿, 爲其額號, 而勿書某年賜額等小字, 祭文則使知製敎製送矣. 今亦依此擧行之意, 分付藝文館, 何如? 傳曰, 允.

박성로가 예조의 말로 아뢰기를, "황해도 유학 한수정 등이 장연군 개포두촌 기산 아래의 기자의 그림을 봉안한 사우에 내려줄 것을 요청하는 일로 글을 올렸습니다. 그에 대해 본조의 복계와 관련한 판부의 내용에는 '기자는 실로 우리나라 단군 이후에 나온 성인이다. 예악과 문물이 이때부터 비롯되었기 때문에 내가 일찍이 감탄하였다. 지금 올린 글을 보건대 정말 희귀한 일이다. 현덕이 있는 신하도 모두 사우를 세우고 사액하는데, 더구나 우리나라에 크나큰 공을 세운 기자이겠는가. 요청한 일을 특별히 윤허한다.'라고 허가하셨습니다. 지난해 용강의 영전에 편액을 걸고 제사할 때에는 성천의 영전에 편액을 걸던 때의 예대로 단지 '기성영전'을 편액의 호칭으로 삼고 어느 해 사액하였다는 등의 소자는 쓰지 말도록 하였으며, 제문은 지제교로 하여금 지어 보내게 하였습니다. 이번에도 이대로 거행하도록 예문관에 분부하는 것이 어떻겠습니까?" 하니, 임금이 윤허하였다.

12) 『승정원일기』 영조 5년 윤7월

迪命曰, 我國自檀君, 人文未備, 史多疎略, 無可觀者, 然我東人, 全尙中國事跡, 至於東國, 則忽而少之, 略不觀覽, 實我東人之弊也. 山川形勢, 邑號沿革, 歷代治亂興亡, 一一參驗, 則豈不有益於爲國乎? 伏願聖上, 進講之餘, 特加觀覽焉. 上曰, 我國人, 非忽而少之也, 三國以前, 無可觀事矣. 致雲曰, 我國, 詳知中原事, 而於我國事跡, 則不能詳知矣. 上曰, 俗語云, 畫工能善畫不見之龍, 而不能善畫常見之虎. 正與我國人, 能詳知中原事, 而不能詳知東國事者, 相似, 亦豈非文勝之致乎? 致雲曰, 然. 此是我國史也, 山川地名, 詳爲考證, 一一懸錄於御覽冊子, 何如? 上曰, 依爲之. 書頭無地名懸記之事矣. 迪命曰, 因懸錄事, 尹光益今方出去考出, 而臣則於東史, 尤爲朦然, 若會坐窮搜, 則似或知之, 而大抵我東山川記實者, 未能詳盡矣.

적명이 아뢰기를, "우리나라는 단군 때부터 인문이 미비한 관계로 역사에 소략한 부분이 많고 볼만한 것이 없습니다. 그러나 우리나라 사람이 온통 중국의 사적은 숭상하면서 우리나라에 대해서는 경시하고 멸시하여 조금도 보지 않는 것은 실로 우리나라 사람들의 폐단입니다. 산천의 형세, 읍호의 연혁, 역대의 치란과 흥망을 낱낱이 참험한다면 어찌 나라를 다스리는 데 도움이 되지 않겠습니까. 삼가 바라건대 성상께서는 진강한 뒤에 특별히 살펴보소서." 하니, 임금이 이르기를, "우리나라 사람이 경시하고 멸시하는 것이 아니라 삼국 이전에는 볼 만한 일이 없다." 하였다. 신치운이 아뢰기를, "우리나라는 중원의 일에 대해서는 자세히 알지만 우리나라의 사적에 대해서는 자세히 알지 못합니다." 하니, 임금이 이르기를, "속담에 '화공이 보지도 않은 용은 잘 그리지만 늘 보는 호랑이는 잘 그리지 못한다.'라고 하였다. 우리나라 사람들이 중원의 일은 자세히 알면서 우리나라 사람의 일에 대해서는 자세히 알지 못하는 것과 딱 비슷하니, 겉만 꾸미는 데 치중한 결과가 아니겠는가." 하자, 신치운이 아뢰기를, "그렇습니다. 이는 우리나라의 역사이니 산천의 지명을 상세히 고증하여 낱낱이 어람 책자에 현록하는 것이 어떻겠습니까?" 하니, 임금이 이르기를, "그대로 하라. 서두에 지명을 현록한 일은 없다." 하자, 조적명이 아뢰기를, "현록하는 일로 인해 윤광익이 상고하러 지금 막 나갔습니다. 신은 우리나라의 역사에 대해 더욱 어두우니, 만약 한데 모여 샅샅이 찾는다면 알 수도 있을 듯합니다. 대체로 우리나라의 산천에 대해 사실을 기록한 것은 자세하지 못합니다." 하였다.

13) 『승정원일기』 영조 5년 윤7월

上曰, 初篇云, 檀君生于檀木下, 與堯竝立唐堯之世. 異於洪荒未判之時, 則檀君之始生於堯時者, 未可準信. 大抵東史多誕, 耽羅此事, 得無載錄之太晚乎? 顯命曰, 檀君之說, 似是虛謊, 東史所記, 未可一一準信, 而洪荒之世, 氣化之始, 蓋有無人道而生者矣. 海外與中土有異, 氣化之數, 不無先後, 而人物之生, 亦無怪乎早晚之不同也.

임금이 이르기를, "초편에 이르기를 '단군이 박달나무 아래에서 태어나 요임금과 동시대에 즉위하였다.'라고 하였는데, 요임금의 세상은 혼돈하여 음양이 나누어지지 않은 때와는 다르니, 단군이 요임금 때에 비로소 태어났다는 것은 확신할 수 없다. 대저 우리나라의 역사는 허황된 일이 많다. 탐라의 일은 기록이 너무 늦은 것이 아닌가." 하니, 조현명이 아뢰기를, "단군의 설은 허황된 듯하고 우리나라의 역사 기록을 일일이 확신할 수 없지만, 세상이 혼돈하고 음양이 처음으로 만물을 낳을 때에는 아마도 남녀의 교합이 없이도 사람을 낳는 경우가 있었을 것입니다. 그리고 바다 바깥은 중원과 달라서 음양이 만물을 낳는 역수에 선후의 차이가 없지 않으니, 사람과 만물을 낳음에 그 시기가 다른 것도 이상할 것이 없습니다." 하였다.

14) 『승정원일기』 영조 5년 9월

仍伏念我東歷代始祖, 如檀·箕二聖, 甚乎不可尙矣, 而如羅·麗·濟三祖, 亦於所都而祀之, 今以二神人, 比之於彼, 雖其國有大小, 地分內外, 而若其法施於民, 功垂於後, 則宜無彼此矣. 且如海西文化縣, 有三聖祠, 其二, 卽生民始祖桓因·桓熊也. 其一, 卽開國始祖檀王也. 顧玆三神人, 卽以生民之祖, 且爲開國之君, 則其靈跡神功, 實與彼三聖而無間矣. 今雖高不敢擬倫於檀·箕, 大不敢比軌於羅·麗, 而二桓一溫之例, 足可援而訂之矣. 臣玆敢涉海重跰, 千里封章, 齊聲仰籲於九闕之下, 伏願殿下, 爰命有司, 考出三神人實蹟, 特依漢宋故事與我東歷代祖廟三聖祠

之例, 亟宣華額, 揭示瞻聆, 使古國遺黎, 得伸其報本追遠之誠, 聖朝祀
典, 無闕於崇德紀功之列乎? 千萬幸甚, 謹昧死以聞.

"이에 엎드려 생각건대 우리나라의 역대 시조 가운데 단군과 기자와 같
은 두 성인은 더할 나위 없이 높이 숭상하고 있고, 신라, 고구려, 백제의 세
시조의 경우도 그들이 도읍했던 곳에서 제사를 지내고 있습니다. 오늘날 세
신인을 저 시조들과 비교하면 비록 나라의 크기로 보아 대소의 차이가 있고
지역의 위치로 보아 내외의 구분이 있지만, 법이 백성들에게 시행되고 공적
이 후대에 전해진 점에서는 피차의 구분이 없어야 합니다. 그리고 해서 문
화현에 삼성사라는 세 성인의 사당이 있는데, 그 가운데 둘은 바로 백성들
의 시조인 환인과 환웅이고, 하나는 바로 개국시조인 단군왕검입니다. 돌아
보건대 이 세 신인은 이미 백성의 시조이고 개국의 군주이니, 신령스러운 자
취와 신묘한 공적은 실로 저 세 성인과 차이 날 것이 없습니다. 지금 비록 높
은 공적으로는 감히 단군과 기자에 견줄 수 없고 영토의 크기로는 감히 신라
와 고려에 비교할 수 없더라도, 환인과 환웅 그리고 단군왕검의 예는 원용해
서 견주어 비교하기에 충분할 것입니다. 이에 신들이 감히 발이 부르터 가
며 바다를 건너 천 리 먼 곳까지 와서 소장을 올려 한목소리로 성상께 우러
러 호소합니다. 삼가 바라건대 전하께서는 유사에게 명하여 세 신인의 실제
자취를 살피게 하되, 특별히 한나라와 송나라의 고사 및 우리나라 역대의 조
묘와 삼성사의 예에 의거하여 속히 편액을 하사하여 게시해서 보고 듣게 해
주심으로써 고국의 유민으로 하여금 보본추원의 정성을 펼 수 있게 하고, 성
조의 사전으로 하여금 덕행을 높이고 공적을 기록하는 배열에 빠트리는 것
이 없도록 하소서. 그렇게 해 주신다면 매우 다행이겠습니다. 삼가 죽음을
무릅쓰고 아룁니다." 하였다.

15) 『승정원일기』 영조 7년 1월

迪命曰, 以我國言之, 檀君後, 高麗統合三韓, 其建國規模, 可謂宏遠, 而
以此史觀之, 上下雜亂, 不知禮義, 近於夷狄矣. 白頤正入中國, 始見程·
朱之學, 知其奇貴, 得之學之, 來傳東方, 後學得以闡明, 典章文物, 燦然
大備, 天下至今謂之小中華.

조적명이 아뢰기를, "우리나라로 말하자면 단군 이후 고려가 삼한을 통합
하였으니 건국의 규모가 원대하다고 할 만합니다. 그러나 이러한 역사를 보
면 상하가 뒤섞여 어지럽고 예의를 몰라 이적에 가까웠습니다. 백이정이 중
국에 들어가 정자와 주자의 학문을 처음 보고서 기이하고 귀중한 것임을 알
아보고 찾아 배워 동방에 와서 전하였습니다. 이에 후학들이 이를 드러내
밝혀 전장 문물이 찬연히 크게 갖추어져 천하 사람들이 지금까지 소중화라
고 합니다."

16) 『승정원일기』 영조 8년 1월

舉條 上曰, 檀君, 實爲東方之天皇矣. 其祠宇, 亦安保其能修治耶? 欲爲
遣近臣致祭, 入侍承宣, 其往擧行, 祠殿如不修廢, 亦爲申飭本道, 俾卽
修治, 仍爲狀聞, 可也.

임금이 이르기를, "단군은 실로 동방의 천황인데, 그 사우도 잘 정비하고
있는지 어떻게 보장하겠는가. 근신을 보내 제사를 지내고자 하니 입시한 승
지가 가서 거행하고, 사전이 허물어진 것을 수리하지 않았으면 또한 본도에
신칙하여 즉시 수리한 다음 장계로 보고하도록 하라." 하였다.

17) 『승정원일기』 영조 8년 1월

出擧條 濰又曰, 日昨召對時, 以檀君所在處, 下詢入侍儒臣, 乃以在於海
西九月山之意仰對, 仍有遣近侍致祭之命矣. 自院中招問該曹書吏, 則以
爲九月山, 元無檀君祠宇, 平壤城內, 有檀君殿, 而殿號崇靈云矣. 上曰,
然則當致祭於崇靈殿矣. 濰曰, 中和·東明王墓, 亦有遣禮官致祭之命,
而聞檀君·東明同宇, 檀君在西, 東明在東云. 檀君·東明, 旣同一祠, 則
獨祭檀君, 事涉如何, 惶恐敢達. 上曰, 然則今無別遣禮官之事, 令檀君
殿致祭承宣, 一體致祭於東明王, 可也.

　김유가 또 아뢰기를, "일전에 소대할 때 입시한 유신에게 단군 사당의 소
재지를 하문하시기에 해서 구월산에 있다고 우러러 대답했고, 이어 근시를
보내 제사를 지내게 하라는 명을 내리셨습니다. 승정원에서 해당 조의 서리
를 불러 물어보니, 구월산에는 원래 단군의 사당이 없고 평양성 안에 단군전
이 있는데 전의 이름이 숭령이라고 하였습니다." 하니, 임금이 이르기를, "그
렇다면 마땅히 숭령전에 제사를 지내야 한다." 하였다.

　김유가 아뢰기를, "중화의 동명왕묘에도 예관을 보내 제사를 지내게 하라
는 명을 내리셨습니다. 그런데 듣건대 단군과 동명왕은 같은 사우에 있는데
단군은 서쪽에 있고 동명왕은 동쪽에 있다고 합니다. 단군과 동명왕이 이미
같은 사당에 있으니, 단군 제사만 지내면 일이 어떠하겠습니까. 황공한 마
음으로 감히 아룁니다." 하니, 임금이 이르기를, "그렇다면 지금 별도로 예관
을 보낼 일이 없어졌으니, 단군전에 제사를 지내는 승지로 하여금 동명왕도
함께 제사를 드리게 하라." 하였다.

18) 『승정원일기』 영조 8년 1월

出擧條 金在魯曰, 臣於近日事, 適有所懷, 故敢達矣. 頃因兵曹判書金取
魯所達, 以東明王墓道修改畢役, 有遣禮官致祭之命, 其後筵中, 因承旨
之言, 致祭檀君於崇寧殿[崇靈殿], 而竝祭配位東明王事, 改下敎, 臣之愚
見, 有不然者, 昨年箕子墓修改後, 致祭於崇仁殿, 已未可謂得其地, 而
崇仁殿, 乃是箕子專享之祠, 又殿與墓, 同在平壤, 猶或可也. 今此東明
王墓, 在於中和, 崇寧殿[崇靈殿]則在於平壤, 而檀君主享, 東明爲配位,
以修廟後告由慰安之意, 致祭於他邑配享之祠, 其於禮意, 實涉微晦. 且
記曰, 祭不可瀆, 檀君雖是東方首出之聖君, 係是前代帝王, 聖上嗣服之
後乙巳年, 因崇寧殿[崇靈殿]揭號, 旣另行致祭, 而今無他端, 而更爲致
祭, 實涉煩瀆, 依初下敎, 致祭於墓所, 恐爲得宜, 大臣·禮官, 方入侍, 下
詢而處之, 何如? 上曰, 重臣之言, 是矣. 而向者岳武穆廟致祭時, 亦竝祭
諸葛武侯, 紫雲書院, 亦竝祭配享兩賢. 蓋一殿之內, 或祭或否, 有所不
可, 故頃於崇寧殿[崇靈殿]致祭時, 亦有竝祭東明王之命矣. 金取魯曰, 此
事, 臣之所陳達於日昨筵中者矣. 昨年箕子墓修改後, 朝家有致祭於崇
仁殿之擧, 而臣意以爲, 崇仁殿, 則己酉年纔已致祭, 不必年年致祭, 且
修改後致祭事, 當設行於墓所丁字閣, 故敢陳淺見於畢役狀啓之末矣. 其
時朝家, 不爲聽施, 臣固拘於藩體, 不敢復煩, 而至今慨然矣. 今番東明
王墓修改後, 又請致祭於其墓所者, 蓋以此意也. 修改之初, 旣已遣香祝,
告由於墓所, 則畢役之後, 所當行祭於墓所, 況墓所在於中和, 崇寧殿[崇
靈殿]在於平壤. 又非東明王專享之祠, 而今因修墓事, 致祭於崇寧殿[崇
靈殿], 終涉未妥, 故外議頗以爲言矣. 金在魯之陳達, 亦由於此也. 洪致
中曰, 崇寧殿[崇靈殿], 非東明王專享之所, 而前旣致祭於本殿, 則今因東
明王修墓之擧. 又爲設祭, 終有煩瀆之嫌, 遣禮官致祭於墓所, 恐似得宜

矣. 上曰, 墓形, 何如? 取魯曰, 今雖盡爲崩頹, 墓址甚大, 而四面基址所
築之石, 亦極廣大矣. 上曰, 曲墻有之乎? 取魯曰, 今番修改時改築, 而墓
前且立表石矣. 上曰, 乙巳年已祭於檀君, 予則忘之, 故頃有下敎, 到今
又祭, 反爲瀆屑之說, 似是矣. 宋寅明曰, 此等之祭, 不可煩疊爲之矣. 上
曰, 前旣祭於檀君崇寧殿[崇靈殿], 今則只東明王墓, 遣禮官致祭, 可也.

김재로가 아뢰기를, "신이 근래의 일에 대해 마침 소회가 있으므로 감히
아룁니다. 지난번에 병조 판서 김취로의 진달로 인하여 동명왕의 묘도를 고
치는 공사를 마친 일로 예관을 보내 제사를 지내라는 명을 내렸습니다. 그
뒤 잔치중에 승지가 말하기를 숭령전에서 단군을 제사 지낼 때 배위인 동명
왕도 아울러 제사 지내도록 고쳐서 하교하셨다고 하셨습니다. 신의 어리석
은 견해로는 옳지 않은 점이 있습니다. 작년 기자묘를 개수한 뒤에 숭인전에
서 제사를 지냈으니, 그것으로 제자리를 얻었다고 말할 수 없습니다. 숭인전
은 바로 기자만 전적으로 제향하는 사당인 데다 전과 묘가 모두 평양에 있으
니 괜찮기는 할 것입니니다. 그런데 지금 이 동명왕묘는 중화에 있고, 숭령
전은 평양에 있는데 단군이 주향이고 동명왕은 배위가 됩니다. 사당을 개수
한 뒤에 고유하여 위안하려는 뜻으로 다른 고을의 배향한 사당에 제사를 드
리는 것은 그 예를 행하는 뜻에 있어 의미가 실로 퇴색됩니다. 또 『예기』에 이
르기를 '제사는 번독해서는 안 된다.'라고 하였습니다. 단군이 비록 동방에서
가장 먼저 나온 성군이지만 전대의 제왕입니다. 성상께서 즉위하신 뒤 을사
년(1725, 영조1)에 숭령전에 현판을 건 일로 이미 따로 제사를 거행하였습니
다. 그런데 지금 다른 사유가 없는데 다시 제사를 지내려 하시니 이렇게 하면
실로 번독하게 됩니다. 처음 하교한 대로 묘소에 제사를 지내는 것이 아마 마
땅할 듯합니다. 대신과 예관이 현재 입시하였으니, 하순하여 처리하는 것이
어떻겠습니까?" 하니, 임금이 이르기를, "중신의 말이 옳다. 그런데 지난날 악

무목묘에 제사 지낼 때도 제갈무후까지 함께 제사를 드렸고, 자운서원에도 배향한 두 현인까지 함께 제사를 드렸다. 한 전 안에서 누구에게는 제사를 지내고 누구는 지내지 않는 것은 옳지 않다. 그러므로 지난번 숭령전에 제사드릴 때도 동명왕까지 함께 하라는 명을 내린 것이다." 하자, 김취로가 아뢰기를, "이 일은 신이 일전에 연석에서 진달한 것입니다. 작년 기자묘를 개수한 뒤에 조정에서 숭인전에 제사를 드린 일이 있었습니다. 신은 '숭인전에는 얼마 전 기유년(1729, 영조5)에 제사를 하였으니 해마다 할 필요는 없고, 또 개수한 뒤에 제사를 지내는 일은 마땅히 묘소의 정자각에서 설행해야 한다.'라고 생각하였습니다. 그러므로 감히 필역장계의 끝에 얕은 견해를 진달하였습니다. 그 당시 조정에서 제가 진달한 것을 시행하지 않았는데, 신이 참으로 번신의 체모에 구애되어 감히 다시 번거롭게 진달하지는 못하였지만 지금까지 개탄하고 있습니다. 이번에 동명왕묘를 개수한 뒤에 또 그 묘소에 제사 지내기를 청하는 것은 이런 뜻이 있기 때문입니다. 개수하는 초기에 이미 향축을 보내 묘소에서 고유하였으니, 공사를 마친 뒤에도 마땅히 묘소에서 제사를 지내야 합니다. 더구나 묘소는 중화에 있고 숭령전은 평양에 있으며 동명왕만 전적으로 제향하는 사당도 아닌데, 지금 묘를 개수한 일로 숭령전에서 제사를 지내면 끝내 타당하지 않게 될 것입니다. 그러므로 외부의 의논이 자못 말이 많은 것입니다. 김재로의 진달도 여기에서 연유한 것입니다." 하였다.

홍치중이 아뢰기를, "숭령전은 동명왕을 전적으로 제향하는 곳이 아닙니다. 전에 이미 본전에 제사를 드렸는데 지금 동명왕묘를 개수한 일로 또 제사를 지내면 끝내 번독한 혐의가 있게 되니, 예관을 보내 묘소에 제사를 지내게 하는 것이 아마 마땅할 듯합니다." 하였다. 임금이 이르기를, "묘의 형태가 어떠한가?" 하니, 김취로가 아뢰기를, "지금은 비록 다 붕괴되었지만, 묘의 터가 매우 크고 사면의 터에 돌도 극히 광대하게 쌓았습니다." 하였다. 임금이 이르기를, "곡장은 있는가?" 하니, 김취로가 아뢰기를, "이번에 개수할 때 개축하였고, 묘 앞에 또 표석을 세웠습니다." 하였다. 임금이 이르기를, "을사년(1725)에 이미 단군께 제사 지냈는데 내가 잊어버렸기 때문에 지난번에 하교하였다. 지금에 와서 또 제사 지내는 것은 도리어 번독하다는 말이 옳은 듯하다." 하니, 송인명이 아뢰기를, "이러한 제사는 번독하고 중복되게 행해서는 안 됩니다." 하자, 임금이 이르기를, "전에 이미 단군의 숭령전에서 제사를 지냈으니, 지금은 동명왕묘에만 예관을 보내 제사를 지내게 하라." 하였다.

19) 『승정원일기』 영조 8년 1월

徐命淵, 以禮曹言啓曰, 平壤崇靈殿, 遣近侍致祭時, 東明王一體致祭事, 前已擇日啓下矣. 今正月二十日大臣·備局堂上引見入侍時, 又因筵臣陳達. 上曰, 前旣祭於檀君崇靈殿, 今則只東明王墓, 遣禮官致祭, 可也事, 改下敎矣. 東明王墓致祭吉日, 令日官推擇, 則來二月十八日爲吉云. 以此日設行, 而祭文中修墓之意, 措辭撰出, 祭物執事, 令本道差定排進事, 竝爲分付, 何如? 傳曰, 允.

서명연이 예조의 말로 아뢰기를, "평양의 숭령전에 근시를 보내어 제사 지낼 때 동명왕을 함께 제사를 지내는 일은 전에 이미 날을 택하여 계하받았습니다. 그런데 이번 1월 20일에 대신과 비국 당상이 인견을 위해 입시하였을 때 또 연신의 진달로 인해 상께서 '전에 이미 숭령전에서 단군을 제사하였으니, 이번에는 동명왕묘에만 예관을 보내어 제사를 하도록 하라.'라고 고쳐서 하교하셨습니다. 동명왕묘에 제사를 지낼 길일을 일관으로 하여금 택하게 하였더니, 오는 2월 18일이 길하다고 하였습니다. 이날로 설행하되 제문 가운데 묘소를 개수하였다는 뜻으로 문안을 작성하고 제물과 집사를 본

도로 하여금 차정하여 배진하도록 아울러 분부하는 것이 어떻겠습니까?" 하
니, 윤허한다고 전교하였다.

20) 『승정원일기』 영조 8년 5월

丙午, 臣等齊聲請額, 則其時判府[判付]中有曰, 箕子, 實我東檀君後聖
也. 禮樂文物, 從此時而始, 故予嘗欽歎矣. …… 而臣等別有所悲者, 夫
箕子之於我東, 功德若何? 而崇奉之道, 終有所歉, 以中國言之,而臣等
別有所悲者, 夫箕子之於我東, 功德若何? 而崇奉之道, 終有所歉, 以中
國言之, 而崇奉之道, 終有所歉, 以中國言之, 汲郡太師之祠, 西華洪範之
堂, 及夫永嘉之院, 皆所以尊奉箕子. 而我東之所以尊奉者, 反不如中國
之人, 此甚可嘅. 是故, 天使董越·王敬民, 至有薄略之譏. 且宣廟朝儒臣,
獻議於朝, 有曰箕子於我東, 功德鬼鬼, 豈可與檀君·高句麗·新羅·百濟
之始祖, 建廟於故都而止乎云云.

병오년에 신들이 한목소리로 사액을 청하니, 그때 판부 내에 '기자는 실로
우리나라 단군 이후에 나온 성인입니다. 예악과 문물이 이때부터 시작되
었기 때문에 감탄하였습니다.' …… 하지만 신들은 따로 슬퍼하는 바가 있
습니다. 기자가 우리 동방에 끼친 공덕이 얼마나 훌륭한데 공경히 받드는 방
도가 끝내 미흡한 점이 있습니다. 중국으로 말할 것 같으면 급군의 태사사와
서화의 홍범당 및 영가서원이 모두 기자를 높이 받드는 곳입니다. 그런데 우
리 동방은 높이 받드는 것이 도리어 중국 사람보다 못하니 이것이 매우 개탄
스럽습니다. 이 때문에 천사인 동월과 왕경민이 초라하다고 기롱하기까지
하였고, 또 선묘조 때 유신들이 조정에 헌의하기를 '기자가 우리 동방에 끼친
공덕이 현격하게 높은데, 어찌 단군이나 고구려, 신라, 백제의 시조와 더불

어 옛 도읍에만 사당을 세우고 말뿐이겠습니까.'라고 하였습니다.

21) 『승정원일기』 영조 11년 12월

於休我東, 卽禮義之邦, 而上自檀君, 下至勝國, 凡屢千百載, 僅有一二
可稱, 而餘外則寥寥無聞焉, 逮入聖朝, 二三百年之間, 列聖培養, 群賢
輩出, 比諸有宋諸賢而無媿焉.

아아, 우리 동방은 예의의 나라이나 위로는 단군부터 아래로는 고려까지
무릇 누천년 동안 겨우 한두 사람 일컬을 뿐이고 나머지는 고요하여 들은 적
이 없습니다. 우리 조정에 들어와서는 이삼백 년 동안 열성조께서 기르시어
여러 현인이 나왔으니, 송대 현인들에 비해도 부끄럽지 않습니다.

22) 『승정원일기』 영조 15년 6월

出擧條上曰, 因此文義, 於歷代帝王秩祀之事, 予亦有詢問而下敎者矣.
麗朝以上三國諸君之陵廟所在, 未知有修葺之事乎? 最基曰, 三國始祖,
如新羅赫居世, 高句麗朱蒙·百濟溫祚諸陵廟, 見在與否, 臣未能的知其
某處. 而殿下臨文起感, 今若命加修葺, 又置守墓, 則聖意豈不好乎? 上
曰, 松都則曾已申飭矣, 我朝以上檀君箕子以後諸王陵廟所在處, 使各
其地方官, 別爲修葺之意, 申飭諸道, 可也.

거조를 내어 이르기를, '이 글의 뜻을 가지고 역대 제왕의 질사에 관한 일
에 대해 나도 하문하고 하교하였다.'라고 하였다. 고려 이전에 삼국과 제군
이 능묘에 있는 것을 수리하는 일이 있었는가? 유최기가 아뢰기를, 삼국의

시조 가운데 신라의 혁거세와 같은 고구려의 주몽, 백제의 온조 등 여러 능묘들이 현재 있는지는 신이 정확히 알 수 없습니다. 전하께서 글을 보고 감회를 일으키셨으니 지금 만약 더 수선하도록 명하고 또 수묘를 둔다면 성상의 뜻이 어찌 좋지 않겠습니까. 임금이 이르기를 송도는 일찍이 신칙하였으니 조선이전의 단군 기자 이후의 왕릉묘가 있는 곳을 각각 그 지방관으로 하여금 특별히 수리하도록 여러 도에 신칙하라고 하였다.

23)『승정원일기』영조 15년 6월

上曰, 歷年記誦之乎? 聖任曰, 金業先誦傳云矣. 以此出問目, 而終不服矣. 瀗曰, 安順白·金業先諸人, 歷年記酬酢之時, 聞之云矣. 上曰, 此詐也. 檀君臺, 在於北道乎? 瀗曰, 檀君臺在於妙香山, 北道未之聞矣. 上曰, 檀木在乎? 瀗曰, 檀木在於太白檀君臺矣.

임금이 이르기를, 역년의 기록은 기억하는가? 구성임이 아뢰기를, 김업이 먼저 외웠다고 합니다. 이 때문에 문목을 내었으나 끝내 승복하지 않았습니다. 김흡이 아뢰기를, 안순백과 김업선 등 여러 사람이『역년일기』를 수작할 때 들었다고 합니다. 임금이 이르기를, 이것이 거짓이다. 단군대는 북도에 있는가? 김흡이 아뢰기를, 단군의 대는 묘향산에 있는데 북도에서는 듣지 못하였습니다. 임금이 이르기를, 단목은 있는가? 김흡이 아뢰기를, 단목은 태백대에 있습니다.

24)『승정원일기』영조 15년 6월

上曰, 承旨進來. 益炡進伏. 上曰, 崇仁殿, 何如? 益炡曰, 殿在城內, 殿

前有檀君廟, 曾前竝行祀事矣. 上曰, 箕子有畫像乎? 益炡曰, 城外五里,
有書院奉安畫像矣. 上曰, 服色尙白乎? 益炡曰, 然矣. 上曰, 形貌以朱
墨施之乎? 益炡曰, 然矣, 書院有孝廟尋院筆蹟矣. 上曰, 御筆乎? 益炡
曰, 鳳林大君四字, 以御筆書之, 別藏于冊置之矣. 祭祀時, 道內鮮于姓
人, 皆令參祭, 殿監以鮮于姓人爲之, 執事亦以鮮于姓人差定, 諸執事,
以守令塡定矣.

임금이 이르기를, 승지는 나오라. 정익정이 나와 엎드렸다. 임금이 이르
기를, 숭인전은 어떠한가? 이익정이 아뢰기를, 전은 성안에 있고 전에는 단
군묘가 있는데 전에도 아울러 제사를 지냈습니다. 임금이 이르기를, 기자의
화상이 있는가? 이익정이 아뢰기를, 성 밖 5리에 서원을 봉안한 화상이 있습
니다. 임금이 이르기를, 복색은 그래도 좋다고 하였다. 이익정이 아뢰기를,
그렇습니다라고 하였다.

임금이 이르기를, 형모는 어떻게 그린 것인가? 이익정이 아뢰기를, 서원
이 효묘께 서원을 찾은 필적이 있습니다. 임금이 이르기를, 어필인가? 이익
정이 아뢰기를, 봉림대군이 네 글자는 어필로 썼고 따로 책에 보관해 두었습
니다. 제사 때에는 도내 선우성이 있는 사람을 모두 제사에 참여하게 하고,
전감은 선우성을 가진 사람으로 하고 집사 또한 선우성을 가진 사람으로 차
정하고 집사는 수령으로 충정하도록 하라.

25) 『승정원일기』 영조 15년 11월

上曰, 鸞鳳峙而蛟龍走等說, 與引堪輿家藏風聚氣等說, 豈非風水之說
耶? 明履曰, 鸞鳳·蛟龍等說, 與龍盤虎踞等說一般, 古亦多如此說矣. 風
氣有偏全早晚之別, 如洛陽天下之中, 風氣冲和, 四方之極邊風氣, 偏如

中國, 開闢先於偏方, 只以中國唐堯時, 東國始生檀君見之, 可知有早晚. 上笑曰, 然則我國開闢, 固在中國開闢之後, 此後混沌之時, 則我國當後於中國耶? 明履曰, 亦安知不然耶? 上曰, 有抑揚之言, 以人心世道觀之, 則我國先似混沌, 而中國則黃河似無長濁之理矣.

임금이 이르기를, 난봉치에 교룡이 갔다는 말은 감여가의 풍기를 감추고 기를 모은다는 등의 말과 풍수설이 아니겠는가.

조명리가 아뢰기를, 난봉과 교룡 등의 말은 용반과 범이 웅크리고 앉아 있다는 등의 말과 마찬가지이니, 옛날에도 이와 같은 말이 많았습니다. 풍기가 조만의 구별이 있어 낙양은 천하에 풍기가 충실하고 사방의 극변과 풍기가 중국에 치우쳐 있어 편방을 개벽하는데, 중국 당요 때에 이르러 동국에서는 비로소 단군을 낳았다는 것을 알 수 있습니다. 상이 웃으며 이르기를, 그렇다면 우리나라가 개벽하는 것은 진실로 중국이 개벽한 뒤에 있고 앞으로 혼돈 때에는 우리나라가 중국보다 뒤처지는가? 조명리가 아뢰기를, 그렇지 않으리라는 것을 어찌 알겠느냐고 하였다. 임금이 이르기를, 억누른다는 말이 있으니, 인심과 세도로 보면 우리나라가 먼저 혼돈한 듯하지만 중국은 황하에 길이와 탁한 기운이 없을 듯하다.

26) 『승정원일기』 영조 16년 10월

向者謬聽李宗城之言, 進講衍義補, 而陳德秀衍義, 至矣盡矣. 丘濬之衍補, 未免泛濫, 至於下梢, 尤甚迂闊, 如昨日所講, 懸犬於匱者, 豈非可笑乎? 我國江原道, 古稱濊貊之鄕, 未知何所據, 而惟我東邦, 檀君之後, 箕聖敷八條之敎, 自古稱禮義之邦矣. 濬旣以禮義稱之, 而編於夷貊之種, 甚非正名之義也. 昨日見此, 而命停下編者, 蓋有意而然矣. 野史尙欲釐

正, 況進講冊子, 不察而刊出, 心甚怵然, 是予不能作事謀始之過也. 此
非聖經賢傳, 此下編, 問於領事而去之, 可也. 在內者自內洗草, 在玉堂
及諸處者, 盡爲洗草, 可也. 履儉曰, 是臣等罪也. …… 校正唱準, 令攸
司從重勘處, 可也. 出擧條 履儉曰, 江原道稱滅貊之鄉云, 而今何可的知
乎? 上曰, 箕子以前, 或以貊名, 而箕子以後, 則似必不然矣. 上曰, 檀君
與堯竝立, 則東邦之開創, 差後於中國, 而箕聖以後, 禮義大備矣. 履儉
曰, 箕子之後, 禮義肇修, 入我朝後大備矣.

지난번에 이종성의 말을 잘못 듣고『연의보』를 진강하였는데, 진덕수의가
지극하고 극진하였다. 구준의 연보는 분수에 넘치는 데에서 벗어나지 못하
였고 마지막에 이르러서는 더욱 마치 어제 강론한 것처럼 죽음에 개를 매달
았으니, 어찌 우습지 않겠습니까. 우리나라의 강원도는 옛날에 예맥의 고향
이라고 칭한 것이 어디에 근거한 것인지는 모르겠으나 우리나라가 단군 이
후에 기성이 팔조의 가르침을 펴서 예부터 예의의 나라라고 일컬었습니다.
준례는 이미 예의로 일컬었는데, 이담의 종족에 편입된 것은 명분을 바로잡
는 뜻이 전혀 아닙니다. 어제 이것을 보고 정권을 정지하도록 명한 것은 뜻
이 있어서 그렇게 한 것이다. 야사도 바로잡고자 하는데, 하물며 진강할 책
자를 살피지 않고 간행하여 마음이 매우 두려우니, 이는 내가 일을 할 때 처
음을 잘 도모하지 못한 잘못이다. 이는 성경과 현전이 아니니 이 하편을 영
사에게 물어서 제거하라. 안에 있는 자는 대내에서 세초하고 옥당과 여러 곳
에 있는 자는 모두 세초하라. 정이검이 아뢰기를, 이는 신들의 죄입니다라고
하였다. …… 창준을 담당 관사로 하여금 엄하게 감처하게 하라. 거조를 내
어 검을 아뢰기를, 강원도는 예맥의 고장이라고 하는데, 지금 어떻게 정확하
게 알 수 있겠습니까? 임금이 이르기를, 기자 이전에는 혹 오랑캐의 이름을
썼지만 기자 이후로는 반드시 그렇지 않을 듯하다. 임금이 이르기를, 단군과

요임금이 함께 즉위하였으니, 동국이 개창되어 중국보다 조금 뒤졌지만 기자 이후로는 예의가 크게 갖추어졌다. 이정검이 아뢰기를, 기자 이후에 예의가 닦여 우리 조정에 들어온 뒤에 크게 갖추어졌습니다라고 하였다.

27)『승정원일기』영조 17년 8월

夫箕子之聖德, 卽海東之堯·舜也. 一隅東土, 舊無君長, 檀君肇降, 教民以君臣父子之倫, 箕子東來, 又教以詩書禮樂之文, 重以八條之敎設矣, 井田之制行矣. 於是衣冠文物丕變, 蠻貊之俗倫常, 法度大闡偏壤之內, 時民欣悅, 以大同江, 譬諸千一之黃河, 而歌頌其德. 迄今數千載之下, 人免其髮被而衽左者, 孰非箕聖之功也? 且我國雖小, 人文大備, 禮俗大行, 與中華齒闢甲乙, 而號爲小中華者, 亦莫非箕聖之遺化也.

凡玆東土之民, 允宜戶戶而祭箕聖, 以報德化之萬一, 故海西之人, 幸得遺像, 立祠而妥帖者, 實爲今古之懿事也, 臣等所謂不可毁者此也. 臣等伏讀魯論, 有曰子欲居九夷, 夫九夷之邦, 乃海東之地也. 粤在檀·箕之前, 惟有九種之夷. 其遺風餘俗, 一經箕子之化, 丕變文明之域, 故當周室衰亂之時, 有孔子欲居之志矣.

저 기자의 성덕은 바로 해동의 요임금과 순임금입니다. 한 모퉁이 동쪽 땅에 예전에 군장이 없었는데, 단군이 내려와 군신과 부자의 윤리를 가르쳤고, 기자가 동쪽으로 와서 또 시서와 예악의 글을 가르쳤는데, 팔조의 가르침을 중시하고 정전법을 시행하였습니다. 이에 의관과 문물이 크게 변하여 오랑캐의 풍속이 윤기를 크게 밝히고, 법도가 편벽된 땅을 크게 천양하니, 당시 백성들이 기뻐하여 대동강을 천백 년의 황하에 비유하고 그 덕을 노래하였습니다. 지금 수천 년이 지난 뒤에 사람들이 머리털이 곤두서고 옷깃을 여미는 것을 면할 수 있게 되었으니, 누구인들 기성의 공이 아니겠습니까. 또한 우리나라는 비록 작지만 인문이 크게 갖추어지고 예속이 크게 행해져 중화와 더불어 갑을을 천명하면서 소중화라고 부르는 것도 모두 기성의 유풍입니다.

무릇 이 동토의 백성들은 집집마다 기성을 제사 지내면서 덕화의 만분의 일이라도 보답해야 하기 때문에 해서 사람이 다행히도 유상을 얻어 사당을 세우고 안정된 것이 실로 고금의 아름다운 일이니, 신들이 이른바 비방할 수 없다고 한 것이 이것입니다. 신들이 삼가 『논어』를 읽어 보니, 공자께서는 구이에 살고자 하시니, 구이의 나라가 바로 해동의 땅입니다. 심단과 기자 전에는 오직 9종의 오랑캐가 있을 뿐입니다. 그 풍속이 한번 기자의 교화를 거치면서 문명한 세상을 크게 변화시켰기 때문에 주나라 왕실이 쇠란했던 때에 공자께서 살고자 했던 뜻을 두었습니다.

28) 『승정원일기』 영조 22년 4월

上曰, 運數, 大抵姑不滿午初二刻矣. 明鼎曰, 然矣. 明履曰, 我國則檀君生時, 國人立以爲君. 以此觀之, 檀君之前, 不知其幾年矣. 上曰, 然矣. 以國人立以爲君之說, 見之, 有人然後, 亦立君矣. 羽良曰, 自堯至今二時未及來矣.

上曰, 一萬八千歲, 何以的知其然也? 明履曰, 兄弟各一萬八千歲, 以各字見之, 其數甚多矣. 上曰, 草衣木食之世, 亦不知其爲幾萬年也. 明履曰, 然矣.

임금이 이르기를, 운수는 대체로 아직 오초 2각도 되지 않는다. 최명정이 아뢰기를, 그렇습니다라고 하였다. 조명리가 아뢰기를, 우리나라는 단군이 살아 있을 때 나라 사람들이 서서 임금이 되었습니다. 이로써 보건대 단군 앞에 얼마의 한 세월이 있었는지는지, 상에 이르기를, 그렇다. 나라 사람들이 서서 임금이 될 수 있다는 말을, 사람이 있은 뒤에야 또한 임금이 될 수 있다. 정우량이 아뢰기를, 요임금부터 지금까지 2시까지도 아직 오지 않았습니다.

임금이 이르기를 1만 8,000세이니 어찌 그렇다는 것을 확실히 알 수 있겠는가? 조명리가 아뢰기를, 형제가 각각 1만 8,000세인데, 각 글자로 보면 그 수가 매우 많습니다. 임금이 이르기를, 초의와 목식의 세상에서는 또한 몇만 년이나 될지 알 수 없다. 조명리가 아뢰기를, 그렇습니다라고 하였다.

29) 『승정원일기』 영조 22년 5월

上曰, 皇明朝親祭歷代帝王陵寢, 豈非美事乎? 景夏曰, 我國亦祭歷代陵墓矣. 臣待罪史曹時, 有收用前代後裔之敎, 而王哥之外, 無足收用者矣. 傳曰, 追念先代王政之重者, 今覽古史, 心有興感. 自檀君逮于前朝, 有陵墓處, 其令諸道道臣, 待秋一齊修治. 而事畢後, 其表著陵墓, 令儀曹下香, 自本道致祭.

임금이 말하기를, 명나라에서 역대 제왕들의 능침에 친히 제사 지내는 것이 어찌 아름다운 일이 아니겠는가. 이경하가 아뢰기를, 우리나라도 역대 능묘에 제사 지냈습니다. 신이 이조를 맡았을 때 전대의 후예를 거두어 쓰라는 하교가 있었는데, 왕가 외에는 족히 수용할 만한 자가 없습니다.

전교하기를, 선대의 왕정의 중함을 돌이켜 생각하면 지금 옛 역사를 보니 마음에 감회가 일어난다. 단군부터 전조까지 능묘가 있는 곳은 여러 도의 도신으로 하여금 가을에 일제히 수리하게 하라. 일이 끝난 뒤에 표저와 능묘를 의의조로 하여금 하향하게 하고 본도에서 제사를 지내도록 하라.

30) 『승정원일기』 영조 25년 4월

出榻敎 上謂元良曰, 汝亦見東史矣, 檀君以後, 又有溫王, 勝國之事, 當惕念矣. 汝亦知新羅始祖乎? 溫祚, 乃百濟始祖矣. 高句麗始祖爲誰, 新羅始祖爲誰也? 王世子曰, 赫居世爲新羅始祖, 朱蒙爲高句麗始祖矣.

탑교를 내어 위에 이르기를, 원량에게 너도 우리나라 역사서를 보았는데, 단군 이후에 또 온조왕이 있으니 나라를 세우는 일은 유념해야 할 것이다. 너도 신라 시조를 알고 있는가? 온조는 바로 백제 시조입니다. 고구려 시조는 누구이며 신려 시조는 누구인가? 왕세자가 아뢰기를, 혁거세는 신라 시조이고 주몽은 고구려 시조입니다라고 하였다.

31) 『승정원일기』 영조 32년 1월

臣等竊惟我東, 邈在海隅, 檀君肇開, 洪荒蠢貿, 箕封始創, 僅佣文字, 三國以後, 麗朝以前, 流風桑門, 譬若夷狄. 嗚呼, 天之所覆, 地之所載, 均是國也, 均是人也, 局於風氣, 仍循卑汚, 至此極也, 而了無一人倡明斯道, 此誠東國之一大羞也. 臣等竊惟我東, 邈在海隅, 檀君肇開, 洪荒蠢貿, 箕封始創, 僅佣文字, 三國以後, 麗朝以前, 流風桑門, 譬若夷狄. 嗚呼, 天之所覆, 地之所載, 均是國也, 均是人也, 局於風氣, 仍循卑汚, 至此極也, 而了無一人倡明斯道, 此誠東國之一大羞也.

신들이 삼가 생각건대, 우리 동방은 멀리 바다 모퉁이에 있어 단군이 활짝 열리고 무지몽매하여 기자의 봉을 처음으로 만들어내어 겨우 문자를 입었는데, 삼국 이후 고려 이전에는 유풍과 상문이 오랑캐와 같았습니다. 아,

하늘이 덮어 주는 것과 땅에 실린 것이 모두 다 같은 나라이고 똑같은 사람이고, 풍기에 국한되어 그대로 비천한 것이 이 지경에 이르렀는데도 한 사람도 사도를 앞장서서 밝히는 일이 전혀 없으니, 이는 참으로 우리나라의 큰 수치입니다.

32) 『승정원일기』 영조 32년 3월

京畿·忠淸·全羅·咸鏡·平安·黃海道儒生生員金聲大等書曰, 伏以臣等, 謹按國朝祀典, 凡有大功德於民, 而民不能忘者, 則必皆表章而尊祀之. 若我東之檀君, 若東明皇, 若敬順王, 若麗太祖, 無不立廟以享, 而其中道德宏大, 功化溥博, 生民永賴, 萬世不可忘者, 惟我箕聖是已.

경기·충청·전라·함경·평안·황해도 유생 김성대 등의 글에, 삼가 아뢰기를 신들이 삼가 국조의 사전을 살펴보니, 무릇 백성들에게 큰 공덕이 있어 백성들이 잊지 못하는 경우에는 반드시 모두 표창하여 높여 제사를 지냅니다라고 하였습니다. 동방의 우리나라의 단군, 동명황, 경순왕, 고려 태조같이 사당을 세우지 않고 제사를 지내지 않으면서도 그런 가운데 도덕적으로 공과 교화가 널리 펼쳐지고 백성이 길이 의지하여 만세토록 잊을 수 없는 것은 오직 우리 기성뿐이었습니다.

33) 『승정원일기』 영조 32년 3월

夫我東方, 初無君長, 檀君肇位於唐堯之世, 而人文猶未著也, 治法猶未具也, 荒陋之風, 猶尙未改也. 及至箕聖東臨之日, 演九疇之法, 行八條之敎, 丕闡文治, 用夏變夷, 使我僻陋之鄕, 得爲冠帶之國, 禮樂敎化, 比隆三代, 制度文儀, 侔擬中華, 彝倫克敍, 俗尙丕變, 至于今三千餘年之久.

우리 동방은 애초에 군장이 없었으니, 단군이 당요 시기에 임금의 자리에 올랐습니다. 그러나 당시 인문은 아직 미개하였고 다스리는 법은 아직 갖추어지지 않았으며, 거칠고 비루한 기풍은 아직 고치지 않았습니다. 기자가 동쪽으로 임어하신 날에 구주의 법을 부연하고 팔조의 가르침을 행하며 문치를 크게 천명하고, 하변을 써서 우리의 외진 고장으로 하여금 관대의 나라가 되게 하였고, 예악과 교화가 융성하였던 삼대에 비하여 제도와 문치가 중화에 비견되고 이륜이 펴지고 풍속이 크게 변하여 3,000여 년이라는 오랜 시간이 흘렀습니다.

34) 『승정원일기』 영조 32년 8월

出榻敎 上又命承旨書之日, 因此而聞所奏, 上言中亦稱, 噫, 箕聖·檀君後東方 聖君也. 建殿而崇奉, 豈有書院, 此不過鄉儒輩挾雜意思之致, 此正孔子所謂直枉也. 出榻敎 上又命承旨書之日, 因此而聞所奏, 上言中亦稱, 噫, 箕聖·檀君後東方 聖君也. 建殿而崇奉, 豈有書院, 此不過鄉儒輩挾雜意思之致, 此正孔子所謂直枉也.

탑교를 내어 승지에게 쓰도록 명하고 이르기를, 이로 인하여 아뢴 바를 들으니 상언한 내용 중에 또한 칭찬하였는데, 아, 기성과 단군 이후 동방의 성군이라고 하였다. 전을 세우고 숭봉하였는데, 어찌 서원이 있겠는가마는 이는 향유(지방의 유생)들이 협잡하려는 의도에 불과하니, 이는 바로 공자가 말한 바로 잡는 것이다.

35) 『승정원일기』 영조 32년 10월

傳曰, 道臣旣承下敎, 箕子, 檀君後聖君, 禮樂文物, 燦然東國, 華人稱小中華, 卽箕聖之功. 武侯欲報之大節, 岳王涅背之精忠, 心常欽慕, 曾已遺儒臣致祭. 親審後, 其若荒涼, 卽爲修補.

전교하기를, 도신이 하교를 받들었는데 기자는 단군 이후 성군이고, 동국이 예악과 문물이 찬란하여, 화인이 소중화라고 칭한 것은 곧 기성의 공이다. 무후는 보답하고자 하는 큰 절개와 악왕이 세상을 떠난 정충을 마음으로 항상 흠모하고 흠모하였는데, 일찍이 유신을 보내어 제사를 지냈다. 직접 살펴본 뒤에 만약 황량하면 즉시 보수하라.

36) 『승정원일기』 영조 33년 6월

出榻敎 上曰, 夏·殷·周·秦·漢·晉·唐·宋皇明及我東檀君·箕子·三韓·新羅·百濟·高句麗前朝年代歷年及我朝享年編次人, 先爲考出後入侍.

탑교를 내어 하교하기를, 하, 은, 주, 진, 진, 진, 당, 송, 명 및 우리나라의 단군, 기자, 삼한, 신라, 백제, 고구려, 고려 왕조의 연대와 역년 및 우리나라의 향년에 편차한 사람을 먼저 상고해 낸 뒤에 입시하라.

37) 『승정원일기』 영조 34년 5월

出傳敎 上曰, 天皇氏之說, 終未了然, 天皇若非人, 則盤古, 是何物? 得養曰, 盤古, 或稱混沌矣. 上曰, 一萬八千歲, 何謂也? 良漢曰, 以會數言之矣. 上曰, 然則所謂亦各一萬八千歲云者, 欲終子丑二會之意也. 良漢曰, 然矣. 上曰, 東國, 自檀君始有人云, 而但檀君始爲君耳, 非東人始生於其時也.

나가서 전교를 전하기를, 천황씨의 설은 끝내 명료하지 않으니, 천황이 사람이 아니라면 반고가 무엇인가? 양득양이 아뢰기를, 옛날에는 두루뭉술하다고 일컫기도 하였습니다. 임금이 이르기를, 1만 8,000세라는 것은 무슨 말인가? 양한이 아뢰기를, 회수로 말씀드리겠습니다. 임금이 이르기를, 그렇다면 이른바 또한 각각 1만 8,000세라고 한 것은 자시와 축양 두 모임에서 함께 모이고자 한 뜻이다. 양한이 아뢰기를, 그렇습니다라고 하였다. 임금이 이르기를, 동국은 단군부터 비로소 사람이 생겼다고 하지만, 단군이 처음으로 임금이 되었을 뿐 동인이 아니었기 때문에 비로소 그때 태어난 것이다.

38) 『승정원일기』 영조 37년 7월

辛巳七月初十日申時, 上御思賢閣. 儒臣入侍時, 同副承旨沈履之, 校理嚴璘, 副修撰金魯鎭, 假注書李惠祚, 記注官邊景鎭, 記事官姜趾煥以次進伏訖. 命儒臣進讀綱鑑初卷, 上曰, 檀君與堯竝世, 然則檀君未出之前, 朝鮮亦混沌乎? 嚴璘曰, 其前已有六部丈人, 未必爲混沌矣. 上曰, 黃帝記亦甚詭誕矣. 璘曰, 然, 故孔子之編書, 斷自堯舜, 蓋有以也.

신사년 7월 10일 신시에 상이 사현합에 나아갔다. 유신이 입시할 때 동부승지 심이지, 교리 엄린, 부수찬 김노진, 가주서 이혜조, 기주관 변경진, 기사관 강지환이 차례로 나와 엎드렸다. 유신들에게 『강감』의 초권을 읽으라고 명하니, 임금이 이르기를, 단군은 요와 함께 세상을 나란히 하였는데, 단군이 나오기 전에 조선도 혼돈하였는가?라고 하였다. 엄린이 아뢰기를, 그전에 이미 육부의 장인이 되어 반드시 혼돈이 되지는 않았습니다. 임금이 이르기를, 황제의 기록도 매우 황탄하다. 박린이 아뢰기를, 그렇기 때문에 공자의 편책이 요순에서 비롯한 것은 대개 까닭이 있습니다.

39) 『승정원일기』 영조 38년 1월

上曰, 檀君八百歲爲仙, 予將亦如是乎?

임금이 이르기를, 단군이 800세에 신선이 되었으니 나도 이와 같겠는가?

40) 『승정원일기』 영조 38년 12월

出擧條上命儒臣讀心鑑訖, 上笑曰, 檀雄, 檀君之父乎?

거조를 내어 유신에게 명하여 심감을 읽게 하니, 상이 웃으며 이르기를, 단웅이 단군의 아버지인가?

41) 『승정원일기』 영조 39년 4월

上章則欲乘桴, 此章則欲居夷, 周室已無可望, 故孔子有轍環之志, 爲人君者, 豈不愧乎? 檀君闢東夷, 至我朝而文物大備, 中原人稱小中華, 今則與戰國時有異矣. 實曰, 孔子欲居九夷, 箕聖亦東來, 蓋東夷異於他夷矣.

윗장에서는 뗏목을 타고자 하였고, 이 장에서는 오랑캐와 살고자 하였고, 주나라 왕실은 이미 가망이 없었기 때문에 공자가 환경의 뜻을 가지고 있었으니, 임금이 어찌 부끄럽지 않겠습니까. 단군이 동이를 물리치고 우리 왕조에 이르러 문물이 크게 구비되어 중원 사람들이 소중화라고 일컬었는데, 지금은 전국 시대와는 차이가 있습니다. 실로 공자께서는 구이에 살고자 하셨고 기성도 동쪽으로 왔는데 대개 동쪽 오랑캐는 다른 오랑캐와는 다르기 때문입니다.

42) 『승정원일기』 영조 40년 5월

御製諭中外大小臣僚·儒生等文, 王若曰, 於戲, 無偏無黨, 箕疇攸敍, 周而不比, 魯論垂訓. 噫, 四十載臨御, 年又至望八, 夙宵一心, 惟在於去黨. 噫, 彼黨目, 從何世來? 上古所無, 三代豈有? 漢有東北部, 唐有牛·李, 宋有洛·蜀, 皇朝有東·浙黨, 而逮于東國, 自檀君至前朝, 其無聞焉.

임금이 지은 글을 대소신료들과 유생들에게 읽게 했다. 왕이 말하기를, 아, 기자의 홍범구주는 편벽함이나 편당함이 없고 편중됨이 없이 『논어』에 가르침이 전해졌다. 아, 40년 동안 임어하시고 또 나이가 80을 바라보니 밤낮으로 한결같은 마음은 오직 붕당을 제거하는 데에 있다. 아, 저 당목은 어느 세상에서 오는 것인가? 상고 시대에도 없고 삼대에는 또 있었겠나? 한나라에는 동북부가 있었고, 당나라에는 우, 이, 송나라에는 낙촉, 명나라에는 동정, 절당이 있었는데, 동국에 이르러서는 단군부터 전조까지는 듣지 못하였다.

43) 『승정원일기』 영조 41년 12월

上謂命膺曰, 憊臥之中, 卿以儒臣入侍, 可問古事而寓懷矣. 以目下事, 當先問之, 三聖廟事, 卿詳知否, 桓因·桓熊出處, 亦知之乎? 命膺曰, 臣待罪黃海監司時, 文化縣令尹象厚以三聖祠修補事, 來報, 臣令象厚, 奉審後牒報, 以爲狀聞之地矣, 未幾, 臣遞歸, 臣爲禮曹參判時, 道臣申晦狀聞來到, 其時禮曹判書洪啓禧, 使書吏問其始末於臣, 臣欲因登筵時陳達矣, 又以臣遞職, 未果矣.

上曰, 史稱檀君, 降於檀木下, 何爲又有桓因·桓熊耶? 命膺曰, 事雖近於不經, 而以顯於文字者言之, 天神桓因, 有子桓雄, 欲下往世間, 故命桓雄率三千人, 降于太(山)白山檀木下. 時有一熊, 常祝爲人, 桓雄與之靈藥, 熊化爲女, 又祝有孕, 桓雄遂與爲婚, 生檀君爲東方君長, 國號朝鮮, 都平壤, 凡宮室器服之制, 皆始於檀君也. 檀君卽位, 在唐堯二十四年, 當夏禹會諸侯於塗山, 遣子夫婁入朝. 周武王封箕子於平壤, 檀君移都於唐莊京, 入阿斯達山爲神, 在位凡一千十七年. 所謂唐莊京, 在文化縣北十里, 謂之莊庄坪也, 所謂阿斯達山, 今謂之九月山也. 上曰, 然則桓雄, 乃是檀君之父, 桓因, 乃是檀君之祖也. 命膺曰, 以世代言之則然矣. 上曰, 其位板, 海伯請修改, 而予則以爲, 修改甚重難, 若爲櫝而匣之, 則庶不至於加傷也. 命膺曰, 大抵三聖位板, 初不中典禮, 如今佛榻上豎碑者然, 似是前朝佛寺中所奉, 而入我朝後, 仍以載之於典禮矣. 況伏聞桓雄位板, 當中拆裂, 以絲纏綴而奉安之.

상이 서명응에게 명령하기를, 피곤한 와중에 경이 유신으로 입시하였으니, 고사를 물어 마음에 담아둘 만하다. 눈앞의 일을 먼저 신문해야 하는데 삼성의 일을 경은 상세히 모르고 있는데, 환인과 환웅의 출처를 또한 알고 있는가?

서명응이 아뢰기를, 신이 황해 감사로 있을 때 문화 현령 윤상후가 삼성사를 보수하는 일로 와서 보고하기에 신이 임상후로 하여금 봉심한 뒤 첩보하게 하여 장계로 보고할 수 있게 하였는데, 얼마 지나지 않아 신이 체직되어 돌아왔습니다. 신이 예조참판으로 있을 때에 도신 신회가 장계로 보고한 것이 도착하였는데, 그때 예조판서 홍계희가 서리에게 그 시말을 묻기에 신이 연석에 나올 때 진달하려고 하였는데, 또 신이 체직된 것 때문에 실행하지 못하였습니다.

임금이 이르기를, 사책에 단군이 단목 아래에 내려왔다고 하였는데, 어찌하여 환인과 환웅이 있는가? 서명응이 아뢰기를, 일이 비록 불경한 데 가깝기는 하지만 문자에 드러난 것으로 말하자면 천신 환인이, 아들 환웅이 있어 세간에 내려가고자 하였기 때문에 환웅이 3,000명의 사람을 거느리고 태백산에 있는 단목 아래로 내려갔습니다.

그때 곰 한 마리가 사람 되기를 빌었고, 환웅이 그와 더불어 영약으로 곰이 여인으로 변하게 하였고, 축원하여 임신을 하였고, 환웅이 이 여자와 결혼을 하였습니다. 단군이 태어나자 동방의 군장이 되었고 국호가 조선이고 평양에 도읍하였는데, 무릇 궁실과 기복의 제도는 모두 단군에서 시작되었습니다.

단군이 즉위하여 당요 24년에 하우가 제후를 도산에 모으자 아들 부루를 입조하게 하였습니다. 주나라 무왕은 기자를 평양에 봉하였으며, 단군은 당장경으로 도읍을 옮기고 아사달산에 들어가 산신이 되었습니다. 재위한 것이 1017년이었습니다. 이른바 당장경은 문화현 북쪽 10리에 있어 장전평이라 하고, 아사달산은 구월산이라고 합니다.

임금이 이르기를, 그렇다면 환웅은 바로 단군의 아비이고 환인은 단군의 조부이다. 서명응이 아뢰기를, 세대로 말하면 그렇습니다. 임금이 이르기를,

황해감사가 그 위판을 개수하기를 청하였는데, 나는 고치기가 매우 어렵다고 생각한다. 왜냐하면 작은 갑으로 큰 독을 깨치는 것과 같지 않을까 한다.

　서명응이 아뢰기를, 대체로 삼성의 위판은 처음에는 전례에 맞지 않아 지금의 불교에 비석을 세우는 것처럼 하였으니 아마도 전조의 절에 봉안된 것으로 우리 조정에 들어온 뒤에 그대로 전례에 실린 듯합니다. 더구나 삼가 들으니 환웅의 위판이 중간에 갈라져 실로 엮어서 봉안하였다고 합니다.

44) 『승정원일기』 영조 41년 12월

上命啓禧進前曰, 副學言, 卿禮判時, 欲啓三聖祠事云, 而大抵桓因·桓雄之說, 近於孟浪矣. 啓禧曰, 此說出於東史矣. 上命臣雲翼持入東史補遺, 命命膺讀奏訖. 上曰, 三聖祠, 當使禮官奉審矣. 命膺曰, 當然矣. 上曰, 禮判外禮堂, 誰也? 東暹曰, 申暐·洪樂仁也. 上曰, 當使禮堂奉審矣. 命承旨書之曰, 頃有前海伯狀聞, 九月山三聖祠, 尙未重修, 今因禮官提奏, 欲爲下敎, 而千有餘年古君之祠, 不可輕擧, 令禮官卽爲奉審, 其宇, 何時建, 其制, 若何, 其版, 亦若何? 其令圖來. 千有餘年之宇, 今何請重修? 事體重大, 其果不可不重修乎? 亦爲詳審以來. 出傳敎 命膺曰, 平壤崇寧殿, 配享東明王, 而東明, 開國之年, 卽乙酉也, 今年異於他年, 似當有致祭之事矣. 上命臣雲翼持入東國通鑑初卷, 命命膺考奏訖. 上命承旨進前, 呼寫檀君·東明廟致祭文, 又命書之曰, 今因三聖祠奉審事, 乃聞高句麗東明王創國之年卽乙酉, 故取覽東國通鑑, 其果矣.

상이 홍계희에게 앞으로 나오라고 명하고, 부제학에게 말하기를, 경이 예조 판서로 있을 때 삼성사의 일을 아뢰고자 하였다고 하였는데, 대체로 환인과 환웅의 설은 맹랑한 데 가깝다. 홍계희가 아뢰기를, 이는 『동국통감』에 나와 있습니다라고 하였다. 임금이 신 운익에게 명하여 동사 보유를 가지고 들어오게 하고, 서명응에게 읽어 아뢰도록 명하였다. 임금이 이르기를, 삼성사를 예관으로 하여금 봉심하게 하겠다.

서명응이 아뢰기를, 당연합니다. 임금이 이르기를, 예조판서 외 예조 당상은 누구인가? 윤동섬이 아뢰기를, 신위와 홍낙인입니다. 임금이 이르기를, 예조당상으로 하여금 봉심하도록 하겠다. 승지에게 쓰라고 명하기를, 지난번에 황해도관찰사가 보고한 장계에, 구월산의 삼성사를 아직 중수하지 않았는데, 지금 예관이 주달한 것으로 인하여 하교하려고 하였는데, 1,000여 년이 지난 옛 임금의 사당을 가벼이 거행할 수 없으니 예관으로 하여금 즉시 봉심하게 하고 그 사우는 언제 세우도록 하고 그 제도는 어떠하며, 그 판본은 또한 어떻던가? 그림으로 그려 오도록 하라.

1,000여 년 동안의 우물을 지금 어찌 중수할 것을 청하는가? 일의 체모가 중대하니 과연 중수하지 않을 수 있겠는가? 또한 상세히 살펴서 오라. 나가서 전교하기를, 평양과 숭녕전에 동명왕에 배향되었는데 동명은 을유에 개국하였는데, 올해가 바로 을유년이다. 그러므로 올해는 다른 해와 다르니 제사를 지내야 할 듯합니다. 임금이 운익에게 『동국통감』의 초권을 가지고 들어오라고 명하니, 서명응이 고주하기를 마쳤다. 임금이 승지에게 명하여 앞으로 나아가 단군과 동명묘의 치제문을 쓰게 하고, 또 쓰라고 명하기를, 지금 삼성사를 봉심하는 일로 인하여 고구려 동명왕이 나라를 세운 해가 바로 을유년이라고 하니, 『동국통감』을 가져다 보니 과연 그러하다고 하였다.

45) 『승정원일기』 영조 41년 12월

上命樂仁進前曰, 九月山高乎? 樂仁曰, 高矣. 上曰, 三聖祠, 在於山之何處? 樂仁曰, 在於山腰矣. 上曰, 山勢壯乎? 樂仁曰, 壯矣. 是海西之第一山矣. 上命樂仁讀書啓訖. 上曰, 檀君位版, 好乎? 樂仁曰, 好矣. 鳳漢曰, 祠屋則無改處云矣. 上曰, 檀, 好乎? 樂仁曰, 合置於交椅, 安於祭床矣. 弘淳先退. 上曰, 今覽三聖祠禮官奉審書啓, 又聞所奏, 此正百聞, 不如一見者也. 今無重修之事, 而前則椅子奉於祭床云, 今則神位下設少榻, 而堅固爲之, 依圖下制樣蓋檀, 而待春祭, 令道臣擧行, 香祝臨時下送.

임금이 낙인에게 앞으로 나오라고 명하니, 구월산이 높은가? 낙인이 아뢰기를, 높습니다. 임금이 이르기를, 삼성사는 산 어디에 있는가? 낙인이 아뢰기를, 산허리에 있습니다라고 하였다. 임금이 이르기를, 산의 형세가 장엄한가? 낙인이 아뢰기를, 장합니다라고 하였다. 이것이 해서의 제일산입니다. 임금이 낙인에게 명하여 글을 읽게 하였다. 임금이 이르기를, 단군의 위판이 좋은가? 낙인이 아뢰기를, 좋습니다라고 하였다. 홍봉한이 아뢰기를, 사우는 고친 곳이 없다고 합니다. 임금이 이르기를, 독이 좋은가? 낙인이 아뢰기를, 교의에 모여 제상에 안치하겠습니다라고 하였다. 정홍순이 먼저 물러갔다. 임금이 이르기를, 지금 삼성사의 예관을 봉심하고 서계한 것을 보고 또 아뢴 바를 들으니, 이는 바로 백문이 한 번 보는 것만 못하다. 이번에는 중수하는 일이 없는데 전에는 의자를 제상에 받들었다고 하니, 이번에는 신위를 소탑에 설치하여 견고하게 하되 그림대로의 모양대로 덮개를 덮되, 춘제는 도신으로 하여금 거행하게 하고 향축은 그때 가서 내려보내라.

46) 『승정원일기』 영조 44년 5월

上曰, 東方檀君首出矣. 師崙曰, 降於太白山檀木下, 故稱檀君云, 而其時則有人, 異於盤古氏之時矣.

임금이 이르기를, 동방에서 단군이 맨 먼저 나왔다. 사륜이 아뢰기를, 태백산 단목 아래에서 내려왔기 때문에 단군이라고 칭하였는데, 그 당시에는 사람이 있었으니 반고씨 시대와는 다릅니다.

47) 『승정원일기』 영조 44년 5월

上曰, 儒臣持高麗史初卷入侍. 出榻敎 副校理李秉鼎·李命勳進伏, 上曰, 上番讀帝王目錄. 秉鼎讀訖. 上曰, 下番讀檀君篇. 命勳讀之, 上曰, 檀君之父, 古語有檀翁云然否? 秉鼎曰, 此是好事者之說也. 必壽曰, 檀君似是氣化之物也. 秉鼎曰, 檀君, 旣是我東初立之君長, 而承旨奏語, 似涉如何? 請推考. 上笑曰, 過去之說, 勿推, 可也. 秉鼎·命勳先退.

임금이 이르기를, 유신은 『고려사』 초권을 가지고 입시하라고 하였다. 탑교를 내어 부교리 이병정과 이명훈이 나아와 엎드리자, 임금이 이르기를, 상번이 제왕목록을 읽으라고 하였다. 병정이 읽기를 마쳤다. 임금이 이르기를, 하번이 단군편을 읽으라. 서명훈이 읽자, 임금이 이르기를, 단군의 아비에게 단옹이 있다고 하였는데, 그러한가? 병정이 아뢰기를, 이는 말하기를 좋아하는 자들의 말입니다. 필수가 아뢰기를, 단군은 기화의 물건인 듯합니다. 병정이 아뢰기를, 단군은 이미 우리 동방에서 처음 세운 군장인데 승지가 아뢴 말이 어떠하던가? 추고하소서. 상이 웃으며 이르기를, 지나가는 말은 추고하지 말라. 병정과 명훈이 먼저 물러났다.

48) 『승정원일기』 영조 44년 5월

上曰, 東國之檀君, 便是盤古氏, 而與堯竝立, 何其晚也? 續海曰, 天地之氣, 自南而東, 故東方稍遲矣.

임금이 이르기를, 동국의 단군은 반고씨 같은데 요임금과 함께 즉위하였으니, 어찌 그리 늦었는가? 찬해가 아뢰기를, 천지의 기운은 남쪽으로부터 동쪽으로 오기 때문에 동방이 조금 늦습니다라고 하였다.

49) 『승정원일기』 영조 44년 11월

上命書傳敎曰, 噫, 海東檀君, 卽三皇, 而與堯竝立. 以此觀之, 至於我東, 比諸中國, 最晩可知, 至於朝鮮檀君·三韓·三國·前朝而已. 中國自有帝王廟, 卽尊舊之義也. 我國亦有檀君祠·箕子殿, 三國始祖陵, 有祀典之例, 至於前朝, 有崇義殿, 猗歟盛哉. 曾已下敎而今年何年, 予年何歲?

상이 명하여 전교를 쓰게 하기를, 아, 바다 동쪽의 단군이 바로 삼황인데 요와 함께 즉위하였다라고 하였다. 이것으로 보건대 우리나라의 경우는 중국에 비해 늦었지만 조선 단군, 삼한, 삼국, 전조에 이르렀다. 중국에는 본디 제왕의 묘가 있으니, 바로 옛것을 높이는 뜻이다. 우리나라에도 단군의 사당과 기자전이 있는데, 삼국 시조릉에는 사전의 예가 있고, 전조에는 숭의전이 있으니, 아, 성대하다.

50) 『승정원일기』 영조 45년 12월

敎平安監司閔百興書, …… 四十之州郡霧列, 錢穀甲兵之鄕, 百萬之生靈星羅, 玉帛子女之所, 檀君之世已遠, 安知俗風之不渝? 薊門之疆相連, 尤宜陰雨之必備, 將欲托軍民兼總之重, 必須籍望實俱著之人. 玆授卿以平安道觀察使兼兵馬水軍節度使·巡察使·管餉使·平壤府尹, 卿其益勉共休戚之忱, 往塞一委寄之意.

민백홍에 평안감사를 임명하는 교서에 …… 40 주군에 안개가 끼고, 전곡과 갑병의 고향으로, 백만의 생령, 수많은 별들과 귀한 자녀들이 있는 곳이다. 이미 단군 시대가 멀어졌지만, 세속의 풍습이 변하지 않을 줄 어찌 알았겠는가? 계문의 강토가 서로 연결되어 있어 환란을 반드시 미리 대비해야 하니, 장차 군사와 백성에게 겸하여 총괄하는 중임을 맡기고자 한다면 반드시 명망과 실제가 모두 드러난 사람을 구해야 한다. 이에 경을 평안도관찰사 겸 병마수군절도사 순찰사 관향사 평양부윤에 제수하니, 경은 불철주야 부지런히 정성을 다하도록 하라. 이에 변경의 일을 맡긴다.

51) 『승정원일기』 영조 46년 1월

存謙曰, 方廣求檀君以下至三國必得文獻之可信者, 探而錄之, 而至若野史等所記, 不經先賢之取信者, 亦不錄也, 而我東文獻不足, 至于我朝彬彬矣. 上曰, 勝國三韓, 信無可考矣. 目錄何以爲之耶?

정존겸이 아뢰기를, 지금 널리 단군 이래 세 나라에 이르기까지 반드시 믿을 만한 문헌을 찾아 채록하여 기록하였고, 야사 등에 기록된 것은 선현의 신임을 받지 못한 것으로 또한 기록되지 않았는데 우리나라의 문헌이 부족하였지만 지금의 왕조에 이르러 문채가 갖추어졌습니다. 임금이 이르기를, 고려 삼한에는 참으로 상고할 만한 것이 없다고 하였다.

52) 『승정원일기』 영조 46년 2월

上曰, 檀君時, 有可證事蹟乎? 鍾秀曰, 七年, 有遣子扶婁朝夏文蹟矣. 上曰, 此則載錄, 無妨矣. 上命編輯郞廳徐浩修·申景濬入侍. 出榻敎 景濬進伏. 上命讀所抄編.

임금이 이르기를, 단군 때 증명할 만한 사적이 있는가? 김종수가 아뢰기를, 7년에 아들 부루를 보내 하나라에 입조한 기록이 있습니다. 임금이 이르기를, 이것은 기록해도 무방하다. 상이 편집 낭청 서호수와 신경준에게 입시하라고 명하였다. 탑교에 경준을 나오게 하여 경준이 나와 엎드렸다. 상이 초편을 읽으라고 명하였다.

53) 『승정원일기』 영조 46년 2월

嗚呼, 國初洪武壬申, 受皇命, 定都漢陽, 聖繼神承, 今已三百七十九年, 猗歟盛哉? 須看漢唐繼體之君, 其能兢兢業業, 能守先業, 豈有唐, 亦豈有宋? 至於我國, 檀君朝鮮, 渺茫難言, 箕聖八條之敎, 可見仁賢之化, 而三國相繼, 文物質之前朝, 太祖統合三韓, 歷年五百. 以此觀之, 勝國至今考, 可也, 此正若古人之所云, 成立之難, 如昇天, 覆墜之易, 如燎毛者也.

아, 국초 홍무 임신년에 황제의 명을 받고 한양에 도읍을 정하자 성왕들이 계승하여 이제 379년이 되었으니, 성대할 따름입니다. 모름지기 한나라와 당나라 이은 군주들이 늘 삼가하고 조심하며 선대의 업적을 이었다면 어찌 당나라에 송나라로 넘어갔겠습니까? 우리나라의 경우에는 단군 조선이

까마득하여 말하기 어렵고, 기자 8조의 가르침에서 어질고 현명한 이의 교화를 볼 수 있는데, 세 나라가 서로 이어지고 문물이 전일에 질정되어 전조 태조가 삼한을 통합한 것이 500년이 되었습니다. 지금 이것을 상고해도 괜찮습니다. 이는 바로 옛사람이 말한, 세우기의 어려움은 하늘에 오르는 것과 같고, 추락하기 쉬운 것은 털을 태우는 것과 같습니다.

54) 『승정원일기』 영조 46년 8월

備忘記. 檀君朝鮮之後, 今幾百年, 箕聖八條之敎, 猶有餘條.

비망기에 단군 조선후로 지금 몇 100년이 되었는데도, 기성의 팔조의 가르침은 몇 조목 남았습니다.

55) 『승정원일기』 영조 46년 10월

上曰, 檀君降於香山乎? 啓禧曰, 東國所記者不同, 未能的知矣.

임금이 이르기를, 단군이 내려온 향산 어디인가? 홍계희가 아뢰기를, 동국이 기록한 것이 같지 않아 정확히 알 수 없습니다라고 하였다.

56) 『승정원일기』 영조 47년 10월

注書出去知入, 新羅·百濟檀君祭享之月. 賤臣承命出來還奏曰, 一年兩次, 而二月·八月祭享云矣.

주서는 나가서 신라와 백제 단군은 제향하는 달이 언제인가 알아봐라. 신이 명을 받들고 돌아와 아뢰기를, 1년에 두 차례, 2월과 8월에 제향을 한다고 합니다.

57) 『승정원일기』 영조 50년 5월

上命書傳教曰, 雖常時, 宜乎若此, 況悶旱時乎? 自檀君廟至前朝, 尙今祀典, 陵在監營者, 道臣親爲奉審. 各在本官者, 令守令奉審, 松都宜有諸陵, 沁都亦有留守, 一體奉審, 若有修補, 趁卽修補, 而此時何用農民? 皆用募軍, 以儲置米會減事, 今日下諭八道道臣兩都留守, 以示予靡不用極之意.

상이 전교하기를, 평상시라도 이와 같았으니 하물며 가뭄을 근심할 때이겠는가? 단군 사당의 관리는 전조까지 규범으로 하고 있으니 감영에 있는 능의 경우 도신이 직접 받들어 살피도록 한다. 각각 본 고을에 있는 자는 수령으로 하여금 받들어 살피게 하고, 송도에는 의당 여러 능이 있고 강도도 유수가 있으니, 모두 받들어 살피고 만약 보수하게 되면 즉시 보수하게 하라. 다만 이러한 때에 어찌 농민을 쓸 수 있겠는가. 오늘 모두 모군을 써서 저치미로 회감하도록 팔도의 도신과 양도의 유수에게 하유하여 내가 최선을 다하는 뜻을 알리도록 하라.

58) 『승정원일기』 영조 50년 6월

修撰趙載偉, 讀儀注訖. 命讀東國通鑑. 校理李勉修讀檀君史, 至箕子朝鮮.

수찬 조재위가 예법을 끝까지 읽었다. 명을 내려 『동국통감』을 읽으라 했다. 교리 이면수가 단군사부터 기기조선까지 읽었다.

59) 『승정원일기』 영조 51년 4월 4월

乙未四月初六日丑時, 上御集慶堂. 坐直承旨入侍時, 右副承旨姜俒, 假注書李益海, 記事官禹禎圭·朴聖集進伏. 命書傳敎曰, 噫, 國之所以爲國, 卽國綱也. 昨日命讀二十一代史, 今朝鮮君, 若盤古氏, 其果鴻荒則已. 噫, 嗣君, 卽幾百年繼體之君, 諸臣亦世祿之臣也, 亦非比於國初檀君, 而噫, 五十年臨御, 八十歲享年. 漢唐以來其誰? 噫, 其君雖徒壽徒位, 爲其臣焉敢若此? 噫, 近者眩氣, 衰苶特甚, 誠難誠難, 而其猶强爲者爲宗國也.

을미년 4월 6일 축시에 상이 집경당에 나아갔다. 숙직하던 우부승지 강흔, 가주서 이익해, 기사관 우정규, 박성집이 나와 엎드렸다. 전교를 쓰라고 명하기를, 아, 나라가 나라답게 되는 것이 바로 나라의 기강이라고 하였다. 어제 21대의 사서를 읽으라고 명하였는데, 지금 조선 임금이 반고씨를 반박한 것이 과연 잘못된 것인가? 아, 임금들은 몇백 년 동안 이어왔고 신하들도 대대로 벼슬한 신하이니 또한 국초의 단군에 비할 바가 아니다. 아, 50년 동안 제위하여 80세가 되었다. 한나라와 당나라 이래로 그 누가있겠는가. 아, 그 임금이 한갓 도수의 지위에 있다 하더라도 신하가 어찌 감히 이와 같이 한단 말인가. 아, 근래 현기증이 특히 심하게 쇠약해져 참으로 어렵기는 하지만 그래도 정성을 다하여 일을 하는 것은 나라를 위한 것이다.

60) 『승정원일기』 정조 2년 8월

以中國言之, 則豈非唐·虞·三代·漢·唐·宋·明之法也 以東方言之, 則亦非檀君·箕聖我國初之法也.

중국의 경우로 말하자면, 이미 당우, 삼대, 한, 당, 송, 명의 법이 아닙니다. 동방으로 말하자면 또한 단군과 기성의 법이 아닙니다.

61) 『승정원일기』 정조 3년 1월

出擧條 德相曰, 檀君之與帝堯竝立, 肇創東方之德, 箕子之白馬東來, 誕敷箕疇之化, 可與天地同其大矣. 非臣所敢贅陳者, 而列聖朝致祭之禮, 多在初元, 在殿下繼述之道, 亦宜有修擧之典矣, 敢此仰達.

거조를 내어 송덕상이 아뢰기를, 단군이 요임금과 함께 즉위하여 동방에서 처음 덕을 베풀고 기자가 백마를 타고 동쪽으로 와서 기자의 교화를 크게 펴서 천지와 더불어 그 큼을 함께할 수 있었습니다.

신이 감히 여러 말을 덧붙일 것이 아닙니다만 열성조께서 제사를 드리신 예는 대부분 원년에 있었으니, 전하께서 계술하는 도리로 볼 때에도 마땅히 거행해야 할 것이 있기에 감히 이렇게 우러러 아룁니다.

62) 『승정원일기』 정조 3년 2월

臣等謹按史記, 惟我東土, 僻在海隅, 地是夷服而化阻中國, 檀君以後, 箕聖以前, 貿貿然左袵被髮, 陋俗夷風, 不免爲禽獸之域矣.

신들이 삼가 사기를 살펴보니, 우리 동토는 바다 모퉁이에 치우쳐 있는데, 그 사이에 오랑캐의 땅에 있어 중국과의 길이 막혔습니다. 그러므로 단군 이후로 기성이 오기까지는 옷고름과 머리 모습이 오랑캐 풍습으로 금수와 같았습니다.

63) 『승정원일기』 정조 3년 2월

徐有防啓曰, 檀君廟·箕子廟, 遣承旨致祭事, 禮曹單子, 啓下矣. 何承旨進去乎? 敢稟. 傳曰, 右副承旨進去.

서유방이 아뢰기를, 단군묘와 기자묘에 승지를 보내 제사를 지내도록 예조에 단자를 내리셨습니다. 어느 승지가 가는지 감히 여쭙니다. 전교하기를, 우부승지가 나아가라고 하였다.

64) 『승정원일기』 정조 3년 2월

徐有防啓曰, 檀君廟·箕子廟致祭, 右副承旨柳戇, 當爲進去, 而身病猝重, 不得受香, 何以爲之? 敢稟. 傳曰, 許遞. 行副司直吳載紹除授, 使之受香.

서유방이 아뢰기를, 단군묘와 기자묘에 제사를 지낼 때 우부승지 유당이 나아가야 하는데, 신병이 갑자기 중해져서 수향할 수 없으니 어떻게 해야겠습니까? 감히 여쭙니다. 바꾸도록하라고 전교하였다. 행 부사직 오재소를 제수하여 수향하게 하라.

65) 『승정원일기』 정조 4년 2월

忱曰, 吾東肇開, 檀君始立, 箕子繼治, 而至於禮樂文物之盛, 與周比隆, 乃成小中華之治者, 箕子功也. 至于我朝, 膺文明之運, 繼先聖之化, 治成制定, 今至四百年于玆矣. 惟望繼檀·箕, 法祖宗, 益懋一治之功焉. 以綱曰, 東方禮樂之治, 至于我朝而始盛, 今不必遠法檀·箕, 惟以祖宗朝心法治謨, 遵守勿失, 則一王之治, 不難致矣.

심이 말하기를, 우리 동방은 단군에 의해서 처음 시작되었고 기자가 잘 다스려졌는데, 예악과 문물의 성대함에 이르러서는 주나라와 융륭이 되어 소중화의 다스림을 이루었던 것이 기자의 공입니다. 우리 왕조에 이르러 문명의 운세에 응하여 선성의 교화를 계승하여 다스림을 이루고 제도를 정한 지 지금 400년이 되었습니다. 오직 바라건대, 단군과 기자의 조종을 본받고 한 번 다스려지는 공에 더욱 힘쓰소서. 이강이 아뢰기를, 동방과 예악의 정치가 우리 왕조에 이르러 비로소 성대해졌으니, 지금 굳이 멀리서 단군, 기자를 본받을 필요가 없고 오직 조종조의 심법과 치모를 준수하여 잃지 않는다면 한 왕의 정치를 이루기가 어렵지 않을 것입니다.

66) 『승정원일기』 정조 5년 7월

自上批, 以箕子, 實東方檀君後聖也. 禮樂文物, 從此時而爲故, 予嘗欽歎矣. 今觀上言, 誠爲稀貴之事, 臣僚之有賢者, 亦皆建宇而賜額, 況功蓋東國之箕子乎?

성상께서 비답하시기를, 기자는 실로 동방 단군 이후의 성인이다. 예악과 문물이 이때부터 연고되었으므로 내가 일찍이 감탄하였다. 지금 상언을 보건대 참으로 희귀한 일이고 어진 신하가 있으면 모두 사우를 세워 사액하는데, 하물며 우리나라의 기자에 대한 공이야 말할 나위가 있겠는가?

67) 『승정원일기』 정조 5년 12월

又命書傳敎曰, 向於三聖祠·崇靈殿致祭傳敎, 欲爲竝及而未果, 檀君·箕子·新羅·高句麗·百濟·高麗始祖及諸王陵寢, 竝令各該留守·道臣親審後, 有無頉登聞, 而執頉處, 請下香祝, 待明春解凍後, 卜日修改, 修改後擧行形止, 亦爲狀聞, 時値隆冬, 距營門稍間處, 待春巡奉審事, 下諭于諸道監司及留守處. 書訖, 命退, 諸臣以次退出.

또 전교하기를, 지난번 삼성사와 숭령전의 제사에 대한 전교를 아울러 언급하고자 하였으나 그렇게 하지 못하였다. 단군, 기자, 신라, 고구려, 고려의 시조 및 여러 왕들의 능침을 모두 각 해당 유수와 도신으로 하여금 직접 살펴보게 한 뒤에 탈이 있는지 없는지 거행한 상황을 장계로 보고하라. 현재 엄동설한이니 영문과 조금 거리가 떨어져 있는 곳에 대해서는 내년 봄이 되어 날이 풀린 뒤에 날을 잡아 개수하고 개수한 뒤에 거행하는 상황도 장계로 보고하라. 여러 도의 감사와 유수에게 하유하라. 쓰기를 마치고 물러가라고 명하니 신하들이 차례로 물러나왔다.

68) 『승정원일기』 1608책 정조 10년 8월

出榻敎 澄修曰, 檀君, 卽我東首出之聖, 而史稱編髮蓋首之制, 君臣上下之分, 飮食居處之禮, 皆自檀君創始, 則檀君之於東人, 實有沒世不忘之澤. 其所尊奉, 宜極崇備, 而臣待罪江東, 見縣西三里許, 有周圍四百十尺之墓, 故老相傳, 指爲檀君墓至登於柳馨遠輿地志, 則毋論其虛實眞僞, 豈容任其荒蕪, 恣入樵牧乎? 若以爲事近虛謊則黃帝之塚, 東西兩在, 而歷代哲辟之竝命守護, 何也? 若以爲檀君入阿斯達山爲神, 不應有墓, 則旣有喬山之潟, 而又有崆峒之塚, 抑何也? 況檀君廟在於平壤, 而本朝秩之爲崇靈殿, 則此墓之尙闕祀典, 誠一欠事.

탑교를 내어 형수가 아뢰기를, 단군은 바로 우리 동방에서 맨 먼저 나온 성인인데, 사책에서 머리를 엮고 머리를 깎는 제도라고 하면서 군신 상하의 분의와 음식과 거처의 예가 모두 단군에서 시작되었으니, 단군이 동인에게 실로 죽을 때까지 잊지 못하는 은택이 있었다고 하였습니다.

존봉하는 것이 지극히 높아야 하는데, 신이 강동에서 재직하면서 현의 서쪽 3리쯤에 주위가 410척의 묘를 둘러싸고 있는데, 이를 단군의 무덤이라 늙은이들이 서로 전하고, 유형원의 『여지지』에 오르기까지 하였으니, 그 허실과 진위를 막론하고 어찌 멋대로 들어가 땔나무를 하여 황폐하도록 할 수 있겠습니까? 만약 일이 허황된 데에 가깝다면 황제의 무덤이 동쪽과 서쪽에 둘 다 있는데 역대에서 모두 수호하도록 명하신 것은 어째서입니까? 만약 단군이 아사달산에 들어가 신이 된 것을 신이라 하고 묘가 있는 곳에는 응하지 않는다면 이미 교산의 유석이 있고 또 공동의 무덤이 있는데 또 무슨 까닭이겠습니까? 더구나 단군묘는 평양에 있는데 본조에서 숭령전이 되었으니, 이 묘를 아직까지 하나의 흠결이라 할 수 있습니다.

69) 『승정원일기』 1648책 정조 12년 11월

粤昔檀君首出西土, 君臣之義, 雖已肇創, 虫蠢之俗, 猶未革祛, 一自箕聖來莅平壤之後, 演以九疇之敍, 設以八條之敎, 皮卉變爲衣冠, 樸貿化爲禮讓, 人明於上, 聲敎訖於下, 我東方禮樂文物, 燦然備具, 小中華之稱, 固其宜矣.

예전에 단군이 서토에서 가장 먼저 나와 임금과 신하의 의리가 이미 창건되었더라도 어리석은 풍속이 아직 혁파되지 않았고, 기자가 평양에 와서 다스린 뒤로 구주의 서용을 부연하여 팔조의 가르침을 베풀고, 짐승의 가죽과 풀을 엮어 옷을 입던 것이 의관으로 바뀌고, 꾸밈없이 소박한 것이 예양으로 변하고 위에서부터 사람이 지켜야 할 도리가 밝아지고 성교가 아래에까지 미쳐 우리 동방의 예악과 문물이 찬란하게 갖추어져 있으니, 소중화라는 칭호는 진실로 당연합니다.

70) 『승정원일기』 정조 16년 8월

我東建邦, 創自檀君, 而史稱自天而降. 壘石行祭天之禮, 則後皆因之者, 以其不受大國之分茅, 而不至於太僭逼也. 至于我朝, 嚴於別嫌明微之義, 以圓壇之禮, 或涉於小國之不敢以祭, 光廟以後, 圓壇之號, 改曰南壇, 蓋用郡·國州·縣各祭風師·雨師之制也.

우리 동방이 나라를 세운 것이 단군 때부터 시작되었는데, 역사에서는 하늘에서 내려왔다고 합니다. 돌을 쌓고 하늘에 제사를 지내는 예를 훗날 모두 따른 것은 대국의 예를 받지 않았기 때문인데, 그럼에도 불구하고 크게 참람되지 않았습니다. 우리 왕조에 이르러 엄격하게 혐의와 의리를 분별하였는데 환단의 예는 소국에서 감히 제사 지내지 못하는 것과 관계가 있습니다. 이런 이치를 밝게 밝힌 후 환단의 호칭을 남단으로 고쳤으니, 대개 군,

국, 주, 현, 우사의 제도입니다.

71) 『승정원일기』 정조 19년 9월

本府有百濟始祖廟, 而尙闕稱號, 事體屑越, 依麻田崇義殿·平壤崇寧殿
例, 令藝文館, 定額號, 自本府書揭, 好矣. 上曰, 歷代侯王祀典之所, 皆
有殿號, 如檀君, 東明王之崇寧殿, 箕子之崇仁殿, 新羅始祖之崇德殿, 高
麗始祖之崇義殿, 是也, 獨於百濟始祖之廟, 尙闕殿號, 不但爲欠事, 以名
諱, 權稱於公私文跡, 褻瀆莫甚. 旣覺之後, 宜卽釐正, 以崇烈殿稱號, 文
獻備考·大典通編·五禮儀等書, 卽爲洗補, 適因登筵, 已有下敎, 殿扁, 李
判府書之, 揭號日, 遣守臣致祭, 祭文當親撰矣.

본부에는 백제의 시조묘가 있는데 아직 칭호를 올리지 않아 일의 체모가
가벼우니 마전의 숭의전과 평양 숭녕전의 예에 따라 예문관으로 하여금 인
원수를 정하게 하고 본부서 써서 걸도록 하는 것이 좋겠습니다. 임금이 이
르기를, 역대 제왕의 사전에 모두 전호가 있으니 단군과 동명왕의 숭녕전,
기자의 숭인전, 신라 시조의 숭덕전, 고려 시조의 숭의전이 이것인데, 유독
백제 시조의 사당에 아직도 전호를 올리지 않은 것은 흠결이 될 뿐만 아니라
명휘로 사적을 임시로 칭한 것이니 설만하기 짝이 없다. 이미 깨달은 뒤에
는 즉시 바로잡아 숭렬전이라 칭하고, 『문헌통편』·『오례의』 등의 책을 즉시
세보하고, 마침 등연하여 이미 하교하였으니, 전의 편액은 이판부사가 쓰고
게첩하는 날에는 수신을 보내어 제사를 지내도록 하고 제문은 직접 지어 올
려라.

72) 『승정원일기』 정조 23년 12월

知中樞府事洪良浩箚曰, 伏以, 洪惟我東方有國, 粵自邃古, 檀君首出, 箕子東來, 自兹以降, 分爲三韓, 散爲九夷, 及至羅麗, 始得混一, 而其敎 則儒釋相半, 其俗則華戎交雜.

지중추부사 홍양호가 차자를 올리기를, 삼가 아룁니다. 삼가 생각건대 우리 동방은 나라를 다스림에 먼 옛날부터 단군이 맨 먼저 나왔고 기자가 동쪽으로 와서 이때부터 내려와서 삼한으로 나뉘고 흩어져 구이가 되었는데, 신라와 고려 때 처음으로 하나가 되었습니다. 유가와 불교가 반반인데 그 풍속은 중국과 오랑캐 것이 섞여 있습니다.

73) 『승정원일기』 순조 4년 3월

今番慰安祭文, 有萬萬驚悚者, 崇靈殿祭文, 檀君東明王位, 皆以配以東 明爲辭.

이번 위안제문에 매우 놀랍고 송구스러운 것이 있는데, 숭령전의 제문과 단군 동명왕위에 모두 '동명왕'이라고 쓰여 있습니다.

74) 『승정원일기』 순조 11년 윤3월

臣嘗稽野乘有云, 唐堯元年甲辰, 至皇明洪武元年戊辰, 至太祖大王元年 壬申, 亦爲三千八百七十五年. 夫唐堯, 中國之聖人, 檀君, 我東之初立 君長, 而明太祖皇帝, 太祖大王卽位元年之如是相符, 亦異事也.

신이 야사를 상고해보니, 당요 원년 갑진년에서 명 홍무원년 무진년이고 우리 태조대왕 원년인 임신년에 이르기까지 3,875년이었습니다. 요임금은 중국의 성인이고 단군은 우리 동방에서 처음 군장을 세웠으니, 명태조황제와 우리의 태조대왕께서 즉위하신 원년에 이처럼 서로 부합하는 것도 이상한 일입니다.

75) 『승정원일기』 순조 11년 6월

上曰, 后稷聖人也, 固不可議到, 而假令後世有如此之事, 憑藉后稷而爲說, 則豈不爲弊乎? 命周曰, 恐無是事, 而第以我東言之, 檀君降于檀木之下云, 而檀君卽東方之聖人也. 上曰, 檀君所降處, 卽太白山歟? 琮鎭曰, 然矣.

임금이 이르기를, 후직은 성인이니 진실로 논의할 수 없지만 가령 후세에 이런 일이 있더라도 후직을 빙자하여 말을 한다면 어찌 폐단이 되지 않겠는가? 조명주가 아뢰기를, 이런 일은 없었습니다만 우리 동방으로 말하자면 단군이 단목 아래로 내려왔다고 하는데 단군은 바로 동방의 성인입니다. 임금이 이르기를, 단군이 내려온 곳이 바로 태백산인가라고 하였다. 종진이 아뢰기를, 그렇습니다라고 하였다.

76) 『승정원일기』 순조 18년 11월

上曰, 下番讀之. 履懋讀自東方有檀君, 止大酺三日. 上曰, 文義陳之. 豐烈曰, 天地好生之德, 卽君上愛民之心也. 以聖祖奉天順時之政, 調和陰陽, 子保民庶, 故雖於饑饉之餘, 輪行運氣, 在所難免, 而一念之間, 若痛

瘝在身, 作文祭神, 辭意懇惻, 神必感格, 庶不爲民害. 伏願以聖祖愛民
之德鑑法焉. 上曰, 下番陳之. 履懋曰, 圜丘祭文, 乃天子之禮, 而非諸侯
之禮也, 我東方祭天之事, 以諸侯之國論之, 則雖若踰節, 而惟我朝鮮,
僻在海外, 亦一受命於天, 故箕·檀以來, 皆用祭天之禮, 迄至于此, 所以
爲小中華也, 列聖朝事天之禮, 一以誠敬爲本, 伏願以是體念焉.

임금이 이르기를, 하번이 읽으라. 이무가 읽기를 동방은 단군으로부터 시
작되고, 대보 3일에 이르렀다. 임금이 이르기를, 글 뜻을 아뢰라고 하였다.
풍렬이 말하기를 천지의 살리는 좋은 덕은 바로 임금이 백성을 사랑하는 마
음입니다. 성조의 봉천과 순시의 정치로 음양을 조화롭게 하고 자식과 백성
을 보호하시기 때문에 비록 기근이 들고 유행하는 운기를 벗어나기 쉽지 않
으나 어려우나, 한 번 생각하는 사이에 만약 몸을 아파하고 글을 지어 귀신
에게 제사를 지내면 글의 뜻이 간절하고 정성스러우니, 신명이 반드시 감동
하여 백성에게 해가 되지 않을 것입니다. 삼가 바라건대 성조께서 백성을
사랑하신 덕과 본보기로 삼으소서. 임금이 이르기를, 하번이 아뢰라. 김이
무가 말하기를, 환구의 제문은 바로 천자의 예이고 제후의 예가 아니며, 우
리 동방에 하늘에 제사를 지내는 일은 제후의 나라로 논하면 비록 절제를 넘
은 것 같지만 우리 조선은 바다 건너에 있어 또한 한결같이 하늘에서 명을
받았기 때문에, 기성과 단군 이래로 모두 하늘에 제사하는 예가 여기에 있습
니다. 그러므로 소중화라고 합니다. 열성조께서 하늘을 섬기는 예는 한결같
이 성과 경을 근본으로 삼으니 엎드려 바라건대 이를 유념하소서.

77) 『승정원일기』 헌종 11년 9월

上曰, 朝鮮國號, 始於何時乎? 錫鼎曰, 檀君降于太白山檀木下, 國人立

之, 是爲檀君, 而朝鮮之稱, 始於此時矣. 上曰, 檀君立於何時乎? 錫鼎曰, 在唐堯甲辰, 而享國千年, 歷箕子·三韓·高麗, 至于我朝矣. 上曰, 是與堯竝立矣. 箕子朝鮮, 享國幾年乎? 錫鼎曰, 凡千年而爲燕人衛滿所滅矣. 永輔曰, 是箕準時, 而爲衛滿所逐, 移都益山矣. 錫鼎曰, 益山卽金馬郡矣.

임금이 이르기를, 조선의 국호는 언제부터 시작되었는가? 최석정이 아뢰기를, 단군이 태백산 단목 아래로 내려오자 나라 사람들이 그를 세웠는데, 이분이 단군인데 조선이라고 칭한 것이 이때 시작되었습니다.

임금이 이르기를, 단군은 언제 세웠는가? 최석정이 아뢰기를, 당요와 갑진년에는 천 년 동안 나라를 누렸고, 기자·삼한·고려를 거치면서 우리 왕조에 이르렀습니다. 임금이 이르기를, 이는 요임금과 함께 즉위하였다라고 하였다. 기자 조선이 나라를 누린 지 몇 년이나 되었는가? 최석정이 아뢰기를, 무릇 천 년을 이어왔는데 연나라 사람들이 위만을 멸망시켰습니다. 박영보가 아뢰기를, 이 기준 때에 위만에게 쫓겨 도읍을 익산에 옮겼습니다. 최석정이 아뢰기를, 익산은 바로 금마군입니다라고 하였다.

78) 『승정원일기』 헌종 11년 11월

上曰, 親祀圜邱, 何謂也? 淳穆曰, 圜邱, 祭天之所也, 圜字音非環也, 卽圓字也. 上曰, 以圓讀之, 是也. 圜邱今之社稷壇之類乎? 公鉉曰, 與社稷壇有異, 卽今之南壇也. 上曰, 伊時則祈穀於南壇乎? 公鉉曰, 圜邱祭天, 乃天子之禮, 而國初典章未備之時, 多襲麗朝之舊制, 故祈穀於南壇矣. 上曰, 非天子則不得祭天乎? 公鉉曰, 天子祭天, 諸侯祭國內山川而已矣. 相敎曰, 天子而後祭天者, 天子受命於天也, 諸侯之祭, 只域內山

川者, 以其受封於天子故也. 檀君是自天而降, 則非受封於天子, 亦受命
於天. 故卞季良論圜邱, 蓋引此義也. 上曰, 檀君與堯竝時乎? 相教曰,
然矣. 唐堯元年是甲辰, 而檀君元年, 卽戊辰矣.

임금이 이르기를, '친사'와 '환구'는 무엇을 말하는가? 홍순목이 아뢰기를,
환구는 하늘에 제사하는 곳으로, '환' 자의 음이 '환'도 아니고 바로 '원' 자입
니다. 임금이 이르기를, '원'으로 읽는 것이 이것이다. 환구는 지금의 사직단
과 같은 부류인가? 공현이 아뢰기를, 사직단과는 차이가 있으니 지금의 남
단입니다. 임금이 이르기를, 그때는 남단에서 기곡하였는가? 공현이 아뢰기
를, '둥근 제단에서 하늘에 제사하는 것은 바로 천자의 예인데, 국초의 전장
이 갖추어지지 않았을 때에는 고려의 옛 제도를 많이 답습하였기 때문에 남
단에서 기곡제를 지냈습니다. 임금이 이르기를, 천자가 아니면 하늘에 제사
할 수 없는가라고 하였다. 공현이 아뢰기를, 천자는 하늘에 제사하고 제후
는 국내나 산천에 제사할 뿐입니다. 하교하기를, 천자 이후에 하늘에 제사
를 지낸다는 것은 천자가 하늘으로부터 명을 받은 것이고, 제후의 제사는 단
지 경내의 산천에만 지내는 것은 천자에게 봉책을 받았기 때문입니다.'라고
하였다. 단군이 하늘에서 내려왔으니, 천자에게서 받은 것이 아니고 하늘에
서 명을 받은 것입니다. 고 변계량이 환구를 논한 것은 대개 이 의리를 인용
한 것입니다. 임금이 이르기를, 단군은 요와 함께 시대를 만났는가? 서로 아
뢰기를, 그렇습니다라고 하였다. 당요 원년은 갑진이고 단군의 원년은 무진
년이다.

79) 『승정원일기』 헌종 12년 1월

上曰, 檀君, 始爲朝鮮君長乎? 基纘曰, 檀君降於檀木之下, 都於平壤,

國號朝鮮, 箕子亦都於此, 而稱以後朝鮮矣. 上曰, 壇君與堯竝立云, 然乎? 敦永曰, 平壤崇靈殿, 享檀君及東明王, 而肅廟朝, 命致祭, 御製詩曰, 東海聖人作, 曾聞竝放勳, 山椒遺廟在, 檀木擁祥雲. 檀君之與堯竝立, 見於御製矣. 上曰, 檀君之事, 誠神異矣. 基纘曰, 東方初無君長, 而際時草昧, 人文未闢, 檀君降生, 卽東方首出之聖也. 命下番讀之. 敦永讀自上至自平壤御思政殿, 至其速分等以啓.

임금이 이르기를, 단군이 처음으로 조선의 군장이 되었는가? 김기찬이 아뢰기를, 단군이 단목 아래에 내려와 평양에 도읍을 정하고 나라 이름을 조선으로 불렀는데, 기자도 여기에 도읍을 정하고 조선이라 하였습니다. 임금이 이르기를, 단군은 요임금과 함께 섰다고 하던데, 그러한가? 이돈영이 아뢰기를, 평양의 숭령전에 단군과 동명왕을 모셨는데, 숙종 때 제사를 지내라고 명하셨고 어제시에 동해에 성인이 나와, 일찍이 사방에 공을 이루었는데, 사당에는 산초만 남아 있고, 단목은 구름 속에 둘렀다고 하였습니다. 단군과 요임금은 같은 시대 사람으로 본 것입니다. 임금이 이르기를, 단군의 일은 참으로 신묘하다. 김기찬이 아뢰기를, 동방이 처음에는 군장이 없었으나 당시 초매하여 인문이 열리지 않았는데 단군이 태어난 것은 동방에 처음으로 성인이 난 것입니다. 하번이 읽으라고 명하였다. 이돈영이 상부터 평양의, 어사정전까지 나누어 아뢰었다.

80) 『승정원일기』 철종 3년 11월

上曰, 尙講三國時矣. 元容曰, 向筵略奏歷代事蹟, 果記存乎? 上曰, 尙思之矣. 元容曰, 東國歷代事蹟, 亦已覽之乎? 上曰, 見於史略中矣. 元容曰, 史略亦有附合東國事者矣. 上曰, 第言之. 元容自檀君·箕子開國,歷奏三國·高麗事, 至高句麗時, 王見貧民之歉歲無以備力, 出官穀賑貸, 百姓至冬月還輸, 以爲恒式.

임금이 이르기를, 아직도 삼국을 강하고 있을 때이다. 원용이 아뢰기를, 지난번 경연에서 대략 역대의 사적을 아뢰었는데, 과연 기억하고 계십니까?라고 하였다. 임금이 이르기를, 아직도 생각난다. 원용이 아뢰기를, 우리나라 역대의 사적을 또한 이미 보셨습니까?라고 하였다. 임금이 이르기를, 『사략』중에 보인다라고 하였다. 정원용이 아뢰기를, 『사략』도 우리나라의 동국에 합친 것이 있습니다라고 하였다. 임금이 이르기를, 말해 보라고 하였다. 원용이 단군과 기자가 개국할 때부터 삼국과 고려의 일을 두루 아뢰고 고구려 때에 이르러 왕이 가난한 백성이 흉년에 먹을것이 없는 것을 보고는 관곡을 내어 진대하였는데, 백성들이 겨울에 돌려주는 것을 기본으로 하였습니다.

81) 『승정원일기』 철종 13년 12월

上曰, 盤庚, 於祖乙, 爲幾世, 而距今年數, 似近於四千年矣. 元容曰, 我東檀君, 立於帝堯之時, 而堯之亭午尙在矣. 炳學曰, 盤庚, 在成湯爲十世, 而祖乙, 盤庚之曾祖也.

임금이 이르기를, 「반경」에는 조을에서 몇 세라고 하였으며, 올해의 수는 4,000년에 가까운 듯하다. 원용이 아뢰기를, 우리 동방의 단군이 요임금의 시대에 즉위하였는데, 요임금이 정오년에 아직 살아 있었습니다라고 하였다. 김병학이 아뢰기를, 반경은 성탕에게 10세이고 조을은 반경의 증조입니다.

82) 『승정원일기』 고종 3년 2월

平安監司朴珪壽疏曰, …… 西京之雄, 甲於一邦, 檀·箕之城邑碁鋪, 遼·
薊之冠蓋星馳, 兵衛棨戟之嚴, 江山臺榭之勝, 從古稱盛繁華地, 士大夫
游宦四方者, 皆以得此爲榮.

평안감사 박규수가 상소하기를, "…… 서경의 웅건함은 온 나라에서 제일
로 단군과 기자의 성읍이 바둑판처럼 펼쳐져 있고, 요동과 계주의 사신 행렬
이 별처럼 많습니다. 무기를 가지고 지키는 병사들의 삼엄함과 누대와 정자
가 있는 강산의 빼어난 절경은 예로부터 번화한 곳으로 많이 일컬어져 왔으
므로 사대부로서 사방에 가서 벼슬하는 이들이 모두 이곳에 있게 되는 것을
영광으로 삼았습니다."라고 하였다.

83) 『승정원일기』 고종 3년 9월

傳于趙秉世曰, …… 而彼之一時猖獗, 即往古來今所未有之變也. 我朝,
自檀箕以來, 上之所敎導, 下之所服習, 皆先聖遺訓, 而未嘗與法國, 有
聲氣相通, 恩怨可論, 則今此尋釁動兵, 來侵於隔海幾萬里之外者, 非徒
兵出無名, 洵是慢天虐民.

조병세에게 전교하기를, "…… 저들이 일시에 창궐한 것은 고금에 없었
던 변고이다. 우리나라는 단군과 기자 이래 위에서 가르치고 이끌었으니 아
래에서 익히는 바가 모두 옛 성인들의 유훈으로, 일찍이 프랑스와는 성기가
통한 적도 없고 논할 만한 은원 관계를 맺은 적도 없었다. 이번에 틈을 찾아
군사를 움직여 바다 건너 수만 리 떨어진 곳으로 침범해 온 것은 군사의 출

동에 명분이 없을 뿐만 아니라 실로 하늘을 기만하고 백성을 괴롭히는 일이다."라고 하였다.

84) 『승정원일기』 고종 4년 11월

刑曹啓曰, …… 黃州幼學李昌世, 文化阿達山桓因·桓雄·檀君三聖祠, 乞令增修後, 宣賜殿額, 春秋享祀, 依舊例, 以道臣尊禮將事事也, 事體至重.

형조가 아뢰기를, "…… 황주 사는 유학 이창세는 문화현 아달산에 있는 환인, 환웅, 단군의 삼성사를 중수시킨 뒤에 전액을 내리고 봄가을로 제사하는 일을 예전 규례대로 도신의 존례로 행하게 하기를 바라는 것인데, 상황이 매우 중대합니다."라고 하였다.

85) 『승정원일기』 고종 5년 8월

基世曰, 我東開國, 始於檀君朝鮮, 而神人, 始降於太白山檀木下, 太白, 卽今之寧邊玅香山也. 號爲檀君, 初都平壤, 後都白岳, 卽今之文化九月山也, 享年一千二百年矣. 上曰, 與天皇氏一萬八千歲同矣. 基世曰, 箕子都平壤, 千年, 後孫準, 爲衛滿所逐, 南遷金馬郡, 號馬韓, 卽今之益山也. 又有辰韓·弁韓, 而年代國都, 雖不可考, 槪皆在於南方濱海之地也, 此所謂三韓也. 衛滿則都平壤, 至孫右渠, 爲漢武所降, 分其地爲四郡, 樂浪·臨芚·玄菟·眞蕃, 是也. 上曰, 衛滿, 是中國人乎? 基世曰, 燕人矣. 仍奏曰, 樂浪卽今平壤, 臨芚卽今江陵, 玄菟卽今咸興, 眞蕃, 卽遼東之地也. 至昭帝時, 又分爲二府, 以玄菟·眞蕃, 爲平州都督府, 樂浪·臨芚,爲東府都督府.

정기세가 아뢰기를, "우리 동방이 개국한 것은 단군조선에서 시작되었습니다. 신인이 처음에 태백산 박달나무 아래로 내려왔는데, 태백산은 바로 지금의 영변 묘향산입니다. 호를 단군이라고 하였으며, 처음에는 평양에 도읍하였다가 뒤에 백악에 도읍하였는데, 백악은 바로 지금의 문화 구월산입니다. 누린 햇수가 1,200년이었습니다."라고 하였다. 그러자 임금이 이르기를, "천황씨가 1만 8,000세를 산 것과 같다."라고 하였고, 정기세가 아뢰기를, "기자가 평양에 도읍한 뒤 천 년이 지나서 그의 후손인 준이 위만에게 쫓겨나 남쪽으로 가서 금마군으로 옮기고는 국호를 마한이라고 하였는데, 금마군은 지금의 익산입니다. 또 진한과 변한이 있었는데 연대와 도읍지는 상고할 수가 없으나 대개 남쪽 해변가 지역에 있었습니다. 이것이 이른바 삼한입니다. 위만은 평양에 도읍하였다가 손자 우거 때에 한 무제에게 항복하였습니다. 한 무제가 그 지역을 나누어 4군을 설치하였는데, 낙랑 임둔 현도 진번이 그것입니다."라고 하였다.

86) 『승정원일기』 고종 5년 8월

仍奏曰, …… 而自唐堯元年甲辰, 至明太祖元年戊申, 爲三千七百二十五年, 自檀君戊辰, 至我太祖元年壬申, 亦爲三千七百二十五年, 聖神之作, 天意不偶, 我東方氣數, 與中國相符, 其亦異矣.

거듭 아뢰기를, "…… 그리고 요임금 원년인 갑진년부터 명 태조 원년인 무술년에 이르기까지가 3,725년이고, 단군 무진년부터 우리 태조 원년인 임신년까지가 역시 3,725년이니, 성스럽고 신령스런 임금이 일어나게 한 하늘의 뜻이 실로 우연한 것이 아닙니다. 우리 동방의 기수가 중국의 기수와 서로 부합되니, 그 또한 이상합니다."라고 하였다.

87) 『승정원일기』 고종 5년 11월

傳曰, 是歲, 卽檀君立國舊甲也. 肇基東土, 歷年千餘, 而今此正衙, 又適告成, 迓納景命, 事不偶然矣. 崇靈殿, 遣道臣行祭, 祭文, 令文任撰進.

전교하기를, "올해는 단군이 국가를 세운지 구갑이 되는 해이다. 동쪽 땅에 나라의 터전을 세운 지 천여 년이 지났는데, 이제 정전이 또 완성되어 큰 천명을 맞이하게 되었으니, 이는 우연한 일이 아니다. 숭령전에 도신을 보내어 제사를 지내도록 하고, 제문은 문임으로 하여금 지어 올리게 하라."라고 하였다.

88) 『승정원일기』 고종 9년 1월

敎中外大小臣僚·耆老·軍民·閑良人等書. 王若曰, …… 其國則東方君子, 復檀·箕之肇名, 若古有初頭聖人, 媲羲·農之立極.

중외의 대소 신료와 기로, 군민, 한량 등에게 교서를 내렸다. 왕이 이르기를, "…… 이 나라는 동방의 군자국으로서 단군과 기자의 처음 조선으로 국호를 정하였으며, 건국한 초기에 성인이 나옴은 중국 태고에 복희씨와 신농씨가 있어 법도를 세운 것과 짝할 만하였도다."라고 하였다.

89) 『승정원일기』 고종 9년 10월

敎平安監司南廷順書. 王若曰, …… 古所稱檀君千年之都, 民俗宜其淳樸, 今焉邈箕子八條之敎, 風氣尙其侈靡.

평안감사 남정순에게 교서를 내렸다. 왕이 이르기를, "…… 옛날에 단군의 천년 도읍이라고 칭하였으니 백성의 풍속이 순박하였다. 지금은 기자의 8조 목의 가르침과 멀어져 풍기가 오히려 사치를 숭상하고 있다."

90) 『승정원일기』 고종 10년 11월

修撰權益洙疏曰, …… 而其所齊奉之道, 依箕子殿檀君廟之例, 設置郎官, 差直敬奉.

수찬 권익수가 상소하기를, "…… 삼가 받드는 도리에 있어서 기자전이나 단군묘의 예에 의거하여 낭관을 두고 묘지기를 임명하여 공경히 받들도록 하소서."라고 하였다.

91) 『승정원일기』 고종 11년 1월

副護軍金奎燮疏, 略曰, …… 且我東國史, 著在檀箕, 逮至麗朝, 實不如中國史之班班可考, 而大槪則略有之矣.

부호군 김규섭이 상소하였는데, 그 대략에, "…… 또 우리 동국의 역사는 단군 및 기자에서 고려 왕조에 이르기까지 실로 중국사처럼 제대로 상고할 수는 없지만 대개는 갖추어져 있습니다."라고 하였다.

92) 『승정원일기』 고종 11년 2월

忠淸道報恩儒生幼學趙榮杓等二人疏略日, 東國自檀箕, 禮義成俗, 逮
至我朝, 列聖相承, 事大恤民, 綱常秩敍, 文物燦備矣.

충청도 보은의 유생, 유학, 조영표 등 2명이 상소하였는데, 그 대략에, "우
리나라는 단군과 기자로부터 예의가 풍속의 주를 이루었는데, 우리 왕조에
이르러서 역대 왕들이 서로 계승하면서 대국을 섬기고 백성을 사랑하며 강
상의 질서와 문물이 찬란히 준비되었습니다."라고 하였다.

93) 『승정원일기』 고종 11년 3월

平安監司趙成夏疏日, …… 是檀·箕之舊都, 境接燕薊之要衝. 冠蓋之所
絡繹, 舟車之所都會,

평안감사 조성하가 상소하기를, "…… 이곳은 단군과 기자의 옛 도읍지이
며 연주, 계주와 경계를 접한 요충지로 사신의 왕래가 끊이지 않고 배와 수
레가 다 모이는 곳입니다."라고 하였다.

94) 『승정원일기』 고종 11년 10월

敎平安監司趙成夏書. 王若日, …… 眷彼關西一區, 實我海東重鎭. 民
物傳仁賢之化, 地是檀·箕舊都, 保障枕夷夏之交.

평안감사 조성하에게 교서를 내렸는데, 왕이 이르기를, "…… 관서 한 지방을 보면 그곳은 실로 우리 해동의 중요한 진이니 백성들이 인현의 교화를 전했고, 그 땅은 단군과 기자의 옛 도읍지이니 오랑캐와 중화가 교차되는 곳에 자리 잡고 있다."라고 하였다.

95) 『승정원일기』 고종 15년 7월

平安監司閔泳緯疏曰, …… 噫, 藩臬之重, 何時不然, 而此地此任, 尤難其人, 檀·箕故址, 文物燦備, 遼·薊通路, 財貨委輸, 俗尙弓馬, 士有拔什之勁, 民力農蠶, 商有利百之趨, 繁華佳麗, 殷豊富衍, 泱泱乎一大都會也.

평안감사 민영위가 상소하기를, "…… 아, 관찰사 직임의 중함은 어느 때인들 그렇지 않겠습니까마는 이 지역의 이 직임은 더욱 적임자를 찾기가 어렵습니다. 단군과 기자의 옛터라 문물이 찬란하게 갖추어졌고, 요동과 계주로 가는 통로라 재화가 모이는 곳입니다. 그곳의 풍속은 궁마(弓馬)를 숭상하고 군사들은 아주 굳세며, 백성들은 농사와 양잠을 힘쓰고 상업도 아주 번성한 곳입니다. 그리하여 번화하고 아름다우며 물자가 풍성한 하나의 큰 도회입니다."라고 하였다.

96) 『승정원일기』 고종 19년 8월

前忠義辛鴻集疏. 略曰, 蓋我國, 自檀·箕以來, 不與外國相結, 自守疆城, 于今數千百年, 而何必遠結海外諸國, 開港駐館, 立約通商, 若是乎紛紛多事爲也? 雖至愚者, 若知其不得已也.

전 충의 신홍집이 상소하였다. 그 대략에, "우리나라는 단군과 기자 이래 외국과 결연을 맺지 않고 강역을 지켜온 지 이제 수천백 년이 됩니다. 그런데 하필이면 멀리 해외의 여러 나라들과 체결하여 항구를 개방하고 관소에 머무르게 하며, 조약을 맺고 통상을 하는 등 여러 가지 일들을 이렇게 분분하게 하게 되었단 말입니까. 그러나 지극히 어리석은 자라도 그것이 부득이하다는 것을 대강은 알 수 있을 것입니다."라고 하였다.

97)『승정원일기』고종 21년 3월

慶尙道進士宋殷成上疏曰, …… 我東自檀·箕以來, 不能侵奪, 昔唐太宗, 征高句麗, 群臣皆曰, 高麗依山爲城, 難猝拔, 契丹欲擊高麗, 其臣諫曰, 大軍往征, 非惟無功, 恐不得自還. 今日之足恃者, 亦惟曰, 地利之險固也, 人謀之僉同也, 中國之外援也. 外環溟渤, 內阻嶽嶂, 則(則)非大礮飛毬所可易犯也.

경상도 진사 송은성이 상소하기를, "…… 우리 동방은 단군과 기자 이래로 당하지 않았습니다. 예전에 당 태종이 고구려를 정벌할 때에 신하들이 모두 '고구려는 산에 의지하여 성을 만들어서 갑자기 빼앗기 어렵습니다.'라고 하였고, 거란이 고려를 치려 할 때에 신하가 간하기를 '대군이 가서 정벌하면 공이 없을뿐더러 스스로 돌아오지도 못할 듯합니다.'라고 하였습니다. 오늘날 믿을 만한 것도 오직 지리가 험고한 것과 사람들이 모이는 것이 모두 같았기 때문이고 밖으로는 중국이 도왔기 때문입니다. 밖으로는 큰 바다에 둘러싸이고 안으로는 산봉우리로 막혔으니, 대포와 비구가 쉽게 범할 수 있는 곳이 아니기 때문입니다."라고 하였다.

98) 『승정원일기』 고종 21년 6월

副護軍金永柱疏曰, …… 惟我靑邱, 僻處東隅, 自檀·箕以來, 禮義成俗, 衣裳文華, 謂稱小中華矣. 漸次俗降柯遠, 品制侈靡, 流弊轉劇, 而衣袖之稍稍廣長, 初無古制之可據, 濫費外飾, 莫此爲甚.

부호군 김영주가 상소하기를, "…… 우리 청구는 동쪽 한구석에 치우쳐 있지만 단군과 기자 이래로 예의의 풍속을 이루고 의상이 아름답고 빛나 소중화라고 일컬어져 왔습니다. 그러다가 풍속이 질이 점차 낮아지고 본받을 곳이 멀어져 품제가 사치스럽고 폐가 심해져서 옷의 소매가 차츰 넓고 길어지게 되어 아예 옛 제도를 근거할 수가 없게 되었으니, 낭비와 겉치레가 이보다 더 심할 수가 없게 되었습니다."라고 하였다.

99) 『승정원일기』 고종 22년 7월

敎平安監司南廷哲書, 王若曰, …… 眷彼關西重藩, 最爲海東巨鎭, 井地於檀箕, 疆場於遼·瀋, 世變風移, 五千年民物如川·蜀, 湖山如蘇·杭.

평안감사 남정철에게 교서를 내렸는데, 왕이 말하기를 "…… 저 관서 지방은 중요한 번병으로 우리나라의 커다란 진이다. 단군과 기자가 터를 잡으신 땅이며 요동과 심양에 맞닿아 있다. 5천 년을 내려오며 세상과 풍속이 변하였지만 물산은 사천같이 풍부하고 산천은 소주처럼 아름답도다."라고 하였다.

100) 『승정원일기』 고종 26년 11월

而第念關西, 以檀·箕之舊都, 接遼·瀋之要衝, 封疆之有緖轂而冠蓋相望, 舟車之所湊會而貨財委輸, 俗尙則任俠爲能, 民生則貿遷爲事, 苟非幹諝周通, 望實俱優, 固不足以鎭制而撫綏.

"…… 생각건대 관서는 단군과 기자의 옛 도읍지이고 요동의 심양과 접하는 요충지로서, 국경의 교통상 요충지에 있어 사신이나 관리의 왕래가 끊이지 않고 배와 수레가 모여들어 재화를 실어 운송하는 곳입니다. 풍속은 임협을 능사로 여기고 민생은 무역을 일삼고 있으니, 재능과 지혜가 구비되고 사리에 통달한 데다 명성과 실제가 모두 우러를 만한 사람이 아니라면, 실로 평정하고 제압하며 어루만져 편안하게 할 수 없을 것입니다."라고 하였다.

101) 『승정원일기』 고종 28년 7월

又按平壤志, 崇靈殿, 舊檀君·東明王祠, 崇禎後乙未, 監司李廷濟, 啓請, 賜額, 東明王墓, 乙巳, 啓請封修, 列聖朝崇報, 非不至矣. 惟其墓號之仍舊, 寔爲未遑, 旣有箕子陵追封之例, 其在事體, 宜無異同, 曠禮攸係, 尤襯審裁, 下詢, 時原任大臣·禮堂, 處之, 何如?

"…… 또 『평양지』를 살펴보건대, '숭령전은 옛날 단군과 동명왕의 사당인데, 숭정 후 을미년에 감사 이정제가 임금께 청하여 사액을 받았고, 동명왕의 묘는 을사년에 임금께 청하여 봉분을 보수하였다.' 하였으니, 열성조에서 숭보한 것이 지극하지 않은 적이 없었습니다. 다만 그 묘호를 옛날 그대로 쓴 것은 고칠 겨를이 없었기 때문인데, 이미 기자의 능을 추봉한 예가 있으니, 사리와 체면에 있어 의당 서로 차이가 없어야 할 것입니다. 고금에 드문 예에 해당하는 일은 자세히 살펴서 처리해야 하니, 시원임 대신과 예조 당상에 하문하시어 처리하는 것이 어떻겠습니까?"라고 하였다.

102)『승정원일기』고종 33년 9월

六品李容晳疏曰, …… 奧昔東方, 初無君長, 檀君首出, 禮讓之風成, 箕聖設教, 仁賢之化興, 而曾未聞借才而用, 易民而治也, 則西土, 乃東方首善之地也, 地不可以人而廢, 人不可以地而忽者審矣. 奈之何地以人賤, 人以地廢乎? …… 假使我東之人出, 而與天下士大夫言之曰, 我是檀君·箕子封之人云爾, 則天下之人, 必皆敬之禮之, 而今以檀鄉箕封之人, 乃反見侮於國中, 一何甚耶?

6품 이용석이 상소하기를, "…… 옛날 우리나라에는 원래 군장이 없었는데 단군이 처음 나오자 예의로 사양하는 풍속이 이루어졌고, 기자가 교육을 하자 인자하고 어진 교화가 일어났지만, 일찍이 인재를 빌려서 쓰거나 백성을 바꾸어 다스렸다는 말은 듣지 못했습니다. 관서는 바로 우리나라에서 모범이 되는 지역으로, 사람 때문에 지역을 폐해서도 안 되고, 지역 때문에 사람을 무시해서도 안 되는 것이 분명합니다. 그런데 어찌하여 사람 때문에 지역을 천시하고, 지역 때문에 사람을 폐한단 말입니까. …… 가령 우리나라 사람이 나가서 천하의 사대부들에게 말하기를, '나는 바로 단군과 기자가 봉한 지역의 사람이다.'라고 한다면 세상 사람들은 반드시 모두 존경하며 예우할 것입니다. 그런데 오늘날 단군의 고향 사람이고 기자의 봉한 지역 사람인데도 도리어 나라 안에서 업신여김을 당하는 것이 어쩌면 이리도 심합니까."라고 하였다.

103) 『승정원일기』 고종 34년 3월

前承旨李㝡榮等疏曰, …… 惟邦國遠接檀·箕之統, 大啓堯·舜之化, 聖
繼神承, 重熙屢洽.

전 승지 이최영 등이 상소하기를, "…… 우리나라는 멀리 단군과 기자의
전통을 잇고 크게 요순의 교화를 열어 훌륭한 임금들이 계승하면서 태평성
대가 계속되었습니다."라고 하였다.

104) 『승정원일기』 고종 34년 9월

館學儒生進士李秀丙等疏, 曰, …… 惟我東方, 檀君首出, 與堯竝立, 箕
師道東, 一變爲夏.

관학유생 진사이수병 등이 상소하기를, "…… 생각건대, 우리나라는 단군
이 처음으로 나와서 요임금과 같은 시기에 왕위에 올랐고, 기자의 도가 동쪽
으로 전파되면서 한 번에 중화가 되었습니다."라고 하였다.

105) 『승정원일기』 고종 34년 9월

舜澤曰, …… 惟我邦自檀·箕以來, 服襲堯·舜, 至于本朝, 炳焉與三代同風.

심순택이 아뢰기를, "…… 오직 우리나라는 단군과 기자 이래로 요임금과
순임금의 도를 답습하였고, 또 우리 왕조에 이르러서 환하게 삼대와 풍속을
같이하였습니다."라고 하였다.

106) 『승정원일기』 고종 34년 9월

前承旨金善柱等疏曰, 伏以, 臣等伏覩今日國家之盛會, 寔四千禩肇有
之慶, 而實萬億年無疆之休, 粤檀·箕創之於前, 濟麗繼之於〈後〉, 風化
不臻於敦厖, 文物未洽於順備, 每執藩封之例, 而幾遺臣民之恥.

　전 승지 김선주 등이 상소하기를, "삼가 아룁니다. 신들이 삼가 보건대,
지금 펼쳐지고 있는 국가의 성대한 기회는 4,000년 만에 처음 있는 경사이
며 실로 억만년토록 무궁할 아름다움입니다. 단군과 기자가 앞에서 창건하
였고 백제와 고려가 뒤에서 계승하였으나, 풍습의 교화는 돈독한 데에 이르
지 않고 문물은 순조롭게 갖추는 데에 미흡하여, 매번 제후국을 면하지 못하
여 거의 백성들에게 부끄러움만 남겼습니다."라고 하였다.

107) 『승정원일기』 고종 36년 12월

中樞院議官白虎燮疏曰, 竊伏惟平壤, 卽壇君箕子東明王三聖人建都之
地, 而檀君首出, 肇開鴻荒, 立國幷唐堯之世, 寶曆享千歲之永. 今其衣
履之藏, 在江東邑治西五里太白山下, 此旣昭載於該邑誌與關西文獻錄,
而故相臣許穆所述檀君世家曰, 松壤西, 有檀君塚, 松壤, 卽今之江東縣
云, 其爲可徵可信, 固已章章明矣. 且人民之居山下者, 耕鉏不侵, 芻牧
相戒, 迄今四千年, 所以致其欽敬者, 出於秉彝, 不謀而同, 該邑士林, 屢
以封植之意, 請于府郡者, 積卷累牘, 是孰使之然哉. 惟我聖朝崇報之典,
靡不用極, 往在己丑, 封箕子陵, 辛卯封東明王陵, 象設如禮, 神人胥悅.
夫以三聖相繼之序, 則檀君墓之崇封, 當居其先, 而尙此未遑者, 豈不有
欠於崇報之擧乎. 臣以關西之人, 言關西之事, 庶不爲僭越之甚者, 敢以

一路士民之願, 仰瀆重宸齦纊之聰. 伏願皇上, 俯察蒭言, 博采廟議, 特令本道道臣, 江東之檀君墓, 亦依箕·東兩陵之例, 一體崇封, 以昭尊聖之義, 以慰群黎之望焉, 臣無任云云. 奉旨, 省疏具悉. 崇報之論, 尙云晚矣. 然而事體愼重, 令政府, 稟處.

중추원 의관 백호섭이 상소하기를, "삼가 생각건대 평양은 단군, 기자, 동명왕의 세 성인께서 도읍하신 땅입니다. 단군은 가장 먼저 출현하시어 태고 시대에 처음으로 나라를 여시었는데, 건국은 도당씨 요임금과 연대를 나란히 하고 1,000세의 긴 생애를 누리셨습니다. 지금 능이 강동군 읍치에서 서쪽으로 5리 떨어진 태백산 아래에 있는데, 이것은 해당 고을의 읍지와 『관서문헌록』에 소상히 기재되어 있고, 고 상신 허목이 찬술한 『단군세가』에 '송양 서쪽에 단군 무덤이 있는데, 송양은 지금의 강동현이다.'라고 하였으니, 확실한 증거가 분명하게 드러나 있습니다. 그리고 그 산 아래에 거주하는 인민들은 그 땅에 들어가서 밭을 갈거나 호미질을 하지 않고 나무하거나 소 먹이는 것을 삼가한 지가 지금 4,000년에 이르는데, 우러르고 공경함이 떳떳한 본성에서 나왔기 때문에 도모하지 않고도 같은 마음이 된 것입니다. 해당 고을의 사람들이 능묘를 만들고 나무를 심게 해 달라는 뜻으로 관찰사의 관부와 군에 누차 청한 사실이 문서에 누적되어 있는데 누가 시켜서 그랬겠습니까? 우리 성조에서 은덕을 갚는 전례를 거행하는 데에 정성을 다하여 지난 기축년에 만든 기자릉과 신묘년에 만든 동명왕릉의 석물을 똑같은 규모로 하시니 귀신과 사람이 모두 기뻐하였습니다. 세 성인이 서로 나라를 이으신 순서로 볼 때 당연히 이 두 성인보다 먼저 단군묘를 높여 단군릉으로 봉축했어야 하는데도 아직까지도 이처럼 하지 못하니 어찌 숭보하는 거조에 흠이 되지 않겠습니까? 신이 관서 사람으로서 관서의 일에 대해 말하는 것이 그리 분수를 벗어난 참람한 일이 되지는 않을 것입니다. 이에 감히 한 지방의 사림과 인민의 소원을 우러러 아뢰어 황상을 번거롭게 합니다. 삼가 바라건대, 황상께서는 이 천한 사람의 말을 굽어살피시고 조정에서 의견을 널리 모으시어 특별히 본도 도신으로 하여금 강동의 단군묘를 기자릉과 동명왕릉의 전례에 의거하여 똑같이 높여 단군릉을 봉축하게 하여 성인을 높이는 의리를 밝히시고 백성들의 마음을 달래 주소서…. ”라고 하였다. 받든 칙지에, “상소를 보고 잘 알았다. 숭보의 논의가 오히려 늦었다고 하겠다. 하지만 사태에 따라 신중하게 해야 하니 의정부로 하여금 품처하게 하겠다.”라고 하였다.

108) 『승정원일기』 고종 38년 6월

中樞院議官金瀅厚疏曰, 伏以維我大韓, 本是禮義之邦, 扶桑瑞旭, 先發鮮明之氣於封域之內, 衣冠文物, 甲於世界, 忠孝良材, 自古輩出, 天下萬邦, 莫不稱美矣. 至若關西風俗, 好古崇禮, 重義輕財. 故追念箕子·東明之遺化, 屢請廟堂, 已封兩墓, 威儀燦然, 德化如新, 而夫何檀君之墓, 尙且未封, 士庶含菀, 輿情共願. 中間多年, 士林之訴, 朝士之奏, 非至一再, 挽近以來, 朝廷多事, 至今淹然, 此果盛世之欠典也. 伏乞皇上陛下, 幸察民願, 特垂許批, 西土蒼生, 感戴皇命, 頌堯稱舜, 而況幾千年未遑之典, 快新於文明之世, 檀王之靈, 亦感聖德, 永享無疆之休也. 臣以西關賤蹤, 叨忝言官, 如海天恩, 罔有圖報, 玆將無隱之至誠, 敢陳煩絮之物論, 聖裁妥當, 千萬伏望. 臣無任云云. 奉旨, 省疏具悉. 崇報之義, 宜有是擧, 而事係愼重, 令政府, 稟處.

중추원 의관 김형후가 상소하기를, “삼가 아룁니다. 우리 대한은 본래 예의지국으로서 강토 위에는 찬란한 아침 해가 선명한 기운을 맨 먼저 발하는 곳입니다. 의관과 문물은 세상에서 으뜸이며 예로부터 충성스럽고 효성스러운 훌륭한 인재들이 배출되어 이 세상의 모든 나라들이 다 칭찬하며 부러워합니다. 관서 지방의 풍속으로 말하면 옛것을 좋아하고 예를 높이며 의리를 중히 여기고 재물을 경시합니다. 그러므로 기자와 동명왕이 남긴 교화를 추념하기를 여러 차례 묘당에 청하여 이미 두 묘를 봉함으로써 위의가 찬란하고 덕화가 새롭게 되었습니다. 그런데 어쩌다가 단군의 묘는 아직도 봉하지 못하여 선비와 일반 백성들이 억울해하고 많은 사람들이 다 같이 바라는 일이 되었단 말입니까. 중간에 여러 해 동안 사람들이 억울한 사정을 호소하고 조정의 관리들이 임금께 아뢴 것이 한두 번이 아니었지만 근래에 조정에 일이 많아서 지금까지 끌고 있으니, 이것은 훌륭한 시대의 흠이 될 것입니다. 삼가 바라건대, 황상 폐하께서는 부디 백성들의 소원을 살펴 특별히 허락하는 비답을 내려주심으로써 관서 지방 백성들이 폐하의 명을 감사히 받들고 요순처럼 칭송하게 하소서. 더구나 몇천 년 동안 미처 하지 못한 일을 문명한 시대에 한껏 새롭게 한다면 단군의 영혼도 폐하의 덕에 감격할 것이며 무궁한 복을 길이 누리게 될 것입니다. 신은 관서 지방의 미천한 사람으로서 외람되이 언관의 직임을 맡았는데 폐하의 은혜가 바다와 같으나 보답할 길이 없습니다. 이에 숨김없는 지극한 정성으로 감히 번잡한 여론을 아뢰니, 성상께서 타당하게 재결해 주시기를 바라 마지않습니다……." 하였다. 받든 칙지에, "상소를 보고 잘 알았다. 은덕을 갚는 뜻으로 볼 때 마땅히 이런 조치가 있어야 하겠지만 신중한 문제인 만큼 의정부로 하여금 품처하도록 하겠다." 하였다.

109) 『승정원일기』 고종 39년 3월

宮內府特進官金奎弘疏曰, …… 平壤爲我東首開人文之地, 而三聖繼都, 享國俱千餘年, 至于今人物繁衍, 邑居壯麗.

궁내부 특진관 김규홍이 상소하기를, "…… 나라 안의 지세를 보자면 평양은 우리나라에서 맨 먼저 문화를 꽃피웠던 곳으로, 세 성왕인 고조선의 단군, 고구려의 장수왕, 고려의 태조가 연이어 그곳에 도읍을 정하여 모두 천여 년 동안 나라를 소유하였으며, 지금까지도 인구와 물산이 풍성하고 취락이 웅장하고 화려합니다."라고 하였다.

110) 『승정원일기』 고종 39년 9월

議政府贊政內部大臣李乾夏疏曰, 伏以, 皇王之禮, 隨時而不同, 后妃之稱, 亦隨皇王而異焉. 欽惟我陛下, 運膺千一, 德邁三五, 創檀·箕以後, 未始有之帝業.

의정부 찬정 내부대신 이건하가 상소하기를, "삼가 아룁니다. 황왕의 예는 때에 따라 같지가 않고, 후비의 칭호도 황왕에 따라 다릅니다. 삼가 생각건대, 우리 폐하께서는 천재일우의 운을 만났고, 삼왕오제의 덕을 따르시어 단군과 기자 이후로 일찍이 있지 않았던 제업을 창건하셨습니다."라고 하였다.

111) 『승정원일기』 고종 42년 6월

豊慶宮參書官崔益煥等疏曰, 伏以臣等跡雖遐賤, 心同愛戴, 辜負洪造, 恒切慙愧. 值此艱虞, 事係可已, 則何敢妄陳, 而至若西京豊慶宮之經紀, 有初無終, 卽臣等之不可已焉者也. 竊伏念聖明, 乃眷西顧, 撫檀·箕之跡, 倣周漢之制, 宅土基命, 奉安御眞·睿眞于太極·重華之殿, 一路士民, 惟欣蹈舞, 咸覲天子之耿光, 於不休哉.

풍경궁 참서관 최익환 등이 상소하기를, "삼가 생각건대, 밝으신 성상께서 이에 서쪽 평안도를 돌아보시어 단군과 기자의 자취를 보듬고 주와 한의 제도를 본떠 건물의 터를 정하고 닦아 어진과 예진을 태극전과 중화전에 봉안하도록 하셨으므로 이 지역의 사대부와 백성들이 즐거워 춤을 추며 모두들 천자의 빛나는 모습을 보았으니, 아, 아름다운 일이 아니겠습니까."라고 하였다.

112) 『승정원일기』 고종 42년 10월

奎章閣學士李容泰疏曰, 伏以日昨締約之說, 喧傳於外, 聞之者莫不驚遑失色, 有流涕太息者, 至有曰不惟我五百年宗社, 自檀·箕以來四千餘年禮義之邦, 一朝爲他奴隸, 人種亦隨以盡滅, 號天叫地, 忿不欲生者.

규장각 학사 이용태가 상소하기를, "삼가 아룁니다. 일전에 조약이 체결되었다는 소문이 밖에 떠들썩하였는데, 그것을 들은 사람치고 놀라고 아연실색하지 않은 사람이 없었습니다. 눈물을 흘리며 크게 탄식하는 사람들 가운데에는 심지어 '우리 500년 종묘사직뿐만 아니라 단군과 기자 이래 4,000여 년을 내려온 예절 바르고 의리 있는 나라가 하루아침에 남의 노예가 되었으니, 사람의 종자까지도 뒤이어 전멸될 것이다. 하늘과 땅을 향해 절규하고 부르짖어도 분한 생각이 들어 살고 싶지가 않다.'라고까지 말하였습니다."라고 하였다.

113) 『승정원일기』 고종 42년 11월

從二品李南珪疏曰, …… 且惟念中州陸沈, 萬國同俗, 惟我東, 以檀·箕
舊邦, 服孔·孟遺敎, 保有衣冠文物, 僅如衆陰中微陽, 而乃抹搬之如此,
嗚乎, 豈其天也? 豈其天也.

종2품 이남규가 상소하기를, "…… 또 생각건대, 중국은 망해서 여느 나라
와 풍속이 같아졌는데, 오직 우리나라만이 단군과 기자의 옛 나라로서 공맹
이 남기신 가르침을 받들어 의관과 문물을 보전하고 있으니, 마치 짙은 그
늘 가운데 가느다란 햇살이 비치는 것과 같았습니다. 그런데 마침내 이렇게
말살되었으니 아, 어찌 하늘의 이치이겠습니까, 어찌 하늘의 이치이겠습니
까."라고 하였다.

114) 『승정원일기』 고종 44년 1월

平安北道觀察使申泰休疏曰, …… 且是省也, 檀君之厖化尙存, 箕都善
俗傍流, 列聖朝培養之士氣, 足爲文學之淵藪.

평안북도 관찰사 신태휴가 상소하기를, "…… 또 이 도는 단군의 두터운
교화가 아직 남아 있고 기자가 도읍한 당시의 훌륭한 풍속이 도처에 흐르고
있으며, 열성조가 배양한 사기는 족히 문학의 연원이 될 만합니다."라고 하
였다.

7. 『비변사등록(備邊司謄錄)』

1) 『비변사등록』[5] 숙종 4년 1월

…… 又所啓, 天之生才, 豈限南北, 而西路人士之不 得霑朝家一視之澤者, 實爲大欠典, 明經文科武 榜出身, 尙有進身通仕之望, 至於蔭官, 其途逐絶, 經明行修之薦, 尙矣無論, 抱才能文之類, 亦甘自棄, 寧 不可惜, 況東國之爲東國, 始自檀箕, 理合尊奉, 崇靈 殿有二參奉, 崇仁殿有一殿監, 監則鮮于氏, 世襲, 參 奉則不過爲本道人借銜之資, 而元無遷轉之規.

---

5 한국민족문화대백과 참조, 『비변사등록』

조선 중·후기의 국가 최고 회의 기관이었던 비변사의 활동에 대한 일기체 기록. 『비변사등록(備邊司謄錄)』은 273책으로 된 필사본이다. 원본은 1년에 한 권씩 작성하는 것이 원칙이었으나, 사건이 많을 때는 2권 또는 3권으로 나누어 작성하였다. 비변사가 설치된 1510년(중종 5)에서 1555년(명종 10)까지 45년 동안 임시 기구로 존재할 당시의 등록 작성 여부는 자세히 알 수 없다. 그러나 최소한 1555년(명종 10)에 국가 상설기구로 확정된 때부터는 등록이 작성되었을 것이다.

그런데 임진왜란 이후 이 책은 다른 기록과 함께 모두 소실되었기 때문에 왜란 후 1616년(광해군 8)까지, 즉 전후 합계 62년간의 등록이 남아 있지 않다. 다만 1617년(광해군 9)부터 1892년(고종 29)까지 276년간의 등록 273책만이 현재 남아 있다. 1865년(고종 2)에 비변사가 의정부에 흡수된 이후에는 의정부 안에 비변사와 같은 조직을 두고 기록을 계속하였다. 이 때문에 1862년(철종 13)부터 1892년까지의 기록은 이전의 『비변사등록』과 같은 체재로 작성되었다. 1865년(고종 2) 이후의 기록은 원본 표지에 '의정부상(議政府上)' 또는 '정부상(政府上)'이라 쓰여있다. 그래서 '의정부등록(議政府謄錄)'이라는 명칭이 적합하겠지만, 그 체재가 철종 이전의 것과 일치하기 때문에 이것도 『비변사등록』 속에 포함시킨다. 따라서 『비변사등록』은 1617년부터 1892년까지의 총 276년분이 남아 있어야 하지만, 중간에 없어진 부분이 많다. 276년 중 54년간의 등록이 없어졌다.

…… 또 아뢰기를 "하늘이 재주 있는 사람을 내는 데 어찌 남과 북에만 국한되겠습니까. 서로의 인사가 조가에서 한결같이 보는 혜택을 입지 못하는 것은 실로 크게 흠이 되는 일입니다. 명경 문과와 무방 출신은 그래도 벼슬 길에 나아갈 희망이 있으나, 음관의 경우에는 그 길이 끊어졌고 경명행수(경학에 밝고 행실이 뛰어난 자)로 천거된 자는 더 말할 것이 없으며, 재주를 지니고 글에 능한 무리들 역시 선뜻 벼슬에 나갈 뜻을 포기하니 이 어찌 애석한 일이 아니겠습니까. 더구나 우리나라가 나라답게 된 것은 단군과 기자로부터 시작되었으니 이치로 보아 높이 받들어야 합니다. 숭령전에는 참봉이 둘이요, 숭인전에는 전감이 하나인데, 전감은 선우씨가 세습하고 참봉은 본도 사람이 차함(실제로 근무하지 않고 벼슬의 명목만을 갖는 직함)하는 자급에 지나지 않아 원래 천전하는 규정이 없습니다."

2) 『비변사등록』 고종 3년 9월

我朝自擅箕以來, 上之所教導, 下之所服習, 皆先聖遺訓, 而未嘗與法國
有聲氣相通, 恩怨可論, 則今此尋釁動兵, 來侵於隔海屢萬里之外者, 非
徒兵出, 無名, 洵是漫天虐民.

우리나라는 단군과 기자 이래 위에서 가르쳐 인도하는 바와 아래에서 익히는 바가 모두 선성의 유훈으로서 일찍이 프랑스와는 성기가 통한 적도 없고, 논할 만한 은혜와 원한도 없다. 그런데 이번에 틈을 찾아 군사를 움직여 바다 건너 수만 리 떨어진 곳으로 침범해 온 것은 군사의 출동에 명분이 없을 뿐만 아니라 실로 하늘을 업신여기고 백성을 학대하는 일이다.

3) 『비변사등록』 고종 28년 7월

府啓曰, 副司果朴鍾善上疏批旨, 其在崇報之義, 宜有是論, 而事體愼重, 令廟堂稟處事命下矣, 按文獻備考, 我世宗大王十一年己酉, 始置東明王祠, 我英祖大王四十一年乙酉, 以東明王創國之年, 特令道臣行祭, 又按平壤志, 崇靈殿, 舊檀君·東明王祠, 崇禎後乙未監司李廷濟啓請賜額, 東明王墓乙巳啓請封修, 列聖朝崇報, 非不至矣, 惟其墓號之仍舊, 寔爲未遑, 既有箕子陵追封之例, 其在事體, 宜無異同, 曠禮攸係, 尤禳審裁, 下詢時·原任大臣·禮堂, 處之何如, 答曰, 不必詢問, 依草記施行.

의정부에서 아뢰기를, "부사과 박종선의 상소에 대해 내린 답에서 지시하기를 은덕을 보답하는 의의로 볼 때 이런 논의가 있는 것이 마땅하나 사체가 신중하므로 묘당에서 품처하게 하도록 명을 내리셨습니다. 『문헌비고』를 상고하여 보니, 세종대왕 11년 기유년에 처음으로 동명왕의 사당을 설치하였고, 영조대왕 41년 을유년에 동명왕이 나라를 창건한 해라고 하여 특별히 도신에게 제사를 지내도록 명하였습니다. 또 『평양지』를 상고하니, 숭령전과 옛 단군의 사당, 동명왕의 사당에 숭정 후 을미년에 감사 이정제가 계청하여 사액하였으며, 동명왕묘는 을사년에 계청하여 봉분을 보수하였습니다.

열성조께서 은덕을 보답하신 것이 이르지 않은 바가 없으나, 다만 묘호를 옛날 그대로 둔 것은 미처 겨를이 없었기 때문입니다. 이미 기자릉을 추봉한 전례가 있으니, 그 사체에 있어서 차이를 두어서는 안 됩니다. 드물게 시행하는 예이므로 더욱 자세히 살펴 처리해야 하니, 시·원임대신과 예조 당상에게 하문하여 처리하시는 것이 어떻겠습니까?" 하니, 답하기를 "굳이 하문할 것 없다. 초기에 의거하여 시행하라." 하였다.

8. 『일성록(日省錄)』

1) 『일성록』[6] 정조 3년 1월

經筵官 宋德相啓言. 檀君之與帝堯竝立. 肇創東方之德. 箕子之白馬東
來. 誕敷箕疇之化. 可與天地同其大. 而 列聖朝致祭之禮. 多在初元. 在
殿下繼述之道. 宜有修擧之典矣. 敎以. 遣承旨設祭.

경연관 송덕상이 아뢰기를, "단군이 중국의 요임금과 같은 시대에 왕이
되어 우리 동방에 처음으로 나라를 세운 덕과 기자가 백마를 타고 동방으로
와서 홍범구주를 크게 펼친 교화는 천지처럼 크다고 할 것입니다. 열성조에
서 대부분 즉위하신 초기에 제사를 지내는 예를 거행하였으니, 전하께서 그
뜻을 계승하는 도리에 있어 마땅히 전대의 전례를 거행해야 할 것입니다."

---

6 한국민족문화대백과 참조, 『일성록』
1760년(영조 36)부터 1910년까지 주로 국왕의 동정과 국정을 기록한 일기. 『일성록』은 1760년(영조
36) 1월부터 1910년(융희 4) 8월까지 151년간의 국정에 관한 제반 사항들이 기록되어 있는 일기로,
필사본이며, 총 2,329책이다. 세손 시절부터 자신의 언행과 학문을 기록한 정조의 『존현각일기』는
『논어』에서 증자가 말한, "나는 날마다 세 가지 기준을 가지고 스스로에 대해 반성한다."는 글귀를 좇
아 정조 자신이 반성하는 자료로 활용하기 위해 작성되었다. 이 책은 1783년(정조 7)부터 국왕의 개
인 일기에서 규장각 관원들이 시정(施政)에 관한 내용을 작성한 후에 왕의 재가를 받은 공식적인 국
정 일기로 전환되었다.
책의 구성은 「천문류」, 「제향류」, 「임어소견류」, 「반사은전류」, 「제배체해류」, 「소차류」, 「계사류」, 「초기
서계별단류」, 「장계류」, 「과시류」, 「형옥류」 등의 순서이다. 1973년 12월 31일에 국보 제153호로 지
정되었고, 서울대학교 규장각에서 관리하고 있다.

하여, 하교하기를, "승지를 보내 제사를 지내게 하겠다." 하였다.

2) 『일성록』 정조 3년 2월

疏略曰. 臣等謹按史記. 我東土僻在海隅. 地是夷服. 而檀君以後. 箕聖
以前. 貿貿然不免爲禽獸之域矣. 何幸天佑我東. 父師來莅. 用夏變夷.
八條之敎. 演繹乎九疇. 以貽我萬世.

상소의 대략에, "신들이 삼가 『사기』를 살펴보니 동쪽 땅의 우리나라는 바
다 끝에 치우쳐 있었고, 그 땅은 야만인이 사는 고장이었는데, 단군 이후 기
성 이전에는 사람들이 무지몽매하여 금수가 사는 지역을 면하지 못하였습
니다. 그러나 너무 다행스럽게도 하늘이 우리나라를 도운 덕분에 기성께서
군부와 스승의 자격으로 내림하여 중화의 문화로써 우리나라를 변화시켰으
니, 팔조목의 가르침을 홍범에서 연역해 내어 우리에게 만세토록 끼쳐주었
습니다."

3) 『일성록』 정조 3년 2월

政院啓言. 檀君 箕子廟致祭. 右副承旨當爲進參. 而身病猝重. 不得受
香. 何以爲之. 敎以. 許遞. 行副司直 吳載紹除授. 使之受香.

정원이 아뢰기를, "단군묘와 기자묘에 대한 제사를 지낼 때는 우부승지가
참석해야 하는데, 신병이 갑자기 위중하여 수향할 수 없으니, 어떻게 해야겠
습니까?" 하여, 하교하기를, "체직하고, 행 부사직 오재소를 제수하여 수향하
게 하라." 하였다.

4) 『일성록』 정조 5년 12월

教曰. 向於三聖祠崇寧殿致祭傳教. 欲爲幷及而未果. 檀君 箕子新羅高句麗百濟高麗始祖及諸王陵寢. 幷令各該留守 道臣親審後. 有無頉登聞. 而執頉處. 請下香祝. 待明春解凍後. 卜日修改. 修改後擧行形止. 亦爲狀聞. 時値隆冬. 距營門稍間處. 待春奉審事. 下諭于諸道監司及留守處.

하교하기를, "지난번 삼성사와 숭녕전에 제사를 지내라고 전교할 때 아울러 언급하려다가 하지 못했다. 단군, 기자, 신라, 고구려, 백제, 고려의 시조와 왕들의 능침을 모두 각 해당 유수와 도신으로 하여금 직접 살핀 뒤에 탈이 있는지 여부를 등문하게 하라. 그리고 탈이 잡힌 곳에 대해서는 향축을 내려 주도록 청하여 내년 봄 해동하기를 기다렸다가 날짜를 잡아 수개하고 수개한 뒤에 거행한 상황을 또한 장문하게 하라. 시기가 한겨울을 맞았으니 영문에서 조금 멀리 떨어진 곳은 봄이 되기를 기다려 봉심하라고 제도의 감사와 유수에게 하유하라." 하였다.

5) 『일성록』 정조 10년 8월

承旨 徐瀅修啓言. 檀君卽我東首出之聖. 而史稱編髮蓋首之制. 君臣上下之分. 飮食居處之禮. 皆自檀君創始. 則檀君之於東人. 實有沒世不忘之澤. 其所尊奉. 宜極崇備. 而臣待罪江東. 見縣西三里許. 有周圍四百十尺之墓. 故老相傳. 指爲檀君 墓. 至登於柳馨遠 輿地志. 則毋論其虛實眞僞. 豈容任其荒蕪. 恣入樵牧乎. 若以爲檀君入阿達山爲神. 不應有墓. 則旣有喬山之舃. 而又有崆峒之塚. 抑何也. 況檀君廟在於平壤. 而本郡秩之爲崇靈殿. 則此墓之尙闕祀典. 誠一欠事. 故敢此仰達矣. 教

日. 雖無徵信之跡. 邑中故老. 既有指點之處. 則或置卒守護. 或立石紀
實. 他道可據之例. 不一而足. 況此處. 事蹟昭載邑誌云. 然而不惟不立
石. 又無守護之人. 甚是欠事. 既聞之後. 不可無修治之擧. 年代久遠. 且
無十分可信文字. 雖不設祭. 宜禁樵牧. 以爾筵奏出擧條. 仍令該道伯.
來頭巡過時. 躬審形止. 以塚底附近民戶. 永定守護. 本邑倅春秋躬進審
察. 使之報營事. 定式施行.

승지 서형수가 아뢰기를, "단군은 곧 우리 동방에 맨 먼저 나온 성인이고,
역사에 편발과 개수의 제도, 군신 상하의 구분, 음식과 거처의 예가 모두 단
군 때에 창시되었다고 하니, 단군이 우리 동방 사람에게 실로 영원히 잊지
못할 은택을 끼친 것이므로 존중하고 받들기를 지극히 높고 완비되게 해야
할 것입니다. 신이 강동현을 맡고 있을 때 현의 서쪽 3리쯤에 둘레 410척의
묘가 있는 것을 보았는데, 나이 많은 노인들이 전하기를 단군묘라고 하고 유
형원의『여지지』에 실려 있기까지 하니, 그 진위를 논할 것 없이 어찌 황폐해
지도록 내버려 두어서 나무꾼과 목동들이 함부로 들어가게 할 수 있겠습니
까. 만약 단군이 아달산에 들어가 신이 되었으므로 묘가 있을 수 없다고 한
다면, 이미 교산의 신이 있고 또 공동의 무덤이 있는 것은 어떻게 설명하겠
습니까. 더구나 평양에 있는 단군묘를 본군에서 높여 숭령전으로 삼고 있는
데, 이 묘에 대해 아직까지 성대한 전례를 시행하지 않고 있는 것은 참으로
흠이 되는 한 가지 일이기에 감히 이렇게 아룁니다." 하였다.

이에 하교하기를, "비록 믿을 만한 자취가 없다 하더라도 이미 고을의 나
이 많은 노인들이 지목한 곳이 있으니, 병졸을 두어 수호하거나 비석을 세워
사실을 기록할 수 있을 것이다. 다른 도의 근거할 만한 사례가 한둘이 아니
고, 더구나 이곳은 사적이 읍지에 분명히 기록되어 있다고 한다. 그런데도
비석을 세우지 않았을 뿐만 아니라 수호하는 사람도 없으니 매우 잘못된 일

이다. 이미 들었으니 합당한 조처를 취하지 않을 수 없다. 연대가 오래되고 또 완전히 믿을 만한 기록이 없으므로 제사는 지내지 않는다 하더라도, 나무꾼이나 목동이 들어가는 것은 금지해야 할 것이다. 그대가 연석에서 아뢴 내용으로 거조를 내어 해도의 도백으로 하여금 앞으로 순찰할 때 직접 상황을 살펴 무덤 아래에 있는 부근의 민호를 영원히 수호로 정하고, 본읍의 수령이 봄가을로 직접 나아가 살펴서 감영에 보고하도록 하는 것을 정식으로 삼아 시행하게 하라." 하였다.

6) 『일성록』 정조 13년 5월

教曰昨冬思之有本祠建立事實及文跡令道伯廣問修啓矣冊子上來已久而修改及致祭一款未遑姑不下敎矣黃海道 三聖祠修改卽令擧行待畢修秋成後遣近臣致祭祭文當親撰修改時告由香祝令該曹先爲磨鍊下送向聞關西前伯筵奏以平壤之大處箕聖殿宇有此未備之儀式況本祠乎亦令道伯詳問祭品祭式於該邑仍卽狀聞.

하교하기를, "지난겨울에 생각해 보니 본사를 건립한 사실 및 문적이 있을 것 같아서 도백으로 하여금 널리 물어 계본을 작성하여 올리게 하였다. 책자가 올라온 지 오래되었으나 개수 및 제사 지내게 하는 일에 대해 겨를이 없어 아직 하교하지 못했다. 황해도 삼성사의 개수를 즉시 거행하게 하고 개수가 끝나기를 기다려 추수 후에 근신을 보내 제사 지내게 하라. 제문은 친히 지을 것이다. 개수할 때 고유제의 향축은 해당 관청으로 하여금 앞서 마련하여 내려보내게 하라. 지난번에 전 관서 관찰자였던 연주의 아뢴 말을 들으니 '평양같이 큰 지역에서도 기성의 전우에 이렇게 미비된 의식이 있습니다.' 하였으니 더구나 본사야 더 말할 것이 있겠는가. 또한 도백으로 하여금 제품과 제식을 해당 고을에 자세히 물어 즉시 문서로 보고하게 하라." 하였다.

7) 『일성록』 정조 13년 5월

禮曹啓言, 黃海監司李洪載狀啓, 以爲三聖祠節祭致祭時, 祭品祭式, 修成冊上送, 而移還安, 祭本縣, 旣無其例, 而謹按五禮儀禜祭條曰, 歷代始祖及州縣有廟處, 先告事由, 移還安祭同, 惟無玄酒尊云, 請令該曹, 稟旨分付矣, 請依此施行, 敎曰, 本祠體貌, 與崇仁殿一般, 而箕聖則, 東來君臨, 檀君則, 與堯竝立, 若稽首出肇造之跡, 崇奉之節, 尤合尊敬.

예조가 아뢰기를, "황해 감사 이홍재의 장계에, '삼성사에 계절 제사를 지낼 때의 제품과 제식에 대해 책자를 작성하여 올려보냅니다. 그런데 이안제와 환안제에 대해서 본현에는 원래 그러한 규례가 없어서 삼가 『국조오례의』의 영제조를 살펴보니, 「역대 시조 및 주현의 묘가 있는 곳에는 먼저 사유를 고하고 이안제와 환안제를 지내는 것은 같으나 다만 현주를 담은 동이가 없다.」 라고 하였습니다. 해당 관청으로 하여금 품의하여 분부하게 해 주소서.' 하였습니다. 이대로 시행하게 하는 것이 어떻겠습니까?" 하였다. 이에 하교하기를, "본사의 체모는 숭인전과 일반이나, 기자는 동쪽으로 와서 임금 노릇을 하였지만 단군은 요임금과 나란히 섰으니, 맨 먼저 나와서 나라를 처음 만드신 자취를 상고해 본다면 공경하여 받드는 의절에 있어서 더욱 공경해야 마땅하다."

8) 『일성록』 정조 13년 6월

該曹啓言, 因三聖祠祭品祭式, 定式事覆啓, 可關問者, 關問, 難決定者, 問議內閣, 及文任諸臣, 更爲指一回啓事, 有命矣, 關問該道則, 黃海監司 李洪載回關, 以爲舊圖之十籩豆, 新圖之十二籩豆, 不知變改於何年, 祭服破毀, 權着黑團領, 亦不知爲幾年, 辛丑, 道臣致祭時, 有摺笏執笏之語, 而初無執之摺之之事, 此等沿革, 皆無可據, 籩之芥子等四品, 豆之醯, 與醬二品, 換用之文蹟, 絶無, 節享時獻官則, 例以地方官差定, 典祀兼大祝, 與都預, 差 僉使 萬戶 別將中差定, 而地方官, 若値空官, 兼官爲獻官, 地方官若在官有故則, 典祀兼大祝, 陞獻官都預, 差陞爲典祀兼大祝, 而元無鄕任替行之事, 至於諸執事, 以生進幼學中差定, 牲用二品, 笏記第一二位, 直書無別稱事, 文跡無徵, 亦難臆對, 守祠則, 有都監監官, 僕隷則, 有祠直山直等名色, 而亦無以考據, 至於節享時, 典祀兼大祝, 不以郵官塡差者, 非但流來前例, 使行絡繹三驛, 容該分差, 無暇之致云矣, 問于大臣內閣, 及文任諸臣則, 左議政 李性源, □□□□祠儀節未詳, 及今釐正, 有不□□□□位, 祝文笏記之直書二字, 姓諱與五□□□□□□改書, 其勢末由, 取見本道陳設圖二本, 舊本則, 與五禮儀歷代始祖祭, 陳設圖同, 新本則, 似是目下行用之例, 而未知昉於何時, 似當一遵五禮儀, 釐正, 全於典祀守祠之官, 監護僕隷等屬, 亦宜如崇仁殿例云, 右議政 蔡濟恭, 以爲廟社籩豆數, 皆十二, 而歷代帝王之廟, 用十減二, 意本有在本祠今式之變舊式, 用以廟社十二之制者, 不知創於何人, 而以舊圖, 照視於開元禮則, 醴齊盎齊, 開元所有, 而圖則, 無之, 瓹大羹, 開元所無, 而圖則有之, 雖不可謂泂然無錯, 然五禮儀倣開元禮, 而爲之, 實國朝遵行之式則, 何不用舊圖之依五禮儀者, 而反用新圖之節節無稽者乎, 但五禮儀則, 鈃和羹, 爲三器, 而本祠牲, 止於二則, 舊圖鉶羹之隨爲二器, 固應然也, 祝式之直書無別稱, 雖屬可訝, 檀君之時, 風氣未闢, 人文, 何論桓因 檀雄之爲號, 爲名, 今不可强度, 而設令非號, 周公之詩, 或曰亶父, 或曰王季, 金縢之祝, 稱三王曰, 爾, 以此推之, 直書恐無不可, 況位版, 旣以此書之非, 此則, 無可以別稱者乎, 古禮則, 非祭服不行, 況本祠笏記, 旣有搢笏執笏之句則, 以年久毁破, 莫之改備, 直用黑團領, 占便行事, 有華盛服之義, 飭令巡營與本縣, 如禮措備做, 又改爲籩豆六品之換用, 應用新圖所創, 今若依舊復設則, 不期革而自革, 然若係土無而難得者則, 類充亦似不害, 獻官之或以邊將替代, 以事則草率也, 以面則苟簡也, 別立定式, 獻官必以本縣令, 典祀 大祝必以郵官, 而縣令郵官, 皆有故, 勿論遠近, 以道內守令差代, 毋或弛張, 至於守祠之人, 旣有都監與監官稱號, 而皆自本縣儒生中差定則, 但使另擇而已, 若以特地崇奉之故, 創例如崇仁殿之例則, 必啓鄉邑爭端, 此非聖問所及, 而以先事之慮, 不避覼縷, 祠直五名, 山直一名, 幷勿侵役, 俾得盡心, 於守護之節, 恐不可已, 奎章閣提學 金鍾秀, 以爲籩豆之不必增十爲十二, 牲不增二爲三, 而鉶當減三爲二, 圖式之舍新取舊, 行祀之當用祭服, 獻官 大祝之新定式守祠, 各人之仍舊貫, 大臣之議備矣, 無容別見, 而稱號一款, 位版所題, 旣是創立時事則, 名與號之分, 及天王二字, 雖不可考, 祝式及儀註, 一依位版, 而添書恐合事宜, 位版之直書, 雖似太質欠敬, 而鴻荒之世, 以朴爲貴, 後世繁縟之禮, 不必追加賁飾, 況我東文獻, 本自鹵莽之中, 太古之事, 尤屬泝究無階者乎, 至於崇仁殿之例, 恐不必比論, 蓋箕子東來, 用夏變夷, 我東之人, 受恩罔極, 崇奉之節, 雖俾擬孔聖議者, 猶或以爲不過則, 似不當與歷代始祖廟比例云, 檢校提學 吳載純, 以爲祭品舊式及祭服, 將事釐正得宜, 無容更議, 至於其第一二位, 祝文之無君王等稱號, 只書二字, 恐爲太質, 當依位版添書, 而但天王之號, 自有出處則, 位版, 雖是創立時

所題, 旣無憑據, 遽然添書, 亦涉如何云, 檢校直提學 徐有防, 以爲平壤
崇靈殿, 乃檀君東明幷侑之所, 祭品祭式, 守祠置官之節, 旣有已例則,
均是檀君之享, 而若是斑駁, 有未可曉遵, 此釐正似合事宜至, 於祝文及
儀註中, 直書一款事, 係鴻荒, 考證靡據, 第名字云云, 雜出東史, 流傳
已久則, 仍因沿襲, 亦涉如何, 若以第一位第二位第三位稱之, 抑或一道
云, 直提學 金憙, 以爲三聖祠, 祭品祭服之所當釐正, 而復舊, 旣有大臣
及諸臣之議, 臣豈有異見, 而但祝式, 與崇仁殿之例, 諸議不一, 而位版
所題, 毋論名與號, 旣在創設時, 今不可改則, 祝式所稱, 揆以禮意, 不宜
與位版, 有所異同, 若稱以第一第二第三位則, 雖似致敬, 實則違禮, 至
於崇仁例, 三聖之於箕聖, 不無間焉, 崇奉之節, 亦豈可若是班乎, 直閣
李晩秀 待敎 金祖淳, 以爲三聖事蹟, 文獻無徵, 沿襲已久, 稱號之欠敬,
品式之未備, 在宜釐正, 而昧於典禮, 不敢臆對云, 弘文提學 徐有隣, 以
爲歷代始祖檀君, 首出祀典祝式, 初無異同, 今此三聖祠, 不曰殿廟, 而
獨稱以祠享儀, 守直之節, 多不如式者, 抑或有所以然者, 謹按東史曰,
檀君降于太白山, 都王儉城, 後入阿斯達山, 爲神, 太白山, 卽寧邊府 妙
香山, 王儉城, 卽平壤府, 阿斯達山, 卽文化縣 九月山也, 平壤府特置
崇靈殿, 以享檀君, 蓋平壤, 卽所都之地, 距寧邊不遠故也, 以此觀之, 文
化之祠, 卽倣桂林虞帝之廟, 仍又竝享, 其先世兩代則, 揆以事面, 比諸
崇靈殿之專享歷代始祖, 煞有間焉, 享儀守直之節, 不及崇靈殿, 恐不是
異事, 而今因修改之役, 享儀之不如式者, 允宜釐改, 祭品祭式, 一遵五
禮儀施行, 其中祭品之土産, 代用禮經所許, 不必爲拘, 獻官 大祝則, 以
守令察訪, 照例塡差, 著爲令式, 至於位版之直書, 或者如古昔帝王, 因
名爲號之稱則, 禮有以質爲貴者, 追改, 殊涉重大, 守直監任, 旣與崇靈
殿有間則, 仍舊擇差, 亦合事宜云矣, 今此大臣閣臣, 多以仍舊圖式, 爲
言, 新式, 增減出一人之臆見, 實多乖舛, 莫重典禮, 惟意改式, 無論營

邑, 所當論罪, 而年代不可考, 雖不可查發, 克復舊典, 在所不已, 至於祝文之書諱書號, 雖不可知, 果是諱字則, 非但太古淳質之風, 有非後世繁縟之儀, 且行之久遠, 神道已安, 雖欲避諱書號, 有難義起, 享事之有祭服, 自是齋明盛服之意則, 敞又改爲, 所費幾許, 而因循抛置, 自以已意, 代着團領, 於此一節, 可見外方祀典之儀, 不及物, 誠爲可憫, 其外享官差定, 及守直等節, 諸臣之議, 皆有論列, 以臣膚見, 不敢擅陳, 伏惟上裁, 敎曰, 淳風逖矣, 文勝日甚, 何必勤諮於節目間繁縟之儀, 而本祠體貌自別, 祭不合式, 實有如不祭之歎, 向者, 措辭判下, 諒由於是, 籩豆品數之昔無今有, 無朝令之頒示則, 斯速復舊制, 土産換用, 亦許泛便, 牲牢事, 文蹟雖無徵, 禮義則有據, 祝式與笏記事, 若號若名, 難以卞知, 此兩段, 竝仍舊無妨, 祭服之權着團領事, 近擅便飭令該道新備, 敞又改爲之意, 嚴飭分付, 獻官 典祀等, 原差代差事, 祠與山直, 勿侵役事, 依右議政議施行.

해조가 아뢰기를, "삼성사의 제품과 제식을 정식하는 일에 대해 복계한 것으로 인하여, 관문으로 물을 수 있는 것은 관문으로 묻고 결정하기 어려운 것은 내각 및 문임들에게 문의한 뒤에 다시 하나로 귀결 지어 회계하라고 명하셨습니다. 해도에 관문을 보내어 물었더니, 황해 감사 이홍재가 회답한 관문에, '옛 도식에 변두가 열 가지였던 것이 신 도식에 열두 가지가 된 것은 어느 해에 고친 것인지 알 수 없으며, 제복이 다 떨어져서 임시방편으로 흑단령을 입은 것도 몇 년이 되었는지 알 수 없습니다. 신축년에 도신이 제사를 지낼 때 「홀을 꽂는다」, 「홀을 잡는다」는 말이 있으나 애당초 홀을 잡거나 홀을 꽂은 일이 없었으니, 이렇게 변천된 데에는 모두 근거할 만한 것이 없습니다. 변에는 개자 등 네 가지로, 두에는 초와 장 두 가지로써 의당 써야 하는 제품과 바꾸어 쓴다고 하는 예문은 전혀 없습니다. 절향 때의 헌관은 으레 지방관으로 차정하고 전사 겸 대축과 도예차는 첨사, 만호, 별장 중에서 차정합니다. 지방관이 공석일 경우에는 겸관이 헌관이 되고, 지방관이 있으나 유고할 경우에는 전사 겸 대축이 헌관으로 오르고 도예차가 전사 겸 대축으로 오르니, 원래 향임이 대행한 적이 없습니다. 집사들은 생원, 진사, 유학 중에서 차정합니다. 두 가지 희생을 쓰는 것과 홀기에 첫째 신위와 둘째 신위를 곧장 환인, 환웅이라고 쓰고 별칭이 없는 것에 대해서는 증빙할 만한 문적이 없으므로 또한 억측으로 대답하기 어렵습니다. 사당을 지키는 인원으로는 도감과 감관이 있고 복례로는 사당지기와 산지기 등의 명색이 있는데 또한 근거할 데가 없습니다. 그리고 절향 때 전사 겸 대축을 우관으로 채워 차임하지 않는 것은 내려오는 전례일 뿐만이 아니라 사신의 행차가 끊이지 않고 계속되므로 세 역의 찰방을 여기저기 나누어 차임할 겨를이 없기 때문입니다.' 하였습니다.

대신, 내각 및 문임들에게 물었더니, 좌의정 이성원은 '삼성사의 의절이 너무 소루하니 지금 바로잡지 않아서는 안 됩니다. 첫째 신위와 둘째 신위는 축문과 홀기에 곧장 두 글자를 쓰고 있는데 성휘와 칭호를 모두 상고할 수 없으니, 비록 고쳐 쓰고자 하더라도 어떻게 해볼 방도가 없습니다. 그리고 본도의 진설도 두 본을 가져다 보았더니, 구본은 『국조오례의』의 역대시조제 진설도와 똑같고, 신본은 현재 두루 쓰고 있는 예인 듯한데 어느 때에 시작되었는지는 모르겠습니다. 한결같이 『국조오례의』를 준행하여 바로잡아야 할 듯합니다. 그리고 제사를 주관하고 사당을 지키는 관원과 감호하는 복례 등속은 또한 숭인전의 예와 같이해야 할 듯합니다.' 하였습니다.

우의정 채제공은 '종묘와 사직의 변과 두는 그 수가 모두 열둘인데 역대 제왕들의 사당에는 열 기만 쓰고 둘을 감한 데에는 본래 뜻이 있습니다. 본 사당의 지금 도식은 옛 도식을 변경하여 열두 기를 쓰는 종묘와 사직의 제도를 쓰는 것은 누구에게서 비롯한 것인지 모르겠습니다. 옛 도식을 『개원례』

에 대조해보면 예제와 앙제는『개원례』에는 있는 것이지만 도식에는 없으며 등에 담는 대갱은『개원례』에는 없는 것이지만 도식에는 있습니다. 비록 전연 착오가 없다고 말할 수는 없지만『국조오례의』는『개원례』를 모방하여 만들었으니 실로 국조가 준행하는 도식인데, 어찌『국조오례의』에 의거한 구 도식을 쓰지 않고 도리어 어느 하나 상고할 데가 없는 신 도식을 쓰는 것입니까. 다만『국조오례의』에는 형에 담는 화갱이 세 기인데 본 사당의 희생은 둘에 그치니 구 도식의 형에 담는 화갱이 그에 따라 두 기가 됨은 진실로 그리되어야 할 것입니다. 축문의 서식에 곧장 환인, 환웅이라고 쓰고 별칭이 없는 것이 비록 의아스럽기는 하지만, 단군 시대에는 풍속이 미개하였으니 문명을 어찌 논하겠습니까. 환인, 환웅이 호인지 이름인지를 지금 억지로 헤아릴 수는 없지만 설령 호가 아니더라도 주공의 시에 혹은 단보라고 하고 혹은 왕계라 하였고 금등의 축문에는 삼왕을 그대라고 칭하였습니다. 이로써 미루어 보건대, 곧장 환인, 환웅이라고 쓴 것도 불가할 것은 없을 듯합니다. 더구나 위판에 이미 이렇게 쓰여 있는 이상 이것이 아니고서는 달리 호칭할 방법이 없습니다. 고례에는 제복이 아니면 제사를 설행하지 않는데, 더구나 본 사당의 홀기에 이미 「홀을 꽂는다」, 「홀을 잡는다」는 구절이 있으니, 만든 지 오래되어 다 떨어졌다고 해서 개비하지 않고 곧장 흑단령을 착용하여 편리한 대로 일을 치르는 것은 의복을 성대히 하여 제사를 받드는 뜻에 어긋남이 있습니다. 순영과 본현을 신칙하여 예대로 마련하게 하되 해지면 또다시 만들도록 해야 합니다. 변과 두에 차리는 여섯 기에 의당 써야 하는 것을 바꾸어 쓰는 것은 신 도식에서 시작된 것이니 지금 옛 도식대로 다시 진설한다면 군이 바꾸려고 하지 않아도 절로 바뀌게 될 것입니다. 다만 그 지역에서 나지 않아 얻기 어려운 것일 경우에는 비슷한 종류로 채워도 해될 것은 없을 듯합니다. 헌관을 혹 변장으로 대체하는 것은 사체로 볼 때에 엉성하고 구차하니, 별도로 정식을 세워서 헌관은 반드시 본 고을의 현령으로 차정하고 전사 겸 대축은 반드시 우관으로 차정해야 합니다. 현령과 우관이 모두 유고 시에는 원근을 막론하고 도내의 수령으로 대신 차정함으로써 조금이라도 느슨하게 해서는 안 될 것입니다. 그리고 사당을 지키는 사람으로는 이미 도감, 감관의 호칭이 있고 모두 본 고을의 유생 중에서 차정하고 있으니 다만 각별히 가려 뽑게 하면 될 것입니다. 만일 특별히 숭봉하려는 연유로 숭인전과 같은 예를 만들어 내게 되면 반드시 향읍에 다툴 단서를 제공할 것입니다. 이는 성상께서 물으신 것은 아니지만 일에 앞서 염려되어 곡진히 말씀드리는 것입니다. 사당지기 5명과 산지기 1명은 모두 역을 지우지 말아 수호에 마음을 다할 수 있도록 하는 것이 마땅할 듯합니다.' 하였습니다.

규장각 제학 김종수는 '변과 두는 굳이 열 기인 것을 열둘로 늘릴 것이 없고 희생은 두 기인 것을 셋으로 늘릴 것이 없지만 형은 셋을 둘로 줄여야 합니다. 도식은 새것을 버리고 옛것을 취하며, 제사를 지낼 때는 제복을 착용해야 하고, 헌관과 대축은 새로 정식해야 하며, 사당을 지키는 각 사람들은 옛날 방식을 그대로 따르는 것 등은 대신의 의논이 갖추어져 있으니 다른 견해가 있을 수 없습니다. 그런데 칭호 한 가지 문제는 위판에 적힌 것이 이미 창립할 때의 일이니 이름인지 호인지 분간하는 것과 천왕 두 글자를 붙이는 것은 비록 상고할 수는 없지만 축식과 의주에는 한결같이 위판에 따라 보태 쓰는 것이 사의에 함당할 듯합니다. 위판에 곧장 환인과 환웅이라고 쓴 것이 비록 너무 질박하여 공경이 부족한 듯하지만 태고 시대에는 질박함을 귀하게 여겼으니, 후세의 번잡한 예를 굳이 더 보태서 꾸밀 필요는 없습니다. 더구나 우리나라의 문헌은 본래 소루한 데다 태고 시절의 일은 더더욱 상고해보려고 해도 게제가 없으니 말할 것이 있겠습니까. 숭인전의 예를 준용하는 문제는 굳이 견주어 논할 것이 없을 듯합니다. 기자가 우리나라로 와서 중국의 풍습으로써 오랑캐 풍습을 변화시켜 우리나라 사람이 받은 은혜가 다함이 없으니 숭봉하는 절차는 비록 공성에 비겨서 한다고 하더라도 의논하는 자들은 오히려 지나치지 않을 것이라고 여길 것이므로 역대 시조묘의 예에 견주어서는 안 될 듯합니다.' 하였습니다.

검교제학 오재순은 '제품은 구 도식을 따르고 제복을 갖추어 제사를 받드는 것은 적의하게 바로잡은 것인 만큼 다시 의논할 것이 없습니다. 첫째 신위와 둘째 신위에 대해 축문에 군왕 등의 칭호가 없이 두 글자만 쓰는 것은 너무 질박한 듯하니 위판에 따라 보태 써야 마땅합니다만, 천왕이라는 호칭은 본래 출처가 있고 보면 위판이 아무리 창립할 때 쓴 것이라도 이미 근거할 데가 없으니 갑자기 보태 쓰는 것은 또한 문제가 있습니다.' 하였습니다.

검교직제학 서유방은 '평양의 숭령전은 바로 단군과 동명을 함께 제사하는 곳으로 제품과 제식, 사당을 지키고 관원을 두는 일에 이미 전례가 있는데, 똑같이 단군을 제향하는 곳으로 이와 같이 차이가 있는 것은 이해할 수 없습니다. 이를 준용하여 바로잡는 것이 사의에 합당할 듯합니다. 축문과 의주에 곧장 환인, 환웅이라고 쓴 한 가지 일은 태고 시대의 일로 고증할 근거가 없고 다만 이름으로 운운한 것은 우리나라 사서 여기저기에 나오는 것으로 전해 내려온 것이 이미 오래인데, 그대로 습용하는 것도 문제가 있습니다. 제일위, 제이위, 제삼위로 칭하는 것도 혹 한 가지 방도일 것입니다.' 하였습니다.

직제학 김희는 '삼성사의 제품과 제복에 대해 바로잡아 옛 도식을 복구해야 한다고 이미 대신과 제신이 의논하였으니 신이 어찌 다른 견해가 있겠습니까. 다만 축식과 숭인전의 예에 대해서는 여러 의논이 통일되지 않았는데, 위판에 쓴 것은 그것이 이름이건 호이건 간에 이미 창설할 때에 있었던 것으로 지금 고칠 수 없으니 축식에서 칭하는 것은 예의로 헤아려 볼 때에 위판과 차이가 있어서는 안 될 것입니다. 만일 제일위, 제이위, 제삼위라고 칭한다면 비록 공경을 다하는 듯하지만 실은 예의에 어긋납니다. 그리고 숭인전의 예는 삼성과 기성이 차이가 없지 않은데 숭봉하는 절차가 또한 어찌 이와 같이 같아서야 되겠습니까.' 하였습니다.

직각 이만수, 대교 김조순은 '삼성의 사적과 문헌은 징험할 데가 없고 전래대로 습용한 지도 이미 오래입니다. 칭호에 있어 공경이 부족하고 제품 도식이 갖추어지지 않은 것은 바로잡아야 할 일이지만, 전례에 어두워 감히 억측하여 대답하지 못하겠습니다.' 하였습니다.

홍문관 제학 서유린은 '역대 시조는 단군이 가장 먼저 나왔는데 사전과 축식에 있어 애당초 차이가 없습니다. 그런데 이 삼성사를 전이나 묘라고 하지 않고 유독 사라고 칭하며 제향 의식과 수직의 절차가 규식과 같지 않은 것이 많은 것은 또한 그 까닭이 있습니다. 삼가 우리나라의 사서를 살펴보니, 단군이 태백산에 내려와 왕검성에 도읍하였다가 이후 아사달산으로 들어가 신이 되었습니다. 태백산은 바로 영변부의 묘향산이고 왕검성은 바로 평양부이고 아사달산은 바로 문화현의 구월산입니다. 평양부에 특별히 숭령전을 설치하여 단군을 제향하는 것은 평양이 바로 도읍을 정한 땅이고 영변과 거리가 멀지 않기 때문입니다. 이로써 보건대, 문화현의 삼성사는 바로 계림의 우제의 묘를 모방한 것이며, 이어 또 단군의 선세 2대를 아울러 제향하는 것이니, 사체로 헤아려 볼 때 숭령전이 오로지 역대의 시조를 제향하는 것과 비교하여 크게 차이가 있습니다. 그러니 제향 의식과 수직 등의 절차가 숭령전에 미치지 못하는 것은 이상한 일이 아닐 것입니다만, 이번에 수개하는 김에 제향 의식이 규식과 같지 않은 것은 참으로 바로잡아야 합니다. 제품과 제식은 한결같이『국조오례의』를 준행하여 시행하되, 그중에 제품을 토산으로 대신 쓰는 것은 예경에서 허여하는 바이니 굳이 구애될 것은 없습니다. 헌관과 대축은 수령과 찰방으로 규례를 살펴 채워 차임하는 것을 규식으로 삼아야 합니다. 그리고 위판에 곧장 환인, 환웅이라고 쓴 것은 아마 옛적에 제왕의 이름을 그대로 호로 삼은 것과 같은데 예에는 질박한 것을 귀중히 여기니 나중에 고치는 것은 자못 중대한 문제입니다. 수직을 감독하는 임무는 숭령전과 차이가 있는 이상 예전대로 가려 뽑아서 차임하는 것이 또한 사의에 합당할 듯합니다.' 하였습니다.

지금 대신과 각신은 대부분 구 도식을 그대로 따르자는 것으로 말하였는데, 신 도식에 증감한 것은 한 사람의 억견에서 나온 것으로 실로 어긋남이 많습니다. 막중한 전례를 임의대로 규식을 고치는 것은 영과 읍을 막론하고 논죄해야 마땅하지만, 연대를 상고할 수 없어 비록 조사하여 밝힐 수는 없더라도 옛 전례를 복구하는 것은 그만두어서는 안 됩니다. 그리고 축문에 휘자를 쓴 것인지 호를 쓴 것인지에 대해서는 비록 알 길이 없지만 과연 휘자를 쓴 것이라면 태곳적의 순박한 풍습일 뿐만 아니라 후세의 번다한 의절은 아닙니다. 게다가 이렇게 행한 지 오래되어 신도가 이미 편안해졌을 것이니 비록 휘자를 피하고 호를 쓰고자 한다 하더라도 예의 취지에 맞다고 보기 어렵습니다. 향사에 제복이 있는 것은 본래 재계하고 정결히 하여 의복을 성대히 하는 뜻이니 해지면 또한 다시 지어야 합니다. 그런데 비용이 얼마쯤 든다고 해서 고식적으로 팽개치고 스스로 자기 의견대로 흑단령을 대신 착용하였으니, 이 한 가지 일에서 지방의 사전이 의식이 제품에 미치지 못함을 볼 수 있으니 진실로 개탄스럽습니다. 그 밖에 향관을 차정하는 것과 수직 등의 일은 제신의 의논에 이미 논열한 것이 있으니, 신의 일천한 견해로 감히 함부로 진달하지 못하겠습니다. 삼가 상께서 재결하소서."

하여, 하교하기를, "순박한 풍속은 멀어지고 겉치레의 형식만 날로 심해 가는 이때에 군이 절목에 관계된 번잡한 의식에 대해서 수고롭게 물어볼 것이 있겠는가마는, 본 사당의 체모가 각별하니 제사가 규식에 맞지 않으면 실로 제사 지내지 않은 것과 같다는 탄식이 있을 것이다. 지난번에 말을 만들어 판하한 것도 실로 이런 마음에서 연유한 것이었다. 변과 두의 가짓수 중에 전에 없던 것이 지금 있는 것에 대해서는 반포한 조령이 없었으니 속히 옛 제도를 복구하도록 하고, 토산으로 바꾸어 쓰는 것도 편의에 따르도록 허락한다. 희생에 관한 일은 증거할 만한 문적은 없으나 예의 취지로 볼 때는 근거할 바가 있고 축식과 홀기의 일은 쓴 것이 호인지 이름인지 분간해 알기 어려우니, 이 두 가지 일은 모두 예전대로 하는 것이 무방하다. 제복 대신 임시방편으로 흑단령을 입는 것은 마음대로 결정한 데 가까우니 해도에 신칙해서 새로 제복을 마련하고 해지면 다시 만들게 하라고 엄히 신칙하여 분부하라. 헌관과 전사 등의 원차와 대차의 일, 사당지기와 산지기에게 역을 지우지 않는 일은 우의정이 의논한 대로 시행하라." 하였다.

9) 『일성록』 정조 13년 11월

考下抄啓文臣課試試券 以擬檀君群臣賀遣扶婁赴塗山始通中國之會爲
箋題 檢閱 金祖淳 副司正 尹寅基 宗簿正 尹永僖 三下同等命比較 御題
詩在灞橋雪中驢背上 七言古詩 宗簿正 尹永僖 二中居首.

초계 문신 과시의 시권을 심사하여 내렸다. '단군의 신하들이, 부루를 보내어 도산에 달려가 비로소 중국의 회합에 통하게 한 것을 하례하는 것으로 의작하라.'로 문제를 냈는데, 검열 김조순, 부사정 윤인기, 종부시정 윤영희가 삼하로 등급이 똑같았으므로 비교할 것을 명히 었다. 어제는 글제는 '시상은 눈 내리는 파교에서 나귀를 타고 갈 때에 떠오른다.'이고, 형식은 칠언고시였는데, 종부시정 윤영희가 이중으로 거수하였다.

10) 『일성록』 정조 16년 8월

敎曰, 今之南壇, 卽昔日郊祀之圓壇也, 禮, 士庶不得祭五祀, 大夫不得祭社稷, 諸侯不得祭天地, 惟杞宋魯, 以諸侯而祭之者, 或因大國之後, 或酬元聖之功也, 我東建邦, 創自壇君, 而史稱自天而降, 壘石行祭天之 禮則, 後皆因之者, 以其不受大國之分茅, 而不至於太僭逼也, 至于我 朝, 嚴於別嫌明微之義, 以圜壇之禮, 或涉於小國之不敢以祭, 光廟以 後, 圜壇之號, 改曰南壇, 蓋用郡國州縣, 各祭風師雨師之制也, 主壇曰 風雲雷雨, 而位居中面以南, 祝稱朝鮮國王臣姓諱, 遣正一品官, 爲初 獻, 樂則用六成, 特於祀, 令列于中祀, 時日, 涓以兩仲配, 以山川城隍 之版, 於左右竝面南, 於是乎專享爲合享, 而以示不敢祭之微意, 若乃致 敬致潔之誠, 豈或以圜壇 南壇之殊稱異制, 而有所間然也哉, 文獻脫遺, 有司多襲謬例, 近來見行之式, 及不如農蠶釋菜, 甚至獻官爵品, 古之正 一品, 今爲從二品, 古之三色大羹和羹, 今爲羔豕二色, 與五禮儀所載, 若是差舛, 旣知之, 不可不亟修原儀, 事係典禮, 問議大臣以聞, 外此節 目間疏漏處, 令禮曹 太常釐正.

전교하기를, "지금의 남단은 바로 지난날 교사를 지내던 원구단이다. 『예 기』에, 선비들은 오사를 지내지 못했고, 대부는 사직에 제사 지내지 못하고, 제후는 천지에 제사 지내지 못한다고 되어 있다. 그런데도 기나라, 송나라, 노나라만이 제후로서 천지에 제사 지낸 것은 대국의 후손이기 때문이거나 원성의 공에 보답하기 위해서였다. 우리 동방이 나라를 세운 것은 단군으로 부터 시작되었다. 역사에 하늘에서 내려와 돌로 제단을 쌓은 뒤 하늘에 제 사 지내는 예를 행했다고 했는데, 후세에 모두 이를 그대로 따른 것은 대국 에서 나누어 주는 땅을 받지 않았으니 대단히 참람하거나 그 군주를 핍박하 는 것에 해당되지는 않았기 때문이었다. 조선은 혐의를 분별하고 미세한 뜻 을 밝히는 의리가 엄하여, 원구단에서 하늘에 제사 지내는 예가 '소국은 감 히 하늘에 제사 지낼 수 없다.'라는 예에 관계될 수도 있다고 여겼다. 그래서 세조 이후로 원구단의 명칭을 '남단'이라 고치게 되었으니 대개 군국과 주현에서 각기 풍사와 우사에게 제사 지내는 제도를 쓴 것이었다. 주단을 '풍운뇌우단'이라 하는데, 신위는 중간에 있으면서 남쪽을 향하게 하고 축문에는 '조선국왕신성휘'라 일컬으며 정1품 관원을 보내 초헌으로 삼고 음악은 육성을 쓰도록 하였다. 그리고 특별히 사령에서 중사의 등급에 두고 시일은 양중월에서 선택하며 산천과 성황의 위판을 좌우에 배향하되 모두 남쪽을 향하게 하였다. 이에 전향하던 것을 합향으로 하여 소국으로서 감히 하늘에 제사 지내지 못하는 은미한 뜻을 보였던 것이다. 그러나 어찌 원구단과 남단이 명칭과 제도가 다르다고 해서 조심하고 정결히 하는 정성에 차이를 두었겠는가. 문헌이 없어진 탓에 유사가 대부분 잘못된 규례를 답습하여 근래에 행해지는 법식은 도리어 선농단이나 선잠단과 석채보다도 못한 형편이다. 심지어 헌관의 작품은 옛날에는 정1품이었던 것이 지금은 종2품이 되었고 탕국의 그릇 수는 옛날에는 대갱과 화갱 3종류였던 것이 지금은 염소와 돼지 2종류로 되었으니, 『국조오례의』에 실려 있는 내용과 이렇게 어긋난다. 이미 안 이상 빨리 원래의 의식대로 정비하지 않을 수 없는데, 일이 전례에 관계되니 대신에게 문의한 뒤 보고하도록 하라. 이 밖의 절목 가운데 소홀히 하거나 누락된 곳은 예조와 태상시로 하여금 바로잡게 하라." 하였다.

11) 『일성록』 정조 23년 12월

箚略曰, 洪惟我東方有國, 粤自邃古, 檀氏之起, 竝於陶唐, 箕聖之封, 肇自周武, 衣冠悉遵華制, 文字不用番梵, 或稱小中華, 或稱君子之國, 而第自王氏之世, 壤接鞨鞨, 婣連蒙元, 故禮敎不興, 倫紀不明, 檀箕之遺風, 漠然不可見矣, 何幸, 天開鴻荒, 運屆熙明, 我太祖大王, 以聖神之資, 當千一之運, 創業垂統, 立經陳紀斥.

차자의 대략에, "삼가 생각건대 우리 동방은 태고 적부터 나라가 있었으니, 단군이 왕조를 일으킨 것은 당요와 나란한 시대이고 기자가 봉해진 것은 주나라 무왕 때였습니다. 의관은 모두 중국의 제도를 따르고, 문자는 오랑캐 문자를 사용하지 않았기에 소중화라고 일컬어지기도 하고 군자의 나라라고 일컬어지기도 하였습니다. 다만 고려시대부터 말갈과 국경을 접하고 원나라와 혼인을 하였으므로 예교가 일어나지 않고 윤기가 밝아지지 않아 단군과 기자의 유풍을 아득하게 볼 수 없게 되었습니다. 매우 다행스럽게도 하늘이 크게 열리고 운수가 밝아지매 우리 태조대왕이 거룩하고 신령한 자질로 천재일우의 기회를 맞아 왕업을 일으키고 통서를 드리우며 경법을 세우고 기강을 폈습니다."

9. 『동국통감(東國通鑑)』

1) 『동국통감』[7] 「진동국통감전(進東國通鑑箋)」

念我朝鮮有國, 古稱文獻之邦, 檀君並立於唐堯,民自淳 而俗自朴. 箕子
受封於周武 過者化 而存者神 然古籍之無徵. 豈空言之可載. 迨四郡瓜分
之後 及二府幅裂之餘, 諸韓蜂起而寖衰, 三國鼎峙而割據.

내 생각으로 조선은 오래전부터 문헌에 있던 나라로, 단군은 당요와 동시
기에 왕위에 등극했고, 백성들은 순박하며 성질이 온순하였습니다. 기자는
주나라 무왕에게 봉해졌다고 하는데, 과거는 변화하였고 잔존한 것은 신비

---

7 두산백과 참조,『동국통감』

56권 28책으로 이루어진 활자본(活字本)이다. 1485년(성종 16)에 서거정(徐居正) 등이 왕명을 받아
편찬하였다. 이 책의 편찬은 원래 세조 때부터 시작되었다. 세조는 우리나라의 기존 사서(史書)가 탈
락이 많아 자세하지 못할 뿐 아니라 국사의 체계가 서 있지 못하고, 편년체(編年體) 통사(通史)가 없
기 때분에 상고 이래의 통사를 체계적으로 정리할 목적으로 중국의『자치통감(資治通鑑)』에 준하는
사서를 만들고자 하였다. 따라서 1458년(세조 4)에 세조의 명으로 편찬 사업이 시작되었으나 1467년
(세조 13) 5월 이시애(李施愛)의 난으로 일시 중지되었다가, 이듬해 9월 세조의 죽음으로 완전히 중
지되었다. 그 후 성종 대에 들어와 1483년(성종 14) 10월 서거정의 발의로 다시 시작되어 1484년에
일단 완성되었으나, 찬자들의 사론(史論)이 들어가지 않음으로써 일단 완성된『동국통감』에 찬자들의
사론을 붙여 그 이듬해인 1485년 56권으로 다시 신편하였다. 당시 수사관(修史官)은 서거정 등 10명
이다.

새로 완성된『동국통감』은 편년체 사서로 단군조선으로부터 삼한까지는 책머리에 외기(外紀)로 다루
었고, 삼국의 건국부터 신라 문무왕 9년(669)까지를 삼국기, 669년에서 고려 태조 18년(935)까지를
신라기, 935년부터 고려 말까지를 고려기로 구분하여 서술했다.

스럽다. 그러나 옛 기록의 증거가 남아 있지 않으니, 어찌 현실성이 없는 말을 기록하겠는가? 사군으로 분할되고 이부로 갈라진 후로, 여러 한이 벌떼처럼 일어났다가 점차 쇠퇴해졌으며, 삼국이 대치해서 분할하여 점거하였다.

2) 『동국통감』 「진동국통감서(進東國通鑑序)」

吾東方, 自檀君曆箕子, 以至三韓載籍無徵. 下逮三國, 僅有國乘, 粗略太甚, 加以無稽不經之說. 後之作者, 相繼纂述有全史焉, 有史略焉, 有節要焉, 然復襲本史之疏漏.

우리 동방은 단군에서 기자를 거쳐 삼한에 이르기까지 기록의 증거가 남아 있지 않습니다. 그리고 삼국에 이르러 국사가 있었지만 내용이 치밀하지 못했으며, 거기에다 근거에 맞지 않는 말을 더하였습니다. 후대 저자들에 의해 전사·사략·절요들이 계속 저술되었지만, 누락된 본사를 다시 답습하였습니다.

10. 『동문선(東文選)』

1) 『동문선』[8] 제4권 오언고시(五言古詩) 오덕인생일(吳德仁生日)

吾邦古朝鮮, 英俊時並驅, 邇來道亦衰, 寥寥歲月逾.

우리나라 옛 조선 때에는 영웅과 준걸이 한때에 달렸더니
그 뒤로 지금은 도도 쇠하여 쓸쓸하고 적막하기 오랜 세월이었네.

2) 『동문선』 제54권 주의(奏議)

東方自朝鮮之季. 離爲七十. 合爲三韓. 干戈爛熳 而相尋. 生民之肝腦
塗地者. 歷兩漢, 三國, 六朝, 隋 唐. 迄于五代而未息.

동방이 조선의 말기로부터 분리되어서는 70국이 되었고, 합하여 삼한이

---

8 한국민족문화대백과 참조, 『동문선』
1478년(성종 9) 성종의 명으로 서거정(徐居正) 등이 중심이 되어 편찬한 우리나라 역대 시문선집. 본문 130권, 목록 3권, 합 133권 45책. 활자본·목판본. 당시 대제학이던 서거정이 중심이 되어 노사신(盧思愼)·강희맹(姜希孟)·양성지(梁誠之) 등을 포함한 찬집관(纂集官) 23인이 작업에 참여하였다. 『동문선』은 이 책 이외에 또 신용개(申用漑) 등에 의해 편찬된 것과 송상기(宋相琦) 등에 의해 편찬된 것 등 세 가지가 있는데, 서거정의 것을 정편 『동문선』, 신용개의 것을 『속동문선』, 송상기의 것은 신찬 『동문선』이라고 구별하여 부르기도 한다.

되었던 것입니다. 전쟁이 난만히 잇달아서 민생의 죽음이 양한·삼국·육조·수·당을 거쳐 오대에 이르기까지 쉬지 않았던 것입니다.

3) 『동문선』 제78권 평양성대동문루기

予曰, 平壤卽古朝鮮箕子之所都也, 九疇天人之學, 八條風俗之美, 實基我東方數千載禮義之化. 猗歟休哉, 自衛滿歷高氏, 專尙武强, 其俗大變, 逮夫王氏之世, 遼金與元, 境壤相鄰, 熏染胡俗, 益以驕悍.

나는 말하기를, "평양은 곧 고조선 기자가 도읍하였던 곳이요, 구주는 천인의 학설이고 8조는 아름다운 풍속이니, 진실로 우리 동방 수천 년 예의의 교화를 이루게 한 것이다. 아아, 아름다운 일인데, 위만 때부터 고구려에 이르는 동안 오로지 무력만을 숭상하여 그 풍속이 크게 변하였고, 고려 때에 와서는 요·금·원 나라와 국경이 서로 이웃하게 되니, 오랑캐 풍속에 물들어서 더욱 교만하고 사납게 되었다."

4) 『동문선』 제78권 평양성대동문루기

今天子錫號之恩, 殿下復舊之德, 實與武王之封箕子, 箕子之治朝鮮, 同一揆也.

지금 천자께서 국호를 주신 은혜와 전하께서 옛 터전을 회복하신 덕이 실로 무왕이 기자를 봉하고 기자가 조선을 다스리는 것과 같다.

5) 『동문선』 제87권 송설부보사환조시서

予惟, 朝鮮氏立國, 實唐堯之戊辰歲也. 雖世通中國, 而中國未嘗臣之, 是以武王封殷大師, 而不之臣.

내가 생각하건대, 조선이 건국된 것은 실로 당요 무진년이었다. 비록 대대로 중국과 상통하였으나 중국이 일찍이 신하로 여기지 아니하였으며, 이때문에 주 무왕이 은태사를 봉하여 신하를 삼지 아니하였다.

6) 『동문선』 제91권 삼국사략서

惟我海東之有國也, 肇自檀君朝鮮, 時方鴻荒, 民俗淳朴, 箕子受封, 以行八條之敎, 文物禮義之美, 實基於此. 衛滿竊據, 漢武窮兵, 自是而後, 或爲四郡, 或爲二府, 屢更兵燹, 載籍不傳, 良可惜也.

우리 해동의 나라는 단군조선에서 시작하였는데, 그때는 까마득한 시절이어서 민속이 순박하였고, 기자가 주나라의 봉함을 받아서 8조의 가르침을 시행하였으니, 문물과 예의가 아름다운 것이 실제로 이로부터 시작된 것이다. 위만이 이곳을 탈취해 점령하고 한 무제가 군사를 남용하였으니, 이후로부터는 혹 4군도 되었다가 혹 2부로 되어 여러 번 병화를 겪어서 문적이 전해지지 않으니, 참으로 애석한 노릇이다.

7) 『동문선』 제108권 잡저 책제(策題) 첫 번째

抑以吾東方言之, 檀君之朝鮮, 則無籍可考矣, 箕子之朝鮮, 奕居世之新羅, 俱歷年一千, 其道何由.

우리 동방에 대해 말하자면, 단군조선은 상고할 만한 문적이 없으니 말할 수 없고, 기자조선과 혁거세의 신라는 모두 국운이 천 년이나 되니 그 도는 무엇 때문인가?

11. 『신증동국여지승람(新增東國輿地勝覽)』

1) 『신증동국여지승람』[9] 제1권 경도상 첫 번째

古朝鮮馬韓之域.

고조선은 마한의 지역이다.

2) 『신증동국여지승람』 제11권 경기 양주목 능묘 건원릉

九變圖之局十八子之說, 自檀君之世, 而已有, 歷數千載, 由今乃驗. 又

---

9 두산백과 참조, 『신증동국여지승람』
조선은 건국 후 통치상의 필요에서 지리지 편찬의 중요성을 통감, 세종의 명에 따라 맹사성(孟思誠)·신장(申檣) 등이 1432년(세종 14) 『신찬팔도지리지(新撰八道地理志)』를 찬진(撰進)하였다. 그 후 명나라에서 『대명일통지(大明一統志)』가 들어오자, 양성지(梁誠之)·노사신(盧思愼)·강희맹(姜希孟)·서거정(徐居正) 등이 성종의 명으로 이 체제를 본 따고 『신찬팔도지리지』를 대본으로 하여 1481년(성종 12)에 『동국여지승람(東國輿地勝覽)』 50권을 완성하였다. 이를 다시 1486년에 증산(增刪)·수정하여 『동국여지승람』 35권을 간행하고, 1499년(연산군 5)의 개수를 거쳐 1530년(중종 25)에 이행(李荇)·홍언필(洪彦弼)의 증보에 의해 이 책의 완성을 보게 되었다.
내용은 권1~2는 경도(京都), 권3은 한성(漢城), 권4~5는 개성(開城), 권6~13은 경기도, 권14~20은 충청도, 권21~32는 경상도, 권33~40은 전라도, 권41~43은 황해도, 권44~47은 강원도, 권48~50은 함경도, 권51~55는 평안도로 되어 있다. 책머리에 그 도의 전도(全圖)를 싣고 이어 연혁(沿革)·풍속(風俗)·묘사(廟社)·능침(陵寢)·궁궐·관부(官府)·학교·토산(土産)·효자·열녀·성곽·산천·누정(樓亭)·사사(寺社)·역원(驛院)·교량·명현(名賢)의 사적, 시인의 제영(題詠) 등을 실었다. 이어서 이행 등의 진전문(進箋文), 서거정 등의 서문이 있으며, 책 끝에 김종직(金宗直) 등의 발문이 있다.

有異僧, 從智異山岩石之中, 得異書而來獻, 其說與上所言出於檀君之
世者相合.

『구변도지국』과 십팔자의 설은 단군 때부터 있었던 것인데, 수천 년이 지
난 지금에 증험되었다. 또 이상한 중이 지리산 바위 속에서 이상한 글을 얻
어 바쳤는데 그 말이 위에 말한 단군 때에 나왔다는 것과 서로 합치하였다.

3) 『신증동국여지승람』 제12권 경기 강화도호부 참성단

在摩尼山頂. 累石築之, 壇高十尺, 上方下圓, 四面各六尺六寸, 下圓各
十五尺. 世傳檀君祭天.

마니산 꼭대기에 있다. 돌을 모아 쌓았는데, 단의 높이는 10척이며, 위는
모가 나고 아래는 둥근데, 위는 사면이 각각 6척 6촌이요, 아래 둥근 것은 각
각 15척이다. 세상에서 전하기를, "단군이 하늘에 제사를 지내던 곳이다."
하였다.

4) 『신증동국여지승람』 제33권 전라도 익산군 기준성

在龍華山上. 俗傳箕準所築, 故名焉. 石築周圍三千九百尺, 高八尺, 有
溪有泉井.

(기준성은) 용화산 위에 있다. 세상에 전하기를 기준이 쌓은 것이기 때문
에 그 이름을 땄다고 한다. 석축 둘레는 3,900자이고 높이는 8자이다. 시내
와 우물이 있다.

5) 『신증동국여지승람』 제42권 황해도 문화현 장장평

在縣東十五里, 世傳檀君所都, 基址尙存. 高麗史以爲莊莊坪乃藏唐京
之說.

고을 동쪽 15리에 있는데 세상에서 전하기를, 단군이 도읍했던 곳이라 하며, 그 터가 아직도 남아 있다. 『고려사』에 장장평이라 하였는데 이것은 '당장경'의 와전이다.

6) 『신증동국여지승람』 제51권 평안도 평양부

居東表日出之址, 故曰朝鮮.

동쪽 해 뜨는 땅에 있기 때문에 '조선'이라 이름하였다.

12. 『만기요람(萬機要覽)』

『만기요람』[10] 「군정편(軍政編)」4 관방 강화부

鼎足山城, 檀君子三郎所築.

정족산성은 단군의 아들 삼랑이 쌓은 것이다.

---

10 한국민족문화대백과 참조, 『만기요람』
1808년에 서영보(徐榮輔)·심상규(沈象奎) 등이 왕명에 의해 찬진(撰進)한 책이다. 이 책은 「재용편(財用篇)」과 「군정편(軍政篇)」으로 되어 있다. 18세기 후반기부터 19세기 초에 이르는 조선왕조의 재정과 군정에 관한 내용들이 집약되어 있다. 사본(寫本)에 따라서는 권수가 일정하지 않으나 집옥재본(集玉齋本)을 기준으로 보면 「재용편」은 6권, 「군정편」은 5권으로 되어 있다. 「재용편」은 6편 62절목으로 되어 있으며, 「군정편」은 5편 23절목으로 분류 서술하였다.
이 책은 국가의 만기를 직접 관장하는 군주가 일상 정무를 수행하는 데에 있어서 수시로 참고할 수 있도록 편찬된 것이다. 따라서 19세기 초엽을 중심으로 한 조선 후기의 경제사뿐만 아니라 군사 제도 및 군사 정책을 연구하는 데에 있어서 매우 중요한 사료이다.

13. 『홍재전서(弘齋全書)』

1) 『홍재전서』[11] 제28권 윤음(綸音) 3 남단(南壇)

今之南壇, 卽昔日郊祀之圜壇也. 禮, 士庶不得祭五祀, 大夫不得祭社稷, 諸侯不得祭天地. 惟杞宋魯以諸侯而祭之者, 或因大國之後, 或酬元聖之功也. 我東建邦, 創自檀君, 而史稱自天而降, 壘石爲壇, 行祭天之禮. 則後皆因之者, 以其不受大國之分茅, 而不至於太僭踰也.

지금의 남단은 바로 지난날 교사를 지내던 원구단이다. 『예기』에 의하면, 일반 백성은 오사에 제사 지내지 못하고, 대부는 사직에 제사 지내지 못하고, 제후는 천지에 제사 지내지 못하게 되어 있다. 그런데도 기, 송, 노나라만이 제후로서 제사한 것은 대국의 후손이기 때문이거나 원성의 공에 보답하기 위한 것이었다. 우리 동방은 단군으로부터 시작되었는데, 역사책에는

---

11 한국민족문화대백과 참조, 『홍재전서』

조선시대 정조(1752~1800)의 시문집. 184권 100책. 활자본. 이 책은 어제시문(御製詩文)을 규장각에서 편찬한 것인데, 두 차례에 걸쳐 이루어졌다.

1차 편찬은 1799년(정조 23) 규장각직제학(奎章閣直提學) 서호수(徐浩修)가 주가 되어 어제회수법(御製會粹法 : 임금이 저술한 것들을 모아서 중수의 작품들을 선정하는 방법)을 정하고 의례(儀例)를 세운 후, 편차(編次)를 나누어 이만수(李晩秀)·김조순(金祖淳)·이재수(李在秀) 등과 함께 편찬하였다. 편찬 도중 서호수가 사망하자 서영보(徐榮輔)에게 잇게 하여, 총 190편을 완성하였다.

2차 편찬은 1800년 정조가 승하할 때까지 약 반년간의 저술을 덧붙여 1801년(순조 1) 12월에 심상규(沈象奎)가 주가 되어 184편을 편찬하였다. 이것을 1814년 정리자판(整理字版)으로 출간하였다.

"하늘에서 내려와 돌로 제단을 쌓아 하늘에 제사 지내는 예를 행하였다."라고 하였다. 후세에 이를 그대로 따른 것은 대국에서 나누어주는 토지를 받지 않았으므로 매우 참람한 지경에는 이르지 않았기 때문이었다.

2) 『홍재전서』 제50권 책문 3 지세

以東方言之, 一隅連陸, 三面阻海, 朝鮮之號. 遠自檀君. 肅愼之命, 載在周乘. 漢帝分置四郡, 唐宗仍設九府. 其地其蹟, 皆可援古以證今歟.

동방으로 말한다면 한쪽은 대륙과 연접되어 있고 삼면은 바다로 막혀 있다. 조선이라는 호칭은 멀리 단군 시대로부터 있었고 숙신이라는 말은 주나라 역사에 실려 있다. 한나라 때는 4군을 두었고 당나라 때는 9부를 설치하였다. 그 지역과 흔적은 모두 옛 기록을 인용하여 오늘날 증명할 수 있다.

3) 『홍재전서』 제55권 잡저 2

我國多山谿, 自檀箕以還, 鑿山爲城. 昇平無事之時, 處於原野, 一若遇敵, 則捲兵糧士女, 入於山城之中, 而原野如洗, 敵不能得意. 慕容馮跋隋唐征伐之蹟槩可按也.

우리나라에는 산과 계곡이 많아 단군과 기자 이래로 산을 파서 성을 만들었다. 그리고 평화롭고 아무런 일이 없을 때에는 들에서 살다가 적을 만나게 되면 무기와 식량, 백성들을 데리고 산성 안으로 들어가서 들을 깨끗이 했기 때문에 적이 뜻을 이룰 수 없었다. 모용, 풍발, 수나라와 당나라의 정벌 사적에서 그 대략을 살펴볼 수 있다.

4)『홍재전서』제8권 서인 1 예의류집서

遼史稱朝鮮有箕子遺俗, 緣情制宜, 隱然有尚質之風. 夫能緣情制宜, 則
其於禮固幾矣.

『요사』에 의하면, 조선에는 기자가 남긴 풍속이 있고 정서에 맞는 제도를
만들어 은연중 질박함을 숭상하는 기풍이 있다고 한다. 무릇 정서에 맞는
제도를 만들었다면 그것이 예에 가까운 것이다.

2장

개인 문집

1. 『양촌집(陽村集)』

1) 『양촌집』[12], 권1 응제시

[昔神人降檀木下, 國人立以爲主, 因號檀君. 時唐堯元年戊辰也.]
聞說鴻荒日. 檀君降樹邊. 位臨東國土. 時在帝堯天. 傳世不知幾. 歷年
曾過千. 後來箕子代. 同是號朝鮮.

[옛날에 신인이 단목 아래 내려오자 나라 사람들이 그를 임금으로 세우고 단군
이라 불렀다. 때는 당요 원년 무진이었다.]

전설을 들자니 아득한 옛날, 단군이 나무 밑에 내리었다네. 임금 되어 동
쪽 나라 다스렸는데, 저 중국 요임금과 때가 같다오. 전한 세대 얼마인지 모
르지만, 해로 따져 천 년이 넘었다네. 그 뒷날 기자의 대에 와서도, 똑같은
조선이라 이름하였네.

---

12 고전번역서 서지정보(한국고전종합DB) 참조, 『양촌집』
　　『양촌집』은 양촌 권근(1352~1409) 전 40권으로 권근의 둘째 아들 도(蹈)가 세종 초에 편찬 간행하
　　였다. 『양촌집』은 40권 10책으로 여러 차례 복각(覆刻)되어 현재 여러 종류의 판본이 남아 있다. 『양
　　촌집』은 시가 980수, 문이 305수로서 정치·외교·사회·문화 등 당시의 거의 모든 정황이 부분별로
　　나타나 있다.

2) 『양촌집』, 권36 「비명류」

‘有明諡康獻. 朝鮮國太祖. 至仁啓運聖文神武大王健元陵神道碑銘’.

天眷有德. 以開治運. 必先有禎祥之應. 以彰符命之徵. 夏禹之興也. 天有玄圭之錫. 周武之王也. 夢有協卜之祥. 漢唐以降. 歷代之興. 莫不各有符瑞之徵. 非可以智求. 非可以力致. 必待聖哲之資. 神武之德. 膺景運而誕作. 握瑤圖而勃興. 然後轉衰世而回治平. 創大業而垂統緒. 皆由天授. 非出人謀. 惟我太祖康獻至仁啓運聖文神武大王之在龍淵也. 出入將相數十年間. 符瑞之現. 前後騈臻. 其爲相也. 夢有神人執金尺. 自天而授之曰. 慶侍中 復興 淸矣而已老. 崔都統 瑩 直矣而少戇. 持此正國. 非公而誰. 夏禹玄圭之錫. 周武協卜之夢. 庶可以追配矣. 其爲將也. 庚戌之攻兀羅. 兵踰鴨綠而紫氣漫空. 庚申之捷雲峯. 師出長湍而白虹貫日. 漢高帝芒碭之雲氣. 宋太宗陳橋之日光. 亦可以儷美矣. 戊辰之歲. 爲崔瑩之逼攻遼也. 外不敢犯上國之境. 內不敢違暴君之令. 進退惟厲. 師次于威化之島. 霖雨數日. 水不甚漲. 及其仗義旋斾. 師旣渡岸. 大水時至. 全島墊溺. 漢光武滹沱之氷. 元世祖錢塘之潮. 皆不得而專美矣. 九變圖之局. 十八子之說. 自檀君之世而已有. 歷數千載. 由今乃驗. 又有異僧. 從智異山巖石之中得異書而來獻. 其說與上所言出於檀君之世者相合. 此亦光武赤伏符之類. 讖緯之說. 雖云不經. 然亦理數之或有. 自古而屢驗. 天之眷佑有德. 信有徵哉. 臣謹按璿源李氏. 全之望姓. 自新羅司空諱翰. 而後二十三世至皇烈考桓王積累承籍之美. 則我太祖龍淵之時. 先正李穡所撰桓王墓碑具載之矣. 我太祖創業垂統. 神功偉烈之盛. 追王四代之時文臣鄭摠所撰桓王定陵之碑悉書之矣. ……

卽遣知中樞臣趙胖奏聞. 帝詔曰. 三韓之民. 旣尊李氏. 民無兵禍. 人各樂天之樂. 乃帝命也. 繼又有勑國更何號. 星馳來報. 卽遣藝文館學士臣

韓尙質奏請國名. 又詔曰. 惟朝鮮之稱美. 可以本其名而祖之. 體天牧
民. 永昌後嗣. ……

謹撰勳德在人耳目者. 敢拜手稽首而獻銘. 其詞曰.

遂古邈邈. 兩儀肇闢. 人參爲三. 立以司牧. 迺長迺治. 迺眘有德. 非天諄
諄. 有命赫赫. 禹錫玄圭. 周夢協卜. 歷代之符. 史具可覿. 惟我朝鮮. 肇
基王迹. 夢有神人. 授以金尺. 紫氣漫空. 虹凝日色. 慶瑞聯翩. 天心昭
晰. 麗運旣終. 自取顚覆. 惟君昏狂. 維相慘酷. 農月興師. 大邦構隙. 國
旣蔑咨. 危亡岌岌. 我旆義旋. 罪人斯得. 忠誠上聞. 帝心載懌. 繼奉綸
音. 王祀復續. 迺反柔昏. 以訖天祿. 曆數有歸. 輿情斯迫. 大業旣成. 市
肆不易. 高皇曰咨. 惟爾有國. 民無兵禍. 樂天之樂. 繼賜國號. 朝鮮是
復.

'유명시강헌 조선국 태조 지인계운 성문신무대왕건원릉신도비명'

하늘이 덕 있는 이를 돌봐 다스리는 운수를 열어 줄 때에는, 반드시 먼저
특이한 상서의 감응이 있어 임금이 될 징조를 보이는 것이니, 하우씨가 나올
때에는 하늘이 현규를 준 일이 있었고, 주 무왕이 즉위할 때에는 꿈이 점과
맞는 상서로움이 있었다. 한·당 이후 역대 왕조가 일어날 때 모두 다 이와
같은 상서의 징조가 있었으니, 이는 사람의 지혜로 구할 수 없는 것이요, 사
람의 힘으로 이룰 수 없는 것이다. 반드시 성철의 자질과 신무의 덕을 지닌
어진이를 기다려, 그가 천운을 받아 탄생하게 하고 그가 보위에 올라 홍기하
게 한 뒤에야 쇠망해가는 세상을 전이하여 태평시대로 만들고, 대업을 창조
하여 통서를 드리우게 되는 것이니, 이 모두 하늘이 주는 것이요 사람의 모
책에서 이루어지는 것이 아니다.

오직 우리 태조 강헌 지인계운 성문신무대왕께서 용연에 있으면서 장상
의 벼슬을 겸한 수십 년 동안 왕위에 오를 상서의 조짐이 계속 나타났다. 재

상이 되었을 때에는 꿈에 신인이 금척을 가지고 하늘로부터 내려와 주며 말하기를, "시중 경복흥은 청백하되 이미 늙었고, 도통 최영은 강직하나 우직하다. 이것을 가지고 국정을 바로잡음에 있어 그대가 아니면 누가 하겠는가."라고 하였으니, 하우에게 현규를 줌과 주 무왕의 보필을 점치는 꿈을 짝할 만하고, 장군이 되어 경술년에 올라 성을 격파할 때 군사가 압록강을 건너매 붉은 서기가 공중에 뻗쳤었고, 경신년에 운봉의 승첩을 거둘 때 군사가 장단에 나아가매 흰 무지개가 해를 관통하였으니, 한 고제 때 있었던 망탕산의 구름 기운과 송 태조 때 있었던 진교의 그 아름다운 햇빛을 짝할 만하다.

무진년 최영의 핍박으로 요동을 공격할 때 밖으로는 감히 상국의 지경을 침범할 수 없고, 안으로는 감히 폭군의 명령을 어기지 못하여 나아가지도 물러가지도 못하고 위화도에서 군사를 머물고 있는데, 여러 날 동안 장마가 져도 물이 불지 않더니, 의리의 깃발을 돌려 군사들이 이미 언덕에 오르자 큰물이 밀려와 온 섬이 침몰되었다. 이는 참으로 한 광무 때 있었던 호타의 얼음과 원 세조 때 있었던 전당 조수의 일만이 좋은 것이 아니었다. 구변도십팔자의 전설이 단군 때부터 있어 수천 년을 지났는데, 지금에 와서 징험할 수 있다.

또 이승이 지리산 석굴로부터 이상한 책을 얻어 가지고 와 드렸는데, 거기에 씌어 있는 말이 위에서 말한바 단군 시대에 나왔다는 것과 서로 부합되니, 이 또한 광무 때 있었던 적복부의 유와 참위의 설로서 믿을 만한 것이 못된다 하겠으나, 역시 간혹 이수가 있어 옛날부터 여러 번 징험되었다. 하늘이 덕 있는 이를 돌봄은 진실로 징험이 있는 것이다.

삼가 선원을 상고하건대 이씨는 전주의 망족으로, 신라 때 사공 휘 한으로부터 23대 황렬고 환왕에 이르기까지 적덕누인으로 계승한 아름다움에 대해서는, 우리 태조께서 잠저에 있을 때 선정 이색이 찬한 환왕묘비에 자세히 실렸고, 우리 태조께서 왕업을 이루어 통서를 드리운 신기한 공로와 위대한 업적의 성대함은, 4대를 왕작으로 추존할 때 문신 정총이 찬한 환왕의 정릉비에 자세히 기재되어 있다. 이제 비명을 지으라는 명을 받았으나 감히 덧붙일 수 없어 그 대략만을 모아 쓴다. ……

즉시 지중추 조반을 보내 황제에게 알리니, 황제가 조서를 내려 이르기를, "삼한의 백성이 이미 이씨를 높였으며, 백성에게는 병화가 없이 사람마다 제각기 하늘이 주는 즐거움을 즐기고 있으니, 바로 천명이라 하겠다."하고, 이어서 또 칙명을 내려 이르기를, "나라 이름은 무엇으로 고치려 하는가? 사신을 빨리 보내어 아뢰라." 하므로, 즉시 예문관 학사 한상질을 보내어 나라 이름을 주청하니, 황제가 또 조서를 내려 이르기를, "조선이라는 명칭이 아름다우니, 그 이름에 근본하여 짓는 것이 좋겠다. 하늘을 본받아 백성을 길러서 깊이 후손에까지 번창하게 하라." 하였다. ……

삼가 사람들의 이목에 남아 있는 훈덕을 찬술하고, 감히 머리 조아려 절하며 다음과 같이 명을 드린다.

아득한 옛날에 하늘과 땅이 생기고 사람이 그 사이에 참여하여 셋이 되었는데, 거기에 임금을 세워 백성을 기르고 다스리게 할 제 이에 덕 있는 이를 돌보았도다. 하늘이 순순히 말해 주는 것은 아니지만 명령은 분명하게 나타나 있으니, 우 임금에게는 현규를 주었고 주 무왕의 꿈은 점과 맞아 역대의 부명이 사책에 갖춰져 볼 만하도다.

우리 조선도 왕업을 일으킬 적에 꿈에 신인이 나타나 금척을 주었는데, 붉은 기운이 공중에 뻗치고 무지개가 해에 엉기어, 경사로운 상서가 잇달아 일어나고 천심이 밝았도다. 고려의 운수가 끝난 것은 그 전복을 자초함이라, 그 임금이 혼암하고 재상이 혹독하여, 농사철에 군사를 일으켜 대국에 싸움을 걸었도다. 나라는 이미 망해가는 지경이라 위망이 급급하더니, 우리 태조 바른 의리를 지켜 깃발을 되돌려서 죄인을 잡으니 그 충성 위에 들려 황제가 기뻐하였도다. 이에 윤음을 받들어서 왕사를 다시 잇고, 유약하고 혼암함을 바로잡아 천명을 마치게 하였는데, 천운이 돌아오고 민정이 절박하여 왕업을 이미 이뤘으나 저자의 상인들도 동요되지 않았도다. 고황제가 찬탄하여 이르기를, "훌륭하도다. 그대가 나라를 이룩하였으되 백성들은 병화가 없이 하늘이 주는 기쁨을 즐기네." 하고 이어 조선이라는 옛 국호를 다시 쓰게 하였도다.

2. 『지봉유설(芝峯類說)』[13]

『지봉유설』 권6 경서부 2

논어(論語)

論語子欲居九夷. 按東史曰. 東方有九種夷. 初無君長. 檀君始號朝鮮. 蓋孔子之世. 乃箕王中葉. 九夷之稱尙存耳. 且欲居夷者. 豈非我國之西海與齊魯相近故耶.

『논어』에 "공자가 구이에 살고자 하였다."고 하였다. 『동사』를 살펴보니 "동방에 아홉 부류의 오랑캐가 있었고, 처음에는 군장이 없었다. 그리고 단군이 처음으로 나라 이름을 조선이라고 하였다."라고 하였다. 대체로 공자가 살아 있던 세상은 바로 우리나라 기왕의 중엽인데, 구이라는 이름이 아직 남아 있었던 것 같다. 또 동이에 살고 싶다고 하였으니 이는 우리나라의 서해가 제나라·노나라와 서로 가깝기 때문이 아니겠는가?

---

13 한국민족문화대백과 참조, 『지봉유설』
1614년(광해군 6) 이수광(李睟光, 1563~1628)이 편찬한 일종의 백과사전. 20권 10책. 목판본. 주로 고서와 고문에서 뽑은 기사일문집(奇事逸聞集)이다. 그가 죽은 뒤에 그의 아들 성구(聖求)와 민구(敏求)에 의하여 1634년(인조 12)에 출간되었다. 이것을 숭정본(崇禎本)이라 한다.
『지봉유설』은 총 3,435조목을 25부문 182항목으로 나누고 있다. 그리고 반드시 그 출처를 밝혔다. 그러나 간혹 빠진 것은 망의(忘意)에 의한 것이다. 인용한 서적은 육경(六經)을 비롯하여 근세 소설과 여러 문집에 이르기까지 348가(家)의 글을 참고하였다. 기록한 사람의 성명은 상고(上古)에서 본조(本朝)까지 2,265명이다.

3. 『잠곡유고(潛谷遺稿)』

『잠곡유고』[14] 제6권 소차(疏箚)

서남(西南) 지방의 재변(災變)을 인하여 수성(修省)하고 변통(變通)하기를 청하는 차자

檀君. 東方首出之君也. 世傳甲辰之歲. 竝堯而立. 降於太白. 都於鐵甕. 移於浿上. 入於阿斯. 人文宣朗. 肇基於此. 而非常之變. 不于他而在是. 識者之隱憂深慮. 蓋恐陰盛而陽消. 武競而文蹶也. 安可付之誕妄而莫之恤乎.

단군은 동방에서 맨 먼저 출현했던 임금입니다. 세상에 전하기로는 갑진년에 중국의 요임금과 함께 왕위에 올라 태백산으로 내려와 철옹에 도읍했다가 패수로 옮겨 아사달로 들어갔는데, 인륜의 질서가 널리 밝히게 된 기초

---

14 한국민족문화대백과 참조, 『잠곡유고』
조선 후기의 문신 김육(金堉, 1580~1658)의 시문집. 11권 9책. 활자본. 서문이나 발문이 없어 그 편찬자나 간행 연대를 알 수 없다. 18세기에 저자의 문중에서 편집, 간행하지 않았나 추정될 뿐이다. 권1·2에 시, 권3·4에 소차(疏箚), 권5에 소차·계사(啓辭), 권6에 계사·수의(收議)·서장(書狀)·정장(呈狀), 권7·8에 서(書)·서(序)·기(記)·발(跋)·제(題)·상량문·제문·애사, 권9에 애책문(哀冊文)·불윤비답(不允批答)·교서·치제문, 권10은 행장·시장(諡狀), 권11은 묘지명·묘표·묘갈명·신도시·묘갈음기, 그리고 별고는 표전(表箋)·부(賦), 보유는 소(疏)·녹(錄)·책제(策題)·시시와 문을 모아 종류별로 편집한 것 등이 수록되어 있다.

가 여기에서 시작되었다고 합니다. 그런데 예사롭지 않은 변고가 다른 지역이 아니고 바로 이곳에서 일어났으므로, 식견이 있는 이들이 깊이 우려하고 있습니다. 이는 대체로 음기가 성하여 양기가 사그라지며 무가 강해지고 문이 위축되어서입니다. 그러니 어떻게 허탄하고 망령된 것으로 여겨 염려하지 않을 수 있겠습니까.

4. 『갈암집(葛庵集)』

1) 『갈암집』[15] 별집 제3권 발(跋) 『역대편고(歷代便考)』의 뒤에 쓰다

本朝之興. 諸儒極意纂輯. 於是有東國通鑑二件. 其一考據頗精博. 而初
學病其浩繁. 其一視前所云三分去其二. 要就簡便. 但編年殊失其法. 有
記今年秋冬事而更不著甲子. 又記明年春夏事者. 使覽者不能無恨. 韓
君慨然有病乎此. 悉取中國史傳及東方記錄. 上自檀君. 逮至本朝. 參考
稽合. 顯有來歷. 使上下數千載之間. 開卷瞭然如指諸掌.

본조가 일어났을 때 여러 유학자들이 뜻을 다해 책을 편찬하였다. 이에 2
가지의 『동국통감』이 있게 되었다. 그런데 한 책은 살펴보고 근거로 삼은 것
이 매우 정밀하고 넓지만 처음 배우는 사람들이 너무 넓고 큰 것을 병으로

---

15 두산백과 참조, 『갈암집』

이현일(1627~1704)의 문집 목판본. 40권(본집 29권, 별집 6권, 부록 5권) 21책. 장서각 도서. 숙종 연
간에 장남 재(栽)가 편집 간행하려 하였으나, 현일이 갑술옥사에 연루되어 간행하지 못하다가 1811
년(순조 11) 간행되었으나, 관금(官禁)으로 문집은 회수되고 책판은 소각되었다. 1908년(융희 2) 이
현일의 신원과 아울러 간행되었다.

정치·군사·경제·외교·국방·예제 등 정책 전반에 걸쳐 임금에게 올린 글과 시문 및 잡저와 편지로
구성되었다. 편지에서 그는 정시한·이동완·신익황 등과 함께 성리설에 관한 토론을 전개, 이황과
기대승, 이이와 성혼 사이의 사칠논변(四七論辨)에 비길 만한 논리를 전개하였다. 그는 이러한 논리
를 잡저에서 한층 더 전개시켜, 이황의 이기호발설(理氣互發說)의 입장에서 이이의 기발이승일도설
(氣發理乘一途說)을 비판하였다.

여겼다. 다른 한 책은 앞의 것에 비해 3분의 2를 버리고 간편하게 하려고 하였으나 연대를 정하는 방법을 잃어서, 금년 가을과 겨울의 일을 기록했는데 간지를 달지 않았고 또 이듬해의 봄과 여름의 일을 기록한 것이 있어서 보는 이들이 이를 안타깝게 여겼다. 한군이 이것을 안타깝게 여겨 중국의 역사책과 우리나라의 기록을 모두 취하여 위로 단군에서부터 본조에까지 이르도록 정리하였다. 그는 뚜렷한 고증을 통해 참고한 것과 교정한 것에 대한 내력을 밝혔다. 이 책을 보면 수천 년간의 사적을 손바닥을 들여다보듯 분명히 알 수 있다.

2) 『갈암집』 별집 제5권 행장(行狀) 쌍봉(雙峯) 정공(鄭公)의 행장

俗儒不習俎豆之事. 作文廟祀享志. 以東國人昧檀箕以下羅麗故事. 作歷年通攷. 以薛, 金, 崔三賢事蹟幽昧散失. 作西岳志.

식견이 변변치 못한 선비들이 제사 지내는 일을 익히지 않는다고 하여 『문묘사향지』를 지었고, 우리나라 사람들이 단군, 기자 이하 신라와 고려의 옛 일을 잘 모른다고 하여 『역년통고』를 지었으며, 설총, 김대문, 최치원 삼현의 사적이 감추어지고 흩어져 잃어버리게 되었다고 하여 『서악지』를 지었다.

5. 『미수기언(眉叟記言)』

『미수기언』[16] 제32권 「원집외편(原集外篇)」 동사 단군세가

上古九夷之初. 有桓因氏. 桓因生神市. 始教生民之治. 民歸之. 神市生檀君. 居檀樹下. 號曰檀君. 始有國號曰朝鮮. 朝鮮者. 東表日出之名. 或曰鮮汕也. 其國有汕水. 故曰朝鮮. 都平壤. 陶唐氏立一十五年.

아주 오랜 옛날 구이 시대 초기에 환인씨가 있었는데, 환인이 신시를 세우고 비로소 백성을 살리는 정치를 가르치니, 백성들이 스스로 와서 복종하였다. 환웅이 단군을 낳았다. 그가 단수 아래에 살아서 이름을 단군이라 하였다. 처음으로 나라의 이름을 조선이라 하였다. 조선이란 동쪽에서 해가 뜬다는 뜻이다. 어떤 사람이 말하기를 "선이란 산을 말한 것으로, 그 나라에 산수가 있기 때문에 조선이라 한 것이다."라고 하였다. 조선이 평양에 도읍한 것은 도당씨가 즉위한 지 25년이 되던 해였다.

---

16 한국민족문화대백과 참조, 『기언』
  조선 후기의 문신·학자 허목(許穆, 1595~1682)의 시문집이다. 93권 25책(원집 46권, 속집 16권, 습유(拾遺) 2권, 자서(自序) 2권, 자서속편 1권, 별집 26권). 목판본. 정식명칭은 '기언(記言)'이나, 흔히 '미수기언(眉叟記言)'으로 통칭되고 있다.
  이 책은 저자 자신이 직접 편찬하여 놓은 것인데, 1689년(숙종 15) 왕명에 의하여 간행되었다. 자신의 문집 이름을 '기언'이라 한 것은 언행이 군자의 관건이며 영욕의 갈림길이므로, 이것이 두려워 날마다 반성하기 위해 말로 기록했기 때문이라 하였다. 저자의 서문이 있고, 권말에는 후손 뇌경(磊敬)의 발문이 있다.

6. 『약천집(藥泉集)』

『약천집』[17] 제29권 잡저(雜著)

동사변증(東史辨證) 단군(檀君)

舊史檀君紀云, 有神人降太白山檀木下, 國人立爲君, 時唐堯戊辰歲也. 至商武丁八年乙未. 入阿斯達山爲神. 此說出於三韓古記云. 而今考三國遺事載古記之說云, 昔有桓國帝釋. 庶子桓雄受天符印三箇. 率徒三千降太伯山頂神壇樹下. 謂之神市. 是謂桓雄天王也. 將風伯雨師雲師. 在世理化. 時有一熊常祈于神雄. 願化爲人. 雄遺靈艾一炷蒜二十枚. 熊食之三七日. 得女身. 每於壇樹下. 呪願有孕. 雄乃假化而婚之. 生子曰壇君. 以唐堯庚寅歲都平壤. 御國一千五百年. 周武王己卯. 封箕子於朝鮮. 壇

---

17 한국민족문화대백과 참조, 『약천집』

조선 후기 문신 남구만(南九萬, 1629~1711)의 시문집이나. 34권 17책. 주자본. 1723년(경종 3) 초고 900여 수에서 270수를 다듬어 정리하고, 문 1,400여 편에서 726편을 뽑아 간행하였다. 뒤에 이것을 대본으로 필사하였다. 규장각 도서에 있다. 권1·2에 시 276수, 권3~13에 소차 199편, 서계(書啓) 7편, 소 24편, 계 20편, 권14~21에 응제록(應製錄) 10편, 묘지명 20편, 신도비명 18편, 비(碑) 5편, 묘갈명 37편, 묘표 12편, 권22~26에 행장 11편, 언행록 1편, 가승(家乘) 58편, 권27~29에 제문 16편, 서(序) 16편, 제발(題跋) 12편, 기 26편, 잡저 18편, 권30~34에 서(書) 204편 등이 수록되어 있다.

소차와 서계에는 시정(時政)의 득실에서부터 농정(農政)·해방(海防)·공부(貢賦) 등에 관한 건의와 진언이 많다. 그 가운데 「진북변삼사잉진지도소(陳北邊三事仍進地圖疏)」에서는 특히 북방 경비에 관심을 보였다. 신라가 삼국을 통일한 이후 고려의 전성기까지도 우리 국토의 동북면은 국력이 신장되지 못했다는 것을 시작으로, 회령·경성·무산·양영보(梁永堡)·풍산보(豊山堡) 등지의 지명을 열거, 북호(北胡)에 대한 대비책을 구체적으로 설명하였다.

君乃移於藏唐京. 後還隱於阿斯達爲山神. 壽一千九百八歲. 以此言之.
降太伯壇樹下者. 乃檀君之父. 非檀君也. 以其生於壇樹下. 故稱壇君.
非降檀木故. 稱檀君也. 第其說妖誣鄙濫. 初不足以誆閭巷之兒童. 作史
者其可全信此言. 乃以檀君爲神人之降. 而復入山爲神乎. 且唐堯以後歷
年之數. 中國史書及邵氏經世書. 可考而知也. 自堯庚寅至武王己卯. 僅
一千二百二十年. 然則所謂御國一千五百年. 壽一千九百八歲. 其誣不亦
甚乎. 筆苑雜記引古記之說云, 檀君與堯同日而立. 至商武丁乙未入阿斯
達山爲神. 享年一千四十有八歲. 又云檀君娶非西岬河伯之女. 生子曰
扶婁. 是爲東扶餘王. 至禹會諸侯於塗山. 遣扶婁朝焉. 今按堯之元年乃
甲辰. 則此稱與堯同日而立者. 與戊辰歲立爲君. 庚寅歲都平壤者. 牴牾
矣. 其稱商武丁乙未入山爲神者. 又與周武王己卯避箕子移藏唐京者矛
楯矣. 厖雜如此. 亦可見其肆誣也. 且堯之卽位之日. 中國之書亦無可考.
則又何以知檀君之與之同日乎. 檀君立國千餘年之間. 無一事可紀者. 而
獨於塗山玉帛之會. 稱以遣子入朝. 其假託傅會. 誠亦無足言者矣. 且其
云娶河伯女者. 妖異尤甚. 遺事又云檀君與河伯女要親. 産子曰夫婁. 其
後解慕漱又私河伯女産朱蒙. 夫婁與朱蒙兄弟也. 今按自檀君至朱蒙之
生. 幾二千餘年. 設令河伯女果是神鬼而非人. 又何以知前嫁檀君. 後私
慕漱者. 必是一女. 而前之夫婁後之朱蒙. 必是兄弟乎. 且其言檀君之壽
者. 本旣虛誕. 而諸書錯出. 亦無定說. 獨權陽村近應制詩. 云傳世不知
幾. 歷年曾過千. 其歷年之數. 不曰檀君之壽. 而曰傳世者. 其於傳疑. 或
差近矣.

『구사』「단군기」에 이르기를 "신인이 태백산 박달나무 아래에 내려오자,
나라 사람들이 추대하여 군주로 삼으니, 이때가 당요 무진년이다. 그리고
상나라 무정 8년 을미일에 이르러 단군이 아사달산으로 들어가 신이 되었

다.”고 하였다. 이 기록은 『삼한고기』에 나오는데, 지금 『삼국유사』에 실린 『삼한고기』를 살펴보면, “옛날 환국제석의 서자인 환웅이 천부인 3개를 받아서 3,000명의 무리를 이끌고 태백산 꼭대기 신단수 아래로 내려와 그곳을 신시라고 하였고, 이분을 환웅천왕이라고 하였다. 환웅은 풍백과 우사와 운사를 거느리고 세상을 다스리고 교화하였다. 이때 곰 한 마리가 항상 신웅에게 빌어 사람이 되기를 원하였다. 환웅이 신령한 쑥 한 묶음과 마늘 20개를 주자 곰이 이것을 먹은 지 21일 만에 여자의 몸으로 변하였다. 그녀가 매번 신단수 아래에서 아이를 잉태하기를 축원하므로 신웅이 마침내 잠시 사람으로 변해서 그녀와 혼인해서 아들을 낳으니, 이름을 단군이라 하였다. 단군이 당요 경인년에 평양에 도읍하고 나라를 다스린 지 1,500년 만에 주나라 무왕이 기묘년에 기자를 조선에 봉하였다. 단군은 마침내 장당경으로 옮겼다가 뒤에 다시 아사달에 숨어서 산신이 되었는데, 나이가 1,908세였다.”라고 하였다. 이에 대해 말하자면 태백산 신단수 아래에 내려온 것은 바로 단군의 아버지이지 단군이 아니며, 신단수 아래에서 태어났기 때문에 단군이라고 부른 것이지 단목으로 내려왔기 때문에 단군이라고 부른 것이 아니다. 다만 그 말이 요망하고 거짓되고 비루해서 애당초 민가의 아이들도 속일 수가 없는데, 역사책을 쓰는 사람이 이 말을 전부 믿어 단군이 신인으로 내려왔다고 하고 다시 산으로 들어가 신이 됐다고 한단 말인가? 또 당요 이후 지나간 햇수는 중국의 시서와 소씨의 『황극경세서』를 살펴보면 알 수 있다. 요임금 경인년부터 무왕 기묘년까지는 겨우 1,220년이니, 그렇다면 이른바 “나라를 다스린 것이 1500년이고 나이가 1,908세”라는 것은 거짓말이 너무 심하지 않은가?

　　『필원잡기』에서 『삼한고기』의 내용을 인용하여 말하기를, “단군이 요임금과 같은 날 즉위하였고, 상나라 무정 을미년에 이르러서 아사달산으로 들어가 신이 되었으니, 향년 1,048세이다.” 하였고, 또 이르기를 “단군이 비서갑 하백의 딸에게 장가들어 아들 부루를 낳으니, 이가 동부여 왕이다. 우임금 때에 제후들을 도산에 모이게 했을 때 단군은 부루를 보내어 조회하게 했다.” 하였다. 살펴보면 요임금 원년은 바로 갑진년이니, 여기에서 단군이 요임금과 같은 날 즉위했다고 말한 것은 “무진년에 즉위하여 군주가 되고 경인년에 평양에 도읍했다.”는 내용과 서로 모순된다. 그리고 “상나라 무정 을미년에 산으로 들어가 신이 되었다.”고 말한 것은 또 “주나라 무왕 기묘년에 기자를 피해서 장당경으로 옮겼다.”는 내용과 서로 모순된다. 말이 뒤섞이고 어수선한 것이 이와 같으니, 방자하게 속였다는 것을 알 수 있다. 또 요임금이 즉위한 날짜는 중국 책에서도 고증할 수가 없다. 그렇다면 또 단군이 요임금과 같은 날에 즉위했다는 것을 어떻게 알 수 있겠는가. 단군이 나라를 세운 천여 년 동안에 한 가지 일도 기록할 만한 것이 없는데, 다만 도산에서 제후들이 옥과 비단을 예물로 바치고 천자를 뵐 때에 아들을 보내 입조하게 했다는 것은 거짓 핑계를 대고 억지로 가져다 붙인 것임을 굳이 말할 필요가 없다. 또 하백의 딸에게 장가들었다는 것은 요망하고 괴이함이 더욱 심하다.

또 『삼국유사』에 이르기를 “단군이 하백의 딸과 서로 친해서 아들을 낳아 부루라고 하였고, 그 뒤에 해모수가 또 하백의 딸과 사통하여 주몽을 낳으니, 부루와 주몽은 형제간이다.”라고 하였다. 이제 살펴보면 단군으로부터 주몽이 탄생할 때까지가 거의 2,000여 년이니, 설령 하백의 딸이 과연 귀신이고 사람이 아니라 하더라도 또 먼저는 단군에게 시집가고 뒤에는 해모수와 사통한 것이 반드시 똑같은 한 여자이며, 앞의 부루와 뒤의 주몽이 반드시 형제간임을 어떻게 알겠는가? 또 단군의 나이를 말한 것은 본래 허망하고 여러 책에 섞여 있어서 정설이 없다. 오직 양촌 권근의 응제시에 이르기를 “대대로 전한 것이 얼마인지 알 수 없고 지나온 햇수는 천 년을 넘었네.”라고 하여, 지난 햇수를 헤아릴 때에 단군의 나이를 말하지 않고 대대로 전했다고 말하였으니, 의심스러운 점은 의심스러운 대로 전함이 혹 다소 근사할 듯하다.

7. 『성호사설(星湖僿說)』

1) 『성호사설』[18] 제1권 천지문

기지아동(箕指我東)

孟子謂箕子膠鬲微子微仲王子比干, 分明是箕微王者地也, 子爵也, 膠
鬲微仲比干名也. 孟子又云, 膠鬲擧於魚鹽之中, 魚而幷鹽言之, 謂海邊
也. 此恐舊爲小人故也. 殷之制, 雖王者之子, 必使之遊遯遠近 俾知艱
難, 於武丁, 可見. 安知非箕子之擧於魚鹽耶. 箕之爲國, 指我東也. 以分
野驗之, 我東正當箕尾之躔而西道爲箕, 則意者箕子於檀君之末, 遊行
箕躔之分, 而卒乃受封於此也. 不然則所謂魚鹽海者, 何指而云耶. 又若
箕是他方 則何必舍所封而爲稱. 殷史所稱 以受封爲言, 非未受封之前,
已有此躔也. 然則我邦不待紂亡, 而已被其過存神之澤也夫.

맹자가 기지, 교격, 미자, 미중과 왕자 비간에 대해 말했는데 분명 기, 미,

---

18 한국민족문화대백과 참조, 『성호사설』

조선 후기 학자인 이익(李瀷, 1681~1763)이 쓴 책이다. 성호(星湖)는 이익의 호이며, 사설은 '세쇄
(細碎 : 매우 가늘고 작음)한 논설'이라는 뜻으로 이는 저자가 겸사로 붙인 서명이다. 저자가 40세 전
후부터 책을 읽다가 느낀 점이 있거나 흥미 있는 사실이 있으면 그때그때 기록해 둔 것들을 나이
80에 이르렀을 때에 집안 조카들이 정리한 책이다. 여기에는 제자들의 질문에 답변한 내용을 기록
해 둔 것도 포함되었다. 이를 그의 제자 안정복(安鼎福)이 다시 정리한 것이 『성호사설유선(星湖僿
說類選)』이다.

왕은 땅의 이름이고, 자는 작위이며, 교격, 미중, 비간은 이름이다. 맹자는 또한 "교격은 고기 잡고 소금 굽는 사람들 틈에서 등용되었다."라고 했는데 고기잡이와 함께 소금 굽는 것을 말한 것은 해변을 가리킨 것으로 이것은 아마도 예전에 서민이었기 때문인 것 같다. 은나라의 제도에는 왕의 아들일지라도 먼 곳으로 보내 어려움을 알게 하였는데, 무정의 경우에서도 볼 수 있다. 그렇다면 어찌 기자가 고기 잡고 소금 굽는 곳에서 등용된 것이 아니라는 것을 알겠는가?

'기'라는 나라는 곧 우리나라를 가리킨다. 별자리의 위치를 보면 우리나라가 기와 미의 지점에 해당되고 그중 서쪽이 기가 된다. 그러므로 내 생각에는 단군 말기에 기자가 이 기성을 따라와서 마침내 이 땅에 봉해진 것 같다. 그렇지 않다면, "고기 잡고 소금 굽는 바다"라는 것이 무엇을 가리켜 말하는 것이겠는가? 또 기가 다른 지방이라면 어째서 자기가 봉작을 받은 곳을 버리고 그렇게 불렀겠는가?『사기』「은본기」에서 말한 것은 봉작을 받은 것을 가지고 말하는 것이지, 봉작을 받기도 전에 이미 있었던 것을 쓴 것이 아니다. 그렇다면 우리나라는 주가 멸망하기 이전에 벌써 기자의 교화 은택을 받았던 것이다.

2)『성호사설』제1권 천지문

병영(幷營)

箕子受封朝鮮, 是時朝鮮之地, 幷有鴨綠內外, 遼亦在箕封之內, 豈非舜之幷營乎. 然則東方風化, 箕子之前, 已有人矣. 然伯夷非受封, 不過檀君之世一時寓居. 意者, 其始聞檀君闢國海上, 有仁賢之風, 傳世不替, 故以身歸焉. 旣而聞文王善養老, 復西走至周歟.

기자가 조선에 봉함을 받았을 때 조선 지역은 압록강 안과 밖을 모두 가지고 있었고 요동 지역도 기자의 영토 안에 있었으니, 어찌 순임금 시대의 병주와 영주가 아니겠는가? 그런즉 우리나라의 풍습에 대한 교화는 기자 이전에 벌써 이를 개척한 인물이 있었던 것이다. 그러나 백이가 봉함을 받은 것이 아니고, 단군 왕조 시대에 한동안 머무른 것에 불과하다. 내가 생각하기에 처음에 단군이 바닷가에서 나라를 세운 이후로 어질고 현명한 기풍이 생겨나, 역대로 변하지 않고 전승되었으므로 이곳에 몸을 의지했던 것이다. 그러다가 문왕이 노인을 잘 대우한다는 소문을 듣고 다시 서쪽 주나라로 갔던 것이다.

3) 『성호사설』 제1권 천지문
동방인문(東方人文)

檀君之世, 鴻濛未判, 歷千有餘年, 至箕子東封, 天荒始破. 不及於漢水以南.

단군의 치세에는 하늘과 땅이 나뉘지 않아 알 수 없었지만, 천여 년을 지나서 기자가 동쪽 지방에 봉함을 받게 되면서 천지의 미개함이 비로소 끝났다. 그러나 ㄱ섯노 한강의 남쪽까지는 미치지 못하였다.

4) 『성호사설』 제1권 천지문
단기강역(檀箕疆域)

舜肇十有二州, 封十有二山, 又在十有二牧咨命之中, 幽州居其一. 按漢地理志幽州, 其山醫巫閭, 其利魚鹽, 非今遼瀋而何哉. 檀君與堯並

立, 至十二州時, 已百年矣. 雖未知疆土遠近, 而箕子繼立, 其後孫朝鮮
侯, 時與燕爭强. 燕攻其西, 取地二千餘里, 至滿潘汗爲界, 朝鮮遂弱. 自
燕以東, 本無許多地, 滿潘汗卽今鴨綠水, 則滿者是滿洲, 潘是瀋之誤
也. 鴨綠之外, 距山海關, 不過千有餘里, 其爲燕所侵奪者, 遼瀋之外, 更
無其地. 然則檀君亦必在虞廷風化之內, 而東邦之變夷爲夏久矣. 舜本
東夷之人, 則諸馮負夏亦必九夷之中也. 箕子雖都平壤, 而與燕接界, 而
孤竹之墟又在其中. 自堯舜之世, 視作內服, 閱檀箕夷齊之風化, 聲教所
迄, 莫有此若也. 今也鴨綠以外, 地勢人風, 有不可以更合, 退以江流爲
界, 金甌全缺, 保全一方, 不失衣冠舊俗, 亦天地間一樂爾.

순이 처음으로 12개의 주를 설치하고 12개의 산에 봉표를 하였다. 또한
12개의 목을 임명하였는데 유주도 그중의 하나였다. 『한서』「지리지」에 보
면, "유주는 그 산이 의무려이고 그곳에서 물고기와 소금이 생산된다." 하였
으니, 이곳이 지금의 요양과 심양이 아니고 어디겠는가? 단군은 요와 같은
시기에 나라를 세웠으니 12개의 주를 설치할 때는 벌써 건국한 지가 100년
이 넘었다. 그 영토의 경계를 정확히 알 수는 없으나 기자가 계속하여 왕위
에 올랐고 그의 후손인 조선후의 시대에 와서 연과 힘을 겨루었다. 연이 그
서쪽 지역을 공략하여 2,000여 리의 땅을 빼앗아 만번한을 경계로 삼으면서
조선이 약해지기 시작했다. 연에서 동쪽으로는 본래 땅이 얼마 없었으며 만
번한은 바로 지금의 압록강이다. 만은 만주 번은 심이 잘못된 것이다. 압록
강 밖에서 산해관까지의 거리가 천여 리에 불과하니 연에게 빼앗긴 지역은
요양과 심양 외에는 해당하는 지역이 없다. 그렇다면 단군 시대에 벌써 순
의 교화를 받은 것이니, 우리나라가 오랑캐에서 중화가 된 것이 오래된 일
인 것이다. 순임금이 본래 동이의 사람이라면 저풍과 부하도 모두 구이 중
에 있었을 것이다. 기자의 수도가 평양이었으나 연과 국경을 접하였고, 고

죽국의 옛터도 그중에 있었을 것이다. 요순시대부터 내복으로 간주되어 단군, 기자, 백이, 숙제의 교화가 이루어졌으니 임금의 교화가 이루어진 곳 중에 여기만 한 곳이 없었다. 지금 압록강 이외의 지역은 땅과 사람의 모습을 보면 다시 합칠 수 없으므로 물러나 압록강이 흐른 곳을 경계로 삼고 영토의 일부가 완전히 없어지고, 일부 지역만을 보존하고 있으면서도 오히려 문명의 전통인 옛 문화를 잃지 않고 있으니, 그런대로 천지간에 한 즐거움이라 할 것이다.

5) 『성호사설』 제6권 만물문

발개(髮髻)

堯舜之於禹, 以聖繼聖, 其制必同. 東史云, 檀君敎民, 編髮蓋首, 蓋首者, 覆首也. 檀君與堯並時, 歷舜至禹, 舜之十二州至於幽幷朝鮮之地. 合有全遼壤界, 最近王化, 東漸與內服同. 故禹會塗山, 遣子夫婁入朝, 其同軌可知. 而覆首之制, 與之相符, 其用夏禮, 明矣.

요와 순으로부터 우에 이르기까지 성인에서 성인으로 계승되었으니, 그 제도가 반드시 같았을 것이다. 우리나라 역사책에, "단군은 백성을 가르칠 때 머리를 땋게 하고 개수를 만들어 쓰도록 하였다."라고 했는데, 이 개수란 것은 머리에 씌우는 갓이다. 단군은 요와 같은 시대의 임금이었다. 순을 거쳐 우에 이르기까지 순의 12주는 유주, 병주, 조선의 땅에 이르게 되었다. 그래서 모든 요동 지역을 합치고 가장 가까이에서 왕의 교화가 이루어져 동쪽이 점차 중국의 내복과 같아졌다. 그러므로 우가 도산에서 제후들을 모이게 하였을 때 단군이 아들 부루를 보내 조회하도록 한 것이다. 그것으로 제도가 같았다는 것을 알 수 있다. 부수라는 제도도 중국 것과 서로 부합되었으니, 그때는 하나라 예법을 쓴 것이 분명하다.

6) 『성호사설』 제8권 인사문

생재(生財)

東邦西隣遼瀋, 北有靺鞨, 南通倭. 海中爲方千里之域者二. 漢水以西, 爲三朝鮮舊墟, 自箕準浮海南投, 逐馬韓王自立, 有三韓之號, 南北不相通.

우리나라는 서쪽으로 요동, 심양과 인접하고, 북쪽에는 말갈이 있으며, 남쪽으로는 왜와 통한다. 바다 가운데 사방이 천 리가 되는 곳이 둘이다. 한 강 서쪽은 세 조선의 옛터이고, 기준이 뱃길로 남쪽으로 가서 마한의 왕을 내쫓고 스스로 왕이 되면서부터 삼한이라는 이름이 있었으며 남과 북이 서로 교통하지 않았다.

7) 『성호사설』 제8권 인사문

상벌(尙閥)1

東邦自檀箕立國於西邊. 三國分裂之後, 統合於王氏, 都於開城, 聖朝定鼎漢陽, 是文明之化, 自西漸東也.

우리나라는 단군과 기자 때부터 서쪽 변두리에 나라를 세웠다. 그리고 삼 국으로 분열된 것을 왕씨가 통합하여 개성에 도읍하였으며, 성조(조선)는 한 양에 도읍을 정하였으니, 이는 문화와 교육이 번성하여 서쪽에서 차츰 동쪽 으로 옮겨 온 것이다.

8)『성호사설』제8권 인사문

상벌(尙閥)2

自此以外, 亦檀箕故墟, 而視其人, 與靺鞨之地並比, 是又何也. 是皆尙閥之過也

이 밖에 서북 지역도 단군과 기자의 옛터인데 그곳 사람들을 말갈 사람과 같이 보는 것은 또 어째서인가? 이것이 모두 문벌을 숭상한 잘못이다.

9)『성호사설』제8권 인사문

상벌(尙閥)3

國家大失西北之心, 久矣. 爲今之計莫若變其地, 爲仕宦之鄕, 與北路之四陵濬殿, 西路之箕展檀祠之類, 擇其土人, 爲參奉, 秩滿遷陞, 爲京官. 一如常例, 稍稍成士大夫之俗, 則豈少補哉.

국가가 서북의 민심을 잃은 지가 오래이니 오늘의 계획으로 그 땅을 변화시키는 데에는 벼슬의 고장으로 삼는 것만 한 것이 없다. 북도의 4릉과 준전, 기자묘와 단군사 등에 그 고장 사람을 뽑아 참봉을 삼고, 임기를 마치면 승진시켜 경관을 삼는다. 이것을 모두 상례로 삼아 차츰 사대부의 풍속을 이루게 한다면 어찌 도움이 적겠는가?

10) 『성호사설』 제15권 인사문

화령(和寧)

二字爲國號, 夷裔之俗. 東方禮儀文物始於華夏, 而此獨不變何哉. 及箕
子東封, 檀君之後, 遷都唐藏京. 唐藏在文化縣, 而猶稱檀君, 則檀是國
號. 按通考, 檀弓出樂浪, 檀非造弓之木, 則以國號名之也. 箕子受封, 爲
子爵, 則箕是國號. 意者, 星土分野, 箕直其墟, 故云. 稱朝鮮者, 四郡之
通名, 如中國之爲齊州, 恐非歷代之國號也.

두 글자로써 국호를 삼는 것은 오랑캐의 풍속이다. 우리나라의 예의와 문
물은 중화에서 비롯되었는데 오직 이것을 고치지 못하는 것은 무슨 까닭인
가? 기자가 동쪽에 봉해지자 단군이 나중에 당장경으로 도읍을 옮겼다. 당
장은 문화현에 있으며 여기서도 오히려 단군이라 칭했으니, 단은 국호인 것
이다. 『문헌통고』를 살펴보면 "단궁은 낙랑에서 생산된다." 했는데, 단은 활
을 만드는 나무가 아니고 국호로 활의 이름을 지은 것이다. 기자가 봉작을
받아 자작이 되었는데 기도 국호니, 생각건대 별이 담당하는 땅의 별자리 중
에 기성이 그곳에 해당하므로 국호를 기라 이른 것일 것이다. 조선이란 한
사군의 통칭으로서 중국을 제주라고 부르는 것과 같으니 아마도 역대의 국
호는 아닌 것 같다.

11) 『성호사설』 제16권 인사문

역년대운(歷年大運)

東邦是一隅別局, 歷年尤長. 檀君與堯並立歷千二百十二年, 箕子與周
武並立歷九百九十九年, 合馬韓共千一百三十一年, 大約皆千有百年,

比三代倍之矣. 三國並立, 句麗七百三年, 百濟六百七十八年, 高麗王氏又四百七十五年, 大約不違於五百之運也. 今嶺南又我邦之別局, 新羅與麗濟並立九百九十三年, 則獨上紹檀箕之運焉. 今聖朝已近四百年, 國祚線遠有待於無窮也.

우리나라는 한 모퉁이에 있는 별도의 지역으로 그 역사가 매우 길다. 단군이 요임금과 함께 일어나 1,212년이 지났고 기자는 주 무왕과 함께 일어나 999년을 지냈으며, 마한과 합치면 모두 1,131년이다. 대략 모두 1,100여 년이 되니, 하, 은, 주 삼대에 비하면 배가 되는 것이다. 삼국시대에는 고구려가 703년이요 백제가 678년이며, 고려의 왕씨가 또 475년이니 대략 500년 운에 어긋나지 않았다. 지금 영남도 우리나라의 별다른 지역으로 신라가 고구려, 백제와 함께 일어나 993년이 되어 홀로 단군과 기자의 운을 이어받았고, 지금 우리나라, 즉 조선 이미 400년이 되었으니, 나라의 운이 무궁한 운회를 기대할 수 있는 것이다.

12) 『성호사설』 제17권 인사문

부열축북해(傅說築北海)

檀箕之世, 其地統於朝鮮. 又舜本東夷之人, 而孟子設敎, 謂瞽瞍殺人, 則舜竊負, 而逃遵海濱, 而處樂, 而忘天下. 其逃也, 必在中國之外, 疑亦指此也. 至殷傅說入, 爲中興相, 至周箕子受封, 其得太平之號宜矣.

단군과 기자의 시대에 이 지역은 조선의 통치를 받았다. 또 순은 본디 동이의 사람인데 맹자가 설교하여 말하기를 "고수가 사람을 죽였다면 순이 남몰래 등에 업고 도망하여 바닷가로 가서 살면서 즐거워하며 천하를 잊을 것이다." 했다. 그렇다면 그 도망하는 곳은 반드시 중국의 나라 밖일 것이니, 또한 이곳을 가리킨 것으로 의심된다. 은나라에 이르러 부열이 중국으로 들어가 나라를 중흥시키는 재상이 되었고, 주나라 때 기자가 이곳에 봉해졌으니, 태평한 고장이라는 이름을 얻는 것이 당연하다.

13) 『성호사설』 제23권 경사문

단기(檀箕)

東國檀箕以上, 無所考. 檀君與堯並立, 則亦與舜並世也. 舜肇十二州, 而幽幷營皆東北之地, 謂之肇, 則堯時未有也. 舜生諸馮, 而稱東夷之人, 則其地與遼瀋接近矣. 按周禮職方氏, 幽州其山曰醫巫閭, 其利魚鹽. 今燕路右見巫閭, 魚鹽亦遼海所産, 而與我東相連, 可以見矣. 朝鮮之地始並有遼瀋, 必與諸馮不遠矣. 舜一年成娶, 二年成邑, 三年成都, 則檀君之從化無疑矣.

우리나라 역사에서 단군·기자 이상은 알 수가 없다. 단군은 요와 같은 시대에 나라를 세웠다 하였으니, 역시 순과 같은 시대이다. 순이 맨 처음으로 12주를 설치했는데, 유주, 병주, 영주는 모두 동북 지역이다. 이를, "순이 맨 처음으로 설치했다."라고 하였으니, 요의 시대에는 없었던 것이다.

"순은 저풍에서 태어났는데, 동이 사람이다."라고 하였으니, 그 땅은 요동, 심양과 매우 가까웠던 것 같다. 『주례』「직방씨」를 살펴보면 "유주에는 의무려라는 산이 있고 물고기와 소금이 생산된다."고 하였다. 지금 연경으로 가는 길 오른쪽에 의무려산이 보이고 물고기와 소금 역시 요동 바다에서 생산되므로, 우리나라와 서로 잇닿아 있었다는 것을 짐작할 수 있다. 처음에는 요동과 심양이 모두 조선의 소유였으니 반드시 저풍과 서로 멀지 않았을 것이며, "순은 1년 만에 취락을 이루고 2년 만에 고을을 이루고 3년 만에 도읍을 이루었다."고 하였으니, 단군도 순을 따르게 되었던 것은 의심할 여지가 없다.

14) 『성호사설』 제26권 경사문

삼성사(三聖祠)

興地勝覽引古記云, 天神桓因使庶子雄, 持天符三印, 帥徒三千, 降於太白山頂. 是時熊化爲女神, 因爲昏生檀君. 檀君娶非西岬河伯之女, 生夫婁, 爲北扶餘王, 老無子祈子, 得金蛙養之. 夫婁死金蛙嗣, 傳至帶素, 爲高句麗大武神王所滅. 然則檀君之世, 只一傳而絶矣. 上云, 夫婁爲北扶餘王, 下云, 夫婁遷都. 三國史云, 爲東扶餘王, 則舊都爲北扶餘, 迦葉爲東扶餘. 又云, 其舊都有人自稱天帝子解慕漱, 來都焉. 則舊都者, 卽太白山, 而解慕漱都焉. 夫婁在太白之東, 而至帶素國亡, 其第竄至鴨綠谷, 殺海頭國王都焉. 是爲曷思國, 又降於句麗, 則金蛙之世絶矣. 桓因與熊昏, 則不但雄, 因亦同降. 檀君乃熊神所生, 則熊非嫡妻, 不獨雄檀亦庶子, 其更有嫡子乎. 又或雄死, 而檀君繼兄立耶. 檀君傳子夫婁, 遷于迦葉, 而解慕漱來居舊都, 則檀君何往. 史又稱檀君入阿斯達山爲神, 阿斯者諺語九也, 達者諺語月也, 今九月山是也. 文化縣有唐莊京, 箕子受封, 檀君乃移於此云. 九月山有三聖祠, 祀因雄檀三人, 春秋降香致祭, 然則檀君留許多年, 至周武王時, 始移唐莊乎. 又或檀君入於阿達爲神, 夫婁遷都, 而留舊都者, 解慕漱之後裔耶. 解慕漱王於舊都, 而其子朱蒙自東扶餘逃亂, 何不歸於父, 而之他乎. 箕子受封, 是代慕漱, 非代檀君也. 箕子聖人, 豈有逐其主君, 而自王之理. 檀君爲天神子, 解慕漱亦天帝子, 天有兩神乎. 檀君爲河伯之壻, 解慕漱亦爲河伯之壻, 同一河

伯乎. 其誕妄不可信如此. 大抵東史如金寬毅編年之類, 雜採俚俗, 尤甚
孟浪, 而作史者取焉. 其見識之陋如此.

『여지승람』에 『고기』를 인용하여 말하기를 "천신 환인이 서자 환웅으로
하여금 천부인 3개와 무리 3,000명을 거느리고 태백산 정상에 내려가게 하
였다. 이때에 곰이 여신으로 변화하고 환인과 혼인을 하여 단군을 낳았다.
단군이 비서갑 하백의 딸에게 장가들어 부루를 낳았다. 부루가 북부여 왕
이 되었는데, 늙도록 아들이 없으므로 아들 낳기를 기도하여 금와를 얻어 길
렀다. 부루가 죽자 금와가 대를 계승하였고 대소에 이르러 고구려의 대무신
왕에게 멸망을 당했다." 하였다. 그렇다면 단군의 세대는 단지 한 대를 전하
고 끊어진 셈이다. 앞에서는 "부루가 북부여 왕이 되었다." 하였고, 뒤에서는
"부루가 도읍을 옮겼다." 하였다. 『삼국사』에서 "동부여 왕이 되었다." 했으
니, 옛 도읍이 북부여이고 가섭은 동부여가 되는 것이다. 또 이르기를 "그 옛
도읍에 스스로 천제의 아들이라고 하는 해모수란 사람이 와서 도읍했다."
한즉, 옛 도읍이란 것은 곧 태백산이며 해모수가 도읍한 곳이다. 또한 부루
는 태백산의 동쪽에 있었고 대소에 이르러 나라가 망하자 그 아우가 달아나
압록곡에 이르러 해두왕을 죽이고 도읍하니 이를 갈사왕이라고 하는데, 또
고구려에 항복하였으니 금와의 세대가 끊어진 것이다. 환인이 곰과 결혼했
다면 환웅만 내려온 것이 아니라 환인도 함께 내려온 것이다. 단군이 곧 웅
신의 소생이라면 곰이 적처가 아니니, 오직 환웅만이 서자가 아니라 단군도
역시 서자인데 다시 적자가 있겠는가? 또 혹시 환웅이 죽자 단군이 형을 계
승하여 임금이 된 것인가? 단군이 아들 부루에게 전하여 가섭으로 옮겼는데
해모수가 와서 옛 도읍에 살았다면 단군은 어디로 갔단 말인가? 사(史)에 또,
"단군이 아사달산에 들어가 신이 되었다." 하였는데, 아사는 민간에서 쓰는
말로 '아홉'이요, 달은 '달'이라는 말이니, 이것이 곧 지금의 구월산이다. 문화

현에 당장경이 있어 기자가 봉함을 받은 곳이니 단군이 바로 이곳으로 옮겼다고 한다. 구월산에 삼성사가 있어, 환인·환웅·단군 세 분을 제사하는데, 봄가을로 향을 내려 제를 올린다. 그렇다면 단군이 여러 해를 머물러 있다가 주 무왕 때에 이르러 비로소 당장으로 옮겼단 말인가?

또 혹시 단군은 아사달로 들어가 신이 되고 부루가 도읍을 옮겼는데, 옛 도읍에 머무른 자는 해모수의 후예인가? 해모수가 옛 도읍에서 왕 노릇을 하고 있는데 그 아들 주몽이 동부여로 난리를 피해 도망했다면 어찌 그 아버지에게로 돌아가지 아니하고 다른 곳으로 갔단 말인가? 기자가 봉함을 받았다면 바로 해모수를 대신한 것이지 단군을 대신한 것은 아니다. 기자는 성인인데 어찌 그 주군을 쫓아내고 스스로 왕이 될 리가 있겠는가? 단군이 천신의 아들이고 해모수도 천제의 아들이라 한다면 하늘에 두 신이 있단 말인가? 단군이 하백의 사위가 되고, 해모수도 또한 하백의 사위가 되었으니 동일한 하백이란 말인가? 그 허탄하고 망령되어 믿지 못할 것이 이와 같다. 대저 동사는 김관의의 편년 같이 시골의 풍습을 잡다하게 모아서 아주 터무니없는데도 역사책을 만드는 자들이 취해 쓰고 있으니 그 견식의 비루함이 이와 같다.

8. 『동사강목(東史綱目)』

1) 『동사강목』[19] 제1상 임술년 마한

扶餘國在玄菟北千里. 莫知其先, 或曰檀君之後北徙爲扶餘國, 以解爲
姓. 初其王解慕漱, 自稱天帝子, 又號檀君, 生子夫婁夫婁老而無子 [按
百濟溫祚, 爲夫婁庶孫優台之子, 則此云無子者可謂東史之錯亂, 無徵盖如是矣]
祭山川求嗣, 其所御馬至鯤淵 [在今胡地未可詳], 有小兒, 金色蛙形, 喜曰,
此乃天賚我令胤乎, 乃收養之, 名曰金蛙, 立爲太子.

부여국은 현도 북쪽 천 리에 있었다. 그 선대는 알 수 없는데, 혹 "단군의
후손이 북쪽으로 옮겨 부여국이라 하고, 해로 성을 삼았다."고도 한다. 처음

---

19 한국민족문화대백과 참조, 『동사강목』

조선 후기의 실학자 안정복(安鼎福, 1712~1791)이 쓴 단군조선부터 고려 말기까지를 다룬 통사적
인 역사책이다. 본편 17권, 부록 3권으로 되어 있으며, 서술 체재는 편년체이나 주자의 『자치통감강
목(資治通鑑綱目)』의 형식에 의해 강(綱)과 목(目)으로 서술된 역사서이다.
책의 편찬 동기는 기왕의 우리나라 역사서들의 서술과 연구에 대한 불만이었다. 즉, 우리나라 역사
책들은 사료의 수집이 철저하지 못했고, 서술이 요령을 잃었으며 의례(義例)에 어긋났고, 시비를 가
리지 못했다는 것이었다. 이에 자료를 널리 수집해 이를 비판하고 또한 평가의 기준으로 『자치통감
강목』의 범례를 정법으로 삼아 서술하려 했다. 이와 같은 기존 사서의 불완전함과 결점을 보완하기
위해 역사가의 중요한 원칙으로서 다음의 다섯 가지를 들고 있다.
① 계통을 밝힐 것, ② 찬탈자와 반역자를 엄하게 평할 것, ③ 시비를 바르게 내릴 것, ④ 충절을 높
이 평할 것, ⑤ 법제를 상세히 살필 것 등이다. 이 밖에 『동사강목』의 지리고(地理考) 서(序)에서 역
사가는 강역을 먼저 알아야 역사의 성쇠를 알 수 있다고 강조하기도 했다.

에 그 왕 해모수가 스스로 천제의 아들이라 일컬었고, 또 단군이라 불렀으며 아들 부루를 낳았다. 부루가 늙도록 아들을 두지 못하매 [백제 시조 온조가 부루의 서손 우태의 아들이라고 하니, 여기에 아들이 없다고 한 것은 의심스럽다. 동사의 착란을 밝힐 수 없음이 대개 이와 같다.] 산천에 제사하여 후사를 구하였더니, 그가 탄 말이 곤연[지금 호의 땅에 있었으나 알 수 없다.]에 이르자 금빛 개구리 모양의 어린아이가 있으므로, 기뻐 말하기를, "이는 하늘이 나에게 아들을 주신 것이다."라고 하고, 곧 거두어 길러서 이름을 금와라 하고 태자로 삼았다.

2) 『동사강목』 부록 상권, 상

고이(考異) 부루당유이인(夫婁當有二人)

三國遺事引檀君記云, 娶西河河伯女, 産子夫婁. 又其北扶餘篇云, 解慕漱立國於北扶餘, 生子名夫婁, 當漢宣帝神爵三年. 又引高句麗記云, 解慕漱, 私河伯女産朱蒙夫婁與朱蒙, 異母兄弟也. 又其王曆篇云, 朱蒙檀君子, 則此以解慕漱衛檀君也. 此所稱檀君, 或非謂始降之檀君, 而以檀爲姓, 則其子孫因以爲號, 幷稱爲檀君. 所謂慕漱者, 亦始降檀君之後, 又名其子夫婁者, 若芊心之更稱懷王也. 古來傳說荒誕, 終無可信之文, 今只從其近似者, 夫婁則分爲二人而錄之.

『삼국유사』에서는 「단군기」를 인용하여, "서하 하백의 딸에게 장가들어 아들 부루를 낳았다."라고 하였고, 또 「북부여편」에서는 "해모수가 북부여에 나라를 세우고 아들을 낳아 이름을 부루라 하였다."라고 하였으니, 이때는 한 선제 신작 3년에 해당된다. 또 「고구려기」를 인용하여, "해모수가 하백의 딸을 사통하여 주몽을 낳았다."라고 하였으니, 부루와 주몽은 배다른 형제이다. 또「왕력편」에 "주몽은 단군의 아들이다."라고 하였으니, 이는 해모수로 단군을 삼은 셈이다. 이에 이른바 단군은 아마 처음 내려온 단군이 아니고 단으로 성을 삼아 곧 그 자손이 그대로 호칭하여 단군이라 일컬은 것이리라. 이른바 해모수 역시 처음 내려온 단군의 후예이고, 그 아들을 부루라 이름한 것 역시 미심을 회왕으로 경칭하는 것과 같은 것이리라. 고려의 전설이 허황하여 하나도 믿을 만한 책이 없다. 지금은 다만 그럴듯한 것만 따라 부루는 두 사람으로 나누어 기록한다.

3) 『동사강목』 부록 상권, 상

고이(考異) 단군훙(檀君薨)

古記檀君與堯並立於戊辰, 歷虞夏至商武丁八年乙未, 入阿斯達山爲神, 壽一千四十八. 今考經世書及諸史, 武丁八年爲甲子, 而三十九年乙未, 自堯戊辰至武丁八年甲子爲一千十七年, 至乙未爲一千四十八年, 而如古記之說, 豈非享國則一千十七年, 而壽至於千四十八歲耶. 今依經世書武丁八祀甲子錄之, 盖上世神聖之人, 年壽或有與常人絶異, 廣成子千二百歲, 彭祖八百歲, 雖出稗家雜說而中國人傳說已久. 又見日本史, 倭皇垂仁時, 倭姬年五百餘歲, 是當西漢元成之際, 大臣武內年三百四十, 當西晋之末, 以此觀之, 則檀君享年千餘歲, 亦無足怪. 而權近應製詩, 傳世不知幾, 歷年曾過千, 其意以千四十八年, 歸之傳世歷年之數, 頗爲近理, 故通鑑取其論, 今收入.

『고기』에 이르기를, "단군은 무진년 요임금과 병립하여 우·하를 거쳐 상나라 무정 8년 을미에 아사달산에 들어가 신이 되고 1,048세의 수를 누렸다."라고 하였다. 지금『경세서』및 여러 역사를 상고하건대, 무정 8년은 갑자가 되고 39년이 을미다. 요의 무진부터 무정 8년 갑자까지는 1,017년이 되고 을미까지는 1,048년이 되니, 『고기』의 말과 같이 본다면 이 어찌 향국 1,017년에 향수가 1,048세란 뜻이 아니겠는가? 이제『경세서』에 의거하여 무정 8년 갑자로 기록한다. 대개 상고시대 신성의 나이가 혹 범인과 특이한 것이 있으니, 광성자는 1,200세요, 팽조는 800세다. 이것이 비록 패가의 잡설에서 나왔으나 중국 사람들의 전설이 이미 오랬고, 또 일본사를 보면 왜황수인 때 왜희의 나이 500여 세였으니 이때는 서한 원성 무렵이고, 대신 무내의 나이 340여 세였으니 이때는 서진 말엽이다. 이런 것으로 본다면 단군의 향년 1,000여 세가 또한 괴이할 것이 없다. 권근의 응제시에 이르기를 "역대는 얼마인지 모르겠으나 역년은 천 년이 지났도다."라고 하였으니, 그 의도가 1,048년으로 간주한 것이다. 그 역대와 역년의 수가 자못 이치에 가깝기 때문에『동국통감』의 논을 받아들인다.

4)『동사강목』부록 상권, 하, 잡설

조선명호(朝鮮名號)

管子之書曰, 發朝鮮之文皮, 戰國策蘇秦說燕文侯曰, 燕東有朝鮮遼東, 此當箕氏之際, 則箕子之稱朝鮮, 信矣. 而史記有朝鮮列傳, 言衛滿事, 則衛氏之因稱朝鮮, 亦明矣. 命名之義, 諸說不同. 索隱曰, 朝音潮, 鮮音仙, 以有仙水故名, 此言稍古質而未見允協. 輿地勝覽曰, 居東表日出之地, 故名朝鮮, 金鶴峰誠一朝鮮考異曰, 鮮, 明也. 地在東方日鮮明, 故爲朝鮮, 二說語意太巧, 似是後來文勝後推演之語, 如高麗之麗, 本平聲, 而後人讀作去聲, 謂爲山高水麗之稱耳. 或言東方, 卽白頭山之麓, 而白頭從鮮卑山而來, 其本則崑崙之別支也. 後漢時東胡部落, 起其下者因山名爲號鮮卑國, 是也. 箕子之世, 遼地太半在其封域, 而在鮮卑山之東故稱爲朝鮮, 朝者東也. 周禮景朝多陰之朝義同, 其義較近矣. 檀君之時, 朝鮮稱否, 未可知而麗史地志, 以檀君爲前朝鮮, 箕子爲後朝鮮, 東人傳說已久·今且因舊書之, 或云檀是國號. [按後漢書濊傳云, 樂浪檀弓出, 其地檀非可弓之木, 則似以國稱流傳耳], 故其子孫, 皆稱檀君, 不可攷 [更按三國遺事引魏書云, 往二千載, 有檀君王儉, 立都阿斯達建國, 號朝鮮, 與堯同時, 按中國史檀君, 始見于此而據此則朝鮮之號, 亦自檀君而有矣.]

관자의 글에 이르기를, "조선의 문피를 징발하였다."라고 하였고, 『전국책』에서 소진이 연나라 문후에게 말하기를, "연의 동쪽에 조선 요동이 있다."라고 하였는데, 이때는 기씨의 때이니, 조선이라 일컬은 것을 확신할 수 있다. 『사기』에 조선열전이 있어 위만의 사실을 말하였으니, 위씨가 이어서 조선이라 일컬은 것은 또한 자명하다.

그 명칭의 의미에 대해서는 여러 말이 모두 같지 않다. 『색은』에서는, "조의 음은 '조'요 선의 음은 '산'이니, 산수가 있기 때문에 이름 붙인 것이다."라고 하였는데 이 말이 약간 질박하기는 하나 적합하게는 여겨지지 않는다. 『여지승람』에서는 "동쪽 끝 해가 뜨는 곳에 있기 때문에 조선이라 이름하였다."라고 하였고, 학봉 김성일의 『조선고이』에서는 "선은 '밝음'이니 동쪽에 위치하여 해가 선명하기 때문에 조선이라 하였다."라고 하였는데, 두 말의 뜻이 너무 공교롭다. 이는 문을 계승한 후세에 와서 아름답게 윤색한 말 같아, 마치 고려의 '여' 자가 본래 평성인데 후인들이 거성으로 읽어 산고수려의 '여' 자로 일컫는 것과 같다. 혹 말하기를, "동방은 곧 백두산의 기슭이고 백두산은 선비산으로부터 뻗어 내렸으니 그 근본은 곤륜의 별지이다. 후한 당시 그 산 밑에서 일어난 동호 부락이 그 산의 이름을 따 선비국이라 이름한 것이 바로 이것이다. 기자 세대에 요지의 태반이 그의 봉역에 있었는데, 그 산이 선비산 동쪽에 위치하였기 때문에 조선이라 하였다. 조는 '동'의 뜻이니 『주례』경조 다음의 '조' 자와 뜻이 같다."라고 하니, 그 뜻이 비교적 가깝다. 단군 시대에 조선이란 칭호가 있었는지는 알 수 없으나, 『고려사』지리지에 의하면 단군으로 전조선을 삼고 기자로 후조선을 삼아 그 전설이 이미 오랬으므로, 내 이제 옛것을 따라 그대로 쓴다. 혹은 "단이 국호이기 때문에 『후한서』「예전」을 살펴보면, "낙랑의 단궁이 그 땅에서 나온다."라고 하였는데, 단이 활을 만들 만한 나무가 아니니 국호로 호칭되어 유전된 듯하다.] 그 자손이 모두 단군이라 일컫는다."라고 하지만 상고할 수 없다. 『삼국유사』에서 『위서』를 인용하여 말하기를, "지금으로부터 2,000년 전에 단군왕검이 있어 아사달에 도읍을 정하고 나라를 세워 조선이라 불렀는데 요와 같은 때였다."라고 하였다. 중국 역사를 상고하면 단군이 여기에 비로소 보이니, 이에 의하면 조선의 칭호가 또한 단군으로부터 있었던 것이다.]

5) 『동사강목』 부록 하권

백악고(白岳考) 부아사달(附阿斯達)

遺事檀君初都平壤, 又移白岳山阿斯達. 又云阿斯達, 亦云白岳, 在白州地 [今白川, 或云在開城東, 今白岳宮, 是 [今未詳] 皆未定之辭也, 麗史金謂磾傳, 引神誌仙人秘詞, 有白牙岡之說, 而以西京[即平壤]當之, 世傳神誌, 檀君時人 [出權攣應制詩註], 所謂白牙岡, 即白岳也, 檀君之移都, 猶高句麗之自平壤移東黃城新羅之自金城移月城耶. 麗誌文化九月山, 世傳阿斯達山 [庄庄坪, 世傳檀君所都, 即唐莊京之訛, 輿地勝覽在今文化縣東十五里, 基址尙存, 然則白岳當是此地也], 方言阿斯近九, 達近月故也. 古者東方地名, 皆以方言呼之, 則此亦然矣 [或云, 山有宮闕故址, 故俗稱闕山, 訛傳爲九月山云].

『삼국유사』에서 "단군이 처음에는 평양에 도읍을 정했고, 또 백악산 아사달로 옮겼다."라고 하였다. 또 이르기를 "아사달은 또 백악이라고도 하는데, 백주[지금의 배천이다.]에 있다. 혹은 개성 동쪽에 있다고 하는데 지금 백악궁[지금은 미상]이 바로 그것이다."라고 하였으나, 모두가 확정되지 않은 말이다. 『고려사』「김위제전」에서는 신지선인의 비사에 있는 백아강에 대한 설을 인용하여 서경[즉 평양]을 거기에 해당시켰다. 신지는 단군 때 사람이라고 세속에서 전한다. [권람의 응제시 주에 보인다.] 이른바 백아강이란 곧 백악이다. 단군이 도읍을 옮긴 것이 마치 고구려가 평양에서 동황성으로 옮기고, 신라가 금성에서 월성으로 옮긴 것 같은 것이 아닐까? 『고려사』 지리지에, "문화현의 구월산을 세속에서 아사달산[장장평)은 세속에서 단군이 도읍한 곳이라고 전하는데, 곧 당장경의 잘못이다. 『여지승람』에는 "장장평은 문화현의 동쪽 15리에 있는데, 건물의 기초가 지금도 있다."라고 하였으니, 백악은 바로 이 땅이다.]이라 전하는데, 방언으로 아사는 '구'에 가깝고 달은 '월'에 가깝기 때문이다. 옛날 우리나라 지명은 모두 방언으로 불렀으니, 이것 또한 그랬으리라. [혹 말하기를, "그 산에 궁궐의 옛터가 있기 때문에 세속에서 궐산이라 칭하는데, 와전되어 구월산이라 한 것이다."라고 한다.]

9. 『수산집(修山集)』

1) 『수산집』[20] 권11, 「동사(東史)」, '단군본기(檀君本紀)'

朝鮮王檀君者, 祖曰神人桓因, 桓因有庶子, 曰桓雄. 桓雄居太白之山, 有神熊之異, 而生君於檀樹下, 號檀君. 或曰, 檀君名曰王儉, 或曰, 姓桓氏. 檀君之時, 東夏無君長, 百姓蚩蒙, 禽獸與群. 於是檀君乃敎民編髮盖首, 始有君臣男女之分, 飮食居處之節. 時陶唐氏立於中國, 而始檀君開國, 盖在戊辰歲云. 當九年之水, 命彭吳, 定高山大川. 至于牛首, 奠厥民居.檀君盖年數十百歲終. 子扶婁立, 以甲戌之歲, 朝夏禹氏於塗山. 扶婁之後, 世系年譜逸而不傳. 或曰, 檀君不死, 以商武丁乙未, 入阿斯達山爲神. 或曰, 至周, 避箕子於唐莊之京, 年千有餘歲云. 檀君居平壤之邸, 而當殷周之際, 後世子孫, 徙於白岳, 檀君立千五百八年. 箕子以八條之敎, 代莅東夏, 方俗用正.

---

20 한국민족문화대백과 참조, 『수산집』

조선 후기의 학자 이종휘(李種徽, 1731~1797)의 시문집이다. 14권 7책. 운각인서체자본(芸閣印書體字本). 1803년(순조 3) 아들 동환(東煥)이 편집, 간행하였다. 권두에 홍양호(洪良浩)의 서문과 조중(趙重)의 후서(後敍), 권말에 신대우(申大羽)의 발문이 있다. 규장각 도서·국립중앙도서관·고려대학교 도서관 등에 있다.

권1·2에 시·소부(騷賦)·서(序)·서(敍), 권3·4에 기(記)·편(篇)·설(說)·찬(贊)·명(銘), 권5에 논(論), 권6에 사론(史論)·책(策), 권7·8에 행장·비(碑)·지명(誌銘)·전(傳), 권9에 제문·애사·잡저·서(書), 권10에 제후(題後)·발(跋)·독(讀), 권11에 동사본기(東史本記), 권12·13에 동사연표(東史年表), 권14에 동국여지잡기(東國輿地雜記)·만필 등이 수록되어 있다.

外史氏曰, 盖虞夏之際, 天下之有君久矣. 然東方之君始於檀氏, 幷堯而立, 此其故何也. 徐氏通鑑, 獨載羅麗以下, 而雜記言檀君, 其文頗不經, 縉紳先生難言之. 金富軾所傳天神神市天符三印檀君年歲, 儒者多不信. 余嘗聞摩尼山有檀君祭天壇, 九月山有三聖祠, 其東有古所謂唐莊京者, 往往有佳氣其上云, 總之, 不離四佳所論者. 近是, 余觀中國古史, 其表見檀君王儉之名章矣. 盖檀君首出聖人, 在中國其伏羲神農之君乎. 竊取古記文意頗雅者. 爲本紀書首.

조선왕 단군의 할아버지는 신인 환인이다. 환인에게는 환웅이라는 서자가 있었다. 환웅은 태백산에 살았고, 신웅의 이적으로 박달나무 아래에서 군을 낳았기 때문에 단군이라 불렀다. 혹은 단군의 이름을 왕검이라고 하고, 혹은 성을 환씨라고 하였다. 단군 시대에는 우리나라에 임금이 없어서 백성들이 어리석은 상태였고 짐승과 더불어 무리 지어 살았다. 이때 단군이 백성들에게 머리를 땋고 모자를 쓰는 법을 가르치니 비로소 임금과 신하, 남자와 여자의 분별과 음식과 거처에 절도가 있게 되었다. 이때는 요임금이 중국에서 나라를 세운 때인데, 비로소 단군이 개국하게 되었으니 대체로 무진년이라 한다. 9년 동안 이어지는 홍수를 당하여 팽오에게 높은 산과 큰 내를 정하게 하고 우수에 이르러 백성의 터전을 정하였다. 단군은 대체로 나이 수천 세에 죽었다. 아들 부루가 왕이 되어 갑술년에 도산에서 하우씨에게 조회하였다. 부루 이후는 세계와 연보가 없어져 전하지 않는다. 혹은 단군이 죽지 않고 상나라 무정 을미년에 아사달산에 들어가 신선이 되었다고 하였다. 혹은 주나라 때에 기자를 피해 당장의 경으로 갔고, 나이는 천여 세였다고 하였다. 단군은 평양에 거처하였는데, 은주의 교체기에 후세 자손이 백악산 아래로 옮겼으니 단군이 즉위한 지 1,508년이었다. 기자가 8조의 가르침으로 동쪽 문명국인 우리나라를 이어서 다스리니 우리나라의 풍속이 바르게 되었다.

　외사씨가 말하기를 "대체로 우하 때 천하에 임금이 있은 지가 오래되었다. 그러나 동방의 임금은 단씨에게서 시작되었는데 요와 같은 시기에 건국하였다고 한 까닭은 무엇인가. 서거정의『동국통감』에서는 유독 신라와 고려 이후만 신고『필원잡기』에서 단군을 말하였는데, 그 문장이 자못 유학 경전에 맞지 않아 사대부가 말하기를 어려워했다. 김부식이 천신, 신시, 천부삼인, 단군연세를 전한 것을 사대부들은 대부분 믿지 않았다. 내가 일찍이 들으니 '마니산에는 단군의 제천단이 있고, 구월산에는 삼성사가 있으며, 그 동쪽은 예부터 당장경이라고 불리는 곳이 있어 가끔 아름다운 기운이 그 위에 있다.'고 하였는데, 종합해 보니 서거정이 논한 것과 어긋나지 않았다. 근래에 내가 중국의 고사를 보니 단군왕검의 이름을 표현한 것이 현저하였다. 단군은 맨 처음 나온 성인으로 중국의 복희나 신농 같은 임금이 아닐까? 삼가 옛 기록 가운데 글의 뜻이 자못 바른 것을 뽑아 본기의 첫머리로 삼는다.

2)『수산집』권2 서(序)

송취영사유관동제산서(送翠英師遊關東諸山序)

文化九月, 有檀君古祠. 自香山以東名山以什數, 七寶最奇, 東北望瑟海, 此皆師之可遊處也.

　문화현 구월산에는 단군의 옛 사당이 있다. 묘향산 동쪽 명산들이 여럿 있는데 칠보가 가장 기이하고 동북쪽으로 슬해를 바라보니 이것들은 모두 노닐기에 모범이 될 만한 곳이다.

3) 『수산집』 권2 서(叙)

청구고사서(青丘古史叙)

司馬遷本紀五帝, 蘇轍並及三皇, 而何嘗見信史野乘小說. 冥搜雜采, 或僅得數事, 亦因之成編, 叙事少而議論多, 此亦微顯闡幽之體也. 故始檀君迄新羅七本紀, 扶餘駕洛大伽倻以至報德渤海九世家, 四十九列傳, 十志八表. 其間馬韓雖遷一隅. 而如江南之晉. 巴蜀之漢. 宜接箕氏之統. 衛滿次之. 高句麗起朝鮮古地. 禮樂文物. 頗用華制. 比如魏處中原. 吳據江南. 以先魏後吳之例. 高句麗接馬韓. 新羅次之. 百濟又次之. 然朝鮮三韓, 分域不同, 故羅麗各自爲史, 而百濟則附新羅. 至如表志. 則三朝鮮, 三韓, 九國及諸小國. 亦別錄. 其可考者. 謂之青丘古史.

사마천의 『사기』 「본기」의 오제와 소철이 언급한 삼황은 어떻게 일찍부터 역사책과 야승, 소설에 보이는가? 깊이 생각해 보면 잡다한 것들을 모으거나 혹은 여러 가지 이야기들을 겨우 얻어서 책으로 만들었기 때문에 사실을 있는 그대로 기록한 것이 적고 의논이 많으니 이것은 또한 드러나 있는 것을 미세하게 살피고 숨어 있는 이치를 밝히는 몸이 된다. 그러므로 단군에서 신라까지 7개의 본기와 부여, 가락, 대가야에서 보덕, 발해에 이르는 7개의 세가, 49개의 열전, 10개의 지와 8개의 표가 그러한 몸에 해당된다. 그 사이에 마한이 비록 한 모퉁이로 옮겨 가서 강남으로 내려간 진나라, 파촉에 있었던 한나라와 같았지만 당연히 기자조선의 정통을 계승하고 위만이 그다음으로 기씨의 정통을 계승하였다. 고구려는 조선의 옛 땅에서 건국하여 예악과 문물에서 두루 중국의 제도를 사용하였다. 그래서 위나라가 있던 중원과 오나라가 있던 강남과 같았다. 그리고 위나라가 먼저 건국하고 오나라가 나중에 건국한 예에 따라 고구려는 마한을 계승하고 신라가 그다음으로 마한을 계승하고 백제가 그다음으로 마한을 계승하였다. 그러나 조선과 삼한은 영역이 나뉘어 같지 않으므로 신라와 고구려는 각각 스스로의 역사책을 가졌고 백제도 신라와 비슷했다. 표와 지에 관해서 삼조선, 삼한, 9개국 및 여러 작은 나라들은 별록을 만들었다. 그런 것들을 살펴본 것을 『청구고사』라고 부른다.

4) 『수산집』 권4 기(記)

선춘령기(先春嶺記)

扶餘, 檀君之裔. 而挹婁勿吉. 皆其部落. 則其地之係朝鮮無疑矣.

부여는 단군의 후예이고 읍루는 물길의 후예이며 모두 부락을 이루었으니 그 땅이 조선과 관련이 있다는 것은 의심할 여지가 없다.

5) 『수산집』 권6 사론(史論)

고사삼국직방고론(古史三國職方考論)

大抵檀, 箕以來. 三韓, 四郡, 三國以至于高麗. 不一其興亡. 方其盛也. 分之於百里之國. 而用之有餘. 及夫衰也. 合而爲數畿之封. 而不足以自存. 豈非一本於道德歟. 檀君之國. 初自太白. 後移唐莊. 其子夫婁. 都於今開原. 遂爲北夫餘之國. 盖其界南曁臨津. 東西北出入於今烏喇, 船廠, 遼瀋, 三衛之際. 及箕子東來而因檀君之舊盒近於燕薊. 至戰國之初. 滿番汗以西二千里入于燕. 而遂爲燕之遼東西郡. 當燕之末. 又失番汗以東五百里. 而與秦浿水爲界. 朝鮮遂廢. 爲至弱之國. 衛滿因之. 復拓肅, 眘, 滅貊. 降諸小國. 有地四千里. 然南不過帶水矣. 漢縣朝鮮而爲四. 後合爲二府. …… 盖朝鮮起自檀君. 箕氏據之以傳於衛滿. 漢取諸衛滿. 以歸於高勾麗. 勾麗不能合其全地. …… 及唐取高句麗而復歸於渤海大氏. 始完檀, 箕之幅. 地方五千里. 有五京九州九十二郡縣. 至高麗復以浿水爲界. 而得其十之三四. 此朝鮮之壃域也. 三韓則在其南. 與中國齊吳隔海相望. 北過帶水. 東接濊貊. 西南際海. 地方千有餘里. 有大小七十八國. 箕氏之世. 爲外服之臣. 及王準南遷. 而稍兼幷爲三國. …… 盖三韓之地. 別於朝鮮. 而亦其初皆箕氏之外服也. 北夫餘固檀君之後. 而故國在今豆滿之外. 東海之濱. 亦爲渤海所有. 由此言之. 朝鮮疆域. 可謂遠矣.

대체로 단군과 기자 이래로 삼한과 4군, 삼국과 고려에 이르기까지 그 흥망이 하나같지 않았다. 바야흐로 전성기에는 백리의 나라로 나누어도 남음이 있었으나 쇠약해졌을 때에는 합하여 몇몇 경기의 봉지를 만들어도 스스로 보존할 수가 없었으니 어찌 하나같이 도덕을 근본으로 하지 않을 수 있겠는가? 단군의 나라는 처음에 태백산으로부터 당장으로 옮겼고, 그 아들 부루는 지금의 개원에 도읍을 하여 북부여를 만들었다. 대개 그 경계는 남쪽으로 임진강에 미치고 동쪽과 서쪽, 북쪽으로는 대체로 지금의 오랄, 선창, 요심의 삼위 사이에 놓여 있다. 기자가 동쪽으로 온 이래 단군의 옛 강역으로 인해 연계까지 점차 가까워졌고 전국시대의 초기에는 만번한) 서쪽 2,000리까지 연나라에 포함되어 연나라의 동쪽과 서쪽의 군이 되었다. 연나라 말기에는 만번한 동쪽 500리를 잃고 진나라와 패수에서 경계를 이루었다. 조선이 약해지자 위만이 이를 틈타서 숙신과 예맥을 정복하고 여러 나라들을 항복시켜서 4,000리의 땅을 소유하게 되었다. 그러나 남쪽으로는 대수를 넘지는 못하였다. 그리고 한나라는 조선에 4개의 현을 두었다가 나중에 2개의 부(府)로 합쳤다. ……

대개 조선은 단군으로부터 일어나서 기자가 차지하였다가 위만에게 전해졌다. 한나라가 위만을 차지하였다가 고구려에게 돌아왔지만 고구려는 전지역을 통합하지 못하였다. ……

당나라 때 고구려를 취하였다가 다시 발해에게 돌아갔다. 대조영은 비로소 단군과 기자의 영토인 5,000리 지역을 회복하여 5경 9주 92군현을 두었다. 고려에서는 패수를 경계로 삼아 다시 10분의 3~4를 회복하였으니 이것은 조선의 강역이다. 삼한은 남쪽에 있었는데 중국의 제나라, 오나라와 바다를 사이에 두고 서로 바라보는 위치에 있었다. 북쪽으로는 대수까지 이르고 동쪽으로는 예맥에 접하며 남쪽으로는 바다에 면해 있다. 사방은 천여리 정도이며 크고 작은 78개 나라가 있었다. 기자 이래로 외복하는 신하였다. 준왕이 남쪽으로 내려와 점차 합병하여 삼국이 되었다. ……

대개 삼한 지역은 조선과는 달라서 초기에는 모두 기자에게 외복하였다. 북부여는 진실로 단군의 후예이지만 그 나라는 지금 두만강 바깥 동해 해변가에 있고 발해의 소유가 되었다. 이런 것을 예로 말하면 조선의 강역은 크다고 할 수 있다.

6) 『수산집』 권11 동사본기

단군본기

朝鮮王檀君者, 祖曰神人桓因, 桓因有庶子, 曰桓雄. 桓雄居太白之山, 有神熊之異, 而生君於檀樹下, 號檀君. 或曰, 檀君名曰王儉, 或曰, 姓桓氏. 檀君之時, 東夏無君長, 百姓蚩蒙, 禽獸與羣. 於是檀君乃教民編髮盖首, 始有君臣男女之分, 飲食居處之節. 時陶唐氏立於中國, 而始檀君開國, 盖在戊辰歲云. 當九年之水, 命彭吳, 定高山大川. 至于牛首, 奠厥民居. 檀君盖年數十百歲終. 子扶婁立, 以甲戌之歲, 朝夏禹氏於塗山.

扶婁之後, 世系年譜逸而不傳. 或曰, 檀君不死, 以商武丁乙未, 入阿斯
達山爲神. 或曰, 至周, 避箕子於唐莊之京, 年千有餘歲云. 檀君居平壤
之邱, 而當殷周之際, 後世子孫, 徙於白岳, 檀君立千五百八年. 箕子以
八條之敎, 代莅東夏, 方俗用正.

外史氏曰, 盖虞夏之際, 天下之有君久矣. 然東方之君始於檀氏, 幷堯
而立, 此其故何也. 徐氏通鑑, 獨載羅麗以下, 而雜記言檀君, 其文頗不
經, 縉紳先生難言之. 金富軾所傳天神神市天符三印檀君年歲, 儒者多
不信. 余嘗聞摩尼山有檀君祭天壇, 九月山有三聖祠, 其東有古所謂唐
莊京者, 往往有佳氣其上云, 總之, 不離四佳所論者. 近是, 余觀中國古
史, 其表見檀君王儉之名章矣. 盖檀君首出聖人, 在中國其伏羲神農之
君乎. 竊取古記文意頗雅者. 爲本紀書首.

조선왕 단군의 할아버지는 신인 환인이다. 환인에게는 환웅이라는 서자
가 있었다. 환웅은 태백산에 살았고, 신비로운 곰의 이적으로 박달나무 아
래에서 군을 낳았기 때문에 단군이라 불렀다. 혹은 단군의 이름을 왕검이라
고 하고, 혹은 성을 환씨라고 하였다. 단군 시대에는 우리나라에 임금이 없
어서 백성들이 어리석은 상태였고 짐승과 더불어 무리 지어 살았다. 이때에
단군이 백성들에게 머리를 땋고 모자를 쓰는 법을 가르치니 비로소 임금과
신하, 남자와 여자의 분별과 음식과 거처에 절도가 있게 되었다. 이때는 요
임금이 중국에서 나라를 세운 때인데 비로소 단군이 개국하게 되었으니 대
체로 무진년이라 한다. 9년 동안 이어지는 홍수를 당하여 팽오에게 높은 산
과 큰 내를 정하게 하고 우수에 이르러 백성의 터전을 정하였다. 단군은 대
체로 나이 수천 세에 죽었다. 아들 부루가 왕이 되어 갑술년에 도산에서 하
우씨에게 조회하였다. 부루 이후는 세계와 연보가 없어져 전하지 않는다.
혹은 단군이 죽지 않고 상나라 무정 을미년에 아사달산에 들어가 신선이 되

었다고 하였다. 혹은 주나라 때에 기자를 피해 당장의 경으로 갔고 나이는 천여 세였다고 하였다. 단군은 평양에 거처하였는데 은주의 교체기에 후세 자손이 백악산 아래로 옮겼으니 단군이 즉위한 지 1,508년이었다. 기자가 8조의 가르침으로 동쪽 문명국인 우리나라를 이어서 다스리니 우리나라의 풍속이 바르게 되었다.

외사씨가 말하기를 "대체로 우하 때 천하에 임금이 있은 지가 오래되었다. 그러나 동방의 임금은 단씨에게서 시작이 되었는데 요와 같은 시기에 건국하였다고 한 까닭은 무엇인가. 서거정의 『동국통감』에서는 유독 신라와 고려 이후만 싣고 『필원잡기』에서 단군을 말하였는데, 그 문장이 자못 유학 경전에 맞지 않아 사대부가 말하기를 어려워했다. 김부식이 천신, 신시, 천부삼인, 단군연세를 전한 것을 사대부들은 대부분 믿지 않았다. 내가 일찍이 들으니 '마니산에는 단군의 제천단이 있고, 구월산에는 삼성사가 있으며, 그 동쪽은 예부터 당장경이라고 불리는 곳이 있어 가끔 아름다운 기운이 그 위에 있다.'고 하였는데, 종합해 보니 서거정이 논한 것과 어긋나지 않았다. 근래에 내가 중국의 고사를 보니 단군왕검의 이름을 표현한 것이 현저하였다. 단군은 맨 처음 나온 성인으로 중국의 복희나 신농 같은 임금이 아닐까? 삼가 옛 기록 가운데 글의 뜻이 자못 바른 것을 뽑아 본기의 첫머리로 삼는다.

7) 『수산집』 권11 동사본기

삼한본기

盖檀箕之際. 有別部於東南曰濊貊. 西南曰韓. 東北曰餘靺鞨. 猶中國之有蠻夷閩粵也, 於玆五種, 韓爲最大. 其人居辰地曰辰韓. 卞地曰卞韓. 馬地曰馬韓. 馬韓在西. 故辰卞人稱西韓. 地在漢江以南. 方千里. 分而爲七十八國. 皆臣屬朝鮮. 出貢賦. 如郡縣焉. ……

馬韓始王箕準者. 朝鮮后箕子四十二世孫也. 王否子也. 否薨. 準卽位.
十餘年. 博士滿守西鄙. 叛陷平壤. 王率左右宮人. 南浮海入韓. 都金馬.
擊滅諸小國五十四. 爲郡縣. 辰卞二十四國. 亦來屬. 修職貢. 於是王改
朝鮮舊號曰馬韓. 以奉箕子之祀. 或曰. 朝鮮武康王卽準. 豈準雖居韓
地. 不變舊號朝鮮耶. 未可知也. 王薨. 太子立. 其後歷代名謚. 皆逸不
傳. 惟立國年數可推云. 王準南渡後八十七年. 後朝鮮王右渠爲漢兵所
滅. 漢始置樂浪, 玄菟, 眞番, 臨屯四郡於朝鮮舊地. 百三十八年. ……
馬韓亡. 箕氏不祀.

外史氏曰. 余以馬韓接朝鮮. 退衛滿於後. 以明正僞之統. 箕子子氏. 其
後分處四方. 在東方者. 以國爲姓. 而有韓氏. 箕與奇音相類. 而有奇氏.
中國有鮮于氏. 鮮于氏. 春秋鮮虞子之裔也. 系本最明. 故來東方者. 主
崇仁殿祀. 崇仁殿者. 本朝立箕子廟平壤. 封其後. 號曰崇仁殿監. 監者.
宗室之號. 比古之子男. 以奉其祭祀. 禮也.

대개 단군과 기자 시절에 동남쪽에 별도의 부가 있어 예맥이라고 하였고
서남쪽은 한이라고 하였고 동북쪽은 여말갈이라고 하였다. 중국에는 만이
와 민월이 있는데 5종류이며 한나라가 가장 크다. 사람들이 진 땅에 살아 진
한이라고 하였고 변 땅에 살아 변한이라고 하였고 마 땅에 살아 마한이라고
하였다. 마한은 서쪽에 있으므로 진, 변한의 사람들은 서한이라고 불렀다.
땅은 한강 이남이며 사방이 천 리이고 78개 나라로 나뉘어 있었으니 모두 조
선에 신하로 복속하며 공부를 바치니 군현과 같았다. ……

마한의 첫 왕인 기준은 조선후 기자의 43세손이며 부의 아들이다. 부가
죽고 준이 즉위하여 10여 년이 지나 박사 위만이 서쪽 변경을 지키다가 반역
하여 평양을 함락시키자 왕이 좌우 궁인들을 거느리고 남쪽으로 바다를 건
너 한으로 들어갔다. 금마에 도읍하고 54개의 소국들을 쳐서 멸망시키고 군

현을 삼았으며 진,변 24국이 와서 복속하고 공물을 바쳤다. 이에 왕이 조선의 옛 이름을 마한이라고 바꾸고 기자의 제사를 받들었다. 혹 말하기를 "조선의 무강왕이 곧 준이다."라고 하는데 어찌 기준이 한에 살면서 옛 이름인 조선을 바꾸지 않았겠는가? 알 수 없다. 왕이 죽고 태자가 왕위에 올랐는데 그 후의 이름과 시호는 모두 잃어버려 전해지지 않았다. 오직 나라를 세운 연수를 추측할 수 있다고 한다. 왕 기준이 남쪽으로 건너온 지 87년이 지난 후에 조선왕 우거가 한나라 군사에 의해 멸망당하였다. 한나라가 처음으로 낙랑, 현도, 진번, 임둔의 4군을 조선의 옛 땅에 설치하고 138년이 지났다. …… 마한이 망하자 기씨가 제사를 지내지 못했다.

외사씨가 말하길, "내가 보니 마한은 조선에 접하고 있다가 나중에 위만을 물러나게 하니 올바른 것과 거짓된 것의 정통을 밝혔다."라고 하였다. 기자의 자손들은 그 후에 사방에 나뉘어 살았다. 동방에 있는 자들은 나라 이름을 성으로 삼았으니 한씨가 있고 기와 기가 서로 비슷하여 기씨가 있다. 중국에 선우씨가 있는데 선우씨는 춘추시대 선우자의 후손이다. 그 계통과 뿌리를 살펴보면 동방에서 온 사람으로 주로 숭인전에 제사 지내며 숭인전은 조선 왕조가 평양에 기자묘를 세우고 후손을 봉하여 숭인전감이라고 하였다. 감이라고 하는 것은 종실의 옛날의 남자와 비교할 수 있으며 제사를 받드는 것이 예이다.

8)『수산집』권11 동사세가(東史世家)

부여세가(扶餘世家)

扶餘之先. 出自檀君. 盖檀君封支子於餘地.

부여의 선조는 단군으로부터 나왔으니 대개 단군이 아들을 부여 땅에 봉하였다.

9) 『수산집』 권11 동사열전(東史列傳)

예맥옥저비류낙랑열전(濊貊沃沮沸流樂浪列傳)

濊貊之先. 與扶餘同出. 皆檀君氏子孫也. 其地多山水而嶺阨間之. 東爲
濊. 西爲貊. 貊微甚. 常附庸於濊. 而濊貊皆臣屬朝鮮云. 濊或稱薉. 或稱
銑. 或稱倉海. ……

東沃沮. 亦檀君之裔也. 國在盖馬山東. 東濱大海. 北與挹婁扶餘. 南與
濊貊接. 其地東西狹. 南北長. 可折方千里. ……

沸流王松壤. 其先檀君之苗裔. 國於沸流水上. 與卒本靺鞨扶餘相隣接.
至神明王. (神明王은 아마도 東明聖王을 말하고 있는듯 하다.) 有聖德. 百姓神明
之. 死而因諡之神明. 今祥原郡. 盖有神明王塚云.

예맥의 선조는 부여와 함께 나왔으니 모두 단군씨 자손이다. 그 땅은 산
과 물이 많은데, 험하고 좁은 땅이 그 사이에 들어 있다. 동쪽은 예가 되고
서쪽은 맥이 된다. 맥은 매우 미약하여 항상 예에 부용되었으나, 예, 맥은 모
두 조선에 신하로서 예속되었다고 한다. 예는 혹은 '예'라, 혹은 '선'이라, 혹
은 창해라 일컫는다. ……

동옥저 또한 단군의 후예이다. 나라는 개마산 동쪽에 있다. 동쪽으로 큰
바닷가에 접해 있고, 북쪽은 읍루, 부여, 남쪽은 예맥과 접해 있다. 그 지형
은 동서 간은 좁고, 남북 간은 길어서 사방 천 리 정도나 된다. ……

비류왕 송양의 선조는 단군의 후예이다. 비류수 상류에 나라를 세우니 졸
본, 말갈, 부여와 서로 인접하였다. 신명왕에 이르러 백성들에게 천자의 덕
을 베풀었다. 신명이 죽자 이로 인하여 시호를 신명이라고 하였다. 지금 상

원군에 신명왕의 무덤이 있다고 한다.

10)『수산집』권12 동사연표(東史年表)

육국연표(六國年表)

學者謂四郡二府之際. 朝鮮遂無君長. 盖非也. 扶餘濊貊沃沮之屬. 固在
犬牙錯於漢地. 而扶餘爲大國. 其後樂浪絶于漢. 而以郡爲國. 沸流之建
國. 雖不知其始. 而亦自爲浿薩間大國. 大抵皆朝鮮之遺民也. 其事至
微. 雖不足備列. 然扶餘檀君之後. 而興衰繼絶. 相關於華東之際. 幾數
百年不已. 安可以其微而遂泯之哉.

학자들이 이르기를 "4군 2부의 시절에 조선에는 군장이 없다."라고 하였
는데 이는 틀린 것이다. 부여, 예맥, 옥저의 무리들은 진실로 한나라의 땅
에 개의 이빨처럼 이어져 있었다. 그중 부여가 큰 나라이며 그 후에 낙랑이
한나라에서 끊어져 군이 나라가 되었다. 비류의 건국은 비록 그 시작에 대
해 알 수 없지만 스스로 패수와 살수 사이의 큰 나라가 되니 대저 모두 조선
의 유민이다. 그 사실은 매우 미미하여 열거하기에 부족하다. 그러나 부여
와 단군의 후예가 흥하고 망하며 이어지고 끊어지니 화동과 상관있으며 거
의 수백 년 동안 멈추지 않았으니 어찌 미미하다고 사라졌다고 할 수 있겠
는가?

11)『수산집』권12 동사지(東史志)

신사지(神事志)

朝鮮之初. 有桓因帝釋庶子桓雄. 受天符三印. 與其徒三千. 降于太白之

山上. 有神壇. 或云檀樹在其下. 故桓雄爲神市天王. 而雄之子號檀君
云. 神市之世. 以神設敎. 而其神有風雲師雨師與凡主命主病主刑. 三百
六十餘事. 及檀君之立. 而常祀天於穴口之海. 摩尼之丘. 塹城爲壇. 壇
十七尺而石累之. 方上圓下. 而上四方各六尺六寸. 下各十五尺而圍之.
或曰. 摩尼江海之陬地孤絶. 潔淨而靚深. 神明之宅. 故立時祭上帝. 星
辰之祠亦在焉. 其南築城. 有君之三郞主之云. 又曰. 天好陰而地貴陽.
故爲壇必于水中之山. 而上方下圓. 地天之義立焉. 亦所以兼祀天地云.
檀君盖千有餘歲. 而爲阿斯達之神. 太白阿斯達. 俱有檀君祠. 而歷代祀
之. 阿斯達之祀. 上及桓因桓雄. 故又號三聖祠. 而東方之人. 至今奉帝
釋神. 桓因者. 盖帝釋之名也. 或曰. 檀君娶匪西岬神女. 而檀君之母. 太
白山之熊. 嘗祈化人身於神市天王. 天王遺以靈藥東海之艾. 瓊丘之蒜
二十枚. 熊食之. 三七二十一甲子. 化爲女. 與天王野合而生檀君云. 其
後箕子東來. 而爲文物禮樂之治. 初箕子爲周王陳洪範九疇. 其三八政.
三曰祀. 所以報本追遠而交神明也. 箕氏之世. 鬼神大順. 民知所從而方
內泰寧. 然其事曠遠而沉堙. 後世莫得以記其儀. 及衛滿之季. 而神人無
主. 盖數十百年. 而高勾麗興初. 檀君後世爲北扶餘. ……
盖自前朝鮮之時, 世傳平壤有仙人王儉宅. 是檀君名. 檀君千四十八歲
不死.

조선 초에 환인제석의 서자 환웅이 있어 천부인 3개를 받고 3,000명의 무
리와 함께 태백산 아래로 내려왔다. 신단이 있는데 혹 박달나무가 그 아래
에 있었다고 한다. 그러므로 환웅은 신시천왕이 되었으며 환웅의 아들의 이
름을 단군이라고 한다. 신시시대에 신이 가르침을 베풀고 풍백, 우사, 운사
가 생명, 병, 형벌 등 360여 가지 일을 주관하였다. 단군이 왕위에 올라 혈구
의 바다에서 항상 하늘에 제사를 지내고 마니산 언덕에서 참성으로 단을 만

들었는데 단은 17척의 높이로 돌을 쌓았으며 위는 사각형에 아래는 원형이었다. 위의 사방은 각각 6척 6촌이고 아래는 둘레가 15척이었다. 혹 말하기를 마니산은 강해의 멀리 떨어진 숨겨진 땅으로 깨끗하고 조용하며 깊은 곳에 있어서 신명의 집이니 치를 세우고 상제에게 제사를 올렸고 성신에 대한 제사도 올렸다고 한다. 그 남쪽에 성을 쌓았는데 단군의 세 아들이 주관하였다고 한다.

또한 말하기를, "하늘은 음을 좋아하고 땅은 양을 귀하게 여기므로 제단은 반드시 물 한가운데 있는 산에 만들어야 하며 위는 네모나고 아래는 원형을 만들어 천지의 뜻을 세운다. 그래서 천지를 함께 제사 지낸다."라고 하였다. 단군은 대개 천여 년 살았으며 아사달의 신이 되었으니 태백의 아사달에 단군의 사당이 있어 대대로 제사를 지냈다. 아사달의 제사는 위로는 환인과 환웅에 미치는 것이므로 삼성사라고 하였다. 동방 사람들은 지금 제석신을 받드는데 환인은 제석의 이름이다.

혹 말하기를 "단군이 비서갑 신의 딸과 결혼하였으며 단군의 어머니는 태백산의 곰으로 신시천왕에게 사람이 되기를 기도하니 천왕이 신령스러운 약으로 동해의 쑥과 경구의 마늘 20매를 보내어 곰이 그것을 먹고 삼칠일이 21일이 되는 갑자일에 여자가 되어 천왕과 야합하여 단군을 낳았다."고 한다. 그 후 기자가 동쪽으로 와서 문물과 예악으로 다스리니 처음 기자는 주나라 왕에게 홍범9주를 말씀드렸는데 그중 세 번째가 8정이었고, 세 번째로 말하기를 제사로 근본에 보답하고 조상의 덕을 추모하며 신명이 교차하는 것이다. 기씨의 치세는 귀신이 크게 순해지고 백성들은 따라야 할 바를 알아 내정이 크게 평안하였다. 그러나 그 일은 아득히 오래되었고 묻혀 있어서 후세에 그 의식을 기록할 수 없었다. 위만 말기에 신인이 주관하는 일이 없이 수백 년이 지났고 고구려가 일어나던 초기에 단군의 후손이 북부여가 되었다. ……

대개 전조선 시기부터 세상에는 평양에 선인 왕검의 집이 있었다고 하며 이 사람을 단군이라고 불렀으니 단군은 1,048세를 살고 죽지 않았다고 한다.

12) 『수산집』 권12 동사지(東史志)

고구려지리지(高勾麗地理志)

箕氏之後, 衛滿據之, 皆以平壤爲都. 漢之樂浪郡又治此, 高句麗始起漢玄菟界. 中後益東南徙, 亦都平壤. 大抵高句麗據朝鮮接箕氏. ……

其君松壤自稱仙人之後, 平壤有仙人王儉宅. 中國古史稱檀君, 名王儉. 而檀君不死, 入白岳爲神. 故遺民. 仍號爲仙人云爾. ……

古檀君氏解夫婁之國也. 及金蛙東遷而解慕漱來都之. 其北有弱水, 地方二千里, 其俗用中國之禮, 有會同揖讓之節. 使者衣錦罽. 以金銀飾其腰. 其法殺人者死. 沒入其家. 盜一責十二. 男女淫. 婦人妬者. 皆殺之. 其法嚴, 故其民畏罪而遠邪. 居喪, 男女皆衣純白, 好稼穡, 致其蓄藏. 猶有檀君箕子之遺風. 故勾麗常爲重鎭. ……

昔檀君氏徙白岳, 樂浪帶方漢晉之遺民, 猶有存者, 故其俗雜而大體與遼東扶餘同風. ……

牛首州. …… 古濊貊之地, 在朝鮮南徼, 常臣屬於朝鮮. ……

昔檀君箕子都平壤, 衛滿都王儉, 王儉亦平壤也. 者所更居建國各數百千歲, 其後漢郡樂浪, 亦治平壤. 而高勾麗遂都之, 其爲都會, 自堯舜之世訖于唐, 可謂久矣. 箕氏盛世, 楡關之外, 皆爲其地, 至戰國時, 燕取其滿番汗以西二千里, 而朝鮮雖弱. 然滿番汗後, 爲漢遼東番汗縣. 考其封域. 尙出入於今遼瀋之間. 亦可謂盛矣. 箕子始爲八條之敎, 而民皆化, 衛滿亂世, 俗猶不變. 及漢爲郡而遼東之吏與賈人往者, 往往侵盜, 俗稍薄. 及漢之東京. 而民之犯禁. 至於六十餘條. 然猶不至於大亂也. ……

蓋百濟並馬韓, 而馬韓者, 又箕氏之遺也.

기씨의 다음에 위만이 근거지로 삼았으니 모두 평양을 도읍으로 삼았다. 한나라 낙랑군 또한 여기서 통치하였고 고구려는 한나라 현도군 지역에서 일어났다가 이후 더욱 동남쪽으로 이동하여 평양을 도읍으로 삼았다. 대저 고구려는 조선을 근거지로 하여 기씨와 접했다.……

그 임금 송양은 스스로 선인의 후예라고 하였고 평양은 선인 왕검의 집이다. 중국의 옛 역사에서 단군이라고 부르는 자의 이름은 왕검이다. 그리고 단군은 죽지 않고 백악에 들어가 신이 되었다. 그러므로 남은 백성들은 선인이라고 불렀다고 한다.……

옛 단군씨는 해부루의 나라이다. 금와가 동쪽으로 천도하고 해모수가 와서 도읍하였다. 북쪽에는 익수가 있고 땅이 사방이 2,000리이며 그 풍속은 중국의 예법을 사용하였고 모이면 겸손히 사양하는 예절이 있다. 사자는 비단과 모직으로 된 옷을 입으며 금은으로 허리를 장식한다. 법이 엄하여 백성들은 죄짓는 것을 두려워하고 나쁜 것을 멀리한다. 상을 당하면 남녀가 모두 흰 옷을 입고 농사짓기를 좋아하며 수확하면 모아서 저장한다. 단군과 기자의 유풍이 있으므로 구려가 항상 중진으로 삼았다.……

옛날 단군이 백악으로 옮기고 낙랑과 대방에 한나라와 진나라의 유민들이 있었으므로 그 풍속이 섞이어서 요동과 부여의 풍속과 같았다.……

우수주는 …… 옛 예맥의 땅이며 조선의 남쪽 변경에 있었으며, 항상 조선에 신하로서 예속되었다.……

옛날 단군과 기자가 평양에 도읍하고 위만이 왕검에 도읍하였으니 왕검은 또한 평양이다. 이곳에 번갈아 건국하며 각기 수백 수천 년을 이었고 그 후에 한나라에서 낙랑군을 설치하여 평양을 치소로 삼았다. 그리고 고구려도 이곳에 도읍하여 도회지가 되었으니 요순시대부터 당나라에 이르기까지 오래되었다고 할 수 있다. 기씨가 전성기를 맞이하면서 유관의 밖이 모두 기자조선의 땅이 되었고 전국시대에는 연나라가 만번한 서쪽 2,000리를 취하여 조선이 약해졌다. 그리하여 만번한은 나중에 한나라 요동군 번한현이 되었다. 그 봉역을 고찰해 보면 오늘날 요동과 심양의 사이쯤이니 크게 이루었다고 할 수 있다. 기자가 8조의 가르침을 시작하여 백성들은 모두 교화되었고 위만이 난을 일으켜도 풍속은 변하지 않았다. 그러나 한나라가 군으로 삼고 요동의 관리들과 장사꾼들이 와서 종종 도적질을 하면서 풍속이 점점 각박해졌다. 후한 시대에 이르러 백성들이 죄를 지으므로 가르침은 60여 개로 늘어나서 큰 난리가 나지는 않았다.……

대개 백제는 마한이고 마한은 기씨의 유산이다.

13) 『수산집』 권14 동국여지잡기(東國輿地雜記)

동방지명지변(東方地名之辨)

檀君之太白山. 今之寧邊妙香山爲是. ……

按箕子至準四十一代九百餘年而朝鮮亡. 箕準至末孫. 亦二百餘年而馬韓亡. 箕氏有國. 通前後蓋千有餘年. 始箕氏. 以浿水西鄙借衛滿而失朝鮮.

단군의 태백산은 지금 영변군 묘향산이다. ……

기자부터 준 왕까지 41대 900여 년이 지나 조선이 망하였다. 그리고 기준부터 마지막 후손까지 200여 년이 있다가 마한이 망하였다. 기씨의 나라는 전후를 통틀어 약 천여 년 동안 있었다. 기씨가 패수 서쪽 변경을 위만에게 빌려준 것이 조선을 빼앗긴 시작이다.

10. 『담헌서(湛軒書)』

『담헌서』[21] 외집 제2권 항전척독(杭傳尺牘)

건정동필담(乾淨衕筆談) 15일

東方初無君長. 有神人降于太白山檀木下. 推以爲君. 號曰檀君. 其元年
乃唐堯戊辰也. 其後中衰. 箕于東封. 設八條之敎. 殺人者償其命. 竊盜
者沒入爲奴婢.

동방에 처음 군장이 없었는데 신인이 태백산 단목 아래에 내려와 추대하
여 임금을 삼고 단군이라고 불렀으며 그 원년은 곧 요임금의 무진년이다.
그 후 중간에 쇠퇴하여 기자가 동쪽에 봉해지고 8조의 교를 만들었으니 살
인한 자는 목숨으로 보상하고 절도한 자는 재산을 몰수하고 가족들을 노비
로 삼는다는 내용이다.

---

21 두산백과 참조, 『담헌서』
필사본. 15책. 홍대용(1731~1783)의 시문집 저자가 자신의 저술들을 모아 직접 『담헌서』와 『담헌외
서(湛軒外書)』를 편찬하였는데, 5대손 영선(榮善)이 1939년 신조선사(新朝鮮社)에서 7책의 활자본
으로 간행하였다.

11.『연려실기술(燃藜室記述)』

1)『연려실기술』[22] 별집 권3 사전전고(祀典典故)

문묘 종향(文廟 從享)

中宗丁丑九月大學生權磌等疏, 請高麗侍中鄭夢周從祀, 疏略曰自檀箕以來, 無一人啓倡斯道, 是東方之恥也. 惟幸皇天眷佑, 迺生儒宗鄭夢周於麗李.

중종조 정축년 9월에 태학생 권전 등이 상소를 올려 고려 시중 정몽주를 배향할 것을 청하였다. 상소에서 대략 말하기를, "단군·기자 이래로 성인의

---

22 고전번역서 서지정보(한국고전종합DB) 참조,『연려실기술』

이 책은 편저자 이긍익(1736~1806)의 생존 때부터 전사본(傳寫本)의 수효가 한둘이 아니어서, 특별히 정본이 없이 전해져왔다. 더구나 편저자 자신이 그 범례에서 밝힌 바와 같이, 본문에 여백을 두어 새로운 자료를 발견하는 대로 수시로 기입, 보충하는 방법을 취하였을 뿐 아니라 다른 사람들에게도 같은 방법으로 보충하게 하여 정본을 이룩하도록 희망하였으므로 종래의 전사본 중에는 서로 내용이 일치하지 않는 것도 있다.

또 편저자 자신의 최후 정본인 원고본 역시 전해지지 않고 있어 그 정본이 어떤 것이라고 단언하기는 어려우나, 현재 가장 권위 있고 정본에 가까운 것이라 생각되는 것은 두 종류가 있다. 그 하나는 1913년 일본인 주관의 조선고서간행회 인본(印本)의 대본이고, 다른 하나는 1911년 최남선(崔南善)이 주관한 광문회(光文會) 인본의 대본이다. 전자는 원집 33권(태조 현종), 속집 7권(숙종), 별집 19권, 합 59권임에 대하여, 후자는 단지 원집 24권(태조 인조), 별집 10권, 합 34권뿐이다. 이 책의 찬술 연대는 저자의 연보가 구체적으로 전해오지 않아 확실하지는 않으나, 41세 되던 1776년(영조 52) 이전에 일단 완성된 듯하다.

도를 앞장서서 깨우치고 이끌어주는 사람이 한 사람도 없었던 것은 우리 동방의 부끄러운 일이었습니다. 다행히 하늘이 도우시어 유학의 종사인 정몽주가 고려 말기에 나왔습니다.

2) 『연려실기술』 별집 권16 지리전고(地理典故)
주(州)와 군(郡)

南道平壤. [有城] 檀君都平壤, 爲前朝鮮, 箕子來都, 爲後朝鮮, 衛滿都王險城. [一作王險卽平壤] 爲衛滿朝鮮. 漢武以王儉爲樂浪郡.

남도 평양 [성이 있다.] 단군이 평양에 도읍을 정하여 전조선이 되었고, 기자가 와서 여기에 도읍을 정하여 후조선이 되었으며, 위만이 왕험성[왕검성이라고도 한다.]에 도읍을 정하여 위만조선이 되었다. 한 무제가 왕검성을 낙랑군으로 삼았다.

3) 『연려실기술』 별집 권16 지리전고(地理典故)
산천의 형승(形勝)

妙香山. 一名太白山. 外則土山, 峰腰以上皆奇巖秀石. 洞府重疊如城郭, 大川潤布其間. 上有檀君化生之石窟.

묘향산은 일명 태백산이라고도 한다. 밖은 흙산이나 봉우리의 허리 위는 모두 기괴한 바위와 아름다운 돌이다. 동부는 겹겹으로 둘러져서 성곽과 같고 큰 냇물이 그 사이에 넓게 퍼져 있다. 이 산의 위에 단군이 화생하였다는 석굴이 있다.

4) 『연려실기술』별집 권17 변어전고(邊圉典故)

산성(山城)

江華鼎足山城. 舊稱三郎城. [詳檀君下] 璿源閣史閣在其中.

강화의 정족산성은 옛날에는 삼랑성이라 불렸으며, [단군조에 상세하다.]
선원각의 사각이 그 안에 있다.

5) 『연려실기술』별집 권19 역대전고(歷代典故)

단군조선(檀君朝鮮)

檀君諱王儉. 舊史檀君記云, 有神人降太白山 [今寧邊妙香山], 壇木下, 國
人立爲君, 時唐堯戊辰歲也. 至商武丁八年乙未, 入阿斯達山. [今文化九
月山, 本名闕山, 以有宮闕遺址也. 後緩聲呼之訛爲九月山, 一說阿斯者, 方言九
也, 達者, 方言月也. 阿斯達, 九月之方言.] 神利. [三韓古記]

元年, 敎民編髮盖首. [君臣男女飮食居處之制, 自此始云.]

東史, 檀君命彭虞治國內山川, 以奠民居. 本記通覽, 牛首州 [今春川, 有
彭虞碑.

按漢書食貨志云, 彭虞穿滅貊朝鮮. 彭虞乃漢人, 而非檀君之臣也.

江華縣西摩利山頂, 有塹星壇, 世傳檀君祭天壇. 傳燈山有三郎城, 世傳
檀君命三子而築之. [高麗地理志]

是爲前朝鮮, 始有國號. [輿地勝覽]

朝鮮音潮仙, 因水爲名, 又云鮮, 明也, 地在東表, 日先明, 故名. 山海經,
朝鮮在列陽, 註, 列, 水名. 楊雄方言, 朝鮮洌水之間. 張華曰, 朝鮮有泉
水洌水汕水, 三水合爲洌水. 疑樂浪朝鮮, 取名於此也.

生子扶婁, 是爲東扶餘王. 至禹會諸侯於塗山, 檀君遣扶婁朝焉. [三韓古記, 夏禹十八年甲戌.]

一說, 扶婁避箕子立國於扶餘, 號北扶餘, 後徙迦葉原, 號東扶餘.

文化九月山有三聖祠, 祀桓因桓君檀君三人.

舊史, 檀君降太白山檀木下. 今考三國遺事載古記之說云, 昔有桓因帝釋庶子桓雄, 受天符印三箇, 率徒三千, 降太白山頂神檀樹下, 謂之神市, 是謂桓雄天王也. 將風伯雨師雲師, 在世理化. 時有一熊, 常祈于神雄, 願化爲人. 雄遺靈艾一炷蒜二十枚, 熊食之三七日, 得女身. 每於檀樹下, 呪願有孕, 雄乃假化而婚之, 生子曰檀君. 以唐堯庚寅歲, 都平壤, 御國一千五百年. 周武王己卯, 封箕子於朝鮮, 檀君乃移於唐藏京, 後隱阿斯達山爲神, 壽一千九百八歲.

以此言之, 降太白檀樹下者, 非檀君也. 第其說妖誣鄙濫, 初不足以誑閭衖之兒童, 作史者, 其可全信此言. 且唐堯以後歷年之數, 中國史書及邵氏經世書, 可考而知也. 自唐堯庚寅至武王己卯, 僅一千二百二十年. 然則所謂御國一千五百年, 壽一千九百八歲, 其誣不亦甚乎.

檀君墓在江東縣西三里, 周四百十一尺. [一在縣北刀了山]

古言云, 檀君與堯同日而立, 歷虞夏至商武丁八年乙未, 入阿斯達山爲神, 享年一千四十有八. 當時文籍不傳, 其眞僞不得而, 至今傳襲以古記爲記. 徐居正以爲, 當堯之時, 人文昭宣, 至于夏商, 世漸澆薄, 人君享國久長者, 不過四五十年, 人壽上壽百年, 安有檀君獨壽千百年, 以享一國乎. 知其說之誣也.

又云, 檀君遣子扶婁, 朝禹於塗山, 其說無據. 若檀君享國久長, 扶婁往會塗山, 則雖我國文籍不備, 中國之書, 豈無一語及之乎. 檀君相傳享國之數千四十八年者, 無疑矣. [筆苑雜記歷代兒覽曰, 武丁八年, 當爲甲子而非乙未, 壽當爲一千十七, 而非一千四十八, 以乙未及一千四十八, 參互攷之當作

三十九年.]

洪武丙子, 吉昌君權近, 奉使朝京, 太祖命題檀君詩. 近應制曰, 聞說鴻荒日, 檀君降樹邊, 傳世下知幾, 歷年曾過千. 盖言其傳世歷年之久也. 或曰, 解夫婁母, 非西岬河伯女也. [楓岩輯話]

遺事云, 檀君與河伯女要親産子, 曰夫婁. 其言妖異尤甚. 其後解慕漱, 又私河伯女産朱蒙. 設合河伯女, 果是神鬼而非人, 又何以前嫁檀君, 後私慕漱乎.

[上同]

檀君曾孫東扶餘王帶素, 爲高句麗大武王所殺. 大武王卽當漢光武之世, 則自檀君子解夫婁至帶素. 不過三世, 自武丁至光武, 怡爲一千三二百三二十九年, 恐無是理. [歷代兒覽]

檀君氏之後, 有解夫婁禱於鯤淵, 得金蛙, 以貌類金蛙, 命曰金蛙. 金蛙悅優淳水之女, 感日影照身生朱蒙. 朱蒙少子曰溫祚, 朱蒙溫祚爲句麗百濟之祖, 皆本於檀君氏. [眉叟記言]

平壤有崇靈殿, 享檀君. [詳祀享典諸祠]

檀君之疆域, 無可考, 而箕子代檀君, 其提封半是遼地, 則檀君之世, 亦當然矣. 北扶餘在遼東北千餘里. 盖檀氏世衰, 子孫北遷, 而舊疆因入箕封矣. [安鼎福綱目]

단군의 휘는 왕검이다. 『구사』「단군기」에 이르기를, "신인이 태백산[지금의 영변 묘향산] 단목 아래에 내려오시니, 나라 사람들이 받들어 임금으로 삼았다. 때는 당요 무진년이었다. 상나라 무정 8년 을미에 이르러 아사달산[지금의 문화 구월산으로 본 이름은 궐산이니, 궁궐터가 있기 때문이다. 뒤에 발음이 늦추어져 구월산으로 잘못 불렸다. 일설에는, '아사'란 사투리로 '구'이고, '달'은 사투리로 '월'이니 '아사달'이란 '구월'의 사투리라고도 한다.]으로 들어가 신이 되었다.”고 하였다. 『삼한고기』

단군 원년에 백성에게 머리를 땋고 관 쓰는 법을 가르쳤다. [군신, 남녀, 음식, 주거의 제도가 이로부터 비롯되었다.]

『동사』에는, “단군이 팽우에게 명하여 국내의 산천을 다스려 백성이 살 터전을 정해 주었다.” 하였고, 『본기통람』에는, “우수주[지금의 춘천]에 팽우의 비가 있다.” 하였다. 살펴보건대, 『한서』 「식화지」에, “팽우가 예맥조선을 뚫었다.” 하였으니, 팽우는 바로 중국 사람이지 단군의 신하가 아니다.

강화현 서쪽 마리산 꼭대기에 참성단이 있는데, 세상에서 전하기를, “단군이 하늘에 제사 지낸 단이다.” 한다. 전등산에는 삼랑성이 있는데, 세상에 전하기를, “단군이 세 아들에게 명하여 쌓았다.”고 한다. 『고려지리지』

이것이 ‘전조선’이니, 처음으로 국호를 가지게 되었다. 『동국여지승람』

‘조선’의 음은 ‘조선’이니, 강에서 온 이름이다. 또 “선은 ‘밝다’는 말이니, 땅이 동쪽에 있어 해가 먼저 밝아오기 때문에 생긴 이름이다.”라고 한다. 『산해경』에는, ‘조선은 열양에 있다.’고 하였는데, 주에 “열은 물 이름이다.” 하였고, 양웅의 『방언』에, “조선 열수의 사이”라는 말이 있다. 장화가 말하기를, “조선에는 천수, 열수, 선수가 있는데, 세 물이 합하여 열수가 된다.” 하였으니, 아마 낙랑조선이 여기에서 이름을 딴 것인 듯하다.

아들 부루를 낳았으니 이가 동부여왕이 되었다. 우 임금이 제후를 도산에 모을 때에 단군이 부루를 보내 조회하게 하였다. 『삼한고기』에는 하나라 우 임금 18년 갑술의 일이라고 하였다.]

일설에는, “부루가 기자를 피하여 부여에 나라를 세우고 북부여라고 일컫다가 뒤에 가섭원으로 옮겨 동부여라고 이름하였다.” 한다.

문화 구월산에 삼성사가 있는데, 환인, 환군, 단군 세 분을 제사 지낸다.

『구사』에 이르기를 “단군이 태백산 단목 아래에 내려 왔다.”고 하였는데, 이제 살펴보건대, 『삼국유사』에 『고기』의 말을 인용하여 이르기를, “옛날에 환인제석의 서자 환웅이 있어 천부인 3개를 받아 무리 3,000을 거느리고 태백산 꼭대기 신단수 아래에 내려와 그곳을 '신시'라 일컬었으니, 이를 환웅천왕이라고 이른다. 풍백·우사·운사를 거느리고 세상에 머물면서 다스려교화하였는데, 그때 곰 한 마리가 있어서 항상 신웅(즉 환웅)께 기도하여 사람이 되고 싶어 하니, 신웅이 쑥 한 줌과 마늘 20개를 주었다. 곰이 먹은 지21일 만에 여자가 되어 늘 단수 아래에서 주문을 외우며 임신하기를 비니, 신웅이 사람으로 화하여 혼인하여 아들을 낳으니 이가 단군이다. 당요 경인년에 평양에 도읍하고 1,500년 동안 나라를 다스렸다. 주 나라 무왕 기묘년에 기자를 조선에 봉하니, 단군이 당장경으로 옮겼다가 뒤에 아사달산에 숨어 신이 되었는데, 나이가 1,908세이다." 하였다. 이로써 말한다면, 태백산단목 아래에 내려온 분은 단군이 아니다. 다만 그 설이 괴이하고 허황하고비루하고 과장되어 애당초 거리의 아이들조차 속이기 부족한데, 역사를 저술하는 사람이 이 말을 온전히 믿을 수 있겠는가. 그리고 당요 이후의 역년의 수는 중국의 사서와 소옹의『황극경세서』를 상고해서 알 수 있으니, 당요 경인년에서 무왕 기묘년까지가 겨우 1,220년이다. 그렇다면 이른바 "나라다스린 것이 1,500년이고, 나이가 1,908세"라는 것은 그 거짓됨이 심하지 않은가.

단군의 묘는 강동현에서 서쪽으로 3리 되는 곳에 있는데, 주위가 410척이다. [일설에는 현 북쪽 도료산에 있다고 한다.]

『고기』에, "단군은 요와 같은 날 즉위하여 우·하를 지나 상나라 무정 8년을미에 이르러 아사달산으로 들어가 신이 되었으니, 향년 1,048세이다." 하였는데, 당시의 문적이 전해지지 않아서 그 진위를 고찰할 수가 없으므로 이제까지『고기』를 그대로 따라서 기술해왔다. 서거정이 말하기를, "요임금 때는 인류의 문화가 밝았고, 하나라와 상나라에 이르러 세상이 점차 경박하고약해져 오랫동안 재위한 임금이 40년에 불과하고 사람의 목숨도 상수가 100

년인데, 어찌 단군만 유독 1,100년을 살아 한 나라를 향유할 수 있었겠는가. 그 설이 거짓임을 알 수 있다." 하였고, 또 말하기를, "단군이 아들 부루를 보내 도산에서 우 임금께 조회했다.' 하나 그 설이 근거가 없다. 만약 단군이 나라를 장구하게 향유하고 부루가 도산에 가서 조회하였다면, 비록 우리나라 문적이 갖춰지지 못했다 하더라도 중국의 문서에 어찌 한 마디도 언급이 없겠는가. 단군이 혼자 누린 것이 아니라 자손 대대로 서로 전해 가면서 나라를 향유한 햇수가 1,048년인 것이 의심할 것 없다." 하였다. 『필원잡기』. 『역대아람』에 "무정 8년은 마땅히 갑자년이 되어야지 을미년이 아니며, 수도 마땅히 1,017년이 되어야지 1,048년이 아니다. 을미와 1,048년을 가지고 비교하여 참작해 상고해보면 마땅히 39년이 되어야 한다." 하였다.]

홍무 병자년에 길창군 권근이 사신으로 중국에 갔을 때, 명나라 태조가 단군을 제목으로 시를 짓기를 명하니, 권근이 짓기를,

"들건대 태곳적에 / 단군이 나무 곁에 내려오셨네 / 대 물리길 몇 대인가 / 햇수는 천 년을 지났다오." 하였다. 이 시는 단군이 전한 세대와 햇수의 장구함을 말한 것이다.

혹 말하기를, "해부루의 어머니는 비서갑 하백의 딸이다." 한다. 『풍암집화』

『유사』에, "단군이 하백의 딸과 혼인하여 아들을 낳아 부루라고 하였다." 하였는데, 그 말이 더욱더 괴이하다. 그 후에 해모수가 또 하백의 딸과 사통하여 주몽을 낳았다 하였는데, 설령 하백의 딸이 과연 귀신이고 사람이 아닐지라도, 또 어떻게 앞서 단군에게 시집간 터에서 뒤에 해모수와 사통했겠는가? 『풍암집화』

단군의 증손 동부여왕 대소가 고구려의 대무왕에게 살해당했는데, 대무왕은 곧 한나라 광무제 때에 해당되는 만큼, 단군의 아들 해부루로부터 대소까지는 3세에 불과하고 무정으로부터 광무까지는 꼭 1,339년이 되니, 이럴

리는 없는 듯하다. 『역대아람』

단군씨의 후손에 해부루라고 하는 이가 있어 곤연에 기도하여 금와를 얻었는데, 얼굴이 금개구리와 흡사했으므로 이름을 금와라 하였다. 금와가 우발수의 여자에게 반하였는데, 햇빛이 몸에 비치니 감응되어 주몽을 낳았다. 주몽의 작은 아들이 온조인데, 주몽과 온조는 고구려와 백제의 시조가 되었으니, 모두 단군씨에서 나왔다. 『미수기언』

평양에 숭령전이 있는데, 단군을 제사 지낸다. [사향전의 제사 조에 상세하다.]

단군의 영토를 상고할 수는 없지만 기자가 단군을 대신하였을 때 그 지역의 반이 요동 땅이니, 단군 때에도 그러했을 것이다. 북부어는 요동 북쪽 1,000여 리에 있는데, 대개 단씨가 쇠하자 자손이 북으로 옮겨 가고 옛 강토는 그대로 기자의 영토로 들어간 것이다. [안정복의 『강목』]

6) 『연려실기술』 별집 권19 역대전고(歷代典故)

기화(氣化)를 논하다

檀君之降, 今不可攷. 然其降在唐堯世, 則此時中國去洪荒未遠, 東方想或未有人物, 氣化之理, 恐或有之.

단군이 하늘로부터 내려왔다고 하는 것은 지금 고증할 수 없다. 그러나 내려온 것이 요임금 때라고 하는데, 이때는 중국이 개벽한 지 오래되지 않았던 때이므로 우리나라에는 혹 인간이 없었을 것으로 생각되는데, 기가 화했을 리가 혹 있을 듯하다.

7) 『연려실기술』 별집 권19 역대전고(歷代典故)

기화(氣化)를 논하다

三韓舊傳, 檀君父桓雄, 夫婁子金蛙. 東明卵生, 赫居世出於瓢, 昔脫解金閼智首露王皆從天降. 又耽羅高夫梁三姓, 從毛興穴出, 甄萱爲大蚯蚓子, 麗祖爲唐宜宗之孫, 范增之先, 出於摩尼山, 孫權之先, 出於妙香山, 北齊太祖高歡之先, 出於菁州, 宋藝祖之先. 出於耽羅. 國朝靑海伯佟豆蘭, 爲岳武穆七代孫. 如此之說, 不勝其紛耘, 夫檀君之事, 邈矣鴻荒, 難推以理, 而至於新羅三姓之祖, 句麗高氏之始. 首靈甄萱, 皆漢唐時人, 中國則蛇身牛首以後, 未之聞焉. 獨於東國, 有此奇怪之事何哉. 東方文獻. 出之最晚, 故本經理外之言, 無所不有, 是所謂齊東野之說, 不可取準矣. [同文廣考]

삼한의 옛 전기에는 단군의 아버지는 환웅이며, 부루의 아들이 금와이며, 동명은 알에서 생겼고, 혁거세는 박에서 나왔으며, 석탈해, 김알지, 수로왕은 모두 하늘에서 내려왔고, 또 탐라의 고·부·양 세 성은 모흥이란 구멍에서 나왔으며, 견훤은 큰 지렁이의 아들이고, 고려 태조는 당나라 선종의 자손이며, 범증의 선조는 마니산에서 나왔고, 손권의 선조는 묘향산에서 나왔으며, 북제의 태조 고환의 선조는 정주에서 나왔고, 송 예조의 선조는 탐라에서 나왔으며, 본조의 청해백 퉁두란은 악무목의 7대손이라고 하니, 이와 같은 설은 그 잡다함을 이루 셀 수 없다. 단군에 대한 역사적 일은 오래되고 자세하지 않아서 이치로 따지기 곤란하나 신라의 세 성의 시조와 고구려의 고씨의 시조와 수로·견훤에 이르러서는 모두 한나라와 당나라 때의 사람들이니, 중국의 경우는 뱀의 몸 복희씨·소의 머리 신농씨 등의 전설 이후에는 듣지 못하였는데, 유독 우리나라에만 이런 기괴한 일이 있다 하니, 어째서인

가. 우리나라의 문헌이 가장 늦게 나왔기 때문에 이치 밖의 말이 있지 않은 것이 없으니, 이는 이른바 제동야인들의 말로써 취하여 기준으로 삼을 수가 없다. 『동문광고』

12. 『열하일기(熱河日記)』

『열하일기』[23] 태학유관록(太學留館錄) 가을

座上一人, 名王民皞, 擧人也. 問曰, 朝鮮地方幾何. 余曰, 傳記所載稱
五千里. 然有檀君朝鮮與堯幷世, 有箕子朝鮮, 武王時封國也. 有衛滿朝
鮮, 秦時率燕衆東來, 皆偏據一方, 其地方似未滿五千里. 勝國時, 幷高
勾麗百濟新羅爲高麗, 東西千里南北三千里, 中國歷代史傳, 其記朝鮮
民物謠俗, 頗失實蹟, 皆箕子衛滿時朝鮮, 非今之朝鮮也. 爲史者畧外,
故因襲舊紀, 而土風國俗, 各有一代之制. 至於敝邦, 專尙儒敎 禮樂文
物皆效中華, 古有小中華之號. 立國規模, 士大夫立身行, 已全似趙宋.
王君曰, 可謂君子之國.

---

23 한국민족문화대백과 참조, 『열하일기』
조선 정조 때에 박지원(朴趾源, 1737~1805)이 청나라를 다녀온 연행일기(燕行日記)이다. 26권 10
책. 필사본. 간본(刊本)으로는 1901년 김택영(金澤榮)이 『연암집(燕巖集)』 원집에 이어 간행한 동
속집 권1·2(고활자본)에 들어 있고, 1911년 광문회(光文會)에서 A5판 286면의 활판본으로 간행하
였다. 1932년 박영철(朴榮喆)이 간행한 신활자본 『연암집』 별집 권11~15에도 전편이 수록되어 있
다. 보유편도 있고 1956년 자유중국의 대만대학(臺灣大學)에서 동 대학 소장본을 영인한 것도 있
다. 1780년(정조 4) 저자가 청나라 건륭제(乾隆帝)의 칠순연(七旬宴)을 축하하기 위하여 사행하는
삼종형 박명원(朴明源)을 수행하여 청나라 고종의 피서지인 열하를 여행하고 돌아와서, 청조 치하
의 북중국과 남만주일대를 견문하고 그곳 문인·명사들과의 교유 및 문물제도를 접한 결과를 소상
하게 기록한 연행일기이다.

앉아 있는 사람들 중에 왕민호라는 거인이 말하기를, "조선은 땅이 얼마나 됩니까?"라고 물었다. 그래서 내가 말하기를, "옛날 기록에는 5,000리라 하였지만, 단군의 조선은 당요와 한때였고, 기자의 조선은 주나라 무왕 때에 봉한 나라였으며, 위만의 조선은 진나라 때에 연의 백성들을 이끌고 피난 왔기에 모두들 부분적으로 한쪽만을 점유하였으니, 땅이 5,000리가 다 차지 못하였을 것입니다. 전 왕조 때에는 고구려·백제·신라 등을 합하여 고려가 되었으니, 동서가 천 리요 남북이 3,000리였습니다. 중국의 역사책 중에 조선의 백성 및 재물과 풍속을 적은 것이 실제와 다르니 모두 기자와 위만 때의 조선이요, 지금의 조선은 아닙니다. 그리고 역사를 쓴 이가 대체로 외국 일은 간략하게 적기 때문에 옛 기록을 답습하는데 그 풍습은 시대마다 다릅니다. 우리나라로 말하면, 오로지 유교를 숭상하며 예악과 문물은 모두 중화를 본받았으므로, 예로부터 소중화라는 이름을 가지고 나라의 제도를 세우고 사대부는 몸가짐을 바로 하여 모두 송나라와 비슷했습니다."라고 하였다. 왕군이 말하기를 "군자지국이라 할 만하군요."라고 하였다.

13. 『동계집(東谿集)』

『동계집』[24] 제3권 소(疏)

강화(講和)를 배척한 상소

噫. 列聖二百年文物之邦. 其將使之爲腥膻之區耶. 檀, 箕數千載衣冠之
俗. 其將使之爲左袵之民耶.

아, 열성이 200년 동안 가꾸어 온 문물의 나라를 비린내 나는 오랑캐 땅으
로 만들겠다는 것입니까? 단군과 기자가 수천 년 동안 일구어 놓은 의관을
갖춘 풍습을 장차 오랑캐의 옷을 입는 백성이 되게 하시겠다는 것입니까?

---

24 한국민족문화대백과 참조, 『동계집』
1741년(영조 17) 족친(族親)들이 편집했고, 동년 8월에 조유수(趙裕壽)가 왕명을 받아 간행하였다.
권말에 부록으로 조계명(趙啓命)의 『남곡고(南谷稿)』와 조구진(趙九鎭)의 『청량헌고(聽凉軒稿)』도
합 12장을 첨부하고, 조유수의 발문을 실었다. 규장각 도서와 국립중앙도서관 등에 있다.

14. 『청장관전서(靑莊館全書)』

1) 『청장관전서』[25] 제10권 아정유고2(雅亭遺稿二)

시 2 숭인전(崇仁殿)을 뵘

檀君殿謁孔宮瞻. 神聖之隣廟更嚴. 道寄姬書陳蕩蕩. 詩開鮮雅詠薪薪.

危踪昔被伴狂髮. 遺裔誰飄克肖髥. 不受周封元自到. 孟堅爲志本心拈.

단군의 전을 배알하고 공자의 궁을 쳐다보니

신성한 이웃에 사당 모습 더욱 엄숙하네

도는 희서에 붙여 왕도의 탕탕함을 진술했고

시는 선아를 열어 맥수의 점점을 읊었네

위태한 자취는 옛날 거짓 미쳐 머리털을 풀어뜨렸고

후손은 누가 능히 같은 수염을 나부꼈는가

주나라 봉함을 받지 않고 스스로 온 것이라

맹견이 지를 써서 본마음을 짚어냈네

---

25 한국민족문화대백과 참조, 『청장관전서』

조선 후기의 학자 이덕무(1741~1793)(李德懋)의 저술 총서. '청장관'은 저자의 호이다. 아들 이광규(光葵)가 편집, 이완수가 교정한 것으로 모두 33책 71권이었다. 현재는 결본을 포함한 전서(사본)가 오직 두 군데에 소장되어 있다. 하나는 규장각 소장본으로 모두 25책(8책 결)에 불과하고, 다른 하나는 일본인 아사미(淺見倫太郎)의 수집본으로 미국 캘리포니아대학교의 '아사미문고'에 소장되어 있다.

2) 『청장관전서』 제11권 아정유고3(雅亭遺稿三)

시 3 약산(藥山) 동대(東臺)

秀拔孤峯鐵甕中. 閭閻撲地一州雄. 二年三月逢晴景. 萬水千山入遠空.
邃古封疆檀荇剙. 直西分野冀幽通. 乾坤眼力初窮處. 吸盡盃心落照紅.

뾰족한 봉우리 철옹 같은 성 가운데 솟았으니

인가가 즐비하게 들어선 큰 고을일래

두 해라 석 달 만에 갠 날씨를 만났고

만수 천산은 먼 공중으로 들어가네

오랜 옛날에 봉강은 단군과 기자의 창설이요

바로 서쪽의 분야는 기주와 유주로 통했구나

하늘땅 눈이 모자라는 넓은 벌판에

술잔에 비친 석양을 한입에 마시누나

3) 『청장관전서』 제53권 이목구심서6(耳目口心書六)

東史云. 檀君命彭吳. 治國內山川. 以奠民居云. 蓋洪水之世. 若中國之
有伯禹也. 本紀通覽云. 牛首州有彭吳碑. 牛首州. 卽今春川也. 金時習
詩曰. 壽春是貊國. 通道自彭吳. 按漢書食貨志. 武帝時彭吳穿穢貊朝
鮮. 置滄海郡. 然則彭吳. 武帝臣也. 非檀君臣也. 東人之魯莽類也.

『동사강목』에 이르기를 "단군이 팽오에게 명하여 국내의 산천을 다스려
서 백성들이 사는 곳을 정했다."고 했다. 이것은 홍수의 세상에서 중국에 백
우가 있었던 것과 같은 것이다. 『본기통람』에, "우수주에 팽오의 비석이 있

다."고 했는데, 우수주는 지금의 춘천이다. 김시습의 시에, "수춘(강원도 춘천의 별칭)은 본디 맥의 나라 길 통하기는 팽오 때부터"라고 하였다.

『한서』의 식화지를 상고해보면, 무제 때에 팽오가 길을 뚫어 예맥과 조선을 통하고 창해군을 두었다고 했으니, 그렇다면 팽오는 무제의 신하요 단군의 신하가 아니다. 우리나라 사람은 이렇듯 정밀하지 못하다.

4) 『청장관전서』 제58권 앙엽기5(盎葉記五)

한 사람의 조상은 배수로 더해진다

又有出於虫獸. 若熊 [檀君熊之子. 其後爲高朱蒙. 徐氏. 亦出於百濟. 扶餘氏. 卽檀君之後.] 龍 [新羅赫居世夫人閼英. 龍女. 高麗太祖之祖. 作帝建夫人. 西海龍女.] 蚓 [甄萱. 蚯蚓之精.] 狼 [蒙古之先. 狼與鹿. 相交而生] 卵 [赫居世, 金首露. 俱卵生.] 此非獨趙氏之先然也. 衆人之先. 幾皆如此.

또 벌레·짐승·곰 같은 것에서 나온 사람이 있다. 곰 [단군은 곰의 아들인데 그 후손이 고주몽이다. 서씨도 백제 부여씨에서 나왔는데, 곧 단군의 후손이다.], 용 [신라 혁거세의 부인 알영이 용녀였고, 고려 태조의 조부 작제건의 부인이 서해 용녀였다.], 지렁이 [견훤은 지렁이의 정이었다.], 이리 [몽고 선조는 이리가 사슴과 교접해서 태어났다.], 알 [혁거세·김수로왕은 모두 알에서 태어났다] 같은 것이다. 이것은 유독 조씨만 그럴 뿐 아니라 모든 사람의 선조가 거의 모두 이와 같다.

5) 『청장관전서』 제58권 앙엽기5(盎葉記五)

아란불(阿蘭佛)

海東韻玉 [權文海撰] 所引. 有曰. [不記書名.] 阿蘭弗. 檀君子夫婁之臣.

扶婁子金蛙. 都迦葉原. 國號東扶餘. 案此是後世僧徒僞撰也. 檀君之
世. 寧有阿蘭, 迦葉等人名地名哉.

『해동운옥』[권문해가 지었다.]에 인용된 글에 이르기를, [인용한 서명은 기록
되지 않았다.] "아란불은 단군의 아들 부루의 신하이다. 부루의 아들 금와가
가섭원에 도읍하여 국호를 동부여라 했다."라고 하였다. 상고하건대, 이것
은 후세 중들이 거짓으로 꾸민 것이다. 단군 때에 어찌 아란과 가섭이라는
인명과 지명이 있었겠는가.

6) 『청장관전서』 제59권 앙엽기6(盎葉記六)

정족산성(鼎足山城)

鼎足山城. 在江華府治三十五里. 一名三郎山. 世傳檀君三子各築一峰
云.

정족산성은 강화부 읍에서 35리쯤에 있으며 일명 삼랑산이라고도 한다.
전해오는 말에 의하면 단군의 세 아들이 각기 봉우리 하나씩에 성을 쌓았다
고 한다.

15. 『아방강역고(我邦彊域考)』

『아방강역고』[26] 강역고1 삼한총고(三韓總考)

秦, 漢之際. 已有君長. 能遠通中國. 或爲朝鮮人所阻.

진한 때에 이미 군장이 있었으며 멀리 중국과 교류할 수 있었다. 혹은 조선 사람이 막기도 했다고 한다.

---

26 한국민족문화대백과 참조, 『아방강역고』
1811년(순조 11)에 정약용(丁若鏞, 1762~1836)이 편찬한 우리나라 강역에 관한 역사지리서이다. 정약용이 유배지인 전라도 강진에서 우리나라의 강역을 문헌 중심으로 살피고 그 내용에 대하여 고증한 책이다.
고본(稿本)으로 10권이 전해오다가 1903년에 장지연(張志淵)이 증보하여 『대한강역고(大韓彊域考)』로 책명을 바꾸어 황성신문사(皇城新聞社)에서 활자본 9권으로 간행하였다. 그 뒤 1936년에 신조선사(新朝鮮社)에서 활자본으로 간행된 154권 76책의 『여유당전서(與猶堂全書)』 제6집 지리집에 『대동수경(大東水經)』과 같이 『강역고(彊域考)』를 포함시켰다. 『여유당전서』에 포함된 『강역고』는 원래의 10권을 4권으로 만들었다.

16.『해동역사(海東繹史)』

1)『해동역사』[27] 속집(續集) 제2권 지리고(地理考)

조선(朝鮮)

朝鮮之名, 肇於檀君, 蓋漢水以北之謂比, 山海經東海之內, 北海之隅有
國, 名曰朝鮮, 朝鮮在列陽東, 海北山南, 列陽屬燕, (注)朝鮮今樂浪縣,
箕子所封地, 列亦水名也, 今在帶方 帶方有列口縣, 鎭書謹按, 東國古
初, 以漢水一帶爲限, 北爲朝鮮, 南爲韓國, 漢水則列水也, 水之北曰陽.
大明一統志, 平壤城在鴨綠江東, 一名王儉城, 卽箕子之故國, 城外有箕
子墓, 漢爲樂浪郡治, 大明一統志, 朝鮮城在永平府境內, 相傳箕子受封

---

27 한국민족문화대백과 참조,『해동역사』

조선 후기의 한치윤(韓致奫, 1765~1814)이 찬술한 기전체(紀傳體)의 한국통사. 필사본. 한치윤이
지은 본편(本篇) 70권과 조카 진서(鎭書)가 보충한 속편(續篇) 15권을 합쳐 모두 85권이다.
책은 한치윤이 죽기 10여 년 전부터 착수해 본편 70권만 이루고 죽었다. 이에 미처 마무리 짓지 못
한 지리고(地理考) 15권을 진서가 속편으로 완성한 것이다. 청나라 마숙(馬驌)이 찬술한『역사(繹
史)』를 모범으로 하여 '해동역사'라 했다.
안정복(安鼎福)의『동사강목(東史綱目)』이 주자(朱子)의『자치통감강목(資治通鑑綱目)』을 본떠서 한
국사의 강목을 꾸민 것과 유사하다. 책의 찬술 동기는 종래의 한국사가 엉성하고 조잡하게 편찬되
어 이를 바로잡고, 객관적인 한국사의 참모습을 찾기 위함이었다.
체제는 정사체(正史體)인 기전체를 따랐으나 표(表)는 생략했다. 그리고 객관적인 찬술을 위해 550
여 종의 인용서를 동원하였다. 즉 중국의 사서 523종, 일본의 사서 22종과 한국의 기본서를 참고로
했다. 편찬 방법은 고대에서 고려까지의 왕조를 세기(世紀)로 삼고, 지(志)와 전기(傳紀)를 덧붙였
다. 전기는 인물고(人物考)라 했다. 한진서도 속편을 지리고라 하여 본편의 지와 구별했다. 그러나
기전체인 점에서 '지리지'라고 해야 할 것이다.

之地, 日知錄, 漢書地理志, 樂浪郡之縣二十五 其日曰朝鮮 應召曰 故
朝鮮國 武王封箕子於比.

鎭書謹按 爾雅九州圖 嵎夷則 朝鮮箕子封地 遼東志 遼東本箕子國 大
明一統志 遼東名官 亦載箕子 盛京志 以遼水東西之地 並屬箕子舊疆
則箕氏西界 遠過遼河明矣.

조선이란 이름은 단군에게서 시작되었는데, 대체로 한수 북쪽을 이른다.
『산해경』에는 다음과 같이 되어 있다. 동해의 안쪽 북해의 모퉁이에 나라
가 있는데, 이름을 조선이라고 한다. 조선은 열양의 동쪽에 있는데, 바다의
북쪽, 산의 남쪽이다. 열양은 연에 속한다. 주에 이르기를, "조선은 지금의
낙랑현으로, 기자가 봉해진 곳이다. 열은 역시 수명으로, 지금의 대방에 있
으며, 대방에는 열구현이 있다."라고 하였다.

진서가 삼가 살펴보건대, 동국은 옛날에는 한수 일대를 한계로 삼아, 북
쪽은 조선이었고 남쪽은 한국이었다. 한수는 바로 열수이다. 물의 북쪽을
양이라고 하니, 열양이란 것은 한수 이북을 칭하는 것이다. 동사에 "단군이
당요 무진년에 평양에 비로소 나라를 열고 국호를 조선이라고 하였다."고
하였다. 『산해경』을 세상에서는 우하 때의 책이라고 한다. 그렇다면『산해
경』에서 조선이라고 이른 것은 과연 단군조선을 가리키는 것이다.

『대명일통지』에는 다음과 같이 되어 있다. 평양성은 압록강 동쪽에 있는
데, 일명 왕검성이라고도 한다. 바로 기자의 옛 도성이다. 성 밖에는 기자묘
가 있다. 한나라 때에는 낙랑군의 치소가 되었다.

『대명일통지』에는 다음과 같이 되어 있다. 조선성은 영평부의 경내에 있
는데, 기자가 봉토로 받은 지역이라고 전해온다. 『일지록』에는 다음과 같이
되어 있다. 『한서』「지리지」를 보면, 낙랑군의 현은 25개인데, 그 가운데 하
나가 조선현이다. 응소는 말하기를, "옛 조선국이다. 무왕이 이곳에 기자를

봉하였다."라고 하였다.

진서가 삼가 살펴보건대, 『이아』의 구주도를 보면 우이는 바로 조선으로
기자가 봉해진 지역이고, 『요동지』를 보면 요동은 본래 기자국이며, 『대명일
통지』를 보면 요동의 명환 가운데에 역시 기자가 들어 있고, 『성경통지』를
보면 요수 동쪽과 서쪽 지역이 모두 기씨의 옛 강역에 속해 있다. 그런즉 기
씨의 서쪽 경계는 멀리 요하를 건너간 것임이 분명하다.

2) 『해동역사』 속집(續集) 제3권 지리고(地理考)

삼한(三韓)

[久庵東國地理志] 我東方在昔自分爲南北, 其北本三朝鮮之地, 檀君與堯
並立, 歷箕子曁衛滿, 分爲四郡合爲二府, 與高朱蒙迭爲盛衰, 東晉以後
高氏遂幷其地, 是爲高句驪也. 其南乃三韓之地야. 漢初箕準爲衛滿所
逐, 浮海而南, 至韓地金馬郡都焉, 稱爲韓王, 是爲馬韓.

[구암의 『동국지리지』] 우리 동방은 옛날에 남북으로 나뉘어 있었다. 북쪽
은 본래 세 조선의 지역으로, 단군이 요임금과 함께 있었고 기자 및 위만을
거쳐서 사군으로 나뉘었다가 2부로 합해져 고주몽과 번갈아 가면서 성쇠를
반복하였다. 동진 시대 이후로는 고씨가 드디어 이 지역을 병합하였는데,
이것이 고구려이다. 남쪽은 바로 삼한의 지역이다. 한나라 초기에 기준이
위만에게 축출되어서 바다를 건너 남쪽으로 와 한 지역에 이르러 금마군에
도읍하고서 한왕이라 칭하였는데, 이것이 마한이다.

3) 『해동역사』속집(續集) 제3권 지리고(地理考)

삼한(三韓)

輿地勝覽云, 京畿黃海道古朝鮮馬韓之域.

『동국여지승람』에서 말하기를 "경기·황해도는 고조선과 마한의 영역이다."라고 하였다.

4) 『해동역사』속집(續集) 제3권 지리고(地理考)

삼한(三韓)

[盛京通志] 蓋平縣周屬朝鮮, 本辰韓地, 遼以路通辰韓, 設辰州. 復州周朝鮮界辰韓地. 寧海縣周朝鮮界辰韓地 [謹按通志傅會遼史其說妄矣].

[성경통지] 개평현은 주나라 때 조선에 속하였으며, 본래 진한의 지역이다. 요나라에서 이 길로 진한과 통하였으므로 진주를 설치하였다. 복주는 주나라 때 조선의 경계이며, 진한의 지역이다. 영해현은 주나라 때 조선의 경계이며, 진한의 지역이다. [삼가 『성경통지』를 살펴보니, 『요사』의 기록을 억지로 가져다 붙여 그 설이 합당하지 않다.]

5) 『해동역사』속집(續集) 제4권 지리고(地理考)

사군(四郡)

[元史地理志] 咸平府古朝鮮地, 漢屬樂浪郡, 高麗侵有其地.

『원사』「지리지」함평부는 옛 조선의 지역으로 한나라 때에는 낙랑군에
속하였으며, 고구려가 그 지역을 침입하여 차지하였다.

17. 『연원직지(燕轅直指)』

『연원직지』[28] 제1권 출강록(出疆錄), 임진년(1832, 순조 32) 11월 24일 봉황성기(鳳凰城記)

按唐書. 安市城距平壤五百里. 鳳凰城亦稱王儉城. 地誌又以鳳凰城稱平壤. 未知此何以名焉. 又地志. 古安市城在蓋平縣東北七十里. 自蓋平東至秀岩河三百里. 自秀巖河東至二百里爲鳳凰城. 若以此爲古平壤. 則與唐書所稱五百里相合. 然吾東之士. 只知今平壤. 言箕子都平壤則信. 言平壤有井田則信. 言平壤有箕子墓則信. 若復以鳳凰城爲平壤. 則大驚. 若曰遼東有平壤. 則叱爲怪駭. 獨不知遼東本朝鮮故地. 肅愼, 穢貊, 東夷雜種. 盡服屬衛滿朝鮮. 又不知烏刺, 寧古塔, 後春等地. 本高句麗舊

28 한국민족문화대백과 참조, 『연원직지』

1832년(순조 32) 6월부터 이듬해 4월까지 김경선(金景善, 1786~1853)이 청나라에 다녀온 사행기록(使行記錄). 6권 6책. 필사본. 이 책은 저자가 1832년에 동지 겸 사은사(冬至 兼 謝恩使)의 서장관(書狀官)으로 정사 서경보(徐耕輔), 부사 윤치겸(尹致謙)과 같이 청나라에 다녀오면서 6월 말부터 이듬해 4월 초까지 9개월간을 기록한 것이다. 지금까지의 어느 연행록보다 방대한 분량으로 되어 있다. 권1·2는 「출강록(出疆錄)」으로 북경(北京)의 관소에 도착하기까지 일기와 기(記)를 수록하였다. 권3~5는 관소에서 머물 때의 기록인 「유관록(留館錄)」 상·중·하이다. 권3의 「유관록」 상은 1832년 12월까지의 기록, 권4의 「유관록」 중은 1833년 1월까지의 기록, 권5의 「유관록」 하는 북경을 출발해 귀국하기까지의 기록이다. 권6은 「유관별록(留館別錄)」으로 되어 있다. 「유관별록」은 저자의 주에 "한곳에다 기록할 수 없는 견문을 분류해 기록하였다."라고 했듯이 한 항목에 들어갈 수 없는 것만을 별도로 작성한 것이다. 중국의 지리·문물·제도·풍속 등속에서 그 기본이 되는 것만을 골라 간략하게 서술하였다.

彊. 嗟乎. 後世不詳地界. 則妄把漢四郡地. 盡局之於鴨綠江內. 牽合事
實. 區區分排. 乃復覓浿水於其中. 或指鴨綠江爲浿水. 或指淸川江爲浿
水. 或指大同江爲浿水. 是朝鮮舊彊. 不戰自蹙矣. 此其故何也. 定平壤
於一處. 而浿水前却. 常隨事跡. 吾嘗以爲漢四郡地. 非特遼東. 當入於
女眞. 何以知其然也. 漢書地理志. 有玄菟, 樂浪. 而眞番, 臨屯無見焉.
蓋昭帝始元五年. 合四郡爲二府. 元鳳元年. 又改二府爲二郡. 玄菟三縣
有高句麗. 樂浪二十五縣有朝鮮. 遼東十八縣有安市. 獨眞番去長安七千
里. 臨屯去長安六千一百里. 金崙所謂我國界內不可得. 當在今寧古塔等
地者是也. 由是論之. 眞番, 臨屯. 漢末卽入於扶餘挹婁沃沮. 扶餘五而
沃沮四. 或變而爲勿吉. 變而爲靺鞨. 變而爲渤海. 變而爲女眞. 按渤海
武王大武藝答日本聖武王書曰. 復高麗之舊居. 有扶餘之遺俗. 以此推
之. 漢之四郡. 半在遼東. 半在女眞. 跨距包絡. 本我幅員. 益可驗矣. 然
而自漢以來. 中國所稱浿水. 不定厥居. 又吾東之士. 必以今平壤立準.
而紛然尋浿水之跡. 此無他. 中國人凡稱遼左之水. 率號爲浿水. 所以程
里不合. 事實多舛者. 爲此由也. 故欲尋古朝鮮高句麗之舊域. 先合女眞
於境內. 次尋浿水於遼東. 浿水定. 然後疆域明. 疆域明. 然後古今事實
合矣. 然則鳳城果爲平壤乎. 曰. 此亦或箕氏衛氏高氏所都. 則爲一平壤
也. 唐書裴矩傳. 言高麗本孤竹國. 周以封箕子. 漢分四郡. 所謂孤竹地.
在今永平府. 又廣寧縣. 舊有箕子廟. 戴冔冠塑像. 明嘉靖時. 燬於兵火.
廣寧人或稱平壤. 金史及文獻通考. 俱言廣寧. 咸平皆箕子封地. 以此推
之. 永平廣寧之間. 爲一平壤也. 遼史. 渤海顯德府. 本朝鮮地. 箕子所封
平壤城. 遼破渤海. 改爲東京. 卽今之遼陽縣. 是也. 以此推之. 遼陽縣爲
一平壤也. 愚以爲箕子初居永, 廣之間. 後爲燕將秦開所逐. 失地二千里.
漸東益徙. 如中國晉宋之南渡. 所止皆稱平壤. 今我大同江上平壤. 卽其
一也. 浿水亦此類. 高句麗封域. 時有贏縮. 則浿水之名. 亦隨而遷徙. 如

中國南北朝時州郡之號. 互相僑置然. 而以今平壤爲平壤者. 指大同江曰. 此浿水也. 指平安咸鏡兩界間山曰. 此蓋馬大山也. 以遼陽爲平壤者. 指蕃芋灤水曰. 此浿水也. 指蓋平縣山曰. 此蓋馬大山也. 雖未詳熟是. 然必以今大同江爲浿水者. 自小之論耳. 唐儀鳳二年. 以高句麗王臧爲遼東州都督. 封朝鮮王. 遣歸遼東. 仍移安東都護府於新城以統之. 由是觀之. 高氏境土之在遼東者. 唐雖得之. 不能有. 而復歸之高氏. 則平壤本在遼東. 或爲寄名. 與浿水. 時有前却耳. 漢樂浪郡治在遼東者. 非今平壤. 乃遼陽之平壤. 及勝國 王氏高麗遼東及渤海一境. 盡入契丹. 則僅劃慈, 鐵兩嶺而守之. 幷棄先春, 鴨綠. 而不復顧焉. 而況以外一步地乎. 雖內幷三國. 其境土武力. 遠不及高氏之强大. 後世拘泥之士. 戀慕平壤之舊號. 徒憑中國之史傳. 津津隋唐之舊跡曰. 此浿水也. 此平壤也. 已不勝其逕庭. 此城之爲安市爲鳳凰. 惡足辨哉云云.

『당서』를 살펴보니 "안시성은 평양과의 거리가 500리이다. 봉황성은 또한 왕검성이라 한다."라고 하였다. 『지지』에도 "봉황성을 평양이라고 한다."라고 하였으니, 이는 어떻게 이름 붙인 것인지 알 수 없다. 또 『지지』에 "옛 안시성은 개평현 동북쪽 70리에 있다. 개평현으로부터 동쪽으로 수암하까지 300리와 수암하로부터 동쪽으로 200리까지 봉황성이 된다."라고 하였으니, 만일 여기가 옛 평양이라 한다면, 『당서』에서 '500리'라고 한 것과 서로 맞는다. 그러나 우리나라의 선비들은 단지 지금의 평양만 알고 "기자가 평양에 도읍을 했다.", "평양에 정전이 있다.", "평양에 기자의 묘가 있다."라고 말하면 믿으나, 만약 다시 봉황성이 평양이라고 하면 크게 놀라며, 요동에 평양이 있었다고 하면 꾸짖으며 괴이하게 생각한다. 이는 단지 요동이 본래 조선의 옛 땅으로서 숙신, 예맥, 동이의 여러 종족이 모두 위만조선에 복속한 것을 알지 못하고, 또한 오랄, 영고탑, 후춘 등의 땅이 본래 고구려의 옛 강토인 줄을 알지 못하기 때문이다.

아! 후세 사람들이 땅의 경계를 자세히 알지 못하여 망령되이 한사군의 땅을 모두 압록강 안에 국한하여, 사실에 억지로 합하여 구구하게 나누어 배치하였다. 그리고 다시 패수를 그 속에서 찾아 더러는 압록강을 패수라 하고 더러는 청천강을 패수라고 하고, 더러는 대동강을 패수라고 하니 이것은 조선의 옛 강토가 싸우지 않고도 저절로 축소되는 것이다. 이러한 까닭은 무엇일까? 평양을 한곳에다 고정시키고 패수는 앞뒤로 당기기도 하고 물리기도 하여 항상 사적을 붙이는 까닭이다. 나는 일찍이 한사군 땅이 유독 요동만 여진에 들어가야 하는 것이 아니라고 생각한다. 왜냐하면『한서』「지리지」에 현도·낙랑만 있고, 진번·임둔은 나타나 있지 않다. 대개 소제 시원 5년에는 사군을 합하여 2부를 만들고 원봉 원년에는 또 2부를 고쳐 군을 만든 것이다. 현도는 3현인데 고구려가 있고, 낙랑은 25현인데 조선이 있고, 요동은 18현인데, 안시가 있다. 유독 진번은 장안과 거리가 7,000리요, 임둔은 장안과 거리가 6,100리이니, 김윤의 이른바 "우리나라의 경계 안에서는 찾을 수 없으니, 당연히 지금의 영고탑 등의 지역에 있어야 한다."는 것이 옳다.

이로써 논한다면, 진번, 임둔은 한나라 말엽에 바로 부여, 읍루, 옥저로 들어가니, 부여는 다섯이고 옥저는 넷이다가 혹은 변하여 물길이 되었고 변하여 말갈이 되었으며, 변하여 발해가 되었고 변하여 여진이 된 것이다. 발해 무왕 대무예가 일본의 성무왕에게 답한 글을 살펴보면, "고구려의 옛터를 회복하고 부여의 유속을 가지고 있다."라고 하였다. 이로 미루어 본다면 한사군은 절반이 요동에 있고 절반이 여진에 있으니, 이 둘을 한데 모으면 본래 우리나라의 면적을 잘 증명할 수 있다.

그런데 한나라 이래로 중국에서 말하는 '패수'라는 것이 그 있는 데가 일정하지 않고, 또 우리나라의 선비들은 반드시 지금의 평양으로 표준을 삼아 혼잡스럽게 패수의 자취를 찾았다. 이는 다름이 아니라 중국 사람들이 무릇 요동 왼쪽 물을 다 패수라고 하기 때문이다. 리의 숫자가 맞지 않고 사실도 틀리는 것이 많음은 이 까닭이다. 그러므로 고조선과 고구려의 옛 강역을 찾으려면 먼저 여진을 국경 안에 합친 다음 패수를 요동에서 찾아야 한다. 패수가 확정된 후에 강역이 밝혀지고, 강역이 밝혀진 후에 고금의 사실이 맞을 것이다. 그렇다면 봉황성이 과연 평양일까? 이는 역시 혹 기씨, 위씨, 고씨가 도읍한 곳이면 하나의 평양이 된다.

『당서』「배구전」에, "고구려는 본래 고죽국인데, 주나라는 기자를 봉하고 한나라에서는 4군으로 나누었다."라고 하였다. 이른바 '고죽국의 땅'은 지금의 영평부에 있다. 또 광녕현에 있는 옛날 기자의 사당에는 우관을 쓴 소상이 있었는데, 명나라 가정제 때 전쟁으로 불탔다. 광녕 사람들이 더러 평양이라 했고, 『금사』나 『문헌통고』에 모두, "광녕과 함평이 모두 기자가 봉한 땅이다."라고 하였다. 이로 미루어 보면 영평과 광녕의 사이가 하나의 평양인 것이다. 『요사』에, "발해 현덕부가 본래 조선 땅으로서 기자를 봉한 평양성인데, 요나라가 발해를 치고 동경이라 고치니, 곧 지금의 요양현이 그것이다."라고 하였다. 이로 미루어 본다면 요양현이 하나의 평양이 되는 것이다.

내가 생각하기에는, 기자가 처음엔 영평과 광녕 사이에 있다가 후에 연나라 장수 진개에게 쫓겨 땅 2,000리를 잃고 점차 동으로 옮겨 가 중국의 진나라와 송나라가 남으로 건너가듯 하여 가는 데마다 모두 평양이라고 일컬었다. 지금 우리나라의 대동강가의 평양도 바로 그 하나이다. 패수도 또한 이런 유이다. 고구려의 강토가 때로 늘었다 줄었다 하면 패수의 이름도 또한 따라서 바뀌어졌으니, 중국 남북조 때 주군의 호칭이 서로 이랬다저랬다 한 것과 같다. 그런데 지금의 평양을 평양이라 하는 사람은 대동강을 가리켜 패수라고 하고, 평안·함경 두 도의 경계 사이의 산을 가리켜 이것이 개마대산이라 한다. 요양을 평양이라 하는 사람은 현우 난수를 가리켜 패수라 하고, 개평현의 산을 가리켜 개마대산이라 한다. 비록 어느 것이 옳은지는 모르겠으나, 반드시 지금의 대동강을 패수라고 하는 것은 자진하여 강토를 작게 만드는 의논일 뿐이다.

당나라 의봉 2년에 고구려 왕 장을 요동주 도독으로 임명, 조선 왕으로 봉하여 요동으로 돌려보내고, 이어 안동도호부를 신성으로 옮겨 통할하게 하였다. 이로써 본다면, 당나라가 요동에 있는 고씨의 영토를 비록 얻었으나 소유하지 못하고 다시 고씨에게 돌려준 것이다. 즉 평양은 본래부터 요동에 있으면서 혹 이름이 붙여져 패수와 더불어 때로 이랬다저랬다 한 것뿐이다. 한나라 낙랑군 치소가 요동에 있는 것은 지금의 평양이 아니라 바로 요양의 평양이다.

전대 왕조인 왕씨 고려 때에는 요동 및 발해의 온 강토가 다 거란에 들어가니, 즉 겨우 자산, 철산의 두 고개를 경계로 지켜 선춘령과 압록강을 모두 버리고 다시 돌아보지 못하였으니, 하물며 그 밖에 한 걸음 더 나아간 땅은 어떻겠는가? 비록 안으로 세 나라를 합하더라도 그 강토와 무력이 고씨의 강대함에 크게 미치지 못한데, 후세의 고루한 선비들이 평양이란 옛 이름만 연모하고, 한갓 중국의 사서와 전기만 믿고 의지하여, 수나라와 당나라의 옛 자취에 재미를 붙여 이것이 패수이며 이것이 평양이라 한다. 이미 엉뚱하게 틀린 것을 면하지 못하고 있으니, 이 성이 안시성인지, 봉황성인지를 어찌 분별할 수 있겠는가?

18. 『임하필기(林下筆記)』

1) 『임하필기』[29] 제12권 문헌지장편(文獻指掌編) 개벽 연대의 계산

唐堯甲辰至洪武戊申, 三千七百八十年, 檀君戊辰至我太祖壬申, 亦三
千七百三十年. 帝堯作而檀君興, 周武立而箕子封, 漢定天下, 衛滿來,
宋祖將興而麗祖已起, 我太祖開國, 亦與太祖皇帝同時.

당요 갑진년에서 홍무 무신년에 이르기까지가 3,785년이며, 단군 무진년
에서 우리 왕조의 태조 임신년에 이르기까지가 또한 3,785년이다. 제요가
임금이 되면서 단군이 일어났고, 주 무왕이 임금이 되면서 기자가 봉함을 받
았으며, 한나라가 천하를 평정하자 위만이 우리나라로 왔고, 송 태조가 일어
날 무렵 고려의 태조가 이미 일어났으며, 우리 왕조의 태조가 개국을 한 것
이 또한 명나라 태조황제와 같은 때이다.

---

29 한국민족문화대백과 참조, 『임하필기』
조선 말기의 문신 이유원(李裕元, 1814~1888)의 수록류(隨錄類)를 모아 엮은 책이다. 39권 33책.
필사본. 1871년(고종 8) 그의 임시 거처였던 천마산(天摩山) 임하려(林下廬)에서 탈고하였다는 기
록으로 보아, 관직에 있으면서 틈틈이 써두었던 수록류를 한데 모아 이때 책으로 만든 것 같다. 경
(經)·사(史)·자(子)·집(集)·전(典)·모(謨)·소학(小學)·금석(金石)·전고(典故)·풍속·역사·지리·산물·
기용(器用)·서화·전적·시문·유문(遺聞) 등 광범한 분야에 걸쳐 간명, 전아한 필치가 돋보인다.

2)『임하필기』권12 문헌지장편(文獻指掌編) 묘향산

山在寧邊, 世傳檀君所降處. 以香檀多生, 故今名妙香. 山勢高大, 蟠據
四百餘里. 古記云, 山有三百六十庵. 高麗高宗時, 金山兵奔此山, 燒普
賢寺, 官兵追擊之, 斬獲二千四百餘, 賊將只奴中箭死.

묘향산은 영변에 있는데 세상에 전해오기를 이 산이 바로 단군이 내려온 곳이라고 한다. 그런데 이 산에는 향단이 많이 나서 자라기 때문에 지금 그 이름을 묘향산이라고 부르는 것이다. 산의 형세가 높고 커서 400여 리의 땅을 차지하고 있다. 옛날의 기록에서 말하기를 "이 산에는 360개의 암자가 있었다. 그런데 고려 고종 때에 금산의 군사가 이 산으로 도망하여 들어와서 보현사에 불을 질렀고, 이때 우리의 관병이 추격해서 2,400여 명의 적들을 사로잡거나 죽였으며 적장 지노는 이때 화살에 맞아 죽었다."고 하였다.

3)『임하필기』제18권 문헌지장편(文獻指掌編) 씨족

檀君時, 余守己爲濊國君長, 九子分掌諸郡, 有功於衆民, 故從衆人邊,
賜姓徐氏. 箕子時, 王愛競敎冑子嘉之賜姓王氏, 其所居日出之土, 因其
傍點橫以爲上書, 箕子支子仲, 食采於于, 因氏以鮮于, 箕準走居韓地,
因爲韓氏.

단군 때 여수기가 예국의 군장이 되어 아들 아홉 명이 여러 군을 나누어 관장하였는데, 백성들에 대한 공이 있었으므로 중인변을 따라 서씨 성을 하사받았다. 기자 때 왕애가 주자를 잘 교육시킴에 가상히 여겨 왕씨 성을 하사받았는데 그가 사는 곳이 해가 나오는 땅이라 그 방점을 인하여 횡으로 그

어 상획을 삼은 것이다. 기자의 지자 중이 우 땅을 식읍으로 하였기 때문에 선우씨라 하였다. 기준은 한 땅으로 달아나 살고 있었기 때문에 한씨가 되었다.

4) 『임하필기』 제12권 문헌지장편(文獻指掌編)
단군(檀君)의 조근(朝覲)

檀君百二十七年, 夏禹氏十八年, 遣子解扶婁, 朝塗山, 百九十四年, 夏后相七年, 子夷畎夷, 來賓于夏, 二百九十六年, 夏后槐三年, 九夷咸賓于夏, 四百九十七年, 夏后發元年, 夷賓于王門.
檀君百二十七年 夏禹氏十八年 遣子解扶婁朝塗山 百九十四年 夏后相七年 子夷畎夷 來賓于夏 二百九十六年 夏后槐三年 九夷咸賓于夏 四百九十七年 夏后發元年 諸夷賓于王門.

단군 127년은 하우씨 18년인데, 단군이 아들 해부루를 보내 도산에서 조회하도록 하였다. 그리고 194년은 하후 상 7년인데 아들 이견과 이래가 하나라에 빈객으로 갔으며, 296년은 하후 괴 3년인데 구이가 모두 하나라에 귀한 손님으로 초청되었고, 497년은 하후 발 원년인데 여러 이족들이 하나라의 궁궐에 초대되었다.

5) 『임하필기』 제18권 문헌지장편(文獻指掌編)
생산(生産)

天神桓因庶子雄, 降于太白山檀木下. 時有熊食靈, 化爲女神, 與雄爲婚, 而生王儉, 是爲檀君.

336

천신 환인의 서자 웅이 태백산 단목 아래로 내려왔다. 이때 영물을 먹은 곰이 화하여 여신이 되어 환웅과 함께 혼인하여 왕검을 낳았으니, 이가 단군이다.

6) 『임하필기』 제21권 문헌지장편(文獻指掌編)

우리나라의 관제(官制)

按檀君有臣彭吳, 官制未攷. 箕子始設士師之官, 立八條之敎, 箕否之世, 大夫諫伐燕, 則有大夫之稱矣. 箕準之時, 拜衛滿博士, 則有博士之稱矣. 衛滿僭號, 有相路人將軍王唊, 則是將相之職矣.

살펴보니 단군은 신하 팽오를 두었으나 관의 행정 조직 및 권한은 상고할 수 없다. 기자가 처음으로 사사의 관직을 설치하고 팔조의 가르침을 세웠다. 기부의 시대에 대부가 연나라를 정벌하는 것에 대해 간언하였으니 대부의 칭호가 있었던 것이고, 기준의 시기에 위만을 박사로 임명하였으니 박사의 칭호가 있었던 것이다. 위만이 칭호를 참람하게 사용하였을 때 상 노인과 장군 왕협이 있었으니, 이는 장군과 재상의 관직이었다.

4부

차이나계의
고조선 인식

문헌 사료

1. 『산해경(山海經)』

『산해경』[1] 권18 해내경(海內經)

東海之內, 北海之隅, 有國名曰朝鮮, 天毒, 其人水居, [朝鮮, 今樂浪郡也. 天毒, 卽天竺國, 貴道德, 有文書金銀錢貨浮屠出此國中也. 晋大興四年, 天竺胡王獻珍寶.] 偎人愛之.

동해의 안쪽 북해의 모퉁이에 조선과 천독이라는 나라가 있는데 사람들이 물가에 살며 [조선은 지금의 낙랑군이다. 천독은, 즉 천축국이다. 도덕을 귀하게 여기고 문서, 금은, 전화, 부도가 이 나라에서 난다. 진 대흥 4년에 천축의 호왕이 진귀한 보물을 바쳤다.] 남을 아끼고 사랑한다.

---

1 두산백과 참조, 『산해경』
중국에서 가장 오래된 지리서(地理書). 작자에 관해서는 하(夏)나라 우왕(禹王) 또는 백익(伯益)이라는 설과 기원전 4세기 전국시대 후의 저작이라는 설이 대립하고 있다. 원래는 23권이 있었으나 전한(前漢) 말기에 유흠(劉歆)이 교정(校定)한 18편만 오늘에 전하고 있다. 그 가운데 「남산경(南山經)」이하의 「오장산경(五藏山經)」 5편이 가장 오래된 것이며, 한(漢)나라 초인 BC 2세기 이전에 되어 있었다고 추정된다. 그다음으로 「해외사경(海外四經)」 4편, 「해내사경(海內四經)」 4편이 이어졌고, 한대(漢代)의 지명을 포함하였으며, 「대황사경(大荒四經)」 4편, 「해내경(海內經)」 1편이 지어졌다.

2. 『여씨춘추(呂氏春秋)』

『여씨춘추』[2] 권20, 시군남(恃君覽) 제8

非濱之東, 夷穢之鄉 [朝鮮 樂浪之縣 箕子所封 濱於東海也], 大解陵魚共人
鹿野搖山揚島大人之居多無君.

비빈의 동쪽, 이와 예의 고향[조선은 낙랑의 현으로 기자가 봉해진 곳이며 동
해가에 있다.]과 대해, 능어, 공인, 녹야, 요산, 양도, 대인이 사는 곳에는 대부
분 군장이 없다.

---

2 두산백과사전 참조, 『여씨춘추』
26권. 『여람(呂覽)』이라고도 한다. 『사고제요(四庫提要)』에서는 「자부(子部)」의 잡가편(雜家篇)에 수록
되었는데, 도가(道家) 사상이 중요한 부분을 차지하나, 유가(儒家)·병가(兵家)·농가(農家)·형명가(刑
名家) 등의 설(說)도 볼 수 있다.
이것이 완성되자 여불위는 셴양[咸陽]의 시문(市門)에 걸어놓고, 이 책의 내용을 한 자라도 고칠 수
있는 사람이 있으면 천금을 주겠다고 하여 완벽한 내용을 과시하였다. 한국에서도 김근(金槿)의 번역
으로 1995년 민음사(民音社)에서 간행하였다.

3. 『사기(史記)』

1) 『사기』[3] 권34 연소공세가(燕召公世家) 제4

北迫蠻貉, 內措齊晉 [索隱措, 交雜也. 又作錯, 劉氏云爭陌反.] 崎嶇彊國之
間, 最爲弱小, 幾滅者數矣.

연나라는 북쪽으로는 만맥 등 여러 종족들과 대항하고 안으로는 제나라,
진나라와 서로 섞이고 [색은에 이르기를, 조는 서로 섞이는 것이다. 또한 '착'이라
고도 쓰며 유씨가 '쟁'과 '맥'의 반절이라고 했다.] 강국 사이에 끼여 간신히 명맥
만을 유지하느라 국력이 가장 약하였고, 거의 멸망 직전에 이른 것이 여러
번이었다.

---

3 두산백과사전 참조, 『사기』
사마선(司馬遷)에 의해 한(漢)나라 무제 때 쓰여진 역사서로 본격적인 저술은 BC 108~BC 91년 사
이에 이루어진 것으로 보고 있다. 사마 천은 저술의 동기를 '가문의 전통인 사관의 소명의식에 따라
『춘추』를 계승하고 아울러 궁형의 치욕에 발분하여 입신양명으로 대효를 이루기 위한 것'으로, 저술
의 목표는 '인간과 하늘의 관계를 구명하고 고금의 변화에 통관하여 일가의 주장을 이루려는 것'으로
각각 설명하는데, 전체적 구성과 서술에 이 입장이 잘 견지되었다. 이 책의 가장 큰 특색은 역대 중국
정사의 모범이 된 기전체(紀傳體)의 효시로서, 제왕의 연대기인 본기(本紀) 12편, 제후왕을 중심으로
한 세가(世家) 30편, 역대 제도 문물의 연혁에 관한 서(書) 8편, 연표인 표(表) 10편, 시대를 상징하는
뛰어난 개인의 활동을 다룬 전기 열전(列傳) 70편, 총 130편으로 구성되어 있다는 것이다. 처음에는
태사공서(太史公書) 혹은 태사공기(太史公記)로 불리었으나 위진(魏晉)시대에 와서 「사기」라고 불리
게 되었다. 이것은 전한 선제(宣帝) 때 그 외손 양운에 의해 세상에 알려졌다.

2) 『사기』권43 조세가(趙世家) 제13

襄子齊三日, 親自剖竹, 有朱書曰：…… 奄有河宗 [正義穆天子傳云：河宗之子孫(則)[鄒]柏絮. 按：蓋在龍門河之上流, 嵐, 勝二州之地也.] 至于休溷諸貉 [正義音陌. 自河宗, 休溷諸貉, 乃戎狄之地也.] 南伐晉別 [正義趙南伐晉之別邑, 謂韓, 魏之邑也.] 北滅黑姑. [正義亦戎國.] 襄子再拜, 受三神之令.

양자는 3일 동안 목욕재계한 후에 친히 대나무 토막을 가르니 안에 붉은색 글씨로 "…… 그는 하종을 모두 다 차지하여 [정의 : 목천자전에 이르기를, 하종의 후손은 곧 배백서이다. 대개 용문하의 상류이며 람과 승이라는 두 주의 땅이다.] 휴혼과 여러 맥의 지역까지 이를 것이며 [정의 : 음은 맥이다. 하종과 휴혼과 여러 맥은 곧 융적의 땅이다.] 남쪽으로는 진나라의 다른 성읍을 정벌하고 [정의 : 조가 남쪽으로 진나라의 다른 성읍을 정벌하여 한과 위의 읍이라고 부른다.] 북쪽으로는 흑고를 멸할 것이다. [정의 : 또한 융적의 나라이다.]"라고 쓰여 있었다. 양자는 재배하고 삼신의 명을 받아들였다.

4. 『회남자(淮南子)』

『회남자』[4] 권5 시칙훈(時則訓)

五位, 東方之極 自碣石山過朝鮮 貫大人之國, 東至日出之次抹木之地
靑土樹木之野.

5위란 무엇인가. 동방의 극은 갈석산으로부터 조선을 지나 대인국을 관
통하여 해 뜨는 곳 부목의 땅 청토수목의 들에까지 이른다.

---

4 두산백과사전 참조, 『회남자』
중국 전한(前漢)의 회남왕(淮南王) 유안(劉安)이 저술한 책. 21권. 유안이 빈객과 방술가(方術家) 수
천을 모아서 편찬한 것으로, 원래 내외편(內外編)과 잡록(雜錄)이 있었으나 내편 21권만이 전한다.
처음에 원도편(原道編)이라는 형이상학이 있으며, 그 뒤 천문·지리·시령(時令) 등 자연과학에 가까운
것도 포함하고, 일반 정치학에서 병학(兵學), 개인의 처세훈(處世訓)까지 열기하고, 끝으로 요략(要
略)으로 총정리한 1편을 붙여서 복잡한 내용의 통일을 기하였다.

5. 『진서(晉書)』 「재기(載記)」 제9 '모용황(慕容皝)'

『진서』[5]

慕容皝, 字元眞, 廆第三子也. 龍顏版齒, 身長七尺八寸. 雄毅多權略, 尙
經學, 善天文. 廆爲遼東公, 立爲世子. 建武初, 拜爲冠軍將軍, 左賢王.
封望平侯, 率衆征討, 累有功. 太寧末, 拜平北將軍, 進封朝鮮公.

모용황은 자가 원진이고 모용외의 셋째 아들이다. 눈썹뼈가 솟고 앞니가
크고 가지런했으며 신장은 7척 8촌이었다. 웅의[뛰어나고 굳셈]하며 권략[권
변과 지략]이 많고, 경학을 숭상하고 천문을 좋아했다. 모용외가 요동공이 되
자 그를 세자로 세웠다. (동진 원제) 건무(317~318) 초에 관군장군, 좌현왕으
로 임명하고 망평후에 봉하였고, 무리를 이끌고 정토하여 여러 차례 공을 세
웠다. (명제) 태녕(323~325) 말에는 평북장군으로 임명되고 조선공으로 올려
봉해졌다.

---

5 두산백과사전 참조, 『진서』

　130권. 644년 편찬. 제기(帝紀) 10권, 지(志) 20권, 열전(列傳) 70권 외에 재기(載記) 30권이 있다. 처
　음으로 제기라는 양식이 정사에 나타난 것이며, 5호16국(五胡十六國)에 관한 기록으로서 진나라 시
　대를 이해하는 데 도움이 된다. 주로 장영서(臧榮緖)의 『진서(晉書)』에 의존하였고, 기타 진시대사(晉
　時代史)도 참고로 하여 많은 사관(史官)이 집필하였다. 현존하는 유일한 '진대사'라는 점에서 귀중하
　다. 이 책을 보완한 것으로 『진서음의(晉書音義)』(3권), 『진서각주(晉書斠注)』(130권) 등이 있다.

6. 보장왕⁶ 묘지명

遼東州都督 朝鮮王

요동주도독 조선왕

---

6 고구려의 마지막 왕으로 668년 고구려가 당나라에 패전한 후 당나라로 끌려갔으나 당나라 벼슬인
'사평대상백원외동정(司平大常伯員外同正)'에 책봉했다. 과거 고구려의 중심 지역이었던 요동 지방
에서 고구려 부흥운동이 거세지자 그를 677년 '요동주도독 조선왕(遼東州都督朝鮮王)'에 봉하고 안
동도호부로 부임시켜 고구려부흥운동을 무마하고자 하였다. 고구려 옛 땅에 도착한 보장왕은 당나라
가 토번과 전쟁하고 있는 기회를 틈타 말갈과 손을 잡고 고구려 부흥전쟁을 일으키고자 하였으나 실
패하여 681년 지금의 중국 사천성에 유배당했다. 그곳에 죽은 후 당나라 벼슬인 '위위경'에 봉해졌
고, 돌궐 사람 힐리가한과 같은 자리에 묻혔다.

7. 『구당서(舊唐書)』권5 「본기(本紀)」 제5 '고종하(高宗下)'

『구당서』[7]

二月丁巳, 工部尙書高藏授遼東都督, 封朝鮮郡王, 遣歸安東府, 安輯高麗餘衆 ; 司農卿扶餘隆熊津州都督, 封帶方郡王, 令往安輯百濟餘衆. 仍移安東都護府於新城以統之.

공부상서 고장을 요동도독으로 제수하고, 조선군왕으로 봉하였다. 안동부로 돌아가게 하여 고려의 남은 백성을 안무하여 변강을 지키게 하였다.

---

7 두산백과사전 참조, 『구당서』
940년에 편찬을 시작하여 945년에 완성하였다. 장소원(張昭遠)·가위(賈緯)·조희(趙熙) 등이 편찬하고, 조영(趙瑩)이 감수(監修)하고, 유후가 일을 총괄하였다. 「본기(本紀)」는 고조(高祖) 1권, 태종(太宗) 2권, 고종(高宗) 2권, 측천무후(則天武后) 1권, 중종(中宗) 및 예종(睿宗) 1권, 현종(玄宗) 2권, 숙종(肅宗) 1권, 대종(代宗) 1권, 덕종(德宗) 2권, 순종(順宗) 및 헌종 상기(憲宗上紀) 1권, 헌종 하기 1권, 목종(穆宗) 1권, 경종(敬宗) 및 문종 상·하기(文宗上下紀) 1권, 무종(武宗) 및 선종(宣宗) 1권, 의종(懿宗) 및 희종(僖宗) 1권, 소종(昭宗) 및 애종(哀宗) 1권을 합쳐서 20권, 「지(志)」는 예의지(禮儀志) 7권, 음악지(音樂志) 4권, 역지(曆志) 3권, 천문지(天文志) 2권, 오행지(五行志) 1권, 지리지(地理志) 4권, 직관지(職官志) 3권, 여복지(輿服志) 1권, 경적지(經籍志) 2권, 식화지(食貨志) 2권, 형법지(刑法志) 1권을 합쳐서 30권, 「열전(列傳)」은 후비(后妃) 2권, 제제자(諸帝子) 8권, 제신(諸臣) 122권, 외척(外戚) 1권, 환관(宦官) 1권, 양리(良吏) 1권, 혹리(酷吏) 1권, 충의(忠義) 1권, 효우(孝友) 1권, 유학(儒學) 1권, 문원(文苑) 1권, 방기(方伎) 1권, 은일(隱逸) 1권, 열녀(烈女) 1권, 돌궐(突厥) 1권, 회흘(回紇) 1권, 토번(吐蕃) 1권, 남만(南蠻) 및 서남만(西南蠻) 1권, 서융(西戎) 1권, 동이(東夷) 1권, 북적(北狄) 1권을 합쳐서 150권으로, 총계 200권으로 되어 있다.

사농경 부여융 웅진도독에 제수하고 대방군왕으로 봉하였다. 가서 백제의 남은 백성을 안무토록 하였다. 안동도호부를 신성으로 옮겨서 통제토록 하였다.

8.『태평환우기(太平寰宇記)』

1)『태평환우기』[8] 권69 하북도(河北道) 18 유주(幽州)

戰國策說燕文侯曰, 燕東有朝鮮遼東, 北有林胡樓煩, 西有雲中.

전국책에서 (소진이) 연문후에게 말하기를 "연나라는 동쪽에 조선과 요동이 있고 북쪽으로는 임호와 누번이 있으며 서쪽에는 운중이 있습니다."라고 하였다.

2)『태평환우기』권172상 사이총서(四夷總序)

乃西北抵常山 [山在今鎭州]之右, 東折秦塞垣至穢貊朝鮮, 是謂北紀, 所以限中外也.

---

8 두산백과 참조, 『태평환우기』
현존하는 세계에서 가장 오래된 지지이다. 총 200권, 목록 2권으로 구성되어 있다. 송나라의 악사가 편찬하였다. 979년 송이 천하를 통일한 후 그 영역과 그들이 외이(外夷), 즉 오랑캐라고 부르고 있는 주변의 민족을 설명하기 위해 편찬되었다. 각 부(府)·주(州)의 연혁, 현의 수, 호수(戶數), 생산물과 그 지방 인물의 성씨·약전(略傳)·산천·명승고적 등을 상세히 기록하고 있다. 내용적으로는 지나치게 간략하게 서술되어 있던 당의 『정원십도록(貞元十道錄)』,『원화군현지(元和郡縣志)』 등을 보완하고 있으며, 오대(五代)에 개정된 지명을 알 수 있게 설명하고 있는 점도 역사 연구에 많은 도움을 준다. 또한 소실되어 오늘날에는 존재하지 않는 서적의 내용도 많이 인용하고 있다.

이내 서북쪽으로는 항산[항산은 지금의 진주이다.]의 오른쪽에 이르고 동쪽으로는 진나라의 새원에서 예맥조선에 이르니, 이것을 북기라고 하는데 중외에 한정된다.

9. 『요사(遼史)』

1) 『요사』[9] 「지리지」

遼本朝鮮故壤, 箕子八條之敎, 流風遺俗, 蓋有存者. 自其上世, 緣情制宜, 隱然有尙質之風. 遙輦胡剌可汗制祭山儀, 蘇可汗制瑟瑟儀, 阻午可汗制柴冊, 再生儀. 其情朴, 其用儉. 敬天恤災, 施惠本孝, 出於惻怵, 殆有得於膠瑟聚訟之表者. 太古之上, 椎輪五禮, 何以異茲. 太宗克晉, 稍用漢禮.

요나라는 본래 조선의 예전 영토였으며, 기자의 팔조에 의한 교육으로 그의 유풍과 유속이 보존되어 있었다. 그 상세로부터 인정에 따라 제도를 마련했으므로 은연중에 질박한 풍속을 숭상하는 풍습이 남아 있다. 요련의 호랄가한은 제산의를 제정하였고, 소가한은 슬슬의를 제정하였고, 조오가한은 시책과 재생의를 제정하였으니, 그 인정은 질박하고 그 활용은 검소하였다. 하늘을 공경하고 재해를 걱정하며 은혜를 베풀되 효도에 근본하는 것이 정성에서 나왔으니, 자못 옳고 그름을 가리는 일에만 고착되었던 그

---

9 원나라 순제(順帝) 지정(至正) 3년(1343)부터 지정 4년(1344)까지 탈탈(脫脫) 등이 황제의 칙명을 받아 편찬한 거란 219년(907~1125)의 역사책이다. 구성은 본기(本紀) 30권, 지(志) 32권, 표(表) 8권, 열전(列傳) 45권, 국어해(國語解) 1권 총 116권이다.

외표만을 얻었다 할 수 있겠다. 태고의 위에서 맨 처음 제정한 오례가 무엇이 이것과 다르겠는가. 태종이 후진을 이기고 나서 점차로 한인들의 예를 인용하였다.

2) 『요사』 권38 지제(志第)8 지리지(地理志)2 동경도(東京道)

東京遼陽府, 本朝鮮之地. 周武王釋箕子囚, 去之朝鮮, 因以封之. 作八條之敎, 尙禮義, 富農桑, 外戶不閉, 人不爲盜. 傳四十餘世. 燕屬眞番, 朝鮮, 始置吏, 築障. 秦屬遼東外徼. 漢初, 燕人滿王故空地. 武帝元封三年, 定朝鮮爲眞番, 臨屯, 樂浪, 玄菟四郡.

동경요양부는 본래 조선의 땅이다. 주나라 무왕이 기자를 풀어주자 기자가 조선으로 갔기에 그를 거기에 봉했다. 기자는 8조의 교를 만들어 예의를 숭상하고 농사와 양잠이 성하게 하였으며 바깥문을 닫지 않고 사람들이 도적질하지 않았다. 40여 세를 전하였다. 연나라가 진번과 조선을 복속시키고 비로소 관리를 두고 장을 쌓았다. 진나라는 요동외요를 복속시켰다. 한나라 초에 연나라 사람 만이 빈 땅에 들어가 왕노릇하였다. 무제 원봉 3년 조선에 진번, 임둔, 낙랑, 현도의 4개 군을 두었다.

중국의 정사인 24사 중의 하나로 거란족이 세운 요나라의 역사를 다룬 116권의 사서이다. 원나라 때 재상 탈탈(脫脫) 등이 사료를 모아 1344년 완성하였다. 요나라 역사를 이해하는 데 있어서 가장 근본이 되는 역사 자료이고 기전체(紀傳體)로 편찬되었다.

토크토가 『송사』, 『요사』, 『금사』 편찬의 책임자로 임명되면서, 염해산혜아(廉惠山海牙), 왕기(王沂), 서병(徐昺), 진역증(陳繹曾) 네 명의 학자가 편찬을 담당했다. 1343년 4월부터 1344년 3월까지 11개월 동안에 완성된 것이므로 책을 만드는 과정이 충실하기는 어려웠다. 야율엄의 실록이나 진대임(陳大任)의 요사를 기초로 하였고, 『자치통감』이나 『거란국지(契丹國志)』나 각 정사에 전해져 내려오는 거란전 등도 참고했다.

5부

서양의
고조선 인식

문헌 사료

고조선에 관한 기록은 한국 문헌만 있는 것이 아니었다. 차이나계 문헌도 있고, 유럽 문헌도 있는 것으로 확인되었다. 구체적으로 얼마가 있는지는 모르지만, 필자가 확인한 바로는 두 건이 있었다.

하나는 프랑스 18세기 선교사인 레지 신부가 청나라에서 듣고 본 조선의 역사를 기록한 내용이고, 다른 하나는 독일 사람 오페르트가 1880년대에 쓴 책에 간단하게 기록된 내용이다.

이 내용들을 보면 고조선의 연대를 기원전 24세기경에 시작하는 것으로 보고 있다. 둘 다 조선의 자료보다는 청나라의 자료를 참고했을 것인데, 그렇다면 청나라에는 고조선에 관한 기록이 더 많이 남아 있었을 가능성이 충분했을 것으로 추측된다. 또한 유럽에도 이들 자료 이외에 더 많은 자료가 있을 가능성이 높다고 봐야 할 것이다. 이런 가능성과 더 찾아봐야 할 근거를 위해 두 건의 자료를 이 책에 올려놓는다.

1. 프랑스

『Histoire abrégée de la Corée』[1]

Ce qui se dit ici de la Corée est tiré de trois différents auteurs : d'un théâtre du monde intitulé *Tsien kio kiu loui chu* ; de l'abrégé général de chorographie qui a pour titre *Quang yu ki* ; et surtout d'une géographie universelle intitulée *Fang yu ching lio*. Dans les points essentiels, on s'est contenté de traduire simplement, et on y a ajouté la chronologie qu'on croit être sûre.

La Corée qu'on peut appeler avec raison la Chersonèse de la Chine, puisqu'elle lui est contiguë et tributaire, est une grande péninsule qui s'avance en forme de cap dans la mer orientale, entre la Chine

---

1　장 밥디스트 레지(Jean-Baptiste Regis, 1663~1738)
　　청나라에 파견된 프랑스 예수회 선교사였다. 그는 1683년에 예수회에 입회했으며, 1698년에는 청나라에 선교를 다니며 40년 동안 과학과 천주교를 전파하며 청나라의 일반 지도를 만드는 일에 큰 몫을 맡았다. 레지 신부는 직접 조선 땅을 밟지는 않았지만 국경선까지 다가와 조선에 대하여 자료를 수집하였다. 그는 이렇게 수집한 자료를 『한국의 지리 관찰과 역사(Obervations geographiques et Historie de la Coree)』라는 책을 써서 발간했다. 이 책은 후에 1748년에 아베 프리보(l'Abbe Prevost)의 『여행의 역사(Historie des voyages)』에 편집 수록되었다. (위키피디아 참조)
　　※ 이 자료는 유정희·정은우 해제의 『18세기 프랑스 지식인이 쓴 고조선, 고구려의 역사』를 참고하였다.

et le Japon. La mer du Japon la baigne à l'Orient ; le golfe de Leao tong la sépare des provinces de Pe tche li et de Chan tong du côté de l'Occident. Au nord elle confine avec le pays de Niu tche ; elle a la Grande mer au midi ; et le fleuve Yalou, qui la borne entre l'occident et le nord, et la distingue du Leao tong. Elle a 1.200 lys détendue d'orient en occident, et deux mille deux à trois cents lys du septentrion au midi.

La Corée a été autrefois la demeure de différents peuples, dont les principaux étaient les Mé, les Kao Kili, les Hun, et ces derniers se partageaient encore en trois espèces ; à savoir les Ma han, les Pien han, et les Tchin han. Ces peuples composaient plusieurs royaumes, tels qu'étaient celui de Tchaossien, et celui de Kaoli. Mais ils furent dans la suite tous réunis sous une seule domination, et ce grand Etat eut d'abord le nom de Kaoli , d'où nous avons formé par corruption le nom de Corée que nous lui donnons.

Il prit ensuite le nom de Tchaossien sous la dynastie régnante, qui est la famille des Li. Mais quoique dans les actes publics on ne lui donne que ce dernier titre à la Chine, cependant dans le discours ordinaire il retient encore le premier. Les Mantcheoux nomment la Corée Solho kouron, ou royaume de Solho.

La Corée est aujourd'hui partagée en huit provinces, qui commandent à quarante kiun, ou grandes cités ; à trente-trois fou, ou villes du premier ordre ; à cinquante et huit tcheou, ou villes du second ordre ;

et à soixante et dix hien, ou villes du troisième ordre.

La première province qui est au centre de l'Etat. et où le prince tient sa cour, se nomme King ki, ou la province de la cour.

Celle qui est à l'orient, se nomme Kiang yuen, ou la source du fleuve ; c'est l'ancienne demeure des Mé.

Celle de l'occident s'appelle Hoanghai, ou mer Jaune ; elle comprend une partie de l'ancien Tchaossien, et le pays des anciens Ma han.

Celle qui est au nord, se nomme Ping ngan, c'est-à-dire, la tranquille et la pacifique ; elle était autrefois renfermée dans l'ancien Etat de Tchaossien.

On appelle la province du midi Tçuenlo ; c'était la demeure des Pien han.

Celle du sud-ouest se nomme Tchu sin, la fidèle et la pure ; c'est l'ancien Ma han.

On nomme la province du nord-est Hien king, tout heureux, c'est l'ancien territoire des Kao kiuli. Enfin celle du sud est se nomme Kin chan ; c'est l'ancien pays des Tchin han.

Han ching est la capitale de la Corée(selon le nom qu'on lui donnait il y a environ un siècle). Elle est par les trente-six degrés de latitude septentrionale, et elle a dix degrés plus en longitude que la ville de Péking. C'est la situation que lui donne le calendrier chinois.

Les peuples de la Corée furent soumis aux Chinois depuis Yao, qui commença à régner 2.357 ans avant l'ère chrétienne, jusqu'à Tai kang empereur de la dynastie des Hia, qui commença à régner 2.188 ans avant l'ère chrétienne. Le mauvais gouvernement de ce prince les porta à se révolter.

Sous le règne de Kié, qui commença 1818 avant l'ère chrétienne, ils vinrent payer leur tribut ; mais sa tyrannie les engagea dans une nouvelle révolte, et leur fit naître l'envie de s'emparer d'une partie de la Chine.

Tching tang, qui commença à régner vers l'an 1766 avant l'ère chrétienne, après avoir ôté la couronne à Kié, et fondé la dynastie des Chang, leur fit la guerre, et les remit dans le devoir.

Sous l'empereur Tchong ting, qui commença à régner 1.562 ans avant l'ère chrétienne, ils attaquèrent la Chine, et dans la suite, tantôt ils se soumettaient, tantôt ils se révoltaient. Cette alternative d'obéissance et de révolte dura jusqu'à l'année 1324 que commença le règne de Vou ting.

La faiblesse de ce prince leur donna lieu de s'emparer des provinces de Kiang nan et de Chan tong, où ils se maintinrent jusqu'à Tsin tchi hoang, qui les dompta. et les distribua dans l'empire.

Mais on sait si peu de choses de leur histoire avant la dynastie des Tcheou, que les historiens chinois ont raison de commencer l'établissement de cette monarchie par Ki tse, depuis lequel jusqu'à présent, elle a subsisté deux mille huit cent quatorzeans, sans y comprendre les temps auxquels elle fut réduite en province.

Ki tse, ce prince si sage de la dynastie des Chang, est regardé comme le fondateur du royaume de Tchaossien. Ses avis salutaires et pleins de liberté, lui attirèrent l'indignation de Tcheou, son neveu, qui était empereur de la Chine. Ce tyran, loin de suivre de sages conseils qui l'auraient sauvé, lui & l'Etat, le condamna à une étroite prison, où il fut détenu jusqu'à ce qu'il en fut tiré par Vou vang, qui fit perdre à Tcheou et la couronne et la vie, et fonda la dynastie des Tcheou l'an 1122 avant le commencement de l'ère chrétienne.

Ki tse ne fut pas plutôt élargi, qu'il songea à se soustraire à la domination de celui qui avait ôté l'empire à sa famille. Il ne trouva pas de lieu plus propre à son dessein que le Tchaossien, où il s'établit. Vou vang, loin de désapprouver le parti qu'il prenait, le fit souverain du pays, pour le délivrer du chagrin qu'il aurait eu de se soumettre aux Tcheou.
Les descendants de Ki tse possédèrent le Tchaossien en souveraineté jusqu'à Tsin tchi hoang, qui commença à régner à la Chine l'an 246 avant le commencement de l'ère chrétienne.

Cet empereur annexa le Tchaossien au Leao tong, dont il le fit dépendant, sans pourtant en ôter la possession à la maison de Ki tse. Les princes de cette maison en furent maîtres sous le titre de heou, ou de marquis, durant plus de quarante règnes, jusqu'à ce que Tchun prie celui de vang, ou de roi.

Un Chinois, nommé Ouei man, originaire de la province de Pe tche li, sut profiter des troubles causés par les guerres civiles, qui agitèrent la Chine vers le commencement du règne de Cao tsou, fondateur de la dynastie des Han, qui commença à régner environ 206 ans avant l'ère chrétienne.

Après avoir défait Tchun en divers combats, il s'empara de son pays et prit le titre de roi de Tchaossien. Ouei man éteignit la maison de Ki tse et affranchit le Tchaossien de la dépendance où il était du gouvernement de Leao tong.

Il fut pourtant longtemps sans pouvoir obtenir des empereurs chinois la confirmation de sa couronne usurpée. Mais enfin Hoei ti, qui commença à régner 122 ans avant l'ère chrétienne, et Liu heou, sa mère qui gouvernait sous son nom, le créèrent roi de Tchaossien, par le conseil même de celui qui était pour lors gouverneur du Leao long. C'est ce qui donna lieu à Ouei man de pousser plus avant ses conquêtes. Il subjugua les Mé, les Kao kiuli, les Oüo tsiu, et divers autres peuples.

Yeou kiu, petit-fils de Ouei man, ayant fait mourir Che ho, envoyé de l'empereur Vou ti, environ 110 ans avant l'ère chrétienne, s'attira une fâcheuse guerre. L'empereur dépêcha Yan pou et Sun tché, pour le châtier de son insolence ; mais ce fut sans succès.

Peu de temps après, Yeou kiu fut assassiné par les siens, qui vinrent se rendre volontairement à l'empereur. Vou ti réduisit le Tchaossien en province, qu'il nomma la province de Tsan hai. Ce même prince, après avoir réduit sous son obéissance le royaume avec ses conquêtes, c'est-à-dire, toute la Corée, la partagea en quatre kiun, ou provinces, qui furent Tchin fan. Lin tung, Lo lang et Hiuen tou. Il mit Oüo tsiu et Kao kiuli au rang des villes du troisième ordre.

L'empereur Tchao ti, qui commença à régner quatre-vingt-six ans avant Itère chrétienne, retrancha deux gouverneurs de ces provinces, et ne laissa que celui de Lo lang. Et celui de Hiuen tou. Ainsi la Corée ne fut plus composée que de deux provinces.

고조선편

이 조선에 대한 글은 세 명의 각각 다른 저자들의 기술을 참고하여 서술되었다. 즉 「Tsien kio kiu loui chu」라는 제목의 'un théâtre du monde' 「Quang yu ki」라는 제목의 'l'abrégé général de chorographie' 「Fang yu ching lio」라는 제목의 'une géographie uni-verselle' 등이 그것이다. 위 글들에 대한 나의 번역에 대체로 만족하는 바이며, 덧붙여 확실하다고 판단될 경우에 그 연대도 서술하였다.

조선(Corée)은 중국의 반도(Chersonèse)로 불린다. 이는 중국과 지정학적으로 가깝고 흔히 그 갈래로 비유되니, 중국과 일본 사이 동해에 크게 나 있는 곶 모양의 큰 반도이다. 일본해(Mer du Japon)는 조선의 동쪽으로 흐르고, 조선의 서쪽은 산동으로부터 출발해 북경, 경사를 거쳐 요동만에 이른

다. 북쪽은 여진(Niu tche)에 접하고, 남쪽은 바다에 접해 있다. 그리고 압록
(Yalou)강이 남과 북을 가로질러 조선을 요동과 분리시킨다. 조선은 대략 동
서로는 1,200리(lys)이고 남북은 2,200~2,300리이다.

조선(Corée)에는 본래 여러 갈래의 사람들이 거주했었다. 그 주요한 종
족을 보면 맥(Mé)과 고구려(Kao Kili), 그리고 한(Hun, 韓)이다. 한은 후에
마한(Ma han), 변한(Pien han), 진한(Tchin han)이 되었다. 그들은 여러 왕
국들을 세웠는데, 가령 조선(Tchaossien), 고려(Kaoli)가 그것이다. 여기 고
려(Kaoli)를 잘못된 방식으로 발음하면서 우리가 부르는 코리아(Corée)라
는 말이 유래되었다. 이것은 후에 지금 현재 이(李)씨가 통치하고 있는 조선
(Tchaossien)이라는 이름으로 귀결된다. 그러나 중국에서는 공식적으로 조
선이라 불리고 있지만, 일상적으로 과거의 이름들이 여전히 쓰이기도 한다.
만주족은 조선을 '솔 호 코우론(Solho kouron)' 또는 '솔호(Solho)' 왕국이라
부른다.

* 원문 주 : 본래 고(高, Kao)씨 왕조가 오랜 시기 통치했었다.

조선왕조는 현재 40개 이상의 대도시인 군을 관할하는 8개의 도(道)로 나
누어져 있다. 그 아래 큰 고을인 33개의 부, 58개의 주 및 중소 규모의 마을
들, 또한 70여 개의 현 및 작은 마을들로 구성되어 있다.

왕국의 심장이 되는 가장 중요한 도(道)에는 왕이 그의 궁궐과 함께 있
으며 이를 경기(京畿) 또는 왕도(王道)라고 부른다. 그 동쪽 지방은 강릉 또
는 강원이라고 부르는데 고대 맥족의 거주지이다. 서쪽 지방은 황해(mer
Jaune) 혹은 황해(Hoanghai)라고 부르는데 이는 고조선과 고대 마한의 한 지
역이었다. 북쪽은 평안이라고 부르는데 고요하면서 화평하다는 뜻이다. 여
기는 과거 고조선 지역의 한 부분이었다. 남쪽은 전라라고 부르는데 여긴

변한 지역이었다. 남서쪽은 충청인데 충절하고 순결하다는 뜻이다. 여긴 옛마한 땅이다. 북동쪽은 함경인데 행복하다는 뜻으로 여긴 옛 고구려의 경계 지역이다. 마지막으로 남동쪽은 경상인데 여긴 고대 진한 지역이다.

한성(Han ching)은 조선의 수도이다. 한성이라는 이름은 과거 수백 년 동안 이어져 내려왔다. 한성은 북위 36도이고 경도는 북경보다 10도 정도 높다. 이는 중국 사서(司書)가 나에게 알려준 것이다.

조선인(여기서는 주로 고조선인)은 B.C. 2357년 치세를 시작한 중국 요임금 때부터 B.C. 2188년 치세를 시작한 하나라 3대 제왕인 태강에 이르기까지 중국의 속민이었다. 그러나 이때 하나라 천자 태강의 압정은 고조선의 저항을 가져왔다. 하지만 B.C. 1818년 치세를 시작한 하나라 마지막 천자인 걸 때 이르러서는 고조선은 중국에 다시 조공을 바쳤다. 그렇지만 걸의 폭정은 또다시 고조선이 반란을 일으키게 만들어 이때 고조선은 일부 중국 영토에 침입하기도 한다.

하나라 걸의 제위를 찬탈하여 B.C. 1766년경부터 중국을 통치한 상나라 초대 제왕인 성탕은 무력으로 고조선인들을 제압하고 고조선이 다시 조공을 바치게 만든다.

B.C. 1562년 치세를 시작한 상나라 제왕 중성 때 고조선은 중국을 침공하였고, 이후 고조선은 때때로 굴복하기도 하고 또한 때때로는 반란을 일으키기도 하였다. 이러한 복속과 반란은 B.C. 1324년 치세를 시작한 상나라 제왕 무정 치세 이전까지 계속되었다.

무정 때의 일시적인 세력 약화는 고조선이 강남과 산동 지방의 주인이 될 수 있는 기회가 되었다. 고조선은 자신들을 정복하여 분산시킨 진시황 통치

전까지는 강남과 산동에 자리했었다. 그러나 주 왕조(Tcheou) 이전 고조선의 역사적 사실들은 알려진 게 미미하기에 중국 역사학자들은 대체로 기자 시대 이들의 왕정이 제대로 성립되기 시작한 것으로 본다. 기자로부터 조선은 중국의 한 주로 복속되었던 시기를 제외하고 지금까지 2,814년간 이어져 내려왔다. 기자는 상조의 현명한 왕자였다. 그는 기자조선의 창건자이다. 그러나 그의 합리적인 조언은 당시 중국 상나라 천자이자 그의 조카인 주를 분노케 했다. 폭압으로 통치한 주(紂)는 나라를 구할 수 있었던 기자의 조언을 따르기는커녕 기자에게 죄를 물어 옥에 가뒀다. 주나라 무왕이 천자가 되어 그를 풀어주기 전까지 그는 삼엄한 감옥에 있어야만 했고, 무왕은 상나라 마지막 제왕인 주를 죽여 B.C. 1122년에 주왕조를 세웠다. 즉시 감옥에서 풀려난 후 기자는 자유의 몸이 되었지만, 자신의 가문으로부터 천자의 지위를 빼앗은 주무왕의 지배권 밖으로 나가고자 했다. 그는 고조선 지역이 자신의 목표에 가장 적합하다고 판단하여 동쪽으로 갔다. 그리하니 주무왕이 이를 꺼리지 않고 오히려 기자를 조선의 왕으로 책봉함으로써 그의 주에 대한 불편한 감정을 씻어 주었다. 이는 기자조선이 주왕조에 복종하였기에 기자조선의 왕위가 기자에게 맡겨진 것으로 보인다. 기자의 후손들은 B.C. 246년경부터 중국을 통치한 진시황제에 이를 때까지 조선을 계속 통치했다.

시황제는 기자 가문으로부터 조선을 빼앗아 복속시켜 요동에 병합했다. 이후 기자조선의 왕족들은 후작 지위로 40년 이상을 이 지역 명목상의 주인으로만 남았다. 그들은 이후 왕족 후손 준이 왕위를 되찾을 때까지 40여 년간 기다려야 했다.

본래 북경 부근 출신으로 중국인들이 위만(Ouei man)이라고 부르는 한 인물은 B.C. 206년 중국을 통치하기 시작한 한고조 유방 시기의 초한내전을 잘 활용하는 방법을 알고 있었다.

그 후 많은 전쟁에서 기준을 패배시키고 위만은 조선의 지배자가 되어 조선왕의 칭호를 얻었다. 위만은 기자 가문을 폐하고 요통 지배하의 조선을 독립시켰다. 그러나 그가 중국 천자들로부터 자신의 왕위를 인정받는 데까지는 오랜 시간이 걸렸다. 기원전 122년부터 통치한 한나라 혜제와 그의 이름으로 섭정했던 여후는 요동태수를 역임했던 이의 조언을 수용해 조선왕이란 칭호를 허락하였다. 이는 위만에게 영토를 정복하여 확장할 수 있는 기회를 주었으니, 점차 백, 고구려, 오환 및 다른 여러 종족을 그의 발아래 두었다.

위만의 손자 우거는 B.C. 110년경 한나라 무제의 사신 섭하를 살해하고 한나라와의 위험천만한 전쟁을 일으켰다. 한무제는 양복과 순체를 보내 우거의 무례를 응징하려 했으나 실패하였다. 그러나 곧 우거의 동료가 우거를 암살하여 스스로 황제에게 항복하니 한무제는 조선을 중국의 지방으로 편입한다. 곧 창해군이라고 칭했다. 황제는 정복지가 안정되자 복속된 조선 전역을 진번, 임둔, 낙랑, 현도 4개의 군으로 나눴다.

또한 한무제는 오환과 고구려 등은 3단계 등급의 지방 단위로 전락시켰다. B.C. 86년부터 통치하기 시작한 한니라 소세는 2개의 군은 폐지하고, 오직 낙랑과 현도 지방만 존속시켜 조선은 단지 2개의 군으로만 이루어지게 되었다.

2. 독일

『Ein verschlossenes Land. Reisen nach Corea』²

Aus alten chinesischen Geschichtswerken, deren früheste Nachrichten über Corea bis zu 2400v. Chr. zurückgehen, ersehen wir, dass schon lange vor Beginn des christlichen Zeitalters die Halbinsel von verschiedenen Stämmen bewohnt gewesen ist. Die bedeutendsten unter diesen waren die Ut-sü(cor. Ok-tso), die Weimi(cor. Ui-mak), die Schin-han(cor. Sin-han), die Mă-han und die Pieng-han(cor. Ping'an), von welchen die drei letztern den südlichen Theil des Landes innehatten, sich durch Sprache und Sitten wesentlich von ihren nördlichen Nachbarn unterschieden und als Abzweigungen eines und desselben Stammes betrachtet wurden. Es liegt daher die Vermuthung

---

2   Ernst Jakob Oppert의 『Ein verschlossenes Land. Reisen nach Corea』
    에른스트 야코프 오페르트(Ernst Jakob Oppert, 1832~1903)는 프로이센의 유대계 은행가 집안 출신으로 그의 형제들은 독일의 대표적인 동양학자들이었다. 그런 영향으로 오페르트는 중국 상하이에서 상업에 종사하였다. 1866년에 영국인 모리슨과 함께 로나호를 타고 충남 아산만 해미현 조금포에 들어와 조선에 통상을 요구하였으나 거절당하였다. 1868년에 천주교 탄압에 보복한다는 명분으로 흥선대원군의 부친 남연군의 묘를 도굴하는 만행을 저질렀다. 이 일로 인해 병인박해로부터 시작된 천주교에 대한 탄압이 더욱 거세졌고 고종의 통상거부정책은 더욱 강화되었다. 1886년에 『Ein verschlossenes Land. Reisen nach Corea』를 저술하여 당시 조선을 유럽에 알리는데 큰 역할을 하였다.

ziemlich nahe, die durch manche äussere Kennzeichen sich fast bis zur Gewissheit heranbildet, dass der Ursprung des einen Stammes, der sich später in verschiedene theilte, in der Mongolei zu suchen ist, sich von dort nomadisirend durch China nach Corea durchgeschlagen und endlich daselbst niedergelassen hat, während jene Stämme, die die unverkennbaren Anzeichen der kaukasischen Rasse an sich tragen, aus dem westlichen Asien herrühren, von wo aus sie, durch Krieg und innere Umwälzungen vertrieben wahrscheinlich Abkömmlinge der Alanen - ihren Weg nach Corea genommen haben.

기원전 2400년에까지 거슬러 올라가는 조선에 대한 가장 이른 보고를 담은 오래된 중국 역사서들로부터 우리는 기원 오래전부터 이 반도에 이미 여러 부족이 살고 있었다는 것을 짐작할 수 있다. 이들 중 가장 중요한 부족은 옥저(Ut-sü : 한국어로는 Ok-tso), 예맥(Weimi : 한국어로는 Ui-mak), 신한(Schin-han : 한국어로는 Sin-han), 마한(Mă-han) 그리고 변한(Pieng-han : 한국어로는 Ping'an)이었다. 그중에서 마지막 셋은 그 나라 남부를 차지하고 언어와 관습에 있어서 그들의 북쪽 이웃들과 본질적으로 구분되었으나 하나이자 동일한 종족의 분파로 간주되었다. 따라서 많은 외적 표지에 의해 거의 확신으로까지 고양된 다음과 같은 추측이 상당히 타당해 보인다. 즉 이후 다양한 분파로 분리된 한 민족의 기원은 몽골에서 찾을 수 있고, 그들은 그곳에서부터 유목생활을 하면서 조선을 향해 중국을 건너와 최종적으로 조선에 자리 잡았을 것이다. 다른 한편 명백히 코카서스족의 특징을 지니고 있는 민족은 서아시아에서 기원하였고, 그곳에서부터 전쟁과 내부전복에 의해 추방되어 — 아마도 알라네족(Alane)의 후예일 것이다 — 조선으로의 도정을 취했을 것이다.

6부

한국사에서
고조선 인식의 흐름

1. 들어가는 말

한국 사람들은 역사에 많은 관심을 가지고 있는데 그중에 고조선사에 대한 관심은 여타의 다른 시대보다 더 크다고 볼 수 있다. 이러한 큰 관심을 갖게 된 이유는 첫째로, 동아시아의 독특한 사고 체계인 '역사근거주의'에 입각하여 그 존재를 확인하는 첫 관문이기 때문이다. 그런 관점에서 볼 때 고조선이 한국사의 출발점이기 때문에 많은 관심을 갖게 되는 것이다. 둘째로, 영광스러웠던 우리의 상고사가 식민사학으로 조작 또는 왜곡되었다는 생각과 사대주의자들이나 그 아류들이 축소했다는 강한 반감도 큰 원인이 되었다. 이런 인식은 더 확대되어, 고조선을 비롯한 전체 한국사 연구자들이 고조선을 어떻게 보는가 하는 것으로 연구자의 자질과 학자로서의 성향을 평가하는 잣대가 되기도 한다.[1] 평가의 방향이 어쨌든, 한국사 연구에서 전문가든 개인의 관심사로 연구하는 사람든 연구 업적이 가장 많은 것이 고조선사이다.[2]

필자는 이렇게 많은 책들 중에 적지 않은 책들을 훑어라도 보는데, 그 이유는 혹시 새로운 자료들이 있을까 해서이다. 그런데 새로운 자료들은 별로 없고, 그동안 활용되었던 많은 자료들을 각자 방식대로 정리하거나, 또 다른 해석을 하는 것들이 대다수다. 간혹 새로운 자료들이 있기도 하지만 대부분

---

1 이런 평가는 전문 연구자 입장에서 볼 때는 절대로 정당화될 수 없는 편견이라 단정한다.
2 대형 서점 역사 코너에 가면 가장 많은 책 역시 고조선 관련 책이다.

은 참고하지 말아야 할 자료들이다.

이런 결과물들이 나오는 것은 고조선에 대한 연구에 관심은 많지만 새로운 자료를 찾기 어려운 실정이거나, 귀찮아서 찾아보지도 않고 기존 자료들을 계속 활용하면서 나름의 결과를 내기 때문이다. 이는 고조선을 연구하는 데 결코 바람직한 방향은 아니라고 본다.

필자는 고조선을 연구하면서 다른 연구자들과 적지 않은 의견 교환을 해봤는데, 문헌 자료가 많지 않다는 게 거의 통일된 의견들이다. 필자 역시 이점에 대해 동의한다. 그런데 여기서 자료가 많지 않다는 것은 다른 시대에 비해 많지 않다는 것이다. 이 말은 사실이다. 그렇다면 왜 다른 시대에 비해 고조선시대 관련 문헌 자료는 많지 않을까? 그 이유는 간단하다. 고조선시대는 문자가 없었거나 있었다 하더라도 체계적인 기록을 남겨 놓지 않았기 때문일 것이다. 이에 비해 삼국시대나 고려시대는 문자가 있었기 때문에 그리고 체계적인 국가 체제가 있었기 때문에 문헌 자료가 많이 남아 있는 것이 당연하다.

이런 예는 비단 우리 역사뿐만이 아니다. 이웃 나라인 중국도 갑골문이 발견되기 전까지만 해도 흔히 말하는 상고사 관련 자료가 매우 적었다. 그럼에도 불구하고 적은 사료들이지만 누대에 걸쳐 반복 활용하기 때문에 매우 많아 보이는 것뿐이다. 그러다가 갑골문이 발견되면서 상나라 관련 자료들이 많아졌지만 아직도 상나라 이전의 역사 관련 자료들은 매우 적다. 이런 예는 전 세계가 같은 현상이다. 그러므로 꼭 우리만 자료가 없다고 생각하는 것은 설득력이 떨어진다고 본다.

그렇지만 한국을 포함한 여러 나라들이 그들의 태고적 기록은 없다 하더라도 말로 전해 내려오는 것을 언젠가는 기록으로 남겨서 그들의 상고사를 연구하는 것이다. 필자는 이런 생각을 하면서, 그렇다면 우리나라 역사 자료 중 고조선이나 단군에 관한 자료들은 얼마나 있을까 하는 궁금증에 이런

저런 여러 자료들을 찾아봤다. 그런데 의외로 많이 있었다. 어떤 자료들은 차이나계의 사료들보다 더 구체적이라는 걸 발견하기도 하였다.

이에 필자는 한국 문헌에서 통사적으로 고조선이 어떻게 인식되었는지 분석해보고자 한다.[3] 그래서 먼저 여러 자료들을 모아서 정리를 하고, 그다음으로 이 자료를 활용하여 필자 나름대로 각 시대별 인식의 특징을 정리해보았다. 그 특징의 모든 것을 하나로 정리하기는 어려웠지만, 첫발은 떼야겠다는 생각으로 우선 시대별로 나누어 정리하였다. 그리고 그 시대 안에서 공공의 문서와 개인적인 문서로 나눠 정리하였다. 그런 다음 최종적인 의견을 종합정리하는 방식으로 하였다.

---

3 한국 상고사에 대한 관심과 연구가 언제부터 시작되었고, 각 시기마다 어떤 형태로 변화가 있었는지 확인하고 분석해봐야 할 것이다. 왜냐하면 대부분의 한국 상고사는 최근 근현대에 이르러 연구되고 쟁점들이 형성된 것으로 알려져 있지만 자료들을 확인해보면 전통 시대에 이미 시작된 것을 확인할 수 있기 때문이다.

그리고 현재 한국 상고사를 연구하는 학자들도 많을뿐더러 그 학설 역시 매우 다양하다. 이 다양한 연구자들은 크게 강단사학계(講壇史學界)과 비강단사학계(非講壇史學界)로 분류된다. 혹자들은 비강단사학계를 재야사학계(在野史學界)라 부르기도 한다. 여기서 강단사학계는 대한민국 교육부에서 제정한 법률에 의한 교육 과정을 통해 역사 및 관련 분야의 교육을 받은 학자들로 규정되고, 이와 달리 개인적으로 또는 동호인을 중심으로 공부하거나 연구하는 학자들을 비강단사학계로 규정된다(이런 분류는 편의를 위한 것이다).

2. 전통 시대의 고조선 인식

1) 삼국시대의 고조선 인식

한국사에서 삼국시대부터 역사 책이 있었다는 기록은 『삼국사기』에 전해지지만 그 책들은 지금까지 발견되지 않아 그 내용을 알 수는 없다. 그러나 다행스럽게도 그 책들이 존재한다는 것은 확인이 되었다. 그 뒤로 고려 전기에 들어와 새로운 역사책이 편찬되었는데[4] 그 책이 어떤 책인지는 모르나 다만 구삼국사나 혹은 그와 비슷한 책이 아닐까 한다.

이들 책 역시도 전해지지 않는 것인지 아니면 전해지고 있는데 그것을 몰라보는 것인지는 모르겠으나 전해 들었던 책의 제목으로는 확인되지 않고 있다. 그 후 고려 중기에 들어 삼국시대에 대한 역사를 알 수 있는 책은 몇 권이 나왔는데 그중 고려 이전의 역사를 통사적으로 편찬한 『삼국유사』가 있고,[5] 삼국시대를 전문적으로 편찬한 것은 『삼국사기』이다. 이 책들에서 고

---

4 고려 현종 때 채인범(蔡仁範)이라는 사람이 있었는데 이 사람의 아들이 '내사시랑동내사문하평장사감수국사(內史侍郎同內史門下平章事監修國史)'를 하였다고 한다. 이 사람이 누군가는 확인되지 않았는데 김용선은 아마도 현종 때 서경유수 등 고위직을 했던 채충순(蔡忠順)이 아닌가 추측하였다. 김용선, 『역주고려묘지명집성(상)』, 한림대학교출판부, 2012년.

5 『삼국유사』의 저자가 일연이라 하는데 필자는 여기에 많은 의구심이 든다. 일연의 글은 맨 마지막에 한 편만 있을 뿐이다. 나머지는 누구 글인지 모른다. 더구나 『삼국유사』라 했는데 이 책에는 삼국만 있는 게 아니다. 말 그대로 '유사'인 것이다. 누가 책의 내용과 전혀 상관 없는 이름을 지었는지 알 수 없다. 필자 생각으로는 이 책의 전반부는 고려시대 전문적인 역사가들이 지은 것이 아닌가 한다. 고려 초기에도 감수국사라는 직책이 있었는데, 어떤 역사를 편찬하기 위해 감수국사라는 직책이 있었

조선이나 단군에 대한 내용이 자세한가 간단한가에 차이가 있는 것이지 모두 기록은 다 되어 있다. 이들 중에 가장 자세한 것은 『삼국유사』인데, 저자는 이 책을 편찬하면서 많은 고민을 한 것으로 보인다. 왜냐하면 이 책을 편찬하기 위하여 여러 자료를 참고하는 과정에서 과학적으로 설명이 되지 않은 내용들이 많이 있기 때문이었을 것이다. 그런 내용들을 모두 버릴 수도 없고, 버리지 않자니 분명하게 싣는 이유를 대야 했기 때문이었을 것이다. 그런 고민의 흔적을 서문에 올려놓아 여러 문제점을 극복한 것으로 보인다.

> 스스로 서술하여 말하기를 "대저 옛 성인은 예악으로 나라를 일으키고 인의로 가르침을 베푸는 데 있어 괴력난신에 대해서는 말하지 않았다. 그러나 제왕이 장차 일어날 때 부명에 응하거나 도록을 받아 반드시 범인과 다름이 있은 연후에야 능히 큰 변화를 타고 대기를 잡고 대업을 이룰 수 있는 것이다. 그러므로 황하에서 도가 나왔고 낙수에서 서가 나와서 성인이 일어났다. 무지개가 신모를 휘감아 복희를 낳았으며 용이 여등에게 감응하여 염제를 낳았으며 황아가 궁상의 들에서 놀다가 자칭 백제의 아들이라는 신동과 교통하여 소호를 낳았다. 간적이 알을 삼켜서 설을 낳았으며 강원이 발자국을 밟아 기를 낳았다. 요는 잉태된 지 14개월 만에 낳았으며 용이 대택에서 교접하여 패공을 낳았다. 이후의 일들을 어찌 다 기록할 수 있겠는가? 그런즉 삼국의 시조가 모두 신이한 데서 나왔다는 것이 어찌 괴이하나 할 수 있겠는가! 이 기이가 제편의 첫머리에 실린 것은 그 뜻이 바로 여기에 있는 것이다."라고 하였다.[6]

겠는가 하는 것이다.

6 『三國遺事』「紀異」, 第一, 叙曰
   叙曰, "大抵古之聖人方其禮樂興邦仁義設敎, 則怪力亂神在所不語. 然而帝王之將興也, 膺符命受圖籙必有以異於人者, 然後能乘大變握大器成大業也. 故河出圖洛出書而聖人作. 以至虹繞神

이 말의 앞뒤 맥락을 보면 고려시대에도 고조선이나 단군을 얘기하는 것에 대하여 적지 않은 사람들이 이의를 제기하였거나 혹은 편찬자가 그런 생각을 했기 때문이 아닐까 추측해본다. 그런데 문제는 그들이 참고한 많은 사료들에서 단군이나 고조선 관련 자료들은 있었던 것으로 보이고, 동시에 고려의 입장에서는 송나라와의 관계를 고려해볼 때 결코 송나라에는 뒤질수는 없다는 생각을 하지 않았나 하는 추측을 해본다. 그렇기 때문에 '차이나계의 사료들을 보면 전혀 합리적이지도 않게 자기들의 조상을 열거하였는데 우리는 왜 그러면 안 되느냐?' 식의 반론을 하면서 우리의 조상 역시 신령스럽게 출생하여 대업을 이루었다는 정당성을 설명하고 있는 것으로 볼수 있다. 그러면서 그 첫 장에 고조선의 건국기를 기록해놓았다.

『위서』에 말하기를,

"지금으로부터 2,000년 전에 단군 왕검이 있었다. 그는 아사달에 도읍을 정하고 새로 나라를 세워 국호를 조선이라고 불렀으니 이것은 고와 같은 시기였다."[7]

이 기록은 차이나계 사서로 보이는 『위서』인데, 이 책에서 고조선에 대하여 간단하게 기록을 해놓은 것인데 고조선과 단군에 대하여 필요한 것은 다기록을 해놨다. 즉 연대, 나라 이름, 왕까지 다 기록을 해놓은 것이다. 이 기

母而誕羲, 龍感女登而注炎, 皇娥遊窮桑之野有神童自稱白帝子交通而生小昊. 簡狄呑卵而生契, 姜嫄履跡而生弃. 胎孕十四月而生堯, 龍交大澤而生沛公. 自此而降豈可殫記. 然則三國之始祖皆發乎神異何足怪哉. 此紀異之所以慚諸篇也, 意在斯焉."

7 『三國遺事』「古朝鮮」
魏書云, "乃往二千載有壇君王儉立都阿斯達. 経云無葉山亦云白岳, 在白州地. 或云在開城東, 今白岳宮是. 開國號朝鮮, 與高同時."

록에 이어 같은 책에서 『고기』에 나와 있는 내용을 인용하여 단군에 대한 구체적인 기록을 남겨놓았다.

『고기』에는[8] 이렇게 말했다. "옛날에 환인의 서자 환웅이란 이가 있었는데 자주 천하를 차지할 뜻을 두어 사람이 사는 세상을 탐내고 있었다. 그 아버지가 아들의 뜻을 알고 삼위태백산을 내려다보니 인간들을 널리 이롭게 해줄 만했다. 이에 환인은 천부인 3개를 환웅에게 주어 인간의 세계를 다스리게 했다. 환웅은 무리 3,000명을 거느리고 태백산 마루턱에 있는 신단수 밑에 내려왔다. 이곳을 신시라 하고, 이분을 환웅천왕이라고 이른다. 그는 풍백·우사·운사를 거느리고 곡식·수명·질병·형벌·선악 등을 주관하고 모든 인간의 360여 가지 일을 주관하여 세상을 다스리고 교화했다. 이때 범한 마리와 곰 한 마리가 같은 굴속에서 살고 있었는데 그들은 항상 환웅에게 빌어 사람이 되어지기를 원했다. 이때 환웅이 신령스러운 쑥 한 줌과 마늘 20개를 주면서 말하기를 '너희들이 이것을 먹고 백 일 동안 햇빛을 보지 않으면 곧 사람이 될 것이다.'라고 했다. 이에 곰과 범이 이것을 받아서 먹고 삼칠일 동안 조심했더니 곰은 여자의 몸으로 변했으나 범은 조심을 잘 못해서 사람의 몸으로 변하지 못했다. 웅녀는 혼인해서 같이 살 사람이 없으므로 날마다 단수 밑에서 아기 배기를 축원했다. 환웅이 잠시 거짓 변하여 그와 혼인했더니 이내 잉태해서 아들을 낳았다. 그 아기의 이름을 단군왕검이라 한 것이다. 단군왕검은 당고가 즉위한 지 50년인 경인년에 평양성에 도읍하여 비로소 조선이라고 불렀다. 또 도읍을 백악산 아사달로 옮기더니 궁홀산이라고도 하고 금미달이라고도 한다. 그는 1,500년 동안 여

---

8 『고기』에 대하여 남구만은 『삼한고기(三韓古記)』라는 책이라 말하였다.
남구만, 『약천집』.

기에서 나라를 다스렸다. 주나라 호왕이 즉위한 기묘년에 기자를 조선에 봉했다. 이에 단군은 장당경으로 옮겼다가 뒤에 돌아와서 아사달에 숨어서 산신이 되니, 나이는 1908세였다고 한다."

당나라 '배구전'에는 이렇게 전한다. "고려는 원래 고죽국이었다. 주나라에서 기자를 봉해 줌으로 해서 조선이라 했다. 한나라에서는 세 군으로 나누어 설치하였으니 이것은 곧 현토·낙랑·대방이다. 『통전(通典)』에도 역시 이 말과 같다."[9]

두 번째로 활용한 것은 『고기』라는 기록인데[10], 말 그대로 옛 기록인지 아니면 책 이름인지는 분명하지 않으나 어딘가에 실려 있는 내용을 가져온 것으로 보아 책일 것으로 본다.

이 기록에서는 고조선의 건국 과정을 자세하게 기록하고 있다. 그 내용을

---

9 『三國遺事』「紀異」, '壇君王儉' 魏書云. 乃往二千載有壇君王儉. 立都阿斯達. 開國號朝鮮. 與高同時. 古記云. 昔有桓因[謂帝釋也]庶子桓雄. 數意天下. 貪求人世. 父知子意. 下視三危太伯可以弘益人間. 乃授天符印三箇. 遣往理之. 雄率徒三千, 降於太伯山頂神壇樹下. 謂之神市. 是謂桓雄天王也. 將風伯雨師雲師. 而主穀主命主病主刑主善惡. 凡主人間三百六十餘事. 在世理化. 時有一熊一虎, 同穴而居. 常祈于神雄. 願化爲人. 時神遺靈艾一炷, 蒜二十枚曰. 爾輩食之. 不見日光百日便得人形. 熊虎得而食之忌三七日.熊得女身. 虎不能忌. 而不得人身. 熊女者無與爲婚. 故每於壇樹下. 呪願有孕. 雄乃假化而婚之. 孕生子. 號曰壇君王儉. 以唐高卽位五十年庚寅. 都平壤城. 始稱朝鮮. 又移都於白岳山阿斯達. 又名弓忽山. 又今彌達. 御國一千五百年. 周虎王卽位己卯. 封箕子於朝鮮. 壇君乃移於藏唐京. 後還隱於阿斯達爲山神. 壽一千九百八歲. 唐裵矩傳云. 高麗本孤竹國. 周以封箕子爲朝鮮. 漢分置三郡. 謂玄菟·樂浪·帶方. 通典亦同此說.

10 『삼국유사』는 누군가가 내용을 직접 저술한 것이 아니고, 전해지는 내용들을 모아 편집한 책이다. 그렇기 때문에 정확하게 언제 어디서 누가 편찬을 시작하였는지 알 수는 없다. 그러므로 각 내용들도 언제 편집되었는지는 확실하지 않으나 '지금의 서경'이라는 말을 볼 때는 아마도 이 「기이」편은 고려 원종 이전에 편찬된 것이 아닌가 한다. 왜냐하면 고려가 서경을 중시하던 시기는 고려 전기나 중기이기 때문이다. 몽골 침략 이전의 서경은 지금의 중국 요령성 지역에 있었던 것으로 추정된다. 공민왕 때 잠시 서경이라는 말을 쓴 적은 있지만 이 시기는 아주 짧았을 뿐만 아니라 원종 이전의 서경이 아니다. 왜냐하면 원종 이전의 서경에는 몽골에서 동녕부를 설치했기 때문이다. 참조 : 윤한택·복기대, 『압록(鴨淥)과 고려의 북계』, 주류성, 2017년.

간추려 보면 하늘에서 환웅천왕이 천부인 3개를 들고 풍백, 우사, 운사를 비롯한 360여 일을 주관하는 관리들과 백성 3,000여 명의 사람들을 데리고 태백산 신시로 내려와 이곳저곳을 교화시키면서 우연히 만난 곰의 부탁을 들어줘 이 곰을 여자로 변하게 하여 이와 결혼하여 태어난 사람으로 나라를 건국하게 하였는데 그때는 지금으로부터 4,300여 년 전이다. 그 나라는 고려의 서경 지역에 건국하였는데 홍익인간을 목표로 하는 나라 이름은 조선이라 하였다. 나라를 세운 단군은 죽지 않고 신이 되었다는 기록을 남겨둔 것은 훗날까지 고려한 배려로 볼 수 있는 것이다.[11]

이 기록은 과학적인 증명을 고려한 것이 아니라 고조선이라는 나라가 어떻게 건국되었는지는 합리적으로 설명하고 있는 것이다. 이 기록에는 훗날 많은 사람들이 고조선을 연구하는 데 활용하는 '단군(檀君)', '천부(天府)', '신시(神市)'라는 말이 나오는데 이 말의 기원에 대하여 이종휘는 『동사』에서 김부식이 한 말이라 하였다.[12] 이종휘의 이 기록은 『삼국유사』를 이해하는 데 큰 도움이 될 것으로 본다. 『삼국사기』 「신라본기」 제1을 보면 '신라는 본시 조선의 유민'이라는 기록이 있다.[13]

『삼국사기』 「신라본기」 제1

시조는 성이 박씨이고 이름은 혁거세이다. 전한 효선제 오봉 원년 갑자(기원전 57년) 4월 병진(또는 정월 15일이라고도 하였다.)에 즉위하여 '거서

---

11 이 기록 중 '환웅이 하늘에서 내려왔다.'는 것이나, '곰이 사람으로 변하였다.'는 기록은 훗날 많은 사람들이 '황당무계하다.' 하며 고조선을 부정하는 데 가장 중요한 근거로 삼고 있다.

12 이종휘, 『동사』. 이 말이 사실이라면 『삼국유사』에 나오는 『고기』 관련 기록은 김부식이 기록했을 가능성이 매우 높다.

13 일반적으로 『삼국유사』와 『삼국사기』의 선후는 『삼국사기』가 먼저라는 견해가 많지만, 필자는 이와 반대로 생각하기 때문에 『삼국사기』를 『삼국유사』의 뒤에서 언급을 하도록 한다.

간'이라 일컬었다. 이때 나이는 13세였고 나라 이름을 서나벌이라 하였다. 이에 앞서 조선의 유민들이 산골짜기 사이에 나뉘어 살며 육촌을 이루고 있었다. [14]

이렇게 『삼국사기』 첫 장에 간단하지만 함축적으로 고조선에 관한 기록을 남겨두고 있다. 이 기록은 비록 짧지만 그 의미는 매우 큰데, 신라가 곧 고조선을 이어받았음을 명기하고 있기 때문이다. 이런 기록의 의미는 아마도 한국사의 정통을 신라사로 보기 때문에 신라사에 고조선에 관한 기록을 남겨 둠으로써 한국사의 정통성을 설명하고자 했던 것으로 보인다. [15]

고구려에서는 어떻게 인식을 하고 있었나 하는 것이다. 『삼국사기』 「고구려본기」 '동천왕조' 다음과 같은 기록이 있다. [16]

『삼국사기』 권제17 「고구려본기」 제5
21년(247) 봄 2월에 왕이 환도성이 전란을 겪어 다시 도읍으로 삼을 수 없다고 하여, 평양성을 쌓고 백성과 종묘와 사직을 옮겼다. 평양은 본래 선인 왕검의 땅이다. 다른 기록에는 "왕이 되어 왕험에 도읍하였다."라고 하였다.

『삼국사기』 동천왕조에 기록된 내용은 주석으로 달려 있는 것인데 동천

---

14 『三國史記』, 卷1 「新羅本紀」 第1
始祖, 姓朴氏, 諱赫居世, 前漢孝宣帝五鳳元年甲子, 四月丙辰 「一曰正月十五日」, 卽位, 號居西干, 時年十三, 國號徐那伐·先是, 朝鮮遺民, 分居山谷之間爲六村.

15 조선시대에도 나라의 정통성을 설명할 때, 신라, 고려, 조선으로 이어지는 것으로 보았다.

16 『三國史記』 卷第17 「高句麗本紀」 第5
二十一年, 春二月, 王以丸都城經亂, 不可復都, 築平壤城, 移民及廟社. 平壤者, 本仙人王儉之宅也. 或云, "王之都王險."

왕이 천도한 평양 지역이 선인 왕검의 도읍이었다는 내용이다. 여기서 중요한 것은 이 평양이 어딘가 하는 것이다.[17]

고구려가 고조선의 후예라는 것은 『조선왕조실록』 「세종실록지리지」에 기록으로 등장한다.

신령스럽고 이상한 일. 『단군고기』에 이르기를, "상제 환인이 서자가 있으니, 이름이 웅인데, 세상에 내려가서 사람이 되고자 하여 천부인 3개를 받아 가지고 태백산 신단수 아래에 강림하였으니, 이가 곧 단웅천왕이 되었다. 손녀로 하여금 약을 마시고 인신이 되게 하여, 단수의 신과 더불어 혼인해서 아들을 낳으니, 이름이 단군이다. 나라를 세우고 이름을 조선이라 하니, 조선, 시라, 고례, 남·북옥저, 동·북부여, 예와 맥이 모두 단군의 다스림이 되었다. 단군이 비서갑 하백의 딸에게 장가들어 아들을 낳으니, 부루이다. 이를 곧 동부여 왕이라고 이른다."……[18]

이 기록을[19] 보면 동북아시아의 고대사는 고조선에서 출발하는 것으로 되어 있는데, 이를 보면 고구려 역시 고조선의 후예라는 것을 알 수 있다.

---

17 이 평양은 지금의 북한 평양이 아닌 것으로 확인되는데 아마도 지금이 중국 요녕성 환인시역으로 추정된다.
참조 : 윤한택·복기대, 『압록(鴨淥)과 고려의 북계』, 주류성, 2017년.

18 『朝鮮王朝實錄』 「世宗實錄地理志」, 平壤府.
靈異, 『檀君古記』云 : 上帝桓因有庶子, 名雄, 意欲下化人間, 受天三印, 降太白山神檀樹下, 是爲檀雄天王. 令孫女飮藥成人身, 與檀樹神婚而生男, 名檀君, 立國號曰朝鮮. 朝鮮, 尸羅, 高禮, 南北沃沮, 東北扶餘, 濊與貊, 皆檀君之理. 檀君聘娶非西岬河伯之女生子, 曰夫婁, 是謂東扶餘王.

19 『세종실록』은 문종 때 쓰여졌는데, 이 실록에 『단군고기』가 들어가 있는 것을 보면 이 책은 아마도 조선 이전 시기부터 전해지는 것이 아닌가 한다. 『단군고기』는 구체적으로 고조선부터 고구려 건국까지를 설명하고 있는 것으로 보아 쓰여진 연대가 매우 오래되지 않았나 추측된다.

삼국시대에 신라와 고구려는 고조선이나 단군에 관한 기록이 있는데 백제에는 없는 것으로 알고 있었다. 왜냐하면 『삼국사기』 「백제본기」에는 고조선이나 고조선을 세운 단군 관련 기록이 아예 나타나지 않고 있다. 그러므로 백제는 고조선과는 관련이 없을 것이라는 것이 일반적인 견해였다. 그런데 조선 영조 때 『승정원일기』에는 신라와 백제가 고조선의 건국자인 단군에 대하여 1년에 두 번에 걸쳐 제사를 지냈다는 기록이 실려 있다.[20]

> '주상이 말하길, 경의 말이 옳도다. 주서에게 나가서 신라, 백제에서 단군을 제향하는 달을 알아오도록 하였다. 천신이 명을 받고 돌아와 아뢰어 말하기를, 1년에 2월과 8월, 두 번을 제향한다고 말하였다.'[21]

조선시대 후기 『승정원일기』의 이 기록을 볼 때 백제뿐만 아니라 신라 역시 분명하게 고조선과 관련이 있고, 백제와 신라는 같은 뿌리에서 출발했다는 점을 알 수 있는 근거 자료가 될 수 있다. 그런데 이들이 왜 2월과 8월에 제향을 하였는지는 구체적으로 알기 어려우나 아마도 음력으로 2월이나 8월이면 양력으로 춘분과 추분에 가까운 시기이다. 그러므로 아마도 신라와 백제가 그때 제향을 한 것은 바로 춘분과 추분과 관계가 있지 않나 한다.[22]

---

20 일반적으로 이해할 때 『승정원일기』는 조선시대의 기록인데, 이 기록을 근거로 신라, 백제 시대에 고조선 인식이라 하면 좀 의아할 수 있다. 그러나 백제와 신라가 1년에 두 번 단군에게 제사를 지냈다는 기록을 어딘가에서 보고 왕에게 보고를 한 것이다. 그 어딘가에서 본 기록은 신라, 백제 시대 기록일 수도 있는 것이다. 만약 그렇지 않다 하더라도 백제와 신라라고 기록해 놓은 것은 기록은 『승정원일기』이지만 내용은 백제와 신라이기 때문에 삼국시대로 분류를 할 수 있는 것이다.

21 『承政院日記』英祖 47年 10月 7日
上曰, 卿言是矣. 注書出去知入, 新羅·百濟檀君祭享之月. 賤臣承命出來還奏曰, 一年兩次, 而二月·八月祭享云矣.

22 이 기록에 대하여 임정규선생은 고대에 달력을 만드는 데 가장 중요한 기준점이 춘분과 추분인데 우리도 전통적으로 이를 기렸을 가능성이 높다는 견해를 제기하였다.

늦은 조선시대의 기록이지만『승정원일기』의 신라, 백제가 1년에 두 번 단군에게 제사를 지냈다는 기록에 대해서는 앞에서 간단하게 설명을 하였지만 이런 제향의 풍습은 고려시대도 이어졌던 것으로 보인다.[23]

또한 차이나계의 기록 등 중에서 송나라 이전인 당나라 때 기록에서 고구려 땅이 고조선과 연관이 되는 땅으로 알고 있는 기록들이 많이 확인되고 있는데 다음과 같다.

『위서』「연연전(蠕蠕傳)」[24]에는 "그 서쪽은 언기(焉耆)의 땅이고, 그 동쪽은 조선(朝鮮)의 땅이며 북쪽은 사막을 넘어 한해(瀚海)에 끝난다."[25]라 하였다.

다음으로『구당서』의 "요수지동조선지지(遼水之東朝鮮之地)"[26]와『신당서』의 "요수지양 진조선삼한지지(遼水之陽 盡朝鮮三韓之地)"[27] 등의 구절이 있고, 또『전당문(全唐文)』의 '조선구양(朝鮮舊壤)',[28]『당대조령집』의 '독피조

23　고려시대에는 단군에 대한 제향이었는지는 확인되지 않았지만 2월에 황제가 참석하는 축제와 같은 제향이 몇 날에 걸쳐 진행되었던 것이 기록에 남아 있다.
　　徐兢,『高麗圖經』참조.

24　여기서 말하는 위는 北魏를 말하는 것이나.

25　『魏書』卷103,「列傳」.
　　'蠕蠕' "其西側焉耆之地 東則朝鮮之地 北則渡沙漠 窮瀚海"

26　『舊唐書』卷53,「列傳」, '李密'

27　『新唐書』卷31,「天文志」.

28　『全唐文』卷196.
　　左武衛將軍成安子崔獻行狀 "朝鮮舊壤 歌箕子之風謠 斗骨危城屬孫之背誕地 惟孤竹 不聞謙讓之名 親則同株 曾無急難之意 特進泉男生以蕭牆構孽 蔓草方滋 欲去危而就安 思轉禍而爲福 請歸有道 使者相望 天皇慇一物之推溝 詔公于國城內迎接 先之以造化之大示之 以雷霆之威 受其璧 焚其櫬"

선(毒被朝鮮)',[29] 조삼량(曹三良) 묘지명의 '조선축함(朝鮮逐陷)'[30]과 고구려의 마지막 왕이었던 보장왕이 677년에 '조선군왕(朝鮮郡王)'[31]에 임명되었다는 묘지명이 남아 있고,[32] 또한 연개소문의 아들 연남산의 묘지명에도 "군은 요동 조선 사람이다."라고 하였다.[33]

이런 차이나계의 기록들은 9세기 이전의 것들로 보이는데, 당시 사람들은 어떤 형태로든지 고구려를 비롯한 한국계 역사는 고조선과 연관이 있음을 설명하고 있다. 이 기록들을 간혹 기자와 관련으로 볼 가능성이 있는데, 이 시기 즉 9세기 무렵까지는 기자가 중요하게 등장하지 않는 시기이다.[34] 그러므로 이 시대에 제기되는 조선은 기자조선이 아닌 고조선을 말하는 것으로 볼 수 있다. 전체적인 기록들을 볼 때 삼국 이전부터 단군이나 고조선에 관한 이해는 충분하게 인식되고 있었으며 그 인식의 정도는 한국계 사료에서는 모두 국조로 인식하고 있었고 차이나계의 사료에서는 그들과 맞대고 있었던 고구려를 다른 한편으로 모두 조선으로 알고 있었던 것이다.

---

29 『唐代詔令集』卷130.
平亂 破高麗詔 "島夷陪隷 虐弑其君 毒被朝鮮 災流穢貊"

30 『唐代墓誌彙編續集』, 「大唐故左驍衛將軍上柱國開國墓誌」.
"廻駐日之戈 一呼而潰重圍 再擧而登萬□ 朝鮮逐陷 王旅用康 此又公之勳也."

31 『新唐書』卷220, 「列傳」.
'高麗'. "儀鳳二年 授藏遼東都督 封朝鮮郡王"

32 尹秉模, 『高句麗의 遼西進出 硏究』, 경인문화사, 2011년.

33 『淵男産墓誌銘』
君諱男産遼東朝鮮人也

34 동북아시아에서 기자가 전면적으로 등장하는 것은 14세기 이후의 일이다. 기자는 그때부터 동북아시아의 주체세력 중에 하나로 등장하는 것이다. 그 이전에는 차이나계의 역사 인식에 현재 중국 하북성 동남부지역과 하남성 동부지역과 산동성 서부지역 지방에 관련한 기록으로 나타날 뿐이다.

2) 고려시대의 고조선 인식

　고려는 고구려를 기본으로 한 후고구려가 발해, 신라, 후백제를 통일한 나라로 전통을 계승하는 독자적인 역사의식을 가지고 있었다. 고려는 초기부터 '감수국사'라는 직책을 두고 전대의 역사를 편찬하였고 이를 현실 정치에도 활용하였다. 이렇게 역사를 중시하였던 나라가 이상하리만큼 고조선이나 단군에 대한 기록이 전해지지 않았다. 더구나 『고려사』나 『고려사절요』 등에는 철저하리만큼 고조선이나 단군에 대한 기록이 남아 있지 않았다. 더구나 고려는 황족 다음으로 높은 귀족에 대한 예우가 '조선국공(朝鮮國公)'일 정도로 그 전대의 역사가 중시되었는데도 불구하고 앞서 말한 고려 관련 중요 자료에는 그 어디에도 전해지지 않고 있다. 고려 후기에 들어 이승휴의 『제왕운기』에 고조선에 대한 역사가 전해지고 있기는 하다.

　이승휴의 『제왕운기』에는 고려시대까지 고려사의 계보를 설명해주고 있는데, 이 계보에 따르면 고조선을 시작으로 고려까지 그 맥이 이어지고 있다는 것을 볼 수 있다. 이 가운데 고조선 관련은 다음과 같다.

　　요동에 따로 하나의 천하[乾坤]가 있었으니, 돌연히 중국[中朝]과 구분되어 나뉘었네. 큰 물결이 드넓어 삼면을 둘러싸고, 북쪽에는 큰 언덕이 있어 선처럼 늘어섰네. 다른 곳에서는 중국[華句]이라고 되어 있다. 가운데 사방 천리는 조선이니, 강산의 형승이 천하에 이름이 났네. 밭을 갈아 먹고 살며 우물을 파서 물을 마시며 예의로 집안을 일구니, 중국 사람들이 글에 소중화라고 하였다네. [35]

---

[35] 『帝王韻紀』卷下「前朝鮮紀」
　遼東別有一乾坤, 斗與中朝區以分. 洪濤萬頃圍三面, 於北有陵連如線. 一作華句. 中方千里是

이 글은 고조선의 위치를 말하는 것으로 고조선의 위치가 오늘날 중국 남만주에 있는 것으로 인식을 하고 있다. 그러면서 중국 사람들이 소중화라고 부른다는 것을 확인해주고 있다.[36] 그러면서 고조선의 연혁을 다음과 같이 기록해놓고 있다.

"상제 환인에게 서자가 있었으니 이름이 웅이었다. 환인이 환웅에게 말하기를, '지상의 삼위 태백에 내려가 인간을 크게 이롭게 할지어다.'라고 하였다. 이리하여 환웅이 천부인 세 개를 받고 귀신 3,000을 거느려 태백산 마루에 있는 신단수 아래에 내려왔으니 이분을 단웅천왕이라 한다." 손녀에게 약을 먹여 사람이 되게 하여 단수신과 결혼하여 아들을 낳으니 단군이라 이름했다. 조선의 땅을 차지하여 왕이 되었다. 이런 까닭에 시라·고례·남북 옥저·동북부여·예와 맥은 모두 단군이 다스리던 시대였다. 1,038년을 다스리다가 아사달산에 들어가서 신선이 되었으니, 죽지 아니하였던 까닭이다.[37]

이 기록을 보면 다음과 같은 특징이 있다. 『삼국유사』에서는 환웅이 하늘 아래 저세상에 뜻이 있었던 것인데, 여기에서는 환웅의 아버지인 환인이 아

朝鮮, 江山形勝名敷天. 耕田鑿井禮義家, 華人題作小中華.

36 이승휴가 '소중화'라는 기록을 남긴 것은 중국 사람들이 그렇게 부른다는 것을 강조하는 것이 아니라 그렇게 인식한다는 것을 인정하는 맥락으로 보인다. 왜냐하면 이 『제왕운기』라는 책의 편제가 차이나계의 역사를 우위로 두고 있기 때문이다.

37 『帝王韻紀』 卷下 「前朝鮮紀」
本紀曰, 上帝桓因有庶子, 曰雄云云 謂曰 下至三危太白 弘益人間歟故 雄受天符印三箇 率鬼三千而降太白山頂神檀樹下 是謂檀雄天王也云云 令孫女飮藥 成人身 與檀樹神婚而生男 名檀君 據朝鮮之域爲王 故 尸羅 高禮南北沃沮 東北扶餘 穢與貊 皆檀君之壽也 理一千三十八年 入阿斯達山爲神 不死故也.

들에게 하늘 아래 저 땅을 평화롭게 하라는 내용으로 바뀌었고, 하늘에서는 환웅이라 불리웠던 신을 땅에 내려오자 단웅천왕이라 부른 것이고, 그의 손녀를 약을 먹여 단수신이라는 사람과 결혼을 하게 하여 아들을 낳으니 단군이라 하였다. 이런 내용들은 『삼국유사』와 다른 내용들이다. 그러면서 시라, 고례, 남옥저, 북옥저, 동부여, 북부여, 예, 맥이 모두 단군의 다스림을 받은 지역으로 기록해놨는데 이 내용은 단군이 이 나라의 국조라는 것을 볼 수 있다. 이 책에서도 단군은 죽지 않고 아사달산에 들어가 신선이 되었다고 기록해놨는데 『삼국유사』와 살아온 연대는 다르지만 신선이 되었다는 내용은 같다.

이승휴의 이런 견해는 아마도 당시 고려의 조상이 곰에서 시작되었다는 것에 대한 거부감이나 혹은 과학적으로 설명되지 않는 것에 대한 합리적인 설명을 위하여 나름대로 고민을 한 것으로 보인다. 그럼에도 불구하고 고려 역사에서 단군이 차지하는 비중은 매우 크다는 것은 분명하게 말하고 있는 것이다. 이런 이승휴의 인식은 하나의 큰 틀이 있는데 그것은 바로 『제왕운기』라는 책의 편제이다. 이 책은 상, 하권으로 나뉘어졌는데 상권은 중국사로 하권을 고려사로 나누었다. 그러면서 상권의 머리말에 이르기를 춘추필법으로 이 책을 썼다는 것을 일러놓았는데 이 내용은 상권에만 국한된 것은 아닌 것으로 보인다. 왜냐하면 하권의 고려의 역사는 기자를 언급하면서 '소중화(小中華)'에 대한 자부심을 강조하고 있는 것이 보이기 때문이다. 즉 한국사에서 가장 고질적인 문제가 된 '소중화사관(小中華史觀)'의 시작이 바로 『제왕운기』에서 출발된 것이다.

이런 고려시대 단군에 대한 인식은 권근의 『양촌집』에서 알 수 있다. 권근은 고려 말 고위직은 아니었지만 국가의 중요한 제사를 관장하기도 한 것으로 보인다. 당시 전국적으로 준동하는 왜구를 물리치기 위하여 전투에는 최영, 이성계 등이 나서서 일선에서 싸우고 있었고, 많은 고려인들은 이들의 전쟁 비용을 대고 있었다. 그러면서 중앙정부는 왜구를 몰아내기 위해 곳곳에서 제사를 지내고 있었다. 이런 국가적인 행사에서 권근은 강화도 참성단에 가서 단군에게 왜구를 몰아내 달라는 제사를 지내는 일을 맡게 된 것이다. 그는 강화도 참성단에 가서 제사를 지내는데 그 제문의 내용이 다음과 같다.

■ 참성에 대한 초례의 청사[38]

초헌

바다 위에 산이 높아 멀리 인간의 번요함을 막았고, 단 가운데 하늘이 가까워 신령의 하강을 맞이할 만하기에, 약소한 제물을 드리오니 밝은 신령이 계시는 듯합니다.

이헌

약소한 술을 따르며 두 번 베풀어 정성껏 드리오니, 가벼운 바람을 타고 먼저 이르러 밝게 감응하사, 쾌히 흠향하고 많은 도움을 주시기 바랍니다.

삼헌

신령의 들음이 어둡지 않아 인간을 덮어 주고, 하늘을 보살핌으로 땅에 내려와 임하니, 섬기기를 예로써 하오매 드디어 감응하소서. 가만히 생각

---

38 『陽村先生文集』卷之二十九, 「塹城醮靑詞」
初獻 海上山高. 逈隔人寰之繁擾. 壇中天近. 可邀仙馭之降臨. 薄奠斯陳. 明神如在.
二獻 酌行潦而再陳. 明信可薦. 驅冷風而先道. 感應孔昭. 庶借顧歆. 優加扶佑.
三獻 神聽不惑. 庇昵斯人. 天覆無私. 照臨下土. 事之以禮. 感而遂通. 切念摩利之山. 檀君攸祀. 自聖祖爲民立極. 俾續舊以垂休. 曁後王避狄遷都. 亦賴玆而保本. 故我家守之不墜. 而小子承之益虔. 夫何倭寇之狗偸. 以致我民之魚爛. 雖遠疆之受侮. 尙所表聞. 呪厥邑之被侵. 胡然忍視. 豈明威之不驗. 實不德之無良. 是難他求. 唯在自責. 然人若不安其業. 則神將無所於歸. 玆因舊典之遵. 敢告當時之患. 卑忱款款. 寶鑑明明. 致令海不揚波. 丕享梯航之輻湊. 天其申命. 光膺社稷之安盤.

하건대 마리산은 단군을 제사하는 곳이라, 성조로부터 백성을 위하여 법을 세우사 옛 예절을 이어 아름다움을 드리우게 하였고, 후왕에 이르서는 오랑캐를 피하여 도읍을 옮기사 또한 이를 힘입어 나라를 보전하였습니다. 그러므로 우리 국가에서는 그 예절을 지켜서 떨어뜨리지 않고, 소자는 그를 받들어 더욱 정성을 다하였습니다. 그런데 어찌하여 왜적이 침입하여 우리 백성을 어육이 되게 하겠습니까? 아무리 먼 지경을 침해를 받아도 오히려 표문으로 알리는데, 황차 그 도움이 없어서 그렇겠습니까? 실로 소자가 어질지 못해서 그렇습니다. 다른 네 허물을 놀릴 수 없고 오직 자신을 책망할 뿐입니다. 그러나 백성이 만약 그 생업에 안정하지 못하면 인은 의지할 곳이 없을 것입니다. 이에 옛 법도를 따라 감히 당시의 환란을 고하오니, 미미한 정성이지만 밝게 하감하시어 바다에는 파도가 일지 않아 제항의 모여듦을 자유롭게 하고, 하늘은 그 명을 도와 사직의 안전한 기반을 만들게 하소서.

이 글의 삼헌에는 강화도 참성단은 고려 이전부터 단군에게 제사를 지내던 곳이었고, 고려 태조는 법으로 정하여 그 전통을 이어받도록 하였고, 고종 때 몽골의 침입을 받아 이곳으로 천도를 하여 참성단에 힘을 얻어 국난을 극복한 예를 들어 지금 왜구가 침략을 해왔는데 다시 이를 막아달라는 내용이다. 이린 내용을 볼 때 당시 단군은 국조와 국가의 수호신의 역할도 하고 있는 것이다.

이런 사실들을 근거로 볼 때 고려시대에 단군은 매우 중요한 의미를 지닌 신적 존재였다. 이런 인식은 많은 제사 의식을 가졌던 고려에서는 충분히 있을 수 있는 일이기도 하였다. 이런 국가적인 의미의 단군은 훗날『고려사』에도 기록이 되기도 하였는데 그 기록은 조선시대 승정원의 기록인『승정원일기』에 남아 있다. 이 내용은『고려사』에「단군편」이 있었다는 기록이 전해진다.

> 탑교를 내리며 말씀하시길 선전관이 종루에 가서 조사하여 오도록 하였
> 다. 주상이 유신은 『고려사』 초권을 가지고 입시하라고 하였다. 탑교를 내
> 려 부교리 이병정, 이명훈이 나아가 엎드리자 주상이 상번에게 제왕 목록
> 을[39] 읽게 하였다. 이명훈이 읽기를 마치자 주상께서 하번에게 '단군편'을
> 읽도록 하였다.[40]

이 기록은 영조가 경연장에서 고려시대사를 공부하는 내용을 기록해 놓
은 것으로 보인다. 이때 교리들에게 고려사를 읽도록 하였는데 상번은 '제
왕편(아마도 고려의 황제들을 말하는 것으로 보임)' 하번은 '단군편'을 읽게 하였
다는 것이다. 그렇다면 『고려사』에 단군에 대한 기록이 남아 있었다는 것을
알 수 있는 것이다. 이 내용은 전체 고려시대에 단군에 대한 이해를 알 수 있
는 대목이라 생각한다. 즉 일반적으로 알려진 고려시대의 단군에 대한 인식
은 거의 없었다는 것은 잘못된 것으로 볼 수 있는 것이다. 오히려 국가적으
로 단군은 매우 중요한 사람이었다는 것을 알 수 있다. 그뿐만 아니라 고려
의 관직 중 비록 명예직이기는 하지만 황제 다음으로 높은 직위가 바로 조선
국공이라는 직책이다.[41] 이 직책은 기자조선을 말하는 것이 아니다. 만약 기

---

39 여기서 말하는 제왕목록은 무엇을 말하는지 구체적으로 알 수는 없으나 아마도 고려 황제들 관련
기사가 아닐까 한다.

40 『承政院日記』「英祖」44年 5月 22日
出牓敎 上曰, 宣傳官往鐘樓, 乞人摘奸以來, 上曰, 儒臣, 持高麗史初卷入侍. 出牓敎 副校理李
秉鼎 李命勳進伏, 上曰, 上番讀帝王目錄. 秉鼎讀訖, 上曰, 下番讀檀君篇.

41 『高麗史』卷十一, 世家 卷第十一, 肅宗 卽位年.
庚辰 制加朝鮮國公燾, 食邑五千戶食實封五百戶, 扶餘公㸂守太傅, 辰韓侯愉爲尙書令, 樂浪
伯瑛爲樂浪侯, 黃仲寶爲尙書左僕射, 尹莘傑爲龍虎軍上將軍兵部尙書, 黃兪顯爲工部尙書, 崔

자를 말하는 것이었다면 고려시대부터 기자를 존숭하는 여러 기록들이 나왔을 것이기 때문이다. 그러나 『고려사』나 『고려사절요』에 기자 관련 기사는 아주 적은 수에 불과하다. 그러므로 여기서 말하는 조선은 바로 고조선을 말하는 것으로 볼 수 있다. 이런 당시의 상황은 고조선이 어떻게든 간에 매우 큰 의미를 갖는 존재였다는 것을 짐작할 수 있는 것이라 볼 수 있겠다. 그렇기에 『고려사』에 「단군편」이 있었던 것으로 추정된다.[42]

3) 국가 문서에서 살펴보는 조선시대의 단군 인식

고려 말은 원나라의 침략을 효과적으로 막아내지 못하면서 이미 사상적으로 신의 섭리보다는 사람의 힘이 더 중요하다는 것을 깨닫고 있었던 시기였다. 고려의 실력자들은 원나라와 전쟁을 치르면서 단순한 종교적 신념으로 물리적인 힘을 극복한다는 게 불가능하다는 것을 철저하게 인식하게 되었고, 이 과정에서 사람들을 단결시키기 위한 새로운 사상 체계가 필요했다. 그것이 바로 사람 중심의 사고를 기본으로 하는 맹자의 학문과 성리학이었다. 이 두 사상 체계는 당시 고려 사회에 매우 현실적으로 작용하였다. 이런 사회적 분위기를 배경으로 단군에 대한 인식은 조선시대에 들어서면부터 큰 변화가 일어나기 시작했던 것이다. 그럼에도 불구하고 사유체계는 칼로 무 자르듯 한순간에 단전되지는 않는다.

조선시대에 들어서서도 단군은 여전히 전승되고 있는 것을 볼 수 있다. 다만 단군과 동일한 위치 또는 높은 위치에서 '기자(箕子)'라는 인물이 등장하기

迪爲金吾衛上將軍攝刑部尙書, 其餘躐等遷官者, 數百人, 工商皁隸, 亦有超授顯職者, 有司莫敢言.

42 현재 한국학계에서 사용되고 있는 『고려사』에는 '단군편'이 없다. 그러므로 영조대에는 지금과 다른 『고려사』가 있었던 것으로 추정된다.

시작했다는 차이점이 있다.

조선시대 국가가 어떠한 방향으로 갈 것인지 하는 것은 건국자가 어떠한 방향을 세우느냐가 가장 중요하다. 그러므로 단군에 대한 방향도 태조 때 어떻게 정해졌는가 하는 것이 가장 중요하다.

① 『태조실록』

예문관 학사 한상질을 보내어 중국 남경에 가서 조선과 화령으로써 국호 고치기를 청하게 하였다. 주문은 이러하였다.

"배신 조임이 중국 서울로부터 돌아와서 삼가 예부의 자문을 가지고 왔는데, 그 자문에 '삼가 황제의 칙지를 받들었는데 그 내용에, 이번 고려에서 과연 능히 천도에 순응하고 인심에 합하여, 동이의 백성을 편안하게 하고 변방의 흔단을 발생시키지 않는다면, 사절이 왕래하게 될 것이니, 실로 그 나라의 복이다. 문서가 도착하는 날에 나라는 어떤 칭호를 고칠 것인가를 빨리 달려와서 보고할 것이다.' 하였습니다. 삼가 간절히 생각하옵건대, 소방은 왕씨의 후손인 요가 혼미하여 도리에 어긋나서 스스로 멸망하는 데 이르게 되니, 온 나라의 신민들이 신을 추대하여 임시로 국사를 보게 하였으므로 놀라고 두려워서 몸 둘 곳이 없었습니다. 요사이 황제께서 신에게 권지국사를 허가하시고 이내 국호를 묻게 되시니, 신은 나라 사람과 함께 감격하여 기쁨이 더욱 간절합니다. 신이 가만히 생각하옵건대, 나라를 차지하고 국호를 세우는 것은 진실로 소신이 감히 마음대로 할 수가 없는 일입니다. 조선과 화령 등의 칭호로써 천총에 주달하오니, 삼가 황제께서 재가해 주심을 바라옵니다." 처음에 임금이 사신을 보내고자 했으나 그 적임자를 어렵게 여겼는데, 상질이 자청하여 아뢰었다. "신이 비록 외국에 사신 가서 응대할 만한 재간은 부족하지마는, 감히 성상의 명령을 받들어 조그만

충성을 나타내지 않겠습니까?" 임금이 기뻐하였다.[43]

이 기록은 이성계가 고려의 왕위에 올라 명나라에 고려 왕으로 국서를 보내자 명나라는 이를 매우 싫어했다. 아마도 철령위사건 등등이 어우러져 있었던 것으로 보인다. 그러자 명나라는 고려에 나라 이름을 고치도록 요구하였고, 조선은 이를 수용하여 나라 이름을 어떻게 고칠까 고민을 하다가 대대로 내려오던 '조선'과 이성계의 고향이던 '화녕' 중에[44] 하나로 국호를 결정하기로 하였다. 이 내용을 명나라에 보내는 내용이다. 명나라는 이 둘 중에 하나인 조선으로 나라 이름을 짓도록 하였다. 즉 이성계를 비롯한 새로운 세력들이 생각한 국호는 무엇을 생각하였는지는 모르겠으나 결과적으로는 '조선'이라는 이름으로 지어지게 되었다. 이렇게 나라 이름이 지어지자 조선 500년은 그들의 정통성에 대하여 늘 확인을 해야 하는 것이었다. 그렇기에 『조선왕조실록』에는 계속하여 단군에 대한 확인을 하는 내용들이 계속 나오는 것이 아닌가 한다. 이런 흐름은 조선 전기에 두 갈래로 나타나는 것을 볼 수 있다. 대표적으로 권근과 하윤의 관점에서 볼 수 있다.

이들은 같은 관직에 있으면서 같은 역사책을 편찬하였는데도 기본적인 방향을 다른 것을 볼 수 있다. 먼저 권근의 인식을 보자. 권근은 당시 최고의 문장 실력을 갖은 사람으로 평가를 받았는데, 그의 실력은 명나라에 가서도

---

43 『太祖實錄』 2券, 太祖 1年 11月 29日 丙午(1392年)
丙午/遣藝文館學士韓尙質如京師, 以朝鮮, 和寧, 請更國號. 奏曰："陪臣趙琳回自京師, 欽齎到禮部咨. 欽奉聖旨節該：'高麗果能順天道合人心, 以(妥) [綏] 東夷之民, 不生邊釁, 則使命往來, 實彼國之福也. 文書到日, 國更何號, 星馳來報.' 欽此切念小邦王氏之裔瑤, 昏迷不道, 自底於亡, 一國臣民, 推戴臣權監國事. 驚惶戰栗, 措躬無地間, 欽蒙聖慈許臣權知國事, 仍問國號, 臣與國人感喜尤切. 臣竊思惟, 有國立號, 誠非小臣所敢擅便. 謹將朝鮮, 和寧等號, 聞達天聰, 伏望取自聖裁." 初上欲遣使, 難其人, 尙質自請曰："臣雖乏專對之才, 敢不敬承上命, 以効寸忠!" 上說.

44 화녕은 원나라 때 쌍성총관부 관할인데, 이곳은 현재 중국 길림성 중 북부 지역으로 추정된다.

유감없이 발휘되었다. 그를 만난 홍무제는 시제를 주면서 시를 짓도록 하였는데, 그것이 '응제시(應製詩)'이다. 이 응제시 한 수에 단군에 대한 인식이 들어 있다.

②『응제시』[45]

상고시대 개벽한 동이왕.

옛날에 신인이 단목 아래 하강하자, 나라 사람들이 그를 임금으로 세우고 따라서 단군이라 불렀다. 때는 당요 원년이었다.

임금 되어 동쪽 나라 다스렸는데, 저 중국 요임금과 때가 같다오

전한 세대 얼마인지 모르지만, 해로 따져 천 년이 넘었답니다

그 뒷날 기자의 대에 와서도, 똑같은 조선이라 이름하였네

이 시는 명나라 황제에게 올리는 시였다. 그 시에 분명하게 단군이 조선의 시조임을 밝히고 동시에 단군에 개국한 것은 차이나계의 하나라 요임금과 같은 시기라는 것이다. 이는 분명하게 조선과 명나라의 차이점을 알 수 있도록 한 내용으로 볼 수 있으며, 동시에 당시 조선의 입장을 알 수 있는 내용이기도 하였다. 이런 권근의 입장과는 달리 하윤, 이첨, 권근의 공저인『동국사략』에는 단군의 존재는 인정하지만 사실적으로 증명하기 어려운 부분이 있다는 것을 말하고 있다. 즉 허황한 얘기일 수도 있다는 입장이다. 그러나 그 자체를 부정하지는 않았다.

45　『應製詩』
聞說鴻荒日, 檀君降樹邊, 位臨東國土, 時在帝堯天, 傳世不知幾, 歷年曾過千, 後來箕子代, 同是號朝鮮.

이런 인식은 계속하여 통용되는 견해였는데 거의 같은 시기의 역사서인 『동국통감』에서도 단군에 대한 구체적인 기록을 전하고 있다. 이 책에서는 단군이 고조선을 건국한 연대를 기록하고 있는데 오늘날 한국에서 사용하고 있는 고조선의 건국 기원 연대는 『동국통감』을 근거로 하고 있는 것이다.

③ 『동국통감』

동방에는 최초의 군장이 없었는데, 신인이 단목 아래로 내려오자 국인이 세워서 임금으로 삼았다. 이가 단군이며, 국호는 조선이었는데, 바로 당요 무진년(서기전 2,333년)이었다. 처음에는 평양에 도읍을 정하였다가 백악으로 도읍을 옮겼다. 상나라 무정 8년, 을미에 아사달산에 들어가 신이 되었다.

[신등은 살펴보건대,] "고기에 이르기를, '단군이 요와 더불어 무진년에 함께 즉위하여, 우나라와 하나라를 지나 상나라 무정 8년 을미에 이르러 아사달산에 들어가 신이 되었는데, 1,048년의 수명을 누렸다.'고 하였으니, 이 말은 의심스럽습니다. 지금 살펴보건대, 요임금이 즉위한 것은 상원 갑자인 갑진년(甲辰年 ; 서기전 2,357년)에 있었는데, 단군의 즉위가 그 후 25년 무진년에 있었다면 '요와 더불어 함께 즉위하였다.'라고 한 것은 잘못입니다. 당나라와 우리나라로부터 하나라와 상나라에 이르러서는 세상 인정이 점점 야박해져서 인군이 나라를 오래도록 향유한 자가 오육십 년에 지나지 않았는데, 어찌 단군만이 홀로 1,048년의 수명으로 한 나라를 향유할 수 있었단 말입니까? 그 말이 꾸며낸 것임을 알겠습니다. 전배가 이르기를, '그 1,048년이라고 한 것은 곧 단씨가 대로 전하여 지나온 햇수이고, 단군의 수명이 아니다.'라고 하였으니, 이 말이 이치가 있는 것입니다. 근세에 권근이 천정에 들어가 뵈니, 태조 고황제가 권근에게 단군을 시제로 하여 시를 지으라고 명하였는데, 권근의 시에 이르기를, '세대를 전한 것은 얼마인지 모

르나 역년은 일찍이 천 년을 지났다[傳世不知幾 歷年曾過千].'라고 하니, 황제가 보고 옳다고 하였습니다. 그 당시 의논에서도 권근의 말한 것이 옳다고 하였으므로, 우선 보존하여 뒷날의 참고에 대비하도록 합니다."[46]

이 내용은 단군에 대한 기록을 정리하고, 이 기록들 모두를 믿을 수 있는가 하는 분석까지 하였다. 즉 허황된 얘기는 합리적으로 설명도 해놓았다. 그러면서 아무리 허황된 이야기라도 명나라 황제가 인정을 하였으니 우리도 인정을 하자는 취지로 끝을 맺고 있는 것이다. 전 시대에 비해 단순하게 정리된 것이지만 기본적으로 할 얘기는 다 하고 있는 것이다.

『동국통감』에서 볼 수 있는 것처럼 단군에 대한 소극적인 태도도 있지만 조선개국의 기본 틀을 단군과 연결시키는 흐름도 있었다.

④ 『양촌집』 卷之三十六, 「碑銘類」

유명시강헌조선국태조지인계운성문신무대왕건원릉신도비명병서원본

- 전략 -

오직 우리 태조 강헌 지인계운 성문신무대왕께서 용연에 있으면서 장상의 벼슬을 겸한 수십 년 동안 왕위에 오를 상서의 조짐이 계속 나타났다. 재상이 되었을 때에는 꿈에 신인이 금척을 가지고 하늘로부터 내려와 주며 말

---

46 「동국통감」

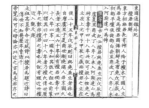

하기를, "시중 경복흥은 청백하되 이미 늙었고, 도통 최영은 강직하나 우직하다. 이것을 가지고 국정을 바로잡음에 있어 그대가 아니면 누가 하겠는가."라고 하였으니, 하우에게 현규를 줌과 주 무왕의 보필을 점치는 꿈을 짝할 만하고, 장군이 되어 경술년에 올라성을 격파할 때 군사가 압록강을 건너매 붉은 서기가 공중에 뻗쳤었고, 경신년에 운봉의 승첩을 거둘 때 군사가 장단에 나아가매 흰 무지개가 해를 관통하였으니, 한 고제 때 있었던 망탕산의 구름 기운과 송 태조 때 있었던 진교의 그 아름다운 햇빛을 짝할 만하다.

무진년 최영의 핍박으로 요동을 공격할 때 밖으로는 감히 상국의 지경을 침범할 수 없고, 안으로는 감히 폭군의 명령을 어기지 못하여 나아가지도 물러가지도 못하고 위화도에서 군사를 머물고 있는데, 여러 날 동안 장마가 져도 물이 붇지 않더니, 의리의 깃발을 돌려 군사들이 이미 언덕에 오르자 큰물이 밀려와 온 섬이 침몰되었다. 이는 참으로 한 광무 때 있었던 호타의 얼음과 원 세조 때 있었던 전당 조수의 일만이 좋은 것이 아니었다. '구변도 십팔자'의 전설이 단군 때부터 있어 수천 년을 지났는데, 지금에 와서 징험할 수 있다.

또 이승이 지리산 석굴로부터 이상한 책을 얻어 가지고 와 드렸는데, 거기에 씌어 있는 말이 위에서 말한바 단군 시대에 나왔다는 것과 서로 부합되니, 이 또한 광무 때 있었던 석복부의 유와 참위의 설로서 믿을 만한 것이 못 된다 하겠으나, 역시 간혹 이수가 있어 옛날부터 여러 번 징험되었다. 하늘이 덕 있는 이를 돌봄은 진실로 징험이 있는 것이다.

삼가 선원을 상고하건대 이씨는 전주의 망족으로, 신라 때 사공 휘 한으로부터 23대 황렬고 환왕에 이르기까지 적덕누인으로 계승한 아름다움에 대해서는, 우리 태조께서 잠저에 있을 때 선정 이색이 찬한 환왕묘비에 자세히 실렸고, 우리 태조께서 왕업을 이루어 통서를 드리운 신기한 공로와

위대한 업적의 성대함은, 4대를 왕작으로 추존할 때 문신 정총이 찬한 환왕
의 정릉비에 자세히 기재되어 있다. 이제 비명을 지으라는 명을 받았으나
감히 덧붙일 수 없어 그 대략만을 모아 쓴다.[47]

이 글은 조선 태조가 74세에 세상을 떠나자 태종이 권근에게 태조의 신도
비문을 짓게 하였는데 그 비문의 내용 중 일부이다. 이 비문의 내용을 보면
조선의 건국은 이미 태고적 부터 예견되었고, 그 왕도 이씨들이 할 것이라
예언이 단군때부터 전해지는 『구변도설』에 예언이 되었다는 것이다. 이런
예언은 훗날에도 증명이 되었다는 것도 강조를 하고 있다. 이런 인식은 아
마도 태조 이성계를 미화시키는 한 방편이었겠지만, 그 연원을 단군으로부
터 두고 있는 것이다. 그러면서 이런 역사의 계보를 맞추기 위함이었는지는
모르나 그의 아버지 이자춘을 '환왕(桓王)'으로 봉하여 단군의 아버지 환웅을
연상시키는 듯한 여운을 주고 있는 것이다. 국호 역시 '조선'이라 쓰고 있는

---

47 『陽村集』卷之三十六, 「碑銘類」

有明謚康獻. 朝鮮國太祖. 至仁啓運聖文神武大王健元陵神道碑銘. 幷序. ○元本. 先生撰進此
文. 未閱月考終. 今石刻文. 頗經人更改. 與此文不同. 故兩存之.

- 전략 -

惟我太祖康獻至仁啓運聖文神武大王之在龍淵也. 出入將相數十年間. 符瑞之現. 前後駢臻. 其
爲相也. 夢有神人執金尺. 自天而授之曰. 慶侍中 復興 淸矣而已老. 崔都統 瑩 直矣而少戇. 持此
正國. 非公而誰. 夏禹玄圭之錫. 周武協卜之夢. 庶可以追配矣. 其爲將也. 庚戌之攻兀羅. 兵蹂鴨
綠而紫氣漫空. 庚申之捷雲峯. 師出長湍而白虹貫日. 漢高帝芒碭之雲氣. 宋太宗陳橋之日光. 亦
可以儷美矣. 戊辰之歲. 爲崔瑩之逼攻遼也. 外不敢犯上國之境. 內不敢違暴君之令. 進退惟厲.
師次于威化之島. 霖雨數日. 水不甚漲. 及其仗義旋施. 師旣渡岸. 大水時至. 全島墊溺. 漢光武滹
沱之氷. 元世祖錢塘之潮. 皆不得而專美矣. 九變圖之局. 十八子之說. 自檀君之世而已有. 歷數
千載. 由今乃驗. 又有異僧. 從智異山巖石之中得異書而來獻. 其說與上所言出於檀君之世者相
合. 此亦光武赤伏符之類. 讖緯之說. 雖云不經. 然亦理數之或有. 自古而屢驗. 天之眷佑有德. 信
有徵哉. 臣謹按璿源李氏. 全之望姓. 自新羅司空諱翰. 而後二十三世至皇烈考桓王積累承籍之
美. 則我太祖龍淵之時. 先正李穡所撰桓王墓碑具載之矣. 我太祖創業垂統. 神功偉烈之盛. 追王
四代之時文臣鄭摠所撰桓王定陵之碑悉書之矣. 臣今承命. 不敢贅陳. 姑撮其大言之.

- 후략 -

것을 볼 때 『삼국유사』에 나오는 고조선 건국기와 이성계가 세운 조선을 연결시키는 것이 아닌가 하는 생각도 해보게 한다.

이런 입장도 있었지만 『세종실록』에는 고려시대와 같이 구체적으로 기록해놓고 있다.

⑤ 『조선왕조실록』 「태종실록」 권31 16년

우리 동방은 단군이 시조인데, 대개 하늘에서 내려왔고 천자가 분봉한 나라가 아닙니다. 단군이 내려온 것이 당요 무진년에 있었으니, 오늘에 이르기까지 3천여 년이 됩니다. 혹은 말하기를 '단군은 해외에 나라를 세워 박략하고 글이 적고 중국과 통하지 못하였으므로 일찍이 군신의 예를 차리지 않았다'고 합니다.[48]

이 기록은 『태종실록』에 실려 있는 단군에 관한 기록이다.

⑥ 『세종실록』 「지리지」 '평양'

본래 삼조선의 구도이다. 당요 무진년에 신인이 박달나무 아래에 내려오니, 나라 사람들이 그를 세워 임금을 삼아 평양에 도읍하고, 이름을 단군이라 하였으니, 이것이 전조선이요, 주나라 무왕이 상나라를 이기고 기자를 이 땅에 봉하였으니, 이것이 후조선이며, 그의 41대손 때에 이르러, 연나라 사

---

48 『朝鮮王朝實錄』 「太宗實錄」 권31, 16년.
吾東方, 檀君始祖. 蓋自天而降焉, 非天子分封之也. 檀君之降, 在唐堯之戊辰歲, 迄今三千餘禩矣. 或曰, 檀君國於海外, 朴略少文, 不與中國通焉, 未嘗爲君臣之禮矣.

람 위만이 망명하여 무리 천여 명을 모아 가지고 와서 준의 땅을 빼앗아 왕검성[곧 평양부이다.]에 도읍하니, 이것이 위만조선이었다.[49]

이 내용은 『세종실록』「지리지」에 실려 있는 '평양부'의 역사를 고증하는 과정에서 나오는 내용인데 단군조선, 기자조선, 위만조선으로 변화하는 과정을 연대기를 정리한 것으로 나름 의미가 있었다. 이런 인식은 조선 중기에 이르면서 한국 상고사의 도식이 되었고, 훗날 단군조선의 건국지가 오늘날 북한 평양으로 비정되는데 큰 근거가 되었다.[50] 그러면서 같은 책에 『단군고기』라는 책을 인용하여 단군에 대한 중요한 기록 남겨놓았다.

⑦ 『세종실록』「지리지」'평양', 『단군고기』

신령스럽고 이상한 일. 『단군고기』에 이르기를, 상제 환인이 서자가 있으니, 이름이 웅인데, 세상에 내려가서 사람이 되고자 하여 천부인 3개를 받아 가지고 태백산 신단수 아래에 강림하였으니, 이가 곧 단웅천왕이 되었다. 손녀로 하여금 약을 마시고 인신이 되게 하여, 단수의 신과 더불어 혼인해서 아들을 낳으니, 이름이 단군이다. 나라를 세우고 이름을 조선이라 하니, 조선, 시라, 고례, 남·북옥저, 동·북부여, 예와 맥이 모두 단군의 다스림이 되었다. 단군이 비서갑 하백의 딸에게 장가들어 아들을 낳으니, 부루이

---

49 『世宗實錄』「地理志」
   本三朝鮮舊都. 唐堯戊辰歲, 神人降于檀木之下, 國人立爲君, 都平壤, 號檀君, 是爲前朝鮮. 周武王克商, 封箕子于此地, 是爲後朝鮮. 逮四十一代孫準, 時有燕人衛滿亡命, 聚黨千人, 來奪準地, 都于王險城, [卽平壤府.] 是爲衛滿朝鮮

50 여기서 주의해야 할 것은 이런 단군의 전설이 있는 곳이 평양이라는 것을 설명하고 있는데, 이 내용은 주석으로 달린 것이라는 점이다.

다. 이를 곧 동부여 왕이라고 이른다. 단군이 당요와 더불어 같은 날에 임금이 되고, 우가 도산의 모임을 당하여, 태자 부루를 보내어 조회하게 하였다. 나라를 누린 지 1,038년 만인 은나라 무정 8년 을미에 아사달에 들어가 신이 되니, 지금의 문화현 구월산이다. 부루가 아들이 없어서 금색 와형아를 얻어 기르니, 이름을 금와라 하고, 세워서 태자를 삼았다. 그 정승 아란불이 아뢰기를, "일전에 하느님이 나에게 강림하여 말하기를, '장차 내 자손으로 하여금 여기에다 나라를 세우도록 할 것이니 너는 다른 곳으로 피하라. 동해가에 땅이 있는데, 이름은 가섭원이며, 토질이 오곡에 적당하여 도읍할 만하다.'고 하였습니다." 하고, 이에 왕을 권하여 옮겨 도읍하였다. 천제가 태자를 보내어 부여 고도에 내리어 놀게 하니, 이름이 해모수이다. 해모수가 하늘로부터 내려오는데 오룡거를 타고, 종자 100여 인은 모두 백곡을 탔는데, 채색 구름이 그 위에 뜨고, 음악 소리가 구름 가운데에서 울렸다. 웅심산에서 머물러 10여 일을 지내고 비로소 내려왔다. 머리에는 오우의 관을 쓰고, 허리에는 용광검을 찼는데, 아침이면 일을 보고, 저녁이면 하늘로 올라가니, 세상에서 이르기를, '천왕랑'이라 하였다.[51]

이 기록은 전체 단군이 어떻게 나라를 세웠는지부터 시작하여 그 후대는

---

51 『世宗實錄』「地理志」, '平壤府'

靈異, 『檀君古記』云

上帝桓因有庶子, 名雄, 意欲下化人間, 受天三印, 降太白山神檀樹下, 是爲檀雄 天王. 令孫女飮藥成人身, 與檀樹神婚而生男, 名檀君, 立國號曰朝鮮. 朝鮮, 尸羅, 高禮, 南北沃沮, 東北扶餘, 濊與貊, 皆檀君之理. 檀君聘娶非西岬河伯之女生子, 曰夫婁, 是謂東扶餘王. 檀君與唐堯同日而立, 至禹會塗山, 遣太子夫婁朝焉. 享國一千三十八年, 至殷武丁八年乙未, 入阿斯達爲神, 今文化縣 九月山. 夫婁無子, 得金色蛙形兒養之, 名曰金蛙, 立爲太子. 其相阿蘭弗曰: "日者, 天降于我曰: '將使吾子孫立國於此, 汝其避之. 東海之濱有地, 號迦葉原, 土宜五穀, 可都也.'" 於是勸王移都. 天帝遣太子, 降遊扶餘古都, 號海慕漱, 從天而下, 乘五龍車, 從者百餘人, 皆騎白鵠, 彩雲浮於上, 音樂動雲中. 止熊心山, 經十餘日始下. 首戴烏羽之冠, 腰帶龍光劍. 朝則聽事, 暮則升天, 世謂之天王郎也.

어떻게 이어지는지를 구체적으로 설명하고 있다. 이 내용을 보면『삼국유사』의 내용과 고려시대 이승휴의『제왕운기』그리고 후대에 그 전설이 어떻게 이어져 조선 땅에 정착되었는지를 연대기적으로 기록해놓고 있다.

적지 않은 사람들이 관심을 갖는 고조선에 관한 이야기 중에 하나가 하나라의 도산회합에서 단군을 아들 부루를 보내어 회합에 참여를 하도록 했다는 것이다.

이 이야기는 조선 후기의 여러 문집들에서 나온다. 액면 그대로는 믿기 어려운 이야기다. 이런 기록 때문에 고조선을 연구하는 데 더 어려움이 있는 것이 사실이다. 이런 기록에 대하여 많은 사람들이 말도 안 되는 창작이라며 깎아내리거나 혹은 아예 무시를 해버리고, 고조선 연구의 가치가 없다는 식으로 말을 하는 것이다. 그런데 많은 사람들이 그렇게 얘기하는 도산회합 건은 이미 조선 전기의『세종실록』에 실려 있다. 그렇다면 조선 후기에 누군가에 의해서 지어진 것이 아니라는 것이다.『세종실록』에 실린 것을 보면 그 이전 시대부터 있었던 것을『세종실록』을 편찬하면서 넣은 것이 아닌가 한다.

단군 사당이 평양에 세워진 시기와 이유

조선 세종은 그가 즉위한 후 조선의 선대 역사에 많은 관심을 가졌다. 이런 그의 생각은 신라는 경주, 백제는 익산에 기념물을 세우기로 하고, 고구려의 수도였던 평양은 조선에 없었기 때문에 할 수 없이 조선 북방에 가장 큰 도시였던 평양에 고구려의 상징물을 세우고자 하였다. 그는 여기에 동명왕릉도 세우고 역사 사적지로 만들었는데 문제가 생겼던 것이다. 그 문제는 바로 기자에 관한 것이다. 명나라 기록인『대명일통지』에 고구려 평양에 기자 사당이 있었다고 되어 있는데 그 평양이라는 명칭이 바로 세종이 다스리던 땅에 평양이라는 이름의 도시가 있었던 것이다. 이런 사실을 알았는지 몰랐는지 명나라 사신들은 조선에 기자 사당이 어디 있느냐고 따져 묻자 어쩔 수 없이 평양에 기자 사당을 지었다. 세종이 기자 사당을 짓고 나니 뭔가 켕기는 것이 있었던지 조선 땅 안에 단군 관련을 찾다 보니 황해도 구월산에 있는 삼성당 단에 단군 화상이 있는 것을 확인하고 이 단군 화상과 단군 관련 기물들을 평양에 새로 지은 기자 사당에 같이 있게 한 것이다. 그 방향은 남면을 한 것은 기자이고, 서면을 한 것은 단군이었다. 즉 단군은 기자의 신하격으로 떨어진 것이었다. 이런 기자 사당 안의 기묘한 현상들에 명나라 사신들은 흡족했고 조선의 관리들은 찜찜했던 것이다.

이런 상황이 계속되자 명나라에 필 밀을 확인하고 오라는 명을 받은 정척이 그 찜찜한 정황을 세종에게 그대로 보고하면서 이는 잘못된 것이니 새로 단군 사당을 짓자 하여 세종이 그렇게 하라고 하여 단군 사당이 별도의 독립한 것이다. 이때 단군을 사당을 짓는 과정에서 무턱대고 지을 수는 없기에 조선 경내에 있었던 단군 사당 중에 가장 유명한 사당이 황해도 구월산 삼성당이었다. 여기에는 환인, 환웅, 단군이 모셔져 있었는데, 여기에 있던 단군상을 평양으로 옮긴 것이다.[52] 그런데 이 사당을 옮긴 가장 큰 이유는 명나

---

52 『端宗實錄』1권, 단종 즉위년 6월 28일

臣聞, 黃海道人民之病, 驟發閭巷, 漸染四方, 北至平安, 南至畿縣, 死亡相尋, 民戶掃地, 豈無致然而然歟? 臣於戊午, 己未年間, 入直集賢殿, 居鳳山郡, 書吏吳成祐隨入直所, 臣問黃海道人民發病之由, 答曰: "嚮文化縣 檀君之祠, 移於平壤之後, 怪氣結聚, 若有神狀夜行, 黑氣成陣, 有行動聲, 有一人望而驚怪, 隱避之." 以是播告, 閭里人相語曰: "此病之發, 實移檀君之故也, 厲氣先起於九月山間, 民戶漸漬於文化、長淵、載寧、信川等處, 傳染殞命者頗多, 民生可哀." 恭惟, 世宗痛極宸衷, 遣典醫副正金麗生, 率其道醫五人, 巡行州里, 多方救療, 又傳旨于監司曰: "於文化、長淵、黃州、載寧、信川等處州縣, 皆設厲祭壇, 豐備奠物, 令諸邑守令, 至誠齋戒行祭, 以消厲氣." 其救濟之法, 布于史策, 聖慮至矣. 然年愈久, 而病愈熾, 波及他方, 染死無遺, 蔓延之害, 將如何? 臣輾轉於心, 久矣. 今修史草, 至戊申, 有右議政致仕柳觀上書曰: "文化縣, 臣之本鄉. 父老云: '九月山, 是縣之主山, 在檀君時, 名阿斯達山.' 山之東嶺高大邐迤, 其山之腰, 有神堂, 不知創於何代. 北壁有檀因天王, 東壁有檀雄天王, 西壁有檀君天王, 縣人稱之曰: '三聖堂.' 其山下人居, 亦稱曰: '聖堂里.' 堂之內外, 鳥鵲不栖, 麋鹿不入, 檀君入阿斯達山爲神, 此山之下三聖堂, 至今猶存, 其迹可見. 縣之東有地名曰: '藏唐京.' 父老傳以爲檀君之都, 或者以爲: '檀君, 初都王儉城. 今宜合在箕子廟.' 蓋檀君與堯竝立, 至箕子千有餘歲, 豈宜下合於箕子之廟歟?"

라 사신들에게 조선 역사의 유구함을 보여주기 위한 것이다.

이런 것들을 보면 고려시대나 조선 전기에는 그런 내용들이 많이 있었던 것으로 보이고, 그런 내용들이 계속 이어졌던 것으로 볼 수 있다. 그런데 단군에 대한 기록이나 연구서들이 어느 날부터 줄어드는 것을 볼 수 있는데 아마도 조선 전기에 몇 번 있었던 수서령으로 많은 책들이 한곳에 집중되었기 때문인 것 같다.

> 팔도 관찰사에게 유시하기를, 『고조선비사』·『대변설』·『조대기』·『주남일사기』·『지공기』·『표훈삼성밀기』·『안함노원동중삼성기』·『도증기지리성모하사량훈』, 문태산·왕거인·설업 등 『삼인기록』, 『수찬기소』의 1백여 권(卷)과 『동천록』·『마슬록』·『통천록』·『호중록』·『지화록』·『도선한도참기』 등의 문서는 마땅히 사처에 간직해서는 안 되니, 만약 간직한 사람이 있으면 진상하도록 허가하고, 자원하는 서책을 가지고 회사할 것이니, 그것을 관청·민간 및 사사에 널리 효유하라." 하였다.[53]

이 내용을 보면 여러 가지 책들이 있는데, 그중에 『고조선비사』, 『표훈삼성밀기』, 『안함노원동중삼성기』 같은 책들은 충분히 고조선 관련 기록일 가능성이 높다. 이런 책들은 개인적으로 많은 사람들이, 그리고 절이나 사당에서 가지고 있었는데 정부에서 이를 다 모으겠다는 명령을 내린 것이다. 이런 정부의 정책에 많은 사람들이 호응을 하였겠지만 적지 않은 사람들은

---

53 『世祖實錄』 7권, 세조 3년 5월 26일
諭八道觀察使曰: "『古朝鮮秘詞』, 『大辯說』, 『朝代記』, 『周南逸士記』, 『誌公記』, 『表訓三聖密記』, 『安含老元董仲三聖記』, 『道證記智異聖母河沙良訓』, 文泰山·王居仁·薛業等三人記錄, 『修撰企所』 一百餘卷, 『動天錄』, 『磨蝨錄』, 『通天錄』, 『壺中錄』, 『地華錄』, 道詵 『漢都識記』 等文書, 不宜藏於私處, 如有藏者, 許令進上, 以自願書冊回賜, 其廣諭公私及寺社."

정부의 명령에 따르지 않았을 것이다. 그렇게 이곳저곳에 흩어져 있던 귀중한 책들은 과거 시험과목에 들지 않으니 그 중요도가 점점 떨어졌겠지만 그래도 어떤 형태로든지 전해졌을 것이다.

권근은 응제시에서 고조선이 있기는 있지만 구체적인 것은 알 수가 없다는 식으로 의미를 전달하고 그 뒤에 시대를 시로 지어내려갔다. 권근의 이런 태도에 대하여 조선 후기 조선의 자존심이라 불릴 만한 일인지하 만인지상의 관리였던 남구만은 다음과 같은 말을 하였다.

유사에 또 이르기를 "단군이 하백의 딸과 서로 친해서 아들 부루를 낳았고, 그 뒤에 해모수가 또 하백의 딸과 사통하여 주몽을 낳으니, 부루와 주몽은 형제간이다." 하였다. 이제 살펴보건대 단군으로부터 주몽이 탄생할 때까지가 거의 2,000여 년이니, 설령 하백의 딸이 과연 귀신이고 사람이 아니라 하더라도 또 먼저는 단군에게 시집가고 뒤에는 해모수와 사통한 것이 반드시 똑같은 한 여자이며, 앞의 부루와 뒤의 주몽이 반드시 형제간임을 어떻게 알겠는가. 또 단군의 수를 말한 것은 본래 허망하고 여러 책에 섞어 나와서 또한 정설이 없다. 오직 양촌 권근의 응제시에 이르기를 "대대로 전한 것이 얼마인지 알 수 없고 지나온 햇수는 천년을 넘었네."라고 하여, 지난 햇수를 헤아릴 때에 단군의 수를 말하지 않고 대대로 전했다고 말하였으니, 의심스러운 점은 의심스러운 대로 전함이 혹 다소 근사할 듯하다.[54]

---

54 『藥泉集』 제29권 「雜著」 「東史辨證」
檀君 -----
遺事又云檀君與河伯女要親. 産子曰夫婁. 其後解慕漱又私河伯女産朱蒙. 夫婁與朱蒙兄弟也. 今按自檀君至朱蒙之生. 幾二千餘年. 設令河伯女果是神鬼而非人. 又何以知前嫁檀君. 後私慕漱者. 必是一女. 而前之夫婁後之朱蒙. 必是兄弟乎. 且其言檀君之壽者. 本旣虛誕. 而諸書錯出. 亦無定說. 獨權陽村近應制詩. 云傳世不知幾. 歷年曾過千. 其歷年之數. 不曰檀君之壽. 而曰傳世者. 其於傳疑. 或差近矣.

이런 기록의 흐름은 당시 조선 땅이 어떻게 유구하게 이어져 왔는지를 설명하는 것으로 볼 수가 있다. 이런 단군에 대한 인식은『조선왕조실록』에는 단군 관련 기록이 태조부터 시작하여 순종황제에 이르기까지 200회 가깝게 끊임없이 나타나고 있는 것을 볼 수 있다.[55]

실록에 실려 있는 내용일 수도 있지만 단군에 관한 기록은 대부분 간단하다. 그러나 국가의 체면을 볼 때는 늘 단군이 늘 앞자리를 차지하고 있는 것을 볼 수 있다. 이렇게 체제를 잡고 간단하게 기록된 것은 아마도 단군에 관한 자료들이 많지 않다고 생각을 했기 때문으로 보인다. 물론『세종실록』에 실려 있는 내용도 있지만 그런 내용들은 믿기 어렵다는 선입관에서 실록 같은 곳에서는 더 이상 실지 않은 것으로 보인다. 그러나 단편적인 기록이지만 태조 때부터 순종 때까지 이어지지 않고 국조로서 기억을 하고 있었던 것은 사실이다.

앞서 확인해본 바와 같이『조선왕조실록』에 남아 있는 단군은 곧 국조로 인식되고 있는데, 이런 인식은 조선 후기에 들어 한층 더 굳혀지는 것을 볼 수 있다.[56]

다음으로 실록이 아닌 기록에서의 단군 관련이다. 조선시대 실록이 아닌 국가의 중요 문서는『승정원일기』,『비변사등록』,『일성록』같은 것들이 있다. 이들 중『승정원일기』는 어느 사안에 대하여 구체적으로 분석하고 개개인의 주장도 실려 있다. 그러므로 그 당시 상황을 잘 알 수 있는 것이다. 그러나『비변사등록』이나『일성록』같은 것은 대체적으로 하나의 일들을 기록해놓은 것이어서 자세함이『승정원일기』보다 못하다. 그러므로『승정원일기』에 실려 있는 단군에 대한 인식을 확인해볼 필요가 있다.

---

55 이 관련 기록은 하권 단군 관련 자료집에 별도로 첨부하도록 한다.

56 『高宗實錄』36권, 34년 (1897 정유 / 대한 광무(光武) 1년) 10월 13일(양력)

⑧ 『승정원일기』 영조 8년 1월 11일

임금이 이르기를, "단군은 실로 동방의 천황인데, 그 사우도 잘 정비하고 있는지 어떻게 보장하겠는가. 근신을 보내 제사를 지내고자 하니 입시한 승지가 가서 거행하고, 사전이 허물어진 것을 수리하지 않았으면 또한 본도에 신칙하여 즉시 수리한 다음 장계로 보고하도록 하라." 하였다.[57]

이 내용을 보면 실록에 기록된 단군의 내용과는 많이 다른 것을 알 수 있다. 왕에 따라 다르지만 영조는 단군을 차이나게의 황제보다 훨씬 우위에 두고 있는 것을 볼 수 있다. 이런 사실은 조선의 내면을 이해하는 데 매우 중요한 단서로 볼 수 있다.

이런 인식은 조선 후기에 들어 큰 변화가 나타나는데, 조선후기 이른바 실학이라 불리는 조선학이 부흥되는 시대에 집중적으로 대두되는 것을 알 수 있다.[58] 앞서 본 바와 같이 영조는 단군을 곧 동방의 천황으로 인식하면서 조선의 그 어느 왕보다도 단군에 대한 강한 의식을 보여주고 있는데, 이는 영조 이전 시기와는 전혀 다른 양상이었다.

---

57 『承政院日記』英祖 8年 1月 11日
　　舉條 上曰, 檀君, 實爲東方之天皇矣. 其祠宇, 亦安保其能修治耶? 欲爲遣近臣致祭, 入侍承宣, 其往舉行, 祠殿如不修廢, 亦爲申飭本道, 俾卽修治, 仍爲狀聞, 可也.

58 흔히 실학이라 부르는 시기에 학문이나 실학이라 부르지 않던 시기에도 늘 학문은 실사구시를 한다고 하였다. 그러므로 어느 특정한 시기를 '실학시대'라 부르는 것은 특별한 의미가 없다고 생각한다. 이런 실학시대라는 그 시대는 명나라에 대한 모화주의나 청나라에서 벗어나기 위한 나름의 조선학이 일어나기 시작하였는데, 그 시작을 특별히 누구로 보기는 어렵다. 다만 역사학에서 볼 때는 영조가 강한 조선의 역사를 바로 잡기에 많은 노력을 하는 것을 볼 수 있다. 이와 같은 궤를 가고자 하였던 사람은 남구만이나 이익 같은 사람들이 불을 지핀 것으로 보인다. 특히 남구만은 사상적으로나 영토의식, 역사의식에 있어서도 매우 자주적인 노선을 가고자 하였다.

⑨ 『승정원일기』 영조 41년 12월 8일

을유 십이월 초 팔일 이경, 주상이 말하길 "역사에서 단군이라 일컫는 것은 단목 아래에 내려왔기 때문인데 어찌하여 또 환인, 환웅이 있는가." 서명응이 말하길 "그 일이 비록 상도에 맞지는 않으나 문자에 드러난 것으로 말한다면 천신 환인은 아들이 있는데 환웅으로 그가 인간 세상에 내려와 살고싶어 하자 환웅이 명하여 3,000명을 이끌고 태백산 단목 아래 내려오게 되었습니다. 당시 곰 한 마리가 늘 인간이 되기를 빌자 환웅이 영약을 주어 곰이 변하여 여자가 되었습니다. 또 잉태하기를 빌매 환웅이 마침내 그녀와 더불어 혼인하여 단군을 낳으니 그가 동방의 군주가 되었습니다. 국호를 조선이라 하고 평양에 도읍하니 궁실기복의 제도가 모두 단군에게서 비롯되었습니다. 단군 즉위년은 당요 24년이며 하우가 도산에서 제후를 회맹할 때 아들 부루를 보내 입조케 하였고, 주무왕은 기자를 평양에 봉하여 주었고 단군은 도읍을 당장경으로 옮기고 아사달산으로 들어가 신이 되었으니 재위가 1,070년이었습니다. 이른바 당장경은 문화현 북쪽 십 리에 있고 이를 일러 장장평이라 합니다. 이른바 아사달산은 지금 부르길 구월산이라 합니다." 주상이 말하길, 그렇다면 환웅이 바로 단군의 아버지이고 환인은 바로 단군의 할아버지이다. 명응이 말하길 "세대로서 말하자면 그렇습니다."[59]

---

59 『承政院日記』英祖 41年 12月 8日
上曰, 史稱檀君, 降於檀木下, 何爲又有桓因·桓熊耶? 命膺曰, 事雖近於不經, 而以顯於文字者言之, 天神桓因, 有子桓雄, 欲下往世間, 故命桓雄率三千人, 降于太白山檀木下. 時有一熊, 常祝爲人, 桓雄與之靈藥, 熊化爲女, 又祝有孕, 桓雄遂與爲婚, 生檀君爲東方君長. 國號朝鮮, 都平壤, 凡宮室器服之制, 皆始於檀君也. 檀君卽位, 在唐堯二十四年, 當夏禹會諸侯於塗山, 遣子夫妻入朝, 周武王封箕子於平壤, 檀君移都於唐莊京, 入阿斯達山爲神, 在位凡一千七十年. 所謂唐莊京, 在文化縣北十里, 謂之莊庄坪也. 所謂阿斯達山, 今謂之九月山也. 上曰, 然則桓雄, 乃是檀君之父, 桓因乃是檀君之祖也. 命膺曰, 以世代言之則然矣.

이 기록을 보면 단군의 족보를 환인에게 두고 있는데, 이는 바로 단군이 하늘에서 내려왔다는 것을 설명하고 있는 것이다. 영조의 이런 인식은 어쩌면 하늘에서 내려온 단군과 조선의 왕들을 동급으로 생각하고자 하는 노력도 포함될 수 있을 것이다. 그는 한 걸음 더 나아가 단군은 곧 동방의 천황이라고 직접적으로 명시하면서 환인, 환웅, 단군의 족보를 정확하게 하기 위하여 토론을 하였다. 이런 영조의 인식은 후대의 왕들과 당대의 학자들에게도 큰 영향을 주었다. 이런 영조의 인식은 헌종대에도 이어져 나타나는 것을 볼 수 있다. 헌종은 단군이 어떻게 탄생하였고, 그 위치가 어느 정도인지를 다음과 같이 말하고 있다.

⑩ 『승정원일기』, 헌종 11년 11월 6일

주상이 말하길 친히 환구(圜邱)에서 제사 지내는 것은 어째서요. 순목이 말하길 환구는 제천의 장소입니다. '圜'자의 음은 環이 아니라 '圓'자입니다. 주상이 말하길 圓으로 읽는 게 옳다고 하였다. 환구는 지금의 사직단과 같은 것이요? 공헌이 말하길 사직단과는 다르고 지금의 남단과 같은 곳입니다. 주상이 말하길 그때에는 남단에서 기곡하였소? 공헌이 말하길 환구에서 제천하는 것은 바로 천자의 예이니 국초에 전장 제도가 미비하여 대부분 고려조의 옛 제도를 따랐고 그리하여 남단에서 기곡한 것입니다. 주상이 말하길 천자가 아니면 제천을 못하오? 공헌이 말하길 천자는 하늘에 제사를 하고 제후는 국내 산천에 제사를 할 뿐입니다. 상교가 말하길 '천자가 된 이후에 하늘에 제사를 드리는 것은 천자는 천명을 하늘에서 받았기 때문이요, 제후의 제사가 국내 산천에 그치는 것은 그가 천자에게 봉해졌기 때문입니다. 단군은 하늘에서 내려왔으니 천자에게서 봉해진 것이 아니고 바로 직접 하늘에서 천명을 받은 것입니다. 그러므로 변계량이 '환구'를 논할 때 대개

이 뜻을 인용하였습니다.' 하였다.[60]

이 기록에는 조선의 단군과 청나라의 천자를 비교하는 장면이 나온다. 조선의 단군은 하늘에서 직접 내려온 것이고, 중국의 천자는 하늘에서 봉해진 것이니 조선과 중국은 다른 것이라는 의미로 볼 수 있는 것이어서 그 격이 다르다는 것이다.

이렇게 『승정원일기』에 기록된 내용을 볼 때 조선시대에도 왕이 누구냐에 따라 단군과 연결시키면서 그들의 존재감을 상기시켰던 것을 볼 수 있다. 이런 의식은 과거시험에서도 확인이 되고 있다. 그뿐만 아니라 과거 시험에도 단군에 대하여 논술하라는 문제가 나올 정도로 전체적으로 단군은 보편적으로 인식을 하고 있었다.[61]

정조 시기로 추정되는 단군 관련 과거시험 답안지

이런 생각은 왕이 누구냐에 따라 많은 차이가 있었다. 단군의 내력에 대

---

60 『承政院日記』, 憲宗 11年 11月 6日

　　上曰, 親祀圜邱, 何謂也? 淳穆曰, 圜邱, 祭天之所也, 圜字音非環也, 卽圓字也. 上曰, 以圓讀之, 是也. 圜邱今之社稷壇之類乎? 公鉉曰, 與社稷壇有異, 卽今之南壇也. 上曰, 伊時則祈穀於南壇乎? 公鉉曰, 圜邱祭天, 乃天子之禮, 而國初典章未備之時, 多襲麗朝之舊制, 故祈穀於南壇矣. 上曰, 非天子則不得祭天乎? 公鉉曰, 天子祭天, 諸侯祭國內山川而已矣. 相敎曰, 天子而後祭天者, 天子受命於天也, 諸侯之祭, 只域內山川者, 以其受封於天子故也. 檀君是自天而降, 則非受封於天子, 亦受命於天. 故卞季良論圜邱, 蓋引此義也.

61 『일성록』, 정조 13년 11월 16일 기사 참조.

해서 반복적으로 강조를 하면서 최고의 대우를 하기 위한 논의였다. 다만 대부분의 왕들은 태조실록에 고조선의 후예라는 것을 기록하고 있듯이 왕들마다 차이는 있지만 기본적으로 단군을 국조로 인식을 하였다. 이런 기록들은 고구려, 백제, 신라의 왕들에 대해서는 거의 언급이 없는 것과는 전혀 다른 양상이다. 이는 곧 조선왕조에서도 단군을 국조로 인식하고 있었다는 점을 분명하게 보여준다. 다만 앞서 밝힌 바와 같이 고려와 그 전 시대에 비해 그 정도가 크지 않았을 뿐이다. 그렇지만 신하들은 현격한 차이가 있었다. 서인에서 시작한 노론계들은 서인의 영수인 이이[62]의 영향을 받아서인지 기자를 우선으로 하는 관점이 두드러지게 나타나고 있다. 이런 인식은 송시열, 임상덕, 정약용 등으로 이어지면서 강력하게 주장되는데 그들도 단군을 절대로 무시하지는 못했다.

정조, 순조, 헌종, 철종시대는 권신이 정치를 하는 세도정치라는 특이한 형태의 정치가 이어졌다. 이 정치세력은 왕마저 그들 마음대로 옹립하는 체제를 말하는데 대표적으로 철종은 순조와 아무 상관도 없을뿐더러 조선왕실 족보인 『선원록』에서도 이미 평민으로 된 사람을 왕위에 올렸다. 이런 형식으로 정치가 흘러가자 철종이 죽은 후 안동김씨들의 세도를 이어가기 위하여 세운 고종이 즉위하면서 김씨가 아닌 다시 이씨의 권력으로 돌아왔다. 그러나 1895년 일본의 낭인들이 경복궁을 침입하여 명성황후를 시해하는 사건이 발생하였다. 을미사변으로 불리는 이 사건으로 인해 고종은 생명의 위협을 느끼자 러시아 대사관으로 피난을 가게 되었는데, 이것이 바로 '아관파천(俄館播遷)'이다. 국가적으로 큰 망신인 동시에 조선의 국운이 완전히

---

62 조선시대 기자에 대하여 최초로 문헌을 정리한 사람은 윤두수이다. 그는 기자에 대한 자료집을 만들었는데, 이 책에 대하여 이이는 구체적으로 무슨 문제가 있는지 모르지만 문제점을 지적하고 본인이 다시 기자에 대한 자료를 정리하였다. 이이가 정리한 기자관련 자료는 훗날 이이의 학문을 배웠다는 송시열을 중심으로 하는 노론들의 기자학에 기초가 된 것으로 보인다.

기울어지는 중대한 사건이었다. 이런 수모를 당한 고종은 러시아 대사관에서 새로운 시대를 설계하면서 경운궁으로 돌아와 국호를 '대한제국(大韓帝國)'으로 바꾸고 국체도 새로운 면모로 다듬기 시작하였다. 이때 고종은 대한제국의 정통성을 단군에서 찾았다. 당시 발표한 반조문에서 다음과 같이 밝히고 있다.

⑪ 『반조문』

'봉천승운황제는 다음과 같이 조령을 내린다. 짐은 생각건대, 단군과 기자 이후로 강토가 분리되어 각각 한 지역을 차지하고는 서로 패권을 다투어 오다가 고려에 이르러서 마한, 진한, 변한을 통합하였으니, 이것이 삼한을 통합한 것이다. 우리 태조가 왕위에 오른 초기에 국토 밖으로 영토를 더욱 넓혀 북쪽으로는 말갈의 지경까지 이르러 상아, 가죽, 비단을 얻게 되었고, 남쪽으로는 탐라국을 차지하여 귤, 유자, 해산물을 공납으로 받게 되었다. 사천 리 강토에 하나의 통일된 왕업을 세웠으니, 예악과 법도는 당요와 우순을 이어받았고 국토는 공고히 다져져 우리 자손들에게 만대토록 길이 전할 반석 같은 터전을 남겨 주었다.'[63]

이 반조문에서 볼 수 있듯이 고종황제는 조선에서 대한제국으로 국명을 바꾸면서 그 대의명분을 조선의 선대 역사에서 찾았고, 그 시작을 단군으로

---

63 高宗 36卷, 34年(1897 丁酉 / 大韓 光武 1年) 10月 13日(陽曆)
奉天承運皇帝詔曰：朕惟檀, 箕以來, 疆土分張, 各據一隅, 互相爭雄, 及高麗時, 呑竝馬韓, 辰韓, 弁韓, 是謂統合三韓. 及我太祖龍興之初, 輿圖以外, 拓地益廣. 北盡靺鞨之界, 而齒革檿絲出焉, 南收耽羅之國, 而橘柚海錯貢焉. 幅員四千里, 建一統之業. 禮樂法度, 祖述唐, 虞, 山河鞏固, 垂裕我子孫萬世磐石之宗.

삼았다. 전체적으로 볼 때 조선시대의 국가 권력에서 단군이나 고조선의 인식은 시종일관 국조로서 최고의 지위에 두고 있는 것을 알 수 있다. 흔히 조선을 기자의 나라라고 인식하고 있지만 기자 위에는 늘 단군이 자리하고 있다는 것이다.

이런 인식은 왕과 신하의 관계에서는 차이가 난다. 왕의 입장에서 늘 단군이 중요한 인물이고, 신하의 입장에서는 단군도 중요하지만 실질적으로는 기자가 더 중요하다고 인식을 하고 있는 것을 볼 수 있다. 이런 입장 차이가 가장 첨예하게 대립되는 시기가 바로 영조 때였다. 영조 때는 영조 자신이 단군 우위와 단군정통론을 계속하여 반복하여 확인하고, 이런저런 자료들을 찾아서 확인하고 있는 것을 볼 수 있다. 영조의 이런 인식은 당대뿐만 아니라 후대에도 많은 영향을 주고 있는 것을 볼 수 있는데, 이런 인식들이 정제되어 학문으로 나타나는 것이 조선학이고, 이 조선학이 흔히 실학이라 불리는 것이 아닌가 한다.

4) 개인 문집에서 살펴보는 학자들의 단군 인식

앞에서 본 바와 같이 국가적으로 단군에 대한 이해는 국조로서의 인식을 하고 거기에 걸맞게 대우를 하기 위한 노력을 하고 있다는 것을 알 수 있다. 그렇다면 개인들의 단군에 대한 인식은 어떠한가 하는 것이다.

조선시대의 학자들이나 개인들이 고조선이나 단군을 보는 관점은 시대적으로 약간 차이가 있는 것을 볼 수 있다. 조선 전기에는 대부분의 학자들이 국가와 관련하여 고조선이나 단군을 기억하고 이해하는 측면이 강하였다. 그러던 것이 성종 때 국가적인 출판 사업이 마무리되면서 상고사에 대한 견해들은 거의 나타나지 않고 있다.

오히려 윤두수,[64] 이이[65], 한백겸[66] 등이 기자에 관한 저작들이나 단편적으로 관련 내용을 담은 책들이 놓으면서 신진 관료들이나 학자들에게 많은 영향을 주었다. 그러면서 조선은 조일전쟁을 겪으면서 명나라에게 많은 도움을 받았다는 이른바 '재조지은(再造之恩)'이라는 전대에는 들어보지도 못한 논리를 내세워 서인을 중심으로 모화사상을 키워나갔고, 그 흐름의 바닥에는 기자가 깔리면서 단군은 기자보다 격이 떨어지게 되었다. 그러는 중에 단군에 대한 인식은 어떤 형태로 이어져 나갔다. 그런 흐름은 단편적인 기억도 있지만 기억을 떠나 자기 나름의 견해도 제기하기도 하였다. 그 대표적인 몇몇을 확인해보면 이익, 남구만, 허목, 이종휘 같은 사람이 대표적이라 할 수 있다.

이익은 그가 산 시기가 조선의 가장 큰 격동기로 조일전쟁을 겪고 얼마 후 또다시 조청전쟁을 조선은 연속되는 좌절을 겪으면서 재기를 위한 몸부림을 치고 있을 시기였다. 이런 시대적 배경은 당대의 지식인 중에 한 사람이었던 이익에게 많은 생각을 하게 만들었던 것으로 보이는데, 그는 조선과 단군에 대하여 다음과 같이 생각하였다.

① 『성호사설(星湖僿說)』「인사문(人事門)」

두 글자로써 국호를 삼는 것은 오랑캐의 풍속이니, 우리나라의 예의와 문물은 중화와 비슷한데 홀로 이것을 고치지 못하는 것은 무슨 까닭인가? 기자가 동녘으로 옴에 미처 단군의 후손이 당장경으로 도읍을 옮겼는데, 당

---

64 尹斗壽, 『箕子志』

65 李珥, 『箕子實記』

66 韓百謙, 『東國地理志』

장은 문화현에 있으며 여기서도 오히려 단군이라 불렀으니, 단은 국호인 것이다.[67]

이익의 이런 인식은 그가 생각하는 여러 가지 중에 하나인 오랑캐의 나라들은 국호가 두 자인데, 우리는 오랑캐가 아니기 때문에 국호가 한 글자일 것이라는 인식이 작용하고 있는 것으로 보인다. 그의 이런 생각은 조선의 모든 것이 중화와 비슷한데 왜 나라 이름만 두 자로 하여 오랑캐 취급을 받느냐 하는 것이다. 그러면서 우리도 고조선의 임금을 단군으로 부른 것으로 보아 나라 이름이 '단'이기 때문에 단군이라 한 것으로 보인다. 즉 우리도 나라 이름은 한자이기 때문에 오랑캐가 아니었다는 뜻으로 말을 하고 있는 것으로 볼 수 있다.[68]

조일전쟁과 조청전쟁을 겪으면서 조선은 실현 가능성이 거의 없음을 알면서도 송시열을 중심으로 한 청나라 정벌해야 한다는 북벌론을 내세워 집권세력들은 그들이 주장한 북벌은 실행하지 않고, 계속하여 명나라에 어떻게 은혜를 갚아야 하느냐 하는 것을 중심으로 정치를 움직였다. 송시열을 중심으로 한 이런 '재조지은' 실현파에 대해 공격을 해가며 조선 나름의 기틀을 세우고자 한 남구만은 당시 모든 분야에서 냉정하게 현실적으로 대하였다. 그는 한쪽에서 심할 정도로 숭배를 시작한 노론들에 대한 공격을 하기도 하였으며, 또 다른 한편으로는 역사적으로 노론들의 주상들에 대한 대안을 제시

---

67 『星湖僿說』「人事門」
二字爲國號夷裔之俗東方禮儀文物始於華夏而此獨不變何哉扱箕子東封檀君之後遷都唐莊京唐莊在文化縣而惟稱檀君則檀是國號按通考檀弓出樂浪檀非造弓之木則而國號名之也.

68 '조선'이라는 나라 이름은 스스로가 조선이라 부른 것은 아니다. 아마도 기원전 4세기 무렵부터 기원전 2세기 사이에 차이나계 사람들이 부르던 이름인 것이다. 그렇다면 차이나계 사람들이 조선이라 부르던 나라 사람들은 그들의 나라 이름을 뭐라 불렀겠는가 하는 것이다. 이것은 관심을 갖고 확인을 해봐야 할 것이라 생각한다.

하기도 하였다. 그는 단군에 대한 문헌고증을 하면서 그 잘잘못을 지적하고 합리적인 대안을 제시하는 것을 볼 수 있는데 그 내용을 보면 다음과 같다.

② 『약천집』 제29권 「잡저」 「동사변증」

단군

　　구사 「단군기」에 이르기를 "신인이 태백산 박달나무 아래에 내려오자, 나라 사람들이 추대하여 군주로 삼으니, 이때가 당요 무진년(기원전 2333)이다. 상나라 무정 8년 을미일에 이르러 아사달산으로 들어가 신이 되었다." 하였다. 이 내용은 『삼한고기』에 나오는데, 이제 『삼국유사』를 살펴보면 『삼한고기』의 내용을 기재하기를 "옛날 환국 제석의 서자인 환웅이 천부인 3개를 받아서 3,000명의 무리를 이끌고 태백산 꼭대기 신단수 아래로 내려오니, 이곳을 일러 신시라 하였는바 이를 환웅천왕이라 하였다. 풍백과 우사와 운사를 거느리고 세상을 다스리고 교화하였는데, 이때 곰 한 마리가 항상 신웅에게 빌어 사람으로 변화하기를 원하므로 환웅이 영험한 쑥 한 묶음과 마늘 20개를 주자, 곰이 이것을 먹은 지 삼칠일 만에 여자의 몸으로 변하였다. 그녀가 매양 신단수 아래에서 아이를 잉태하기를 축원하므로 신웅이 마침내 잠시 사람으로 화하여 그녀와 혼인해서 아들을 낳으니, 단군이라 하였다. 당요 경인년에 평양에 도읍하고 나라를 다스린 지 1,500년 만에 주나라 무왕이 기묘년에 기자를 조선에 봉하니, 단군이 마침내 장당경으로 옮겼다가 뒤에 다시 아사달에 숨어서 산신이 되었는데, 수가 1,908세였다." 하였다.

　　이로써 말한다면 태백산 신단수 아래에 내려온 것은 바로 단군의 아버지이고 단군이 아니며, 신단수 아래에서 태어났기 때문에 단군이라 칭한 것이요 단목으로 내려왔기 때문에 단군이라 칭한 것이 아니다. 다만 그 말이 요망하고 거짓되고 비루해서 애당초 여항의 아이들도 속일 수가 없는데, 역사

책을 기술하는 자가 이 말을 전적으로 믿어서 마침내 단군을 신인이 내려왔다고 하고는 다시 산으로 들어가 신이 됐다고 한단 말인가? 또 당요 이후 역년의 숫자는 중국의 사서와 소씨[邵氏, 소옹(邵雍]의『황극경세서』를 상고해 보면 알 수 있다. 요임금 경인년부터 무왕 기묘년까지는 겨우 1220년이니, 그렇다면 이른바 "나라를 다스린 것이 1,500년이고 수가 1,908세"라는 것은 거짓말이 너무 심하지 않은가.

『필원잡기』에는『삼한고기』의 내용을 인용하고 이르기를 "단군이 요임금과 같은 날 즉위하였는데, 상나라 무정 을미년에 이르러서 아사달산으로 들어가 신이 되었으니, 향년이 1,048세이다." 하였고, 또 이르기를 "단군이 비서갑 하백의 딸에게 장가들어 아들 부루를 낳으니, 이가 동부여왕이다. 우임금 때에 제후들을 도산에 모이게 했을 때 부루를 보내어 조회하게 했다." 하였다. 이제 살펴보면 요임금 원년은 바로 갑진년이니, 여기에서 단군이 요임금과 같은 날 즉위했다고 말한 것은 "무진년에 즉위하여 군주가 되고 경인년에 평양에 도읍했다."는 내용과 서로 모순이 된다. 그리고 "상나라 무정 을미년에 산으로 들어가 신이 되었다."고 말한 것은 또 "주나라 무왕 기묘년에 기자를 피해서 장당경으로 옮겼다."는 내용과 서로 모순이 된다. 말이 뒤섞여 난잡함이 이와 같으니, 또한 제멋대로 거짓말한 것임을 알 수 있다. 또 요임금이 즉위한 날짜는 중국 책에서도 고증할 수가 없으니, 그렇다면 또 단군이 요임금과 같은 날에 즉위했다는 것을 어떻게 알 수 있겠는가. 단군이 나라를 세운 천여 년 동안에 한 가지 일도 기록할 만한 것이 없는데, 다만 도산에서 제후들이 옥과 비단을 예물로 바치고 천자를 뵐 때에 아들을 보내어 입조하게 했다는 것은 가탁하고 부회한 것임을 진실로 또한 군이 말할 필요가 없다. 또 하백의 딸에게 장가들었다는 것은 요망하고 괴이함이 더욱 심하다.

『삼국유사』에 또 이르기를 "단군이 하백의 딸과 서로 친해서 아들 부루를 낳았고, 그 뒤에 해모수가 또 하백의 딸과 사통하여 주몽을 낳으니, 부루와 주몽은 형제간이다." 하였다. 이제 살펴보건대 단군으로부터 주몽이 탄생할 때까지가 거의 2000여 년이니, 설령 하백의 딸이 과연 귀신이고 사람이 아니라 하더라도 또 먼저는 단군에게 시집가고 뒤에는 해모수와 사통한 것이 반드시 똑같은 한 여자이며, 앞의 부루와 뒤의 주몽이 반드시 형제간임을 어떻게 알겠는가. 또 단군의 수를 말한 것은 본래 허망하고 여러 책에 섞여 나와서 또한 정설이 없다. 오직 양촌 권근의 응제시에 이르기를 "대대로 전한 것이 얼마인지 알 수 없고 지나온 햇수는 천년을 넘었네[傳世不知幾歷年曾過千]."라고 하여, 지난 햇수를 헤아릴 때에 단군의 수를 말하지 않고 대대로 전했다고 말하였으니, 의심스러운 점은 의심스러운 대로 전함이 혹다소 근사할 듯하다. [69]

---

69 『藥泉集』第29卷「雜著」「東史辨證」

檀君

舊史檀君紀云有神人降太白山檀木下. 國人立爲君. 時唐堯戊辰歲也. 至商武丁八年乙未. 入阿斯達山爲神. 此說出於三韓古記云. 而今考三國遺事載古記之說. 云昔有桓國帝釋. 庶子桓雄受天符印三箇. 率徒三千降太伯山頂神壇樹下. 謂之神市. 是謂桓雄天王也. 將風伯雨師雲師. 在世理化. 時有一熊常祈于神雄. 願化爲人. 雄遺靈艾一炷蒜二十枚. 熊食之三七日. 得女身. 每於壇樹下. 呪願有孕. 雄乃假化而婚之. 生子曰壇君. 以唐堯庚寅歲都平壤. 御國一千五百年. 周武王己卯. 封箕子於朝鮮. 壇君乃移於藏唐京. 後還隱於阿斯達爲山神. 壽一千九百八歲. 以此言之. 降太伯壇樹下者. 乃檀君之父. 非檀君也. 以其生於壇樹下. 故稱壇君. 非緣檀木故. 稱檀君也. 第其說妖誣鄙濫. 初不足以誆閭巷之兒童. 作史者其可全信此言. 乃以檀君爲神人之降. 而復入山爲神乎. 且唐堯以後歷年之數. 中國史書及邵氏經世書. 可考而知也. 自堯庚寅至武王己卯. 僅一千二百二十年. 然則所謂御國一千五百年. 壽一千九百八歲. 其誣不亦甚乎. 筆苑雜記引古記之說. 云檀君與堯同日而立. 至商武丁乙未入阿斯達山爲神. 享年一千四十有八歲. 又云檀君娶非西岬河伯之女. 生子曰扶婁. 是爲東扶餘王. 至禹會諸侯於塗山. 遣扶婁朝焉. 今按堯之元年乃甲辰. 則此稱與堯同日而立者. 與戊辰歲立爲君. 庚寅歲都平壤者. 牴牾矣. 其稱商武丁乙未入山爲神者. 又與周武王己卯避箕子移藏唐京者矛楯矣. 厖雜如此. 亦可見其肆誣也. 且堯之卽位之日. 中國之書亦無可考. 則又何以知檀君之與之同日乎. 檀君立國千餘年之間. 無一事可紀者. 而獨於塗山玉帛之會. 稱以遣子入朝. 其假託傅會. 誠亦無足言者矣. 且其云娶河伯女者. 妖異尤甚. 遺事又云檀君與河伯女要親. 産子曰夫婁. 其後解慕漱又私河伯女産朱蒙. 夫妻與朱蒙兄弟也. 今按自檀君至朱蒙之生. 幾二千餘年. 設令河伯女果是神鬼而非人. 又何以知前嫁檀君. 後私慕漱者. 必是一女. 而前之夫妻後之朱蒙. 必是兄弟乎. 且其言檀君之壽者. 本旣

남구만의 이런 인식은 당시 조선의 주류 세력들에게 그 존재 자체를 의심받고 있는 단군, 그리고 단군을 옹호하는 사람들의 과학성이 결여된 주장들에 대하여 대안을 제시하는 듯한 의견을 내놓고 있는 것을 볼 수 있다. 그의 이런 견해는 다른 글에서 주장한 것처럼 중국이 그들의 조상으로 주장하는 삼황오제를 비롯한 중국 상고사의 인물들을 맹신하는 것도 그 과학적인 측면에서 볼 때 허황하다는 의견도 분명하게 제시를 하고 있다. 그런 측면을 고려해볼 때 남구만의 단군 인식은 아는 것은 말하고 모르는 것은 말하지 말아야 한다는 입장으로 정리를 하면서, 그 예를 권근처럼 모르면 모른다고 하는 것이 오히려 좋은 인상을 남긴다는 결론으로 단군의 기억을 합리화하였다.[70]

조선 후기에 노론에 대한 반대파 중에 허목은 매우 비중이 있는 위치에 있는 사람이다. 그는 송시열과의 관계에서 거의 대척점에 서 있다고 봐도 과언이 아닌 사람이었다. 그는 그의 저서에서 단군에 관한 다음과 같은 견해를 남겨 놓았다.

③ 『미수기언』『東事』「檀君世家」

아주 오랜 옛날 구이 시대 초기에 환인씨가 있었는데, 환인이 신시를 세우고 비로소 백성을 살리는 정치를 가르치니, 백성들이 스스로 와서 복종하였다. 환웅이 단군을 낳았다. 그가 단수 아래에 살아서 이름을 단군이라 하였다. 처음으로 나라의 이름을 조선이라 하였다. 조선이란 동쪽에서 해가 뜬다는 뜻이다. 어떤 사람이 말하기를 "선이란 산을 말한 것으로, 그 나라에

虛誕. 而諸書錯出. 亦無定說. 獨權陽村近應制詩. 云傳世不知幾. 歷年曾過千. 其歷年之數. 不曰檀君之壽. 而曰傳世者. 其於傳疑. 或差近矣.

70 남구만은 단군뿐만 아니라 당시 중국 고전에 전해 내려오는 많은 중국 상고사에 관한 인식에 관해서도 날선 비판을 하고 있다.

산수가 있기 때문에 조선이라 한 것이다."라고도 하였다. 조선이 평양에 도읍한 것은 도당씨가 즉위한 지 25년이 되던 해였다.[71]

이런 허목의 인식은 하늘과 소통하는 것을 빼고 환인이 어느 곳에서 고조선의 터를 닦고 정치를 하는데, 많은 사람들이 그를 따랐고, 환웅이 아들을 낳았는데, 그가 단이라는 나무아래에서 살아 단군이라 하였다는 것이다. 그리고 조선이라는 이름은 선수라는 강에서 유래한 것이라는 견해를 제시하였는데 이런 해석은 어느 정도 과학적인 설명이 가능하므로 당시에 많은 사람들이 공감을 하였을 것으로 본다.[72]

이종휘는 벼슬이 높지는 않았으나 관직을 지내면서 많은 역사서를 저술하였다. 그는 관직에 있었기 때문에 여러 자료들을 볼 수 있었을 것인데 그런 자료들을 보고 역사를 썼기 때문에 그 신뢰성은 높다고 봐야 할 것이다. 그는 단군에 대해서도 기본적으로 문헌을 근거로 하여 정리한 것으로 보인다.

④ 『동사』, 「단군본기」

조선 왕 단군의 할아버지는 신인 환인이다. 환인에게는 환웅이라는 서자가 있었다. 환웅은 태백산에 살았고, 신웅의 이적으로 박달나무 아래에서 군을 낳았기 때문에 단군이라 불렀다. 혹은 단군의 이름을 왕검이라고 하

---

71 『東事』, 「檀君世家」
上古九夷之初. 有桓因氏. 桓因生神市. 始教生民之治. 民歸之. 神市生檀君. 居檀樹下. 號曰檀君. 始有國號曰朝鮮. 朝鮮者. 東表日出之名. 或曰鮮汕也. 其國有汕水. 故曰朝鮮. 都平壤. 陶唐氏立一十五年.

72 그냥 단순히 해가 뜬다는 것을 의미하는지, 아니면 조선이라는 나라가 세상에 으뜸이라는 것인지 잘 이해가 되지 않는다.

고, 혹은 성을 환씨라고 하였다. 단군 시대에는 우리나라에 임금이 없어서 백성들이 어리석은 상태였고 짐승과 더불어 무리지어 살았다. 이때에 단군이 백성들에게 머리를 땋고 모자를 쓰는 법을 가르치니 비로소 임금과 신하, 남자와 여자의 분별과 음식과 거처에 절도가 있게 되었다. 이때는 요임금이 중국에서 나라를 세운 때인데, 비로소 단군이 개국하게 되었으니 대체로 무진년이라 한다. 9년 동안 이어지는 홍수를 당하여 팽오에게 높은 산과 큰 내를 정하게 하고 우수에 이르러 백성의 터전을 정하였다. 단군은 대체로 나이 수천 세에 죽었다. 아들 부루가 왕이 되어 갑술년에 도산에서 하우씨에게 조회하였다. 부루 이후는 세계와 연보가 없어져 전하지 않는다. 혹은 단군이 죽지 않고 상나라 무정 을미년에 아사달산에 들어가 신선이 되었다고 하였다. 혹은 주나라 때에 기자를 피해 당장의 경으로 갔고, 나이는 천여 세였다고 하였다. 단군은 평양에 거처하였는데, 은주의 교체기에 후세 자손이 백악산 아래로 옮겼으니 단군이 즉위한 지 1,508년이었다. 기자가 8조의 가르침으로 동쪽 문명국인 우리나라를 이어서 다스리니 우리나라의 풍속이 바르게 되었다.

외사씨가 말하기를 "대체로 우하 때 천하에 임금이 있은 지가 오래되었다. 그러나 동방의 임금은 단씨에게서 시작이 되었는데 요와 같은 시기에 건국하였다고 한 까닭은 무엇인가. 서거정의 『동국통감』에서는 유독 신라와 고려 이후만 신고 있다. 『필원집기』에서도 난군을 말하였는데, 그 문장이 자못 유학 경전에 맞지 않아 사대부가 말하기를 어려워했다. 김부식이 천신, 신시, 천부삼인, 단군연세를 전한 것을 사대부들은 대부분 믿지 않았다. 내가 일찍이 들으니 '마니산에는 단군의 제천단이 있고, 구월산에는 삼성사가 있으며, 그 동쪽은 예부터 당장경이라고 불리는 곳이 있어 가끔 아름다운 기운이 그 위에 있다.'고 하였는데, 종합해 보니 서거정이 논한 것과 어긋나지 않았다. 근래에 내가 중국의 고사를 보니 단군왕검의 이름을 표현한 것이 현저하였다. 단군은 맨 처음 나온 성인으로 중국의 복희나 신농 같은 임금이 아닐까? 삼가 옛 기록 가운데 글의 뜻이 자못 바른 것을 뽑아 본기의 첫머리로 삼는다.[73]

이 글을 보면 적지 않은 비판을 받은 하늘에서 환웅이 내려왔고, 곰과 범이 마늘을 먹고 곰이 사람으로 변했다는 이야기는 모두 없애버리고 순수한 사람들이 이어져 고조선은 건국이 되었다는 것을 설명하고 있다.

그는 단군이 죽고 난 후 그의 아들 부루가 즉위하였고 부루는 도산에서 하우씨를 만났다는 기록을 남겨 놓았다. 이 내용들은 『세종실록』에 기록된 내용과 비슷한데 이런 내용이 여기에 비슷하게 실려 있는 것을 보면 당시 조선시대에는 이런 기록들이 여기저기 전해져 왔다는 것을 알 수 있다.[74] 그러면서 그의 말에서 저자는 자기가 한 말은 이미 『필원잡기』에서 먼저 하였고, 김부식은 천신, 신시, 단군, 천부삼인, 단군계보를 말하였는데[75] 대부분의 유

---

73 『東史』,「檀君本紀」

朝鮮王檀君者, 祖曰神人桓因, 桓因有庶子, 曰桓雄. 桓雄居太白之山, 有神熊之異, 而生君於檀樹下, 號檀君. 或曰, 檀君名曰王儉, 或曰, 姓桓氏. 檀君之時, 東夏無君長, 百姓蚩蒙, 禽獸與羣. 於是檀君乃敎民編髮蓋首, 始有君臣男女之分, 飮食居處之節. 時陶唐氏立於中國, 而始檀君開國, 蓋在戊辰歲云. 當九年之水, 命彭吳, 定高山大川. 至于牛首, 奠厥民居. 檀君蓋年數十百歲終. 子扶婁立, 以甲戌之歲, 朝夏禹氏於塗山. 扶婁之後, 世系年譜逸而不傳. 或曰, 檀君不死, 以商武丁乙未, 入阿斯達山爲神. 或曰, 至周, 避箕子於唐莊之京, 年千有餘歲云. 檀君居平壤之邸, 而當殷周之際, 後世子孫, 徙於白岳, 檀君立千五百八年. 箕子以八條之敎, 代莅東夏, 方俗用正. 外史氏曰, 蓋虞夏之際, 天下之有君久矣. 然東方之君始於檀氏, 幷堯而立, 此其故何也. 徐氏通鑑, 獨載羅麗以下, 而雜記言檀君, 其文頗不經, 縉紳先生難言之. 金富軾所傳天神神市天符三印檀君年歲, 儒者多不信. 余嘗聞摩尼山有檀君祭天壇, 九月山有三聖祠, 其東有古所謂唐莊京者, 往往有佳氣其上云, 總之, 不離四佳所論者. 近是, 余觀中國古史, 其表見檀君王儉之名章矣. 蓋檀君首出聖人, 在中國其伏羲神農之君乎. 竊取古記文意頗雅者. 爲本紀書首.

74 이종휘가 『세종실록』을 보고 적은 것인지는 알 수가 없다. 만약 보지 않았다면 조선시대에 단군에 관한 다른 책이 있었다는 것을 알 수 있다.

75 김부식이 어느 책에서 이런 사실을 써놓았는지는 알 수가 없다. 다만 『삼국유사』에 이런 글들이 들어가 있는데, 그렇다면 적어도 『삼국유사』「기이편」을 김부식이 편찬하였다는 것을 말하는 것이 아

학자들이 유학 경전에 맞지 않기 때문에 외면을 하고 있다는 것을 지적하고 있다. 이종휘는 흔히 단군을 말할 때 많은 사람들이 하나라의 요임금과 같이 취급을 하는데 자기가 볼 때는 그보다 훨씬 격이 높은 삼황과 격을 맞추고 있는 것을 볼 수 있다.

이종휘는 단군과 고조선 인식은 현실은 대청이나 대한족의 관계는 상하관계가 형성되었으나 고조선만큼은 차이나계의 역사와 대등한 관계이기 때문에 동아시아 역사서 편찬의 기본이 되었던 기전체 서술 방식에서 본기로 분류하기도 하였다. 그러면서 실록이나 『승정원일기』에서는 거의 언급되지 않았던 고조선의 2대왕인 부루가 하나라의 도산회맹에 참여하였다는 기록들 다시 활용하고 있는 것을 볼 수 있다.[76] 아마도 그들에게 있어서는 어떤 형태이든 당시 청나라 한편 대부분의 사람들이 정신적으로 기울어져 있던 사라진 명나라에 대한 숭모사상에서 벗어나기 위하여 단군에서부터 찾는 것이 하나의 방법이라 생각한 것으로 보인다.

이런 인식은 당시 자주적인인 '조선학'을 꿈꾸는 많은 학자들에게서 공통적으로 통용되고 있던 조류를 반영하고 있다고 봐야 할 것이다.[77]

이런 자주적인 조선학파들도 있지만 이와 반대되는 견해를 갖은 사람들도 많았다. 송시열, 임상덕, 정약용 등등이 여기에 속한다고 볼 수 있는데 이들은 단군보다는 기자를 우위에 두고자 노력을 하였고, 그들이 살고 있는 조선이리는 나라는 기자가 너 큰 영향을 순 나라라는 생각을 갖고 거기에 초점을 맞추고 있었다. 그렇지만 고조선을 부정하지는 못하였는데, 그 이유는

닌가 한다. 동사에 보면 『삼국유사』와 『삼국사기』를 분명하게 구분을 하고 있기 때문에 이종휘가 착각을 하였다고 보기는 어렵다.

76 이런 기록은 『세종실록』에 참고한 『단군고기』에 실려 있는 내용으로 세종실록 이후로는 보이지 않다가 조선 후기의 자료들에서 나오고 있는 것을 볼 수 있다. 참 의아한 전승과정이다.

77 이와 관련한 기록은 단군 관련 기록에서 별도로 엮어 보기로 한다.

명나라 홍무제가 인정을 했기 때문일 수도 있고, 다른 하나는 믿고 안 믿는 것은 개인의 선택이지만 많은 자료들이 확인되고 있기 때문에 근본적으로 반대를 할 수는 없었다.[78] 그러므로 물증이 없다는 이유를 들어 애써 무시하는 모습을 보이는 것인데 이런 모습은 당연히 고려 후기에 시작된 '소중화사관'의 연장과 확립으로 볼 수 있는 것이다.

---

[78] 늦어도 조선 후기에는 단군은 민간 차원에서는 이미 역사적 인물에서 격상되어 신앙화되어 있었다. 그러므로 전국에 단군에 대한 전설과 사당들이 곳곳에 세워졌고, 단군의 초상화도 나타나기 시작한 것으로 보인다.
참조 : 윤한주, 『한국의 단군사묘』, 덕주출판사, 2019년.

3. 근대 교육제도 도입기의 고조선 인식

　　조선은 1876년 '조선'이란 이름으로 처음 국제조약을 맺으면서 이른바 근대라는 시기에 접어들게 된다. 흔히 말하는 것처럼 이 조약 이전에는 외국에게 항구를 개방하지 않은 것이 아니다. 조선은 외국과도 많은 교류를 하고 싶었지만 오히려 상대국들이 조선에 대한 호감이 크지 않았던 것이 가장 큰 어려움이었다. 이런 상황에서 통상이 우선되는 조약을 맺는 과정에서 국제적인 관례를 몰랐기 때문에 많은 실수를 한 것이었다. 조선은 일본과 외교 수립 과정에서 많은 이익을 챙기지 못하고 일본에 유리한 조약을 맺은 것이 사실이다. 이런 일본과의 조약에서 실수한 것을 '조미조약'을 맺을 때는 많은 부분에서 조선의 이익을 제대로 챙겼고, 훗날 일본과 조약을 다시 협의할 때는 이전의 불리한 조약을 어느 정도 고치기도 하였다.

　　이렇게 조선은 청나라가 대신하는 대외관계에서 벗어나서 스스로 국제관계를 수립하기 시작하였고, 자주적인 외교관계를 수립하면서 상대국에서 조선이 어떤 나라인기를 묻는다는 걸 사각하였다. 즉 청나라의 속국 조선을 물은 것이 아니라 조선의 정체성을 물은 것이었다. 이런 국제사회의 흐름을 인식한 조선은 그들의 정체성을 세워야 할 필요성을 느끼고, 이를 위해 많은 노력을 기울였다. 그 노력 중에 하나가 교육기관을 정비하고 여기서 조선의 역사를 가르치는 것이었다. 그 과정에서 고조선이 강조되기 시작하였다.

1) 근대 조선의 고조선 인식

한국의 근대 교육은 1883년에 세워진 사립의 원산학사를 출발점으로 1886년에 설립된 관립의 육영공원과 선교사들이 설립한 사립학교에서 시작되었다. 역사 교육도 이들 근대식 학교에서 이루어졌는데 원산학사는 경학을 중심으로, 육영공원은 헐버트가 저술한 『사민필지』를 활용하였다. 그동안 서당에서 『동몽선습』을 비롯하여 『사략』, 『통감절요』 등 차이나게 역사책을 중심으로 이루어져 왔는데, 이때부터 이른바 '신사체(新史體)'로 쓰여진 조선의 역사를 독립 과목으로 가르치기 시작한 것이다.

고종은 1895년 2월 '교육조서'를 반포하여 교육입국의 이상을 천명하였고, 1895년 최초의 관찬 역사 교과서 『조선역사』를 국한문 혼용체로 간행하였고, 이어 『조선역대사략』과 『조선략사』를 편찬하여 가르쳤다. 이 무렵 조선은 1892년에 일본에서 출판된 하야시 다이스케의 『조선사』의 내용을 알게 되었는데 그 편제를 참고한 것으로 보인다.[79] 이를 참고하여 다른 사서들을 보충하여 1899년에 『동국역대사략』, 『조선역대사략』 및 국한문혼용의 『보통교과동국역사』를 간행하였다. 당시 역사 교과서는 20여 종이 편찬되었는데 대부분이 민간 주도로 이루어졌는데 출판되었던 교과서들은 다음과 같다.[80] 이런 흐름을 요약해보면 조선은 1890년대는 '국사'라는 개념으로 조선의 역사책을 편찬하여 교육에 활용하였다.[81]

---

79 위 글은 '하야시 다이스케(林泰輔) 저, 편무진 등 3인 역 『조선사 번역 해제』, 인문사, 2013년'이라는 책의 본문 내용을 정리한 것이다.

80 한영우, 『한국민족주의역사학』, 일조각, 1996, p. 43.

81 허재영, 「근대계몽기 교과서 해제」, 『이화여자대학교 한국문화연구원 해제번역총서 - 근대수신교과서, 근대역사교과서』, 2011.

대한제국기 국사 교과서 일람표(1895~1910)[82]

연번	간행연대	편자	책명	권수	국·한문	서술시대	비고
1	1895	학부(김택영)	朝鮮歷史	3	국·한	단군~1893	
2	1895	학부	朝鮮歷代史略	3	한문	단군~1893	
3	1895	학부	朝鮮略史	5	국·한	단군~조선	초등용
4	1899	학부(김택영)	東國歷代史略	6	한문	단군~고려	중학용
5	1899	학부(김택영)	大韓歷代史略	2	한문	조선시대	중학용
6	1899	현채	普通敎科東國歷史	5	국·한	단군~고려	초등용
7	1902	김택영	東史輯略				
8	1905	김택영	歷史輯略	1	한문	단군~고려	고등용
9	1905	최경환, 정교 (독립협회)	大東歷史	12	한문	단군~신라	
10	1906	현채	東國史略	4	국·한	단군~1905	중학용
11	1906	국민교육회	大東歷史略	1	국·한	단군~고려	초등용
12	1906	원영의, 유근 (장지연 교열)	新訂東國歷史	2	국·한	단군~고려	초등용
13	1908	헐버트(오성근역)	History of Korea (대한력사)	1	국문	단군~고려	
14	1908	정인호	初等大韓歷史	1	국·한	단군~현대	초등용
15	1908	유근 (장지연, 안종화 교정)	初等本國歷史	1	국·한	단군~현대	초등용
16	1908	조종만	초등대한력사	1	국문	단군~현대	초등용
17	1908	박정동(흥사단)	初等大東歷史	1	국·한	단군~현대	고려에 중점
18	1909	박정동(흥사단)	初等本國略史	1	국·한	단군~현대	조선에 중점
19	1909	안종화	初等本國歷史	1	국·한	단군~현대	
20	1909	황의돈	大東靑史	1	국·한	단군~	북간도 명동학교 교재
21	1910	유근(장지연)	新撰初等歷史	3	국·한	단군~현대	사립초등용
22	1910	원영의	國朝史	1	국·한	조선	해외민족학교 교재용

---

82 허재영, 「근대계몽기 교과서 해제」, 『이화여자대학교 한국문화연구원 해제번역총서 - 근대수신교과서, 근대역사교과서』, 2011.

이런 교과서들은 대부분 그 내용이 단군부터 시작하여 조선 당시까지 기술하고 있다. 이것은 조선 후기 초등학생들을 시작으로 일반 국민들까지 모두에게 단군을 알게 해준 것이다.

당시 사서 편찬에 직간접적으로 참여했던 주요 인물을 보면 김택영, 현채, 장지연, 최경환, 정교, 류근, 안종화, 박정동, 정인호 등이 있다. 그리고 외국인이었던 헐버트가 영어로 한국사를 쓰기도 하였는데 이는 당시 대한제국의 외국인과 영어권의 나라에서 대한제국을 알리는 데 좋은 자료가 되었다.[83] 이들은 처음으로 이른바 보편적인 국사학의 기초를 닦았던 연구자들이었고, 이들의 개설서 출판은 한국의 새로운 지식인을 배출하는 데 밑바탕이 되었고, 동시에 국민들에게 자국사를 가르쳐 주체성을 함양시키는 데 큰 역할을 하였다.

2) 근대 초기 일본의 고조선 연구

일본은 일찍부터 유럽과 많은 관계를 맺었다. 그중에 네덜란드와는 교역 부분에서 많은 관계를 가지고 있었는데, 이들을 배려해 별도의 구역까지 설치했을 정도였다. 그러나 이런 관계는 동경의 중앙행정부와는 궤를 달리하였다. 동경의 중앙행정부는 지방의 영주들로부터 간접적으로 유럽의 소식을 듣거나 이익을 취하는 정도였다.

그런데 미국의 페리함대는 이것저것 볼 것 없이 직접 동경으로 들어와 도쿠가와 막부를 공격하여 무릎을 꿇렸다. 이 사건은 일본에 큰 충격을 주었

---

83 헐버트의 저서는 다음과 같다.
『The Passing of Korea』, 『History of Korea』, 『Comparatives Grammer of Korean and Dravidian, A Search for the Siverian Klondike』 등이 있다.

고, 그동안 막부를 따랐던 많은 사람들은 막부의 허망에 큰 실망을 하면서 새로운 대체를 찾기 위한 노력의 결과물이 평민들이 주체가 되어 일으켜 성공한 반란인 메이지유신이었다. 이 사건으로 거의 아무 실권도 없었던 메이지 천황은 경도에서 동경으로 옮겨 직접 통치를 시작하였다. 그러나 메이지는 큰 힘은 없었고 그를 둘러싼 혁명세력들이 정치를 하면서 성공을 거두자 대외정책은 서양을 따라 하기 시작하였다. 그들은 멀리 가지 않고 바로 주변국들에게 그들의 야욕을 풀고자 하였다. 이런 첫 번째 대상이 된 것은 대만과 조선이었다. 특히 조선에 대하여는 여러 가지 좋지 않은 감정이 있었고 지리적으로 가까웠기 때문에 더더욱 그들의 야욕을 풀고자 했던 것으로 보인다. 그러는 과정에서 먼저 조선에 대해 철저히 연구하기 시작하였다.

일본에 있어 조선 문제는 중요하고도 현실적인 과제가 되어 조선에 대한 정확한 인식이 필요하였다. 그 과정은 우선 일본을 연구하던 방법을 그대로 적용하여 연구를 시작하였다. 메이지 시대 초기에는 근대적인 역사 연구가 별로 없었다. 그러나 1869년 '국사교정국'이 만들어지면서 일본사 편찬의 입장에서 일본사와 관계있는 조선 역사를 연구하였다. 그러다가 1877년 동경제국대학에 사학과가 창설되면서 근대적 역사학이 성립하였던 것이다. 이때 사학과의 주임으로 랑케의 제자인 독일인 루드비히 리스가 교수로 임용되면서 일본의 근대사학은 동경제국대학에서 서양의 영향하에 첫발을 내딛게 되었다. 이런 분위기 속에서 동경제국내학 출신들은 메이지유신 이후 일본의 국가 이념을 대변하게 되었다.[84]

이런 상황에서 한편으로 1876년 '조일수교조약'이 체결되고 조선을 사이에 두고 청나라와 대립이 일어났을 뿐만 아니라 다른 나라에서도 조선에 관

---

84 이런 분위기는 이상한 것이 아니라 동경제국대학뿐만 아니라 일본의 모든 제국대학이 가야 할 방향이었다.

심을 보이자 일본은 조선에 대한 체계적인 연구를 시작하였다. 그러던 과정에서 청일전쟁이 일어났고, 일본이 승리로 끝나자 일본은 조선에 대해 더 세밀히 연구하였다. 그들은 그때 마침 일본이 청나라를 누르면서 엄청난 자신감을 갖게 되었고 그 자신감으로 아시아의 맹주는 청나라가 아니라 일본이 되어야 한다고 생각하였고, 맹주의 역할을 하는 과정에서는 섬에서 갇혀 있는 것보다는 대륙으로 진출을 해야 한다는 생각을 실천으로 옮기게 된 것이다. 그러기 위해서는 역사적 근거로 조선을 눌러야 한다는 생각으로 조선의 역사를 연구하고 편집하였다. 즉 누대로 중국에 종속되었다는 것, 즉 만주의 역사에 종속됨을 강조하는 만선사관(滿鮮史觀)과 주체적인 자아가 없다는 타율성론(他律性論)과 일본과 조선은 같은 뿌리라는 일선동조론(日鮮同祖論), 아주 오랫동안 발전을 못하고 있는 정체성론(停滯性論) 등을 부각시키고 이를 극복하기 위해서는 일본이 조선을 관리하는 것이 역사적으로 문제가 없다는 논리를 전개하였다. 이런 관점에서 시게노 야스쓰구(重野安繹), 쿠메 구니타케(久米邦武), 호시노 히사시(星野恒) 등은 『일본사략』을 개정하여 『국사안』을 썼다. 이는 일본의 역사를 다룬 책이었는데, 고대에서 근대에 이르는 한일 관계를 일선동조론의 입장에서 다루었다.

일본 학계는 계속하여 조선의 상고사에 집요한 관심을 단군 존재 자체를 허구로 몰아 부정하는 것과 단군의 실체를 왜곡하여 일본 신화 속으로 편입시키는 방향으로 몰아갔다. 그들은 조선 역사를 연구는 사료에 대한 합리적인 이해를 강조하면서 조선의 옛 사서를 허구로 간주함과 동시에 조선인의 전통적인 역사 인식은 근거가 없는 것으로 보았을 뿐만 아니라 단군도 일본 시조인 아마테라스 오오미카미(天照大神)의 동생인 스사노오(素盞嗚尊)와 같이 보고 이를 근거로 하여 일본과 한반도의 시조가 같다는 견해를 제기하기도 하였다.

이런 입장은 학자들마다 차이는 있지만 구체적으로 조선의 역사를 연구하기 시작한 사람은 하야시 다이스케였다.[85] 그의 『조선사』에 나타난 단군 관련 인식은 다음과 같다.

제1장 개국의 기원

조선 개국의 기원은 아주 까마득하다. 전하기로는 처음에 군장이 아니라 신인(神人)이 있었는데, 박달나무 아래에 내려와 국인(國人)이 추대하여 임금이 되니, 이를 단군이라고 한다. 국호를 조선이라고 하고 평양(평안도 평양부)에 도읍했는데, 이는 중국의 당요(唐堯) 시대에 해당된다. 그 후 1,048년이 지나 상나라의 무정(武丁) 8년에 이르러 아사달산(황해도 문화현 구월산)에 들어가 신이 되었다고 한다. 그 이야기는 황당하기에 그대로 믿을 수는 없지만, 대략 일본 기원전 500~600년경, 즉 상의 말기에 해당되는 때에 북부 평안도 지역에 이미 주민이 거주하고 있었다고 볼 수 있다. 『동국사략』에 단군의 성은 환(桓)씨, 이름은 왕검이며, 시초에 신인인 환인의 아들 환웅이 있었는데 무리 3,000을 이끌고 태백산(평안도 묘향산)의 신단수(神檀樹) 아래로 내려왔다. 이를 신시재세리(神市在世理)라고 한다. 아들을 낳아 호를 단군이라고 하고, 비서갑 하백의 딸을 아내로 맞이해 아들을 낳고 부루라 하였다. 우(禹)왕이 남쪽으로 순수(巡狩)하며 제후들을 도산(塗山)에서 만날 때 부루를 보내어 배알하게 했다. 그가 죽으니 송양(平壤, 평안도

---

85 林泰輔

일본 지바현(千葉県) 출생으로(1854~1922) 동경대학교 고전강습과를 졸업하고 그 후 동경고등사범학교 교수가 되었다. 조선역사에 많은 관심이 있었기에 그의 전반기 저작은 조선에 관한 것이었고, 그다음으로 갑골문에 대한 연구를 시작하였다. 조선 관련 저서로는 『조선사(朝鮮史)』, 『조선근세사(朝鮮近世史)』, 『조선통사(朝鮮通史)』가 있다. 그의 한국사 연구는 오늘날까지도 영향을 주고 있다. 1914년에 박사학위를 받은 다음부터 중국 갑골문을 연구하기 시작하였는데, 만주 지역에서 활동을 하던 나진옥(羅振玉)과 많은 교류가 있었다. 『周公と其時代』, 『亀甲獣骨文字』, 『支那上代の研究』 등이 있다.

성천부(成川府))에 매장하였다. 세상에 전해지기 대략 1,500년이라고 한다. 이와 관련하여 (일본 내의) 어떤 자는 환인은 신(神) 이자나기, 환웅은 스사노오의 줄임말이라고 한다. 또한 신시재세리의 시재(時在)는 스사(須佐), 즉 스사노오일 것이다. 단군은 다키(太祈)로, 스사노오노미코토의 마들 이타케루이다. 스사노오미코토가 그의 아들 이타케루를 이끌고 신라국에 이르러 소시모리(曾尸茂梨)에 거주했던 일이 우리나라[일본] 역사에 보인다. 또한 이타케루를 다른 이름으로 한신(韓神)이라 하니 대략 사실과 부합한다고 한다. 이 설 또한 억지에 가까우나 참고로 부기(附記)한다. 그다음으로 기씨(箕氏)가 조선으로 들어온 내용을 정리하였는데 일본 기원전 430년경에 이르러 은 주왕의 음란하고 잔학함이 날로 더하여 태사(太師) 기자(箕子)는 거짓으로 미친 척하여 노비가 되었다. 주의 무왕이 주왕을 토벌하여 이를 멸망시키자, 기자는 중국인 5,000명을 이끌고 조선으로 피난하여 평양에 도읍했다. 그리고 백성들을 인도함에 있어 덕화(德化)로 하고 예양(禮讓)의 풍습이 점차 행하여짐으로, 조선은 이로 인해 비로소 흥하게 되었다. 그 영토는 대략 지금의 황해도 이북 및 만주 남부이다.

하야시는 단군을 일본의 창세신화와 연결을 시키고 있는 것을 볼 수 있는데 그가 이런 방향으로 조선의 상고사를 인식하는 것은 일본의 역사가 조선 역사에서 영향을 받았다는 것을 설명하려는 건지 아니면 조선상고사가 일본에서 영향을 받았다는 것인지 정확하게 알 수는 없다. 다만 그 시절에 이미 한국사와 일본사의 출발점을 같이 인식하는 사람들이 있었다는 것이다. 그 속내는 구체적으로 알 수 없지만 이 책은 당시 일본 내에 동북아시아 정책을 수립하던 많은 사람들에게 큰 영향을 주었다. 그뿐만 아니라 당시 많은 중국 학자들이 일본에 유학을 와 있었는데 대표적으로 청말 사상가인 양계초, 지리학자 양수경 등도 있었다. 이런 중국의 일본 유학 붐에 역사학도

들도 있었는데 하야사 다이스케에게 역사를 배운 왕동령은 귀국하여『동양사』를 출간하였는데,[86] 이 책에서 하야시의 주장을 소개하여 한국사에 무지하였던 중국의 새로운 지식인들에게 한국의 인상을 심어주는 결과를 가져왔다.

시라토리는 한국사·동양사에 관한 연구를 처음으로 시작한 시라토리 구라키치는 도쿄대학 사학과 출신으로 독일인 교수 리스에게서 배웠다. 시라토리는 1894년『단군고』를 펴내면서 단군 사적이 불교 설화에 근거하여 가공스러운 선담을 만든 것이라는 주장을 펴 고조선의 실체를 부정하였다.

나카 미치요도 당대 최고의 지식인으로 일컬어지던 후쿠자와 유키치의 문하에서 양학을 공부한 사람이었다. 그는「조선고사고」라는 장편의 논문을 통해 단군 관련 전설이 불교 전래 이후 승도가 지어낸 이야기로, 조선의 고전이 아님을 주장하면서 단군과 고조선의 실체를 부정하였다.

나카와 같은 생각을 가진 이마니시류는 그는『삼국유사』의 주몽 계보에 대한 기사들을 조합해 해모수가 단군왕검이며 부여 시조 부루와 고구려 시조 주몽의 아버지로서 만주의 역사와 관련이 있으며, 따라서 한민족과는 관계없는 존재라고 주장했다.

오다 쇼고는 단군 부정의 논거로서 중국 및『삼국사기』등의 사서에 기록이 없고, 단군은 묘향산의 산신인 '달님'의 음역으로 곰과 연결된 산신 신앙으로 파악해 '후대 창안설'을 주장했다. 그는 특히, 조선총독부 학무국장의 지위를 이용해 이러한 단군 부정의 내용을 학교 현장과 연결지어 식민지 대중들에게 확산시키는 정책을 집행했다.[87]

이들은 고조선에 대한 인식은 결국 단군이라는 존재는 고려시대 불교 승

---

86 왕동령,『東洋史』, 上海 : 商務印書館, 1922.

87 조법종,「식민주의적 고조선사 인식의 비판과 과제」,『한국고대사연구』61, 2011.

려들에 의해 만들어진 후대의 창작물이며, 당시 몽고의 침략이라는 고통을 받고 있었던 시기에 저항 이념을 고취하기 위해 만들어진 이념으로 봤다. 또한 후대에 만들어진 단군 관련 인식은 만주 지역에 있었던 부여나 고구려와 관련이 있는 것이지 한반도와는 아무런 관련이 없다는 주장으로 이어져 단군이 한반도의 시원이라는 인식을 철저히 부정했다.

4. 1910년 이후 대일 항쟁기의 고조선 인식

1910년 대한제국은 국민들이 원하지 않는 경술국치를 겪으면서 나라의 주권을 빼앗겼다. 이런 치욕을 당하면서 적지 않은 관리들이 일본에 협조했지만, 대다수는 이를 거부하고 국내에서 많은 투쟁이 시작되었다. 당시 무력 투쟁으로는 어려움이 많았으므로 결국 의식혁명을 통한 이념 투쟁 방식으로 전환되었다. 이런 투쟁 방식으로 전환된 것은 1890년대에 시작된 자주성 고취 역사 교육과 기독교계에서 설립한 학교들을 통해 새로운 종교와 새로운 지적 세계를 경험한 사람들이 자발적 참여가 있었기 때문이었다. 특히 1890년대 후반부터 시작된 독립협회와 만민공동회의 활동과 그 성공은 많은 사람들에게 큰 영향을 주었다.

그러나 행정권이 일본으로 넘어간 지역과 간도협약으로 청나라에게 행정권은 넘어갔지만 아직 청나라의 권한이 미미한 간도 지역을 중심으로 하는 지역에서의[88] 투쟁 방식은 달랐다. 이미 일본에게 행정권이 넘어간 지역은 모든 의사결정권이 일본에 있었기 때문에 많은 자료들이 있음에도 불구하고 대한제국인들의 생각대로 역사 연구를 할 수 없었다. 그 결과 역사는 서로간의 의식으로 전해질 뿐 특별한 행동으로 나타나지는 않았다. 오히려 실절적인 연구와 홍보는 일본이 하고자 하는 방향으로 나타났다.

이와 달리 간도 지역을 중심으로 한 투쟁은 무력 투쟁과 이념 투쟁도 같

---

[88] 복기대, 「간도 어떻게 볼것인가?」, 『인문학역구』, 강원대학교 인문학연구소, 2022.

이 전개되었다. 이념 투쟁의 기본은 역사에서 출발해야 하는데, 역사를 연구하기에는 자료들이 너무 부족해 얼마 안 되는 자료들과 기억력에 의존해 연구를 해야 했기 때문에 많은 어려움이 따랐다. 그러므로 같은 시대이지만 지역적으로 나누어서 그 흐름을 살펴봐야 할 것이다.

1) 민족주의 단군 인식 – 기억력으로 역사를 연구하는 시기

대한제국은 1910년에 일본 점령군에게 황권을 빼앗긴 후, 대일항쟁기에 접어들면서 국민국가로 전환하는 시점에서 새로운 시대를 준비하는 사고가 필요했다. 이런 시대적인 요구로, 그동안의 정신적 버팀목이었던 유학과 성리학을 버리고 우리 역사를 근거로 하는 자주적인 종교와 이념체계를 찾게 되었는데 그 대상이 바로 단군이었다. 이에 단군을 정점으로 하는 대종교라는 종교가 1909년에 설립되기도 하였다. 대종교에 있어서 단군이라는 존재는 국조이며 시조인 동시에 교주라는 의미를 갖고 있다. 이러한 점은 대종교가 종교적인 의미를 넘어 민족사의 측면에서도 중요한 당위성을 얻게 되는 이유라 할 수 있다.

대종교인들은 우리 역사에 많은 관심을 갖고 연구를 하였으나 불행히도 이들이 연구하는 곳은 이미 국제법으로 망명지가 된 곳이었다. 정서적으로는 우리 땅이었지만 간도협약으로 청나라에게 넘어간 간도지역에서 둥지를 틀고 다시 시작해보고자 하였다. 그러나 이들에게는 너무나 많은 것들이 부족하였다. 그럼에도 불구하고 이들을 설득시킬 수 있는 자료를 만들어야 했지만, 자료를 만드는데 필요한 기초 자료가 너무도 부족했다. 그들이 이곳 간도로 망명을 오면서 그들이 활용하던 자료들은 고스란히 일본 학자들의 손에 넘어가 버린 것이다. 그렇기 때문에 가지고 왔을 것으로 추정되는 몇 권의 책과 떠나오기 전에 읽었던 책의 내용을 기억해내면서 역사를 연구하였던 것이다. 그러므로 많은 자료들을 마음대로 활용하던 일본 학자들보다 고증에서 상세함은 현저히 떨어지는 것은 당연했다. 그럼에도 불구하고 역사의 정신만큼은 손색없는 역사책을 만들어냈다. 그 대표적인 사람들이 김교헌, 신채호, 박은식 등등이다.[89]

① 김교헌

그중에 전체 한국사의 틀을 세운 학자 중 한 사람이 김교헌이다.[90] 그의 사관 중에 단군과 고조선에 대한 견해를 확인해보면 다음과 같다. 고조선과 단군을 구체적으로 연구하여 그 맥을 밝히면서 그 연구 성과를 담은『신단민사(神檀民史)』,『신단실기(神檀實記)』,『배달족역사(倍達族歷史)』라는 업적을 남겼다.

『신단민사』는 통사 체계 구성을 목적으로 한 교과서용 편찬으로, 단군 민족의 혈통의 흐름을 대종교 경전인『신사기(神事記)』와 같은 구족설(九族說)에서 그 근원을 찾음과 함께, 역사적 강역 인식에서는 만주지역을 주요 활동

---

89 이렇게 어려운 시기에 나온 역사책이 과학적으로 인정을 받지 못하는 것은 그 시국의 어려움 때문이 아니었을까 한다.

90 경기도 화성시 비봉면 구포리에서 출생하였고 1885년 정시문과에 급제하고 여러 관직을 역임하였다. 1898년 독립협회에 가입하여 대중계몽운동을 하였고, 많은 독립협회 지도자가 구속되자 대표위원으로 선정되어 만민공동회 운동을 선개하였다. 1903년『문헌비고』편집위원이 되었다. 조선광문회에 들어가 고전간행사업에 참가하였다. 1909년에는 규장각 부제학으로서『국조보감』감인위원을 겸직하였다. 민족의 기원과 민족사의 연구에 뜻이 깊어, 대종교가 중광(重光)된 해부터 교인이 되어 각종 문헌을 섭렵하여 역사를 정립하였다. 1914년 단군 관련 자료를 모아『신단실기』를 편찬하였다.

1916년 9월 나철의 뒤를 이어 대종교의 제2대 교주에 취임하였다. 1917년 일본의 탄압을 피해 총본사를 동만주 화룡현으로 옮기고 교세 확장을 통한 독립운동 강화와 동포들에 대한 독립정신 교육에 전념하였다. 1918년 12월 해외에서 선언된 대한독립선언서에 가장 먼저 서명하며 주동적 역할을 하였다. 일본군의 탄압을 피해 총본사를 영안현으로 옮겨 선도포교사업을 통한 구국 투쟁에 진력하였다. 1923년『신단민사』를 출간하여 민족의식을 고취하였다. 그러나 만주 전역에 걸친 일본군의 토벌 작전으로 독립운동 및 교단의 기반이 크게 붕괴되자 병을 얻어 죽었다.

무대로 설정해 고조선부터 조선조까지 역사를 서술했다. 이런 사관으로『신단민사』는 당시 항일 독립군을 길러내는 사관학교 학생들의 국사 교재로 활용되었다.『신단실기』는 단군에 대한 사적과 신교 사상에 대한 자취를 모아 자료집의 성격으로 정리해 놓았다. 이러한『신단실기』는 한국사를 배달족이라는 체계로 요, 금까지를 한국사에 포함시키며 그 활동무대를 만주지역으로 넓혔다. 1922년 대한민국 4년에 출판된『배달족역사』는 대한민국 임시정부 시절 국내외 대일항쟁시기 우리 민족의식을 고취하기 위하여 만든 우리 역사 교과서였다. 그는「단군세기」에서 단군에 대하여 다음과 같이 서술했다.

환인, 환웅, 환검 혹은 단인, 단웅, 단군이 곧 삼신이다. 상원 갑자(甲子, 기원전 2,457년) 10월 3일에 환검이 신으로서 사람으로 화(化)하여 천부인 세 개를 가지고 태백산 단목 밑에 내려와 신교를 베풀어 백성들을 가르쳤다. 이때 백성들이 그 교화를 입어 돌아오는 자들이 많아 마치 시장을 이루는 것 같았다. 이리하여 신시씨라는 칭호가 있었는데, 여기에서 비로소 3,000의 단부를 두었다. 그 후 개천 125년 무진(戊辰, 기원전 2,333년) 10월 3일에 나라 사람들이 이 신인을 추대하여 임금[壬儉]으로 삼으니 이가 단군이시다. 단목 아래에 내려왔기 때문에 단군이라 했다. 나라 이름은 단이라 했으며 배달이라고 불렀다. 또한「족통원류」는 단군의 자손을 배달종족이라고 한다. 그 뒤 나뉘어서 5파가 되었다고 하였다.

「단군강역고」에서『요사여지』에는 말하기를 "요는 본래 조선의 옛 땅이다." 했고,『동사』에는 "요와 심의 일대는 곧 단군과 기자의 옛 땅이다.『여사지리지』에 말하기를, "강도(江都) 마니산과 참성단은 세상에 전하기를 단군의 제천단이라 하고, 전등산은 일명 삼랑산이라고 세상에 전해오는데, 단군이 세 아들을 시켜서 쌓았다고 한다."고 했으니, 대개 단군 때의 강역이 동쪽은 큰 바다에 이르고, 남쪽은 조령을 넘고, 서쪽은 요하를 건너고, 북쪽은

흑수까지로 보았다.[91]

② 신채호

신채호는 삼조선은 '신, 말, 불' 삼한이 분립한 것으로 신한은 대왕이고 불한과 말한은 부왕으로 삼경, 곧 세 서울에 나뉘어 머무르며 조선을 통치하였다고 보았다. 한(韓)은 나라 이름이 아니라 왕이란 뜻이므로 삼한, 곧 세 사람의 왕이 나누어서 거느렸으니 세 개의 큰 지방으로 보았다. 삼한의 도읍지는 '아스라' 곧 지금의 하얼빈과 '아리티' 곧 지금의 개평현 동북 안시의 옛 성터와 '퍼라' 곧 지금의 평양으로 보았다.

③ 박은식

박은식은 상고에 신인이 있어 천부 3인을 가지고 태백산 단목 아래로 내려오니, 온 나라 사람들이 추대하여 임금을 삼고 당요 무진년에 나라를 세우니, 이가 곧 단군이다. 국호를 조선이라 하고 의식주의 법도를 가르치며 제천의 예를 행하였다. 왕자 부루를 하우 도산회에 보내니 이것이 국교의 시초가 되었다.

④ 대한독립선언서(大韓獨立宣言書)[92]

학자들의 노력은 흩어졌던 많은 사람들을 하나로 묶는 네 성공하였다. 그 성공은 서일을 중심으로 하는 대단위의 대일투쟁을 할 수 있는 공동체를 만들어 낼 수 있었고[93] 그 공동체는 단군의 가호가 있을 것이기 때문에 두려워

---

91 김교헌(이민수 옮김), 『신단실기』, 한뿌리.

92 다른 이름으로는 '무오독립선언서'라고 한다. 1919년 2월 1일 선언한 것으로 전해지고 있다.

93 정길영, 『대한군정서총재서일연구』, 2019년.

하지 않고 일본과 싸울 것을 선언하였다. 그 내용을 보면 다음과 같다.

대한독립선언서(大韓獨立宣言書)

우리 대한 동족 남매와 온 세계 우방 동포여!

우리 대한은 완전한 자주독립과 신성한 평등 복리로 우리 자손 여민(子孫 黎民)에 대대로 전하게 하기 위하여, 여기 이민족 전제의 학대와 억압[虐壓]을 해탈하고 대한 민주의 자립을 선포하노라. 우리 대한은 예로부터 우리 대한의 한(韓)이요, 이민족의 한이 아니라, 반만년사의 내치외교(內治外交)는 한왕한제(韓王韓帝)의 고유 권한[固有權]이요, 백만방리의 고산려수는 한남한녀(韓男韓女)의 공유 재산[共有産]이요, 기골문언(氣骨文言)이 구아(歐亞)에 뛰어난[拔粹] 우리 민족은 능히 자국을 옹호하며 만방을 화합하여 세계에 공진할 천민(天民)이라, 우리나라의 털끝만 한 권한[韓一部의 權]이라도 이민족[異族]에게 양보할 의무가 없고, 우리 강토의 촌토[韓一尺의 土]라도 이민족이 점유할 권한이 없으며, 우리나라 한 사람의 한인[韓一個의 民]이라도 이민족이 간섭할 조건이 없으니, 우리 한(韓)은 완전한 한인(韓人)의 한(韓)이라. [… 중략 …]

이는 우리 대한민족의 시세에 응하고 부활[應時復活]하는 궁극의 의의[究竟義]니라. 아 우리 마음이 같고 도덕이 같은[同心同德] 2천만 형제자매여! 우리 단군대황조께서 상제(上帝)에 좌우하시어 우리의 기운(機運)을 명하시며, 세계와 시대가 우리의 복리를 돕는다. 정의는 무적의 칼이니 이로써 하늘에 거스르는 악마와 나라를 도적질하는 적을 한 손으로 무찌르라. 이로써 5천년 조정의 광휘(光輝)를 현양(顯揚)할 것이며, 이로써 2천만 백성[赤子]의 운명을 개척할 것이니, 궐기[起]하라 독립군! 제[齊]하라 독립군! [… 중략 …]

단군 기원 4252년 2월 일

김교헌, 김규식, 김동삼, 김약연, 김좌진, 김학만, 여준, 유동열, 이광, 이대위, 이동녕, 이동휘, 이범윤, 이봉우, 이상룡, 이세영, 이승만, 이시영, 이종탁, 이탁, 문창범, 박성태, 박용만, 박은식, 박찬익, 손일민, 신정, 신채호, 안정근, 안창호, 임방, 윤세복, 조용은, 조욱, 정재관, 최병학, 한흥, 허혁, 황상규

이 선언서에는 '한(韓)'이라는 개념과 동시에 일본의 침략을 극복하는 과정에서 단군이 반드시 도와줄 것이라는 것을 분명하게 명시하고 있다. 이들의 선언과 믿음은 1919년 4월 13일에 선포한 대한민국 임시정부에서 그대로 이어지는 것을 볼 수 있는데, 그 대표적인 것이 국호이고 이 독립선언서에 서명한 사람들이 대부분 대한민국 임시정부에 참여했다. 36년간의 대일 항쟁에서 분명하게 나타나고 이어지고 있었다. 이것은 1945년 대일 승전과 1948년 환국 정부 수립에도 고스란히 담겨 있다.

2) 일제의 한국사 연구와 교육 - 반도사관과 타율사관 정립과 확산

대한제국은 불과 10여 년 만에 일본의 침략으로 무너지고 말았다. 1910년 8월 29일 일본은 대한제국이라는 국호를 없애고 다시 '조선'이라 부르면서 '조선총독부'를 설치하였다. 초대 총독으로 부임한 데라우치 마사타케는 조선의 통치에 관하여 여러 방면에 그의 의사를 표명하였는데 그중에 역사가 포함된 교육에 관한 목표를 명확하게 하였는데, 그의 지침은 다음과 같이 구체적으로 제시되어 있다.[94]

대화혼(大和魂)과 조선혼(朝鮮魂)을 혼합하여 우리 일본인이 저들에게 일본혼을 심어주지 않은 채로, 저들이 우리의 문명적 시설로 인해 지능을

---

94 靑南柳冥, 『總督政治史論』, 武斷政治時代, 1928.

개발하고 널리 세계의 형세에 접하게 되는 날에 이르러 민족적 반항심이 타오르게 된다면 이는 큰일이므로 미리 일본 국민의 유의를 요한다. 이것이 대개 조선 통치의 최대 난관인데, 내가 조선인의 철저한 자각을 바라는 동시에 조선 연구에 하루도 소홀히 할 수 없음을 믿는 것은 이러한 이유 때문이다. 목전의 정치적 시설 이상으로 다시 영구적, 근본적인 사업이 필요하다. 이것이 곧 조선인의 심리 연구이며 역사적 연구이다. 저들의 민족정신을 어디까지나 철저히 조사하는 것이다. 그렇지 않고서 내선동화의 진실한 사업은 아직 완전하다고 말할 수 없다. …… 즉 조선인의 민족 심리, 정신 생활에 걸쳐서 이해하는 바가 없으면 헛수고이다. 식민정책의 근본은 반드시 여기에 기초를 두지 않으면 안 된다. 그러므로 나는 세인이 우원(迂遠)하다고 경시하는 학술적 조사가 절대로 필요하다고 인정하여 조사의 보무(步武)를 진행시키고 있다.

이처럼 조선인을 황국신민으로 만들어 절대로 일본에 반항하지 못하도록 하려는 목표와 지침을 분명히 하였다. 조선인의 정신생활, 민족심리, 역사 등에 대한 연구를 통해 일본인으로 만들어 절대로 반항을 하지 못하도록 하자는 것이었다. 데라우치 총독의 이런 방침에 역사계는 적극 동조하여 대한제국의 역사를 체계적으로 연구하기 시작하였다. 그들은 먼저 역사연구에 기본이 되는 지리지부터 편찬하였다.

①『조선역사지리』,『만주역사지리』의 편찬

일본은 총독의 방침에 따라 전체 조선사와 만주사의 기본 틀을 짜기 시작하였다. 그들은 역사 연구에서 가장 기초적인 것은 국경의 확정이라는 것을 알고 있었기 때문에 1913년『만주역사지리』와『조선역사지리』편찬을 완료하였다. 두 책을 출간하여, 만주와 한반도의 역사 주체가 다른데 대한제국의 조상들은 만주에 있었던 것이 아니고 압록강 동쪽, 두만강 남쪽의 한반도 지역에 있었다는 '반도사관'을 제시하였고, 그중에 한반도 남부 지역은 일본의 영향력 밑에 있었다는 점을 공고히 했다. 이렇게 편찬된 두 책은 조선과 만주 지역 역사 연구를 하는 오늘날까지 필수 참고 도서로 활용하게 되었다.

이 방향성으로 대대적인 역사 정비 작업부터 진행하였다. 당시 일본에는 1800년대 후반에 설립된 동경제국대학과 일본대학, 경도제국대학 출신의 역사학자들이 있었는데, 그들은 이른바 실증주의 역사 연구 방법론으로 훈련받은 사람들이었다. 그들은 대학을 졸업하자마자 연구 현장으로 투입되었기 때문에 실질적인 연구 능력이 훌륭하다고 볼 수는 없었지만 강의실에서 배운 이론을 현장에서 실습하는 경험도 쌓을 겸 많은 사람들이 조선사 연구에 합류하였다.

그중에 나이투 코난,[95] 도리이 류조, 쿠로이타 가쓰미,[96] 시라토리 쿠라키

---

95 名和悅子, 『內藤湖南의 國境嶺土論再考』, 汲古書院, 2012年.

96 이 중 쿠로이타 카쓰미는 참 해괴한 역사 논리를 만들었는데, 그것은 일본의 중심 지역을 본국사로 하고, 이외에 오키나와 대만, 대한제국은 일본의 특별사인 지방사로 분리하는, 이해가 안 가는 분법을 만들어냈다. 이런 분법으로 훗날 『조선사』가 편찬되는 것이다. 이 쿠로이타의 분법은 우연일지는 모르지만 훗날 중국이 동북공정을 하는 과정에서 중국의 장박천이 그대로 활용하여 한국의 역사가 중국의 우산 아래에 있다는 논리를 제공하여 많은 학자들이 한국사를 중국사로 만드는 데 활용하고 있다.

치가 가장 영향력이 있었다. 이 중에 나이코 코난은 언론과 정계에 막대한 영향을 끼쳤던 동아시아사 전문가였고, 도리이 류조는 고고학과 인류학 쪽을 집중적으로 연구하였고, 쿠로이타 카쓰미는 동북아시아 역사와 일본의 역사를 어떻게 정립할 것인가 하는 연구의 이론을 정립하였고, 시라토리 쿠라키치는 현장의 역사를 연구했는데 그중에 한국 및 만주 역사에 집중하였다. 이런 원칙을 정립한 다음 그들은 『조선반도사』를 편찬하기 시작하였다.

② 『조선반도사』의 편찬

『조선반도사』를 편찬하기 위하여 중추원 인물들을 중심으로 위원회를 구성하고 작업에 들어갔다. 그들의 한국사 연구의 목적은 조선 총독의 시정 방침과 이에 따른 교육령이 제정되자 여기에 따르는 실천으로 『조선반도사』를 편찬하는 것이었다. 그 편찬 지침은 다음과 같다.

> 일본제국과 조선과의 관계는 서구의 그것과는 달리 지역적으로 서로 이웃해 있고 인종도 서로 동종(同種)이며 또한 그 제도도 양분할 수 없어, 혼연일체의 제국 영토를 구성하여 서로 이해관계와 행복과 불행(기쁨과 슬픔)을 같이하게 되었다. 따라서 조선인을 방임하여 새로운 세계로의 진보가 늦어지는 것을 돌보지 않는 것은 진실로 국가의 기초를 공고히 하는 바가 아니다. 하물며 그들을 무지와 몽매한 상태로 억제시키는 것은 오늘날의 시세(時世)로 보아서는 전혀 불가능한 것이다. 오히려 어디까지나 그들을 교화시켜 인문(人文)의 영역으로 나아가 서로 합동하여 힘을 합침으로써 제국의 앞날의 융성함을 꾀하는 것이 만세(萬世)의 좋은 계획이며, 한일병합의 큰 뜻이 여기에 있다고 말할 수 있을 것이다.(… 중략 …) 조선인은 다른 식민지의 야만적 반미개의 민족과 달라 독서와 문장에 있어서 문명인에게 뒤지지 않는 것이 있다고 말하지 않을 수 없다. 고래의 사서(史書)가 많

이 존재하고 또한 신서적도 적지 않다. 그러나 전자는 독립 시대의 저술인 지라 현대와의 관계가 부족하여 한갓 독립국의 지나간 꿈을 추상(追想)시켜 버리는 폐해가 있다. 후자는 근대 조선에 있어서 일청(日淸), 일러(日露)의 세력 경쟁을 서술하여 조선의 향배를 말하거나 혹은『한국통사(韓国痛史)』라 칭하는 재외 조선인의 저서와 같이 일의 진상을 연구하지 않은 채 함부로 망설을 풀고 있다. [… 중략 …] 이것이『조선반도사』의 편찬을 필요로 하는 주된 이유인 것이다. 만약 이 저서의 편찬을 실시하지 않는다면 조선인은 병합과 관련이 없는 고사(古史) 혹은 병합을 저주하는 서적을 읽는 것에 그칠 것이다. 그리하여 오늘날의 세상이 바로 병합의 은혜에 연유한 것을 망각하고 오로지 옛날을 회상하며 오히려 개진의 기력을 잃어버릴 우려가 있다. 이렇게 하여 어떻게 조선인 동화의 목적을 달성할 수 있으랴.『조선반도사』의 주안점으로 삼아야 할 것은 대체로 다음과 같다.

첫째, 일본인과 조선인이 동족(同族)이라는 사실을 분명히 할 것.

둘째, 상고(上古)시대부터 조선에 이르는 군웅의 흥망기복과 역대의 역성혁명에 의한 민중의 점진적 피폐와 빈약에 빠진 실황(實況)을 서술하고 지금 시대에 이르러 성왕의 치세(聖世)의 혜택에 의해 비로소 인생의 행복을 완성하게 된 사실을 상세하게 기술할 것.

셋째, 편성(編成)은 모두 신뢰할 수 있는 사실을 기초로 할 것.

이 방침의 요지는 일본의 우월적 조선의 병합을 위한 방향이었다. 그런데 조선은 다른 나라와는 달리 문명과 문화가 있는 나라이다. 그러므로 이들을 일본식으로 교화를 시켜 황국신민이 되도록 해야 한다. 그러기 위해서는 조선과 일본은 동족이라는 것, 조선은 상고시대부터 형편없는 나라였다는 것을 강조하는데 반드시 여기에 따르는 사실을 제시해야 한다는 것이다.

이 역사 편찬은 조선총독부 산하에 있는 중추원을 기반으로 하였는데, 이

중추원은 조선인들로 구성된 조선 총독의 자문 기구였다. 그들이 중추원에 맡긴 이유는 다음 세 가지였을 것이다.

첫째, 일본 사람들은 비록 근대 교육을 받았지만 역사 자료를 어떻게 다루는지를 몰랐기 때문에 이를 배우고자 조선인들을 대거 중용했을 것이다.[97] 둘째, 조선 사람들의 고전을 이해하는 수준이 일본인들보다 높았기 때문에 이를 활용하기 위함일 것이다. 셋째, 『조선반도사』의 결과가 어떻더라도 그것은 조선 사람들이 만든 것이다.

이런 목적으로 중추원에 일임을 하였다. 하지만 행정과 주요한 일은 모두 일인들이 하였다. 이렇게 계획을 세우고 진행을 하였지만 결국 『조선반도사』는 편찬되지 못하였고, 이 일은 머지않아 조선사편수회로 옮겨졌다. 그렇지만 학교 교육에서는 역사 과목이 있었기 때문에 역사 교재를 만들었는데 조선의 역사가 아니라 『일본역사』 속에 조선의 역사를 넣은 것이다.

③ 소학교 역사 교과서의 고조선 인식 - 심상소학(尋常小學)의 '일본역사' 교과서

조선총독부는 1910년 이후 교육제도를 바꾸면서 모든 교재도 바꾼다. 그러는 과정에 역사에 대한 인식도 바꾸게 되는데, '대한제국사', 혹은 '조선사'라는 개념은 없애고 '일본사' 속에 한국의 역사를 넣게 된 것이다. 이렇게 일본사의 체계 속에서 한국사를 가르치면서 몇 가지의 원칙을 제시하고, 이 안에서 역사를 가르치게 한 것이다. 당시 일본이 만든 교과서 중에 『심상소학』에 실린 한국사 인식을 확인해보기로 한다. 이 책은 1920년대에 일본인 학

---

97 일본은 누가 편찬했는지는 잘 모르지만 『일본서기』를 편찬한 이래로 나라의 역사를 편찬해본 적이 없다. 또한 천황, 막부, 번이 모두 거의 독립적인 권력체라는 특수한 정치체제가 운영된 나라이기 때문에 국가의 행정 주체가 명확하지 않기 때문에 그들은 역사 편찬을 어떻게 해야 할지 몰랐을 것이다. 그러므로 모든 역사를 편찬해본 조선의 학자들에게 많은 것을 배워야 할 필요가 있었다. 당시 청나라나 중화민국은 일본이 큰 영향을 주고 있었지만 그래도 주권 국가로 일본이 모든 것을 좌지우지 할 수는 없었기에 그들의 입장에서는 조선에서 이를 배우고자 했을 것이다.

자들이 제작하여 715개의 보통학교 학생들에게 가르
쳤던 교재이다. 당시 교과서는 교과서대로 따로 있
었고, 이 과목을 담당하던 교사들이 어떻게 학생들을
가르쳐야 하는지 그 방향을 제시한 것이 바로 교수요
지(教授要旨)였다. 이 교재에서 『심상소학』의 교수요
지는 다음과 같다.

교수요지(教授要旨)

'본 과(課)에서 조선반도의 연혁은 북부와 남부가 크게 다르다. 북부는 예
로부터 중국에서 온 사람들이 통치했으며, 따라서 중국의 속국(屬國) 또는
영토였다는 사실을, 남부는 곧 조선인의 조상인 한족(韓族)의 거주지로서,
이 지방은 일찍부터 일본과 밀접한 관계가 있었다는 사실을 가르쳐야 한다.'

이 내용은 이른바 '반도사관'과 '타율사관'을 기본으로 한국사를 가르쳐야
한다는 것이다. 그뿐만 아니라 근대에 들어오게 되면 일본의 천황이 얼마나
조선 사람들에게 자비를 베풀었나 하는 것을 구체적인 실례를 들어 제시하
였다. 그중에 단군조선 관련 내용부터 확인해보기로 한다.

상고사 - 단군(檀君) 조선에 대하어

조선반도에서 나라를 이룬 사람 중 가장 오래 전부터 전해지는 사람은
앞에 기록되어 있는 기자이지만, 그보다 더 이전에 단군(檀君)이라는 사람
이 있었다는 사실을 이따금 믿지 않는 사람이 있다. 때문에 여기에서 한마
디해야 한다. 본래 단군에 관한 전설을 기록하고 있는 가장 오래된 서적은
『삼국유사(三國遺事)』[인각사(麟角寺, 경상북도 군위군) 주지 일연선사(一然禪
師)가 편찬했으며, 지금으로부터 600여 년 전, 고려 충렬왕 무렵이다. 수천 년

전의 중국 고서들에 기록되어 있는 기자 전설과『삼국유사』의 단군에 관한 전설을 비교하면, 단군에 따른 전설은 대단히 새로운 전설이라고 할 것이다. 더구나 같은 책 속에『단군고기(檀君古記)』라는 책을 인용했지만, 이 책은『삼국유사』와 서로 멀지 않은 시대의 것으로 추정된다. 이 전설은 일찍이 중국의 서적들에서 보이는 것이 아니므로, 조선에서만 전해지고 있는 전설이라는 것을 알 수 있다. 그런데 선화(宣和) 연간에 [고려 인종(仁宗) 원년, 지금으로부터 790여 년 전] 고려에 온 송나라의 사절인 노윤적(路允迪)의 수행원이었던 서긍(徐兢)이 지은『선화봉사고려도경(宣和奉使高麗圖經)』에 당시 고려의 나라 상황을 상세히 기록하고 있는 것들 중에서, 특히「건국(建國)」이라는 장(章)을 두었음에도 전혀 단군이라는 말을 기록한 것이 없다. 대략 25년 후에 완성된『삼국사기(三國史記)』[김부식(金富軾) 지음, 고려 인종 23년, 지금으로부터 770여 년 전]에도 이러한 내용이 전혀 보이지 않는다. 그렇다면 단군이 개국(開國)했다는 전설은 고려 중기까지는 조선인들 사이에서 전혀 알려져 있지 않았음이 분명하고, 그것이 조금이라도 알려지게 된 것은『삼국유사』시대 이후라고 할 수 있다. [… 중략 …] 이조 시대의 유명한 학자 중에는 이 전설이 허무맹랑하고 터무니없고 믿을 수 없는 것에 지나지 않다는 것이라고, 아울러 이 전설이 승려의 손에 의해 날조된 것이라고 주장하는 사람이 적지 않았다. 근래에 본국에 있는 학자들의 연구도 역시 모두 동일한 결과를 보여 주고 있다. 따라서 이 책에서는 이 전설을 본문 내용에 채택하지 않았으며, 참고로 이 비고 부분에 부기(附記)한다.

일본이 단군조선을 가르치지 않는 이유는, 고려 충렬왕 때 인각사에서 일연스님이 편찬한『삼국유사』에 인용된 내용은 수천 년간 내려온 기자전설과 비교해볼 때 새롭기는 하나 이 책에 인용된『단군고기』는 삼국유사가 편찬되었다고 하는 고려 충렬왕 때와 멀지 않은 것으로 보인다. 이런 얘기는 중국 사서에는 보이지 않는 것이고, 조선의 많은 학자들도 이 전설을 비판하는 사람이 많다. 또한 송나라 사신 서긍의『고려도경』에 언급되지 않았고, 김부식의『삼국사기』에도 언급되지 않았고, 조선시대 학자들도 믿는 분위기가 아니었고 일본 학자들도 믿지 않아서 제외시킨다는 것이었다.

여기서 그들은『삼국유사』나 조선왕조 등등에 있는 자료들은 하나도 활용하지 않았다. 그뿐만 아니라『삼국사기』「신라본기1」에 실려 있는 내용조차 피해갔다. 이런 방향으로 한국의 단군과 상고사를 피해가고 조작을 한 것이다. 아마 당시 이 교과서로 계속하여 공부를 한 사람들은 대부분 일본의 계획에 세뇌가 되었을 것이다. 일본은 여기저기에 있는 내용들을 조각조각을 모아서 짜깁기하여 교과서를 만들었을 것인데 그 대부분이 하야시 다이스케의『조선전사』와 만주철도회사의『만주역사지리』,『조선역사지리』, 그리고 당시 출판된 쿠로이타 가쓰미 등의 역사 책들을 기본으로 했다.[98]

④ 조선사편수회의『조선사』고조선 인식

조선총독부는 1924년, 한국인의 역사가 방대해 이를 효과적으로 식민사관으로 만들기 위해서는 일본인들이 중심이 되어 역사를 편찬해야 한다는 계획 아래 1925년 6월에 칙령(勅令) 제218호로 '조선사편수회관제'를 공포하고 조선사편수회를 발족시켰다. 이 기관은 조선총독부 정무총감을 회장으로 하고 일본과 한국학자를 수사관, 수사관보로 임명하고 조선사 편수 실무를 담당케 하였다.

이렇게 국가적인 조직을 설치하고 그동안 그들이 준비한 자료, 위만조선, 한사군, 신라, 백제가 위치하는 한반도를 중심으로 하는 한국사, 그리고 고조선, 부여, 고구려, 발해, 요, 금으로 이어지는 만주 지역을 중심으로 하는 역

---

98 黑板勝美,『國史の 硏究-總說-』, 文會堂書店, 1913年.

사 체계로『조선사』를 편찬하기 시작하였다. 이런 방향으로『조선사』에서는 고조선과 발해를 제외시켰다. 그들이 고조선과 발해를 제외시킨 이유는 역사적으로 증명하기 어려워서가 아니라 고조선과 발해의 영역에 관한 인식이었다. 당시 조선사편수회에서 실무적인 일을 맡아서 정리하던 이나바 이와키치는 고조선을 배제하는 이유로 고조선이 건국된 지역은 지금의 조선이 아니기 때문에 조선사에 넣을 수가 없다는 것을 들었다. 이 말을 유추해 보면 발해도 만주에서 시작했기 때문에『조선사』에서 제외를 시킨 것이다.

이런 조선사편수회의 방향은 이를 반대하는 조선 출신 편수회 관계자들이 반대하는 의견들을 어떻게 무마해가는지 확인을 해보면 다음과 같다.

■ 조선사편수회 제8차 회의록

원문	번역문
昭和九年七月三十日中樞院に於て第八回委員會を開會し, 今井田會長, 黑板·李允用兩顧問, 其の他委員幹事等出席し左の如き會長の挨拶, 幹事の報告, 顧問委員の意見開陳ありたり.	소화 9년(1934) 7월 30일 중추원에서 제8회 위원회를 개회하고 今井田회장, 黑板, 李允用 두 고문, 기타 위원 간사 등이 출석하여 다음과 같은 회장의 인사, 간사의 보고, 고문 위원들의 의견 개진이 있었음.

崔 委員

원문	번역문
私は第一回委員會の事は分りません. 檀君·箕子問題を等閑にしないといふことは甚だ喜ばしいことであります. 之を採入れる場所に就いては竟り技巧問題でありますが, 檀君·箕子は其の史實のみに執着しないで, その思想的·信仰的に發展したものを纏めて別篇として編纂した方がよいと思ひます.	나는 제1회 위원회의 일은 모른다. 단군, 기자 문제를 등한시하지 아니한다고 하니 매우 반가운 일이다. 이것을 채입할 장소에 관하여는 필경 기술적인 문제이나 단군, 기자는 그 사실(史實)만에 집착하지 말고 그 사상적, 신앙적으로 발전된 것을 종합 정리하여 「별편」으로 편찬하는 것이 좋다고 생각한다.

黑板 顧問

원문	번역문
檀君·箕子は歷史的人物でなく神話的のもので, 思想的·信仰的に發展したのであるから思想信仰方面から別に研究すべきものであつて, 編年史の中では取扱ひ難いものであります. 勿論斯やうな思想信仰的のものが政治的に如何なる影響を伴つて居るかは甚だ重要な問題でありますが, 若し之を別篇として編纂しやうとすれば, 勢ひ等しく思想信仰方面に於て重要な展開を示して居る儒佛の方も亦別に編纂しなければなりません. これらの問題がなくとも本會の事業は延びになるのでありますから, この點に於て崔委員の御諒解を御願ひ致します.	단군, 기자는 역사적 인물이 아니고 신화적인 것으로서 사상적, 신앙적으로 발전한 것이니 사상적 방면으로 별도로 연구하여야 할 것이다. 「편년사(編年史)」에서는 취급하기 곤란하다. 물론 이러한 사상적 신앙적인 것이 정치적으로 어떠한 영향을 가져왔는가 하는 것은 심히 중요한 문제이나 만약 이것을 「별편」으로 하여 편찬한다고 하면 똑같이 사상·신앙적 방면에 중요한 전개를 하여 온 유교, 불교도 역시 별도로 편찬하지 아니하면 안 될 것이다. 그렇지 않아도 본회의 사업이 자꾸 지연되어 있으므로 이 점은 崔위원이 양해하기 바란다.

崔 委員

원문	번역문
抑々檀君·箕子は歷史的人物であるか神話的人物であるか, これは研究物でありますが, 少くとも朝鮮人の間にはこれが歷史的事實と認識されたものであります. 然るに本會の朝鮮史に之を採入れなかつたのは我 朝鮮人として甚だ憾み多いことであります. これが爲に本會の朝鮮史は朝鮮人の間によく徹底されて居ません.	도대체 단군, 기자가 '역사적 인물이냐', '신화적 인물이냐' 하는 것은 연구의 대상이라고 하겠으나 적어도 조선 사람들 사이에서는 역사적 사실로 인식되어 왔다. 그런데 본회의 「조선사」에 이것이 채입되지 않은 것은 우리들 조선 사람으로서 심히 유감스러운 일이다. 이것 때문에 본회의 「조선사」는 조선인 사이에 잘 알려지지 않고 있는 것이다.

원문	번역문
檀君·箕子に對する私共編纂者側から編纂經過について一寸申上げます. 第一編の朝鮮史料に檀君記事を收錄しなかつたのは, 該事實が基本史料として決定採用せる三國史記に見えない爲であります. 次に箕子は旣に支那史料の中に於て十分に收めたと思ひます.	단군, 기자에 대한 우리 편찬자 측으로서 편찬 경과에 대하여 잠시 말씀드리겠다. 제1편의 조선 사료에 단군 기사를 수록하지 않았던 것은 해당 사실이 기본 사료(史料)로서 결정 채용된 『삼국사기』에 보이지 않았기 때문이다. 또한 기자는 이미 지나(중국) 사료 중에 충분히 수록하였다고 생각한다.

이 내용을 보면 두 가지로 정리할 수 있다. 첫째, 단군은 신화적인 인물이기 때문에 역사를 서술할 부분에는 넣을 수 없다. 둘째, 『삼국사기』에는 실려 있지 않다. 이런 근거로 단군을 제외한다는 것이었다. 이 중 전자가 중요한 근거가 되었을 것이다. 또한 『삼국사기』에 실려 있지 않다는 것인데 『삼국유사』에는 실려 있고, 다른 책에도 얼마든지 실려 있음에도 불구하고 억지로 삼국의 역사를 편찬 대상으로 한 『삼국사기』를 이유로 댄 것은 억지에 불과하다고 봐야 할 것이다.

이런 과정을 거쳐 가면서 『조선사』에서 고조선이 제외되었다. 그 결과 1편 3권의 「지나사료」로 시작하면서 기자조선에 관해서는 『사기』를 비롯하여 『전한서』, 『전국책』, 『상서』, 『상서대전』 등의 기록을 모두 실었다. 또한 위만조선도 중국 사료에 실린 것은 모두 실어 1편 3권의 『조선사』가 편찬되었다.

이 목차들을 보면 단군으로 인식되는 고조선은 나타나 있지 않다. 즉 조선을 기자부터 시작되게 하려고 '무왕이 기자를 조선에 봉하였다.'는 『사기』 「송미자세가」 기록을 맨 앞에 넣었다. 이것은 마치 조선이 기자에서 시작된 것처럼 기술하여 중국의 제후국으로 시작해 계속 그런 지위를 가졌던 나라로 기술하려는 시도를 한 것이다. 이는 조선의 기원을 '기자조선'에 두어 중국의 책봉으로부터 시작한 것이라는 것을 강조하고, 그를 통해서 일제 식민지배의 정당성을 부여하려는 의도로 파악된다. 조선사편수회가 편찬한 『조선사』에는 한국사의 시작을 기자조선으로 설정함으로써 그것이 오늘의 한국 사학계에 적지 않은 영향을 미치고 있다.

3) 조선총독부의 한국사 연구 탄압

일본의 이런 정책으로 한국 상고사에 대한 연구는 많은 타격을 받았다. 그럼에도 불구하고 상고사나 혹은 민족감정이 배어 있는 연구가 나와 학술지에 게재를 하려면 엄격한 심사를 거쳐 관련 내용을 삭제하도록 하였다. 그런 예는 다음과 같은 것을 볼 수 있다.

■『한빛(大光)』 제2호 1928-02-04, 삭제 기사 개요(치안 방해)

기사 제목 : 만주에서(전략)

삭제 요청 내용

이와 같이 우리 역사상 깊은 관계를 갖는 만주는 여전히 우리 민족으로서 떼려야 뗄 수 없는 이유가 있음을 알아야 한다. 반세기 전후에 이주한 우리 민족은 약 80만 명에 달하며, 그 사람들은 만주 구석구석까지 분포하였다. 이는 인력이 미치는 곳이겠지만, 천연한 곳일까. 계승하여 한 국가가 식민정책을 시도하려고 하여도 수십 년간 쌓은 힘으로는 성적을 볼 수 없을 것이다. 하물며 심각한 박해를 받으면서도 이렇게 발전을 이룩한 것은 우연한 것이 아닐 것이다. 조물주가 창조할 때, 이미 허락한 강토를 원래대로 널리 복원하려고 한다. 신의 능력이 그렇게 시키는 것을 우리들은 자각하지 않으면 안 된다. 현재 교거(僑居) 동포의 현 상황을 보면, 열에 여덟아홉은 무산계급으로 그중에는 정치에 불만을 갖는 자, 혹은 호구(糊口), 그 밖의 이유로 유리(流離)와 다름없는 배달 혈족이기 때문에 서로 제휴하고 서로 가엽게 여기며, 과거 우리의 선조가 일군 이 땅의 역사를 생각함과 동시에 우리 부여족(扶餘族)으로서 하늘이 정해준 이 강역 내에 일대 이상향을 삼고자 하는 이상을 실현할 날이 있지 않을까.

위의 글에서 본 바와 같이 어떤 형태로든지 민족 관련 연구는 방해를 받았는데 구체적으로 상고사 연구를 한다는 것은 매우 어려운 일이었다. 이런 상황이 36년간이나 지속되면서 많은 사료들이 없어진 것으로 보이고, 연구자도 나올 수가 없게 된 것이다.

5. 한국정부 수립 과도기의 고조선 인식

1945년 광복을 맞이하면서 미군정으로부터 시작된 한국의 행정은 당연히 여러 부분에서 변화가 일어났다. 우선 말이 한글 전용으로 변하였고, 교육제도도 많이 바뀌게 되었다. 이때 부랴부랴 대일항쟁기간 동안 단절되었던 역사 교육도 다시 시작하였는데 교재로는『초등국사』와『국사교본』등이 발간되었다. 이 새로운 교재들에 실린 고조선이나 단군에 대한 내용을 보면 다음 페이지 표와 같다.

당시 이 교과서를 보면 단군조선을 전조선이라고 하고, 기자조선을 후조선이라고 하며, 위만조선으로 이어지는 상고 삼조선 체계로 실리면서 36년 만에 교과서에서 고조선이 부활하였다. 이 당시는 국내에 고조선이나 단군을 중점적으로 연구할 수 있는 연구자들이 없었기 때문에 그 내용을 부실할 수밖에 없었다. 그럼에도 불구하고 대일항쟁기 내내 일제가 방해를 하였지만 그래도 계속하여 이어지는 고조선 단군 관련 인식은 바로 한글화된 새로운 국가 교과서에 들어갔던 것으로 보인다.[99]

---

[99] 이 장의 전체적인 내용은 '김병훈, 『한국사 교과서의 역사왜곡』, 반디출판사, 2015년'의 본문 내용을 정리했다.

도서명	고조선 관련 수록 내용
國史敎本	一 古朝鮮 『前朝鮮』대동강 유역은 가장 일찍이 목축과 농사가 일어난 곳이니 檀君 王儉께서 평양(왕검성)을 중심으로 맨 처음에 나라의 터를 닦으셨다. (국기원년은 서기전 2333) 옛글을 상고하면 처음 桓雄天王께서 하늘로부터 태백산에 내려오사 신시를 베풀고 이 세상을 보살피시며 檀君을 낳으시고 檀君께서 다시 平壤으로 내려오사 나라를 열어 국호를 朝鮮이라하고 神政을 行하셨다 하였다. 이로부터 神政 시절이 약 천여 년 동안 계속하였나니 이를 가르쳐 前朝鮮이라 하는 것이다. 『後朝鮮』전조선의 신정이 오랫동안 행하는 사이에 산업도 차차 열리고 民知도 점점 깨쳐지매 새로운 국가가 일어나게 되었다. 이를 가르쳐 後朝鮮이라 하거니와 이도 역시 王儉城을 서울로 하여서 있었던 것으로서 그의 지역은 대개 반도의 북부와 만주의 남부 일대에 걸쳐 있어 古朝鮮 가운데에도 가장 일찍이 열린 곳이었다. [… 중략 …] 후조선은 그의 말기에 이르러 연나라와 다투어 서쪽 땅(요동, 요서)을 잃은 뒤로 나라의 형세가 자못 쇠약하더니 準王 때에 일찍이 귀화하여 서부 국경 땅에서 세력을 모으고 있던 燕人 衛滿에게 나라를 잃고 말았다. (國紀 2140 西紀前 194) [… 중략 …] 위만이 또한 왕검성을 서울로 하고 나라를 세우니 이것을 衛滿朝鮮이라 한다.

6. 1974년 국정교과서 이후의 고조선 인식

한국은 근대에 들어 한국사를 편찬해본 적이 없다. 그렇지만 국가에서 나가는 모든 역사 관련 내용은 교육부에서 직간접적으로 관리를 하고 있는데, 이 말은 한국사 연구에 관한 권한은 교육부에 있다는 것이다.[100] 그렇기 때문에 교육부에서 고조선을 어떻게 볼 것인가 하는 것에 따라 그 방향이 정해지는 것이다. 그러므로 교육부에서 주관하는 교과서 편찬 지침을 확인해보면 현재 국가에서 고조선을 인식하는 방향을 알 수 있다.

1974년 국정교과서가 발행될 때 단군의 고조선이 빠지면서 많은 논쟁이 거세게 일어났다. 이 고조선 문제를 두고 이른바 단군고조선을 인정하는 연구자들이 스스로 '재야'라 하면서 이른바 재야사학이라는 분류가 나타났다. 그러면서 이들의 지속적인 문제 제기를 하고 연구 성과들이 점점 쌓이면서 새롭게 볼 수 있는 근거들이 많아졌다.

그러면서 2000년 국정에서 검인정교과서로 바뀌면서 많은 변화가 있었다.[101] 2007년 교육과정은 7차 교육과정까지 나뉘어져 있던 중학교와 고등

---

100 국사편찬위원회의 관할 부서가 교육부다.

101 한국의 역사 교과서는 검인정이라 하여 국가에서 전혀 개입하지 않는 것이 아니다. 교육부나 관계 기관에서 편찬지침을 주고 그 틀에서 편찬하도록 한다. 그러므로 엄밀한 의미에서는 80%는 국정 교과서이다. 다만 이 내용들을 충실히 따른 8개 출판사의 책을 교육부에서 선정하여 교재로 사용토록 하는 것이다. 결국 국가에서 할 일을 민간인 출판사가 개입하여 돈을 받고 책을 팔도록 한 정책이다. 최근 국사 교육이 필수화되면서 교재로 선택되면 그 출판사는 큰 수익을 남기게 된다. 이게 현재 한국 검인정교과서의 본질이다.

학교의 한국사 영역과 세계사 영역을 '역사' 과목으로 통합하고, 종래 '국사' 과목을 '역사'로 명칭을 바꾸었다. 2009년 교육과정이 다시 개정됨으로써 중학교에서는 '역사' 과목이 그대로 유지된 반면 고등학교에서는 '역사' 과목이 '한국사' 과목으로 명칭이 바뀌면서 선택과목으로 변경되었으며, '한국문화사'가 폐지되는 등 역사 교과의 변화와 축소 현상이 두드러지게 나타났다. 그러면서 고조선에 대한 내용도 들쑥날쑥하게 되었다. 대표적인 예로 '고조선을 기원전 2333년에 건국하였다고 한다고 한다.'라는 표현으로 교과서에 넣기도 하였다.[102] 이런 표현을 하면 안 되는 것이다. 그러나 대부분이 이런 식으로 간단하게 교과서에 넣은 것이다.

그러는 과정이었지만 고조선 연구자들이 늘어나고 문헌과 고고학 관련 자료들이 쌓이면서 많은 교과서에서 다시 단군 고조선을 긍정적으로 보는 양상이 나타나기도 하였다. 연대는 건국 시기에 대해서 기본적으로『삼국유사』나『동국통감』에 실려 있는 기원전 2333년 건국을 인용하는 것이 대다수 교과서에서 활용하고 있지만, 고조선이 건국된 시기에 대해서는 교과서마다 어느 정도 차이점을 두고 있다. 흐름은 이렇게 변하였지만 그래도 아직은 피동적으로 서술하는 것이 이어지고 있는 것을 볼 수 있다.

이런 흐름에서 2011년 4월 22일 교육과학기술부, 국사편찬위원회, 역사교육과정개발추진위원회는 역사 교육 강화의 일환으로 고등학교 교과인 '한국사'를 필수로 이수해야 한다는 방안을 발표하였다. 이렇게 '한국사'가 필수 과목으로 제도화되면서 국사 교육이 활성화되었다. 그러면서 국사 교과서 집필기준을 다음과 같이 고시하였다.

---

102 이런 표현은 남의 나라 교과서에서 넣지 않는 표현법이다. 아닌 것을 억지로 긍정하기 위한 표현법인 것이다.

1) 초등학교 역사 교과서의 고조선 관련 수록 내용

청동기가 등장하는 시기는 기원전 약 2000년경부터인데 고조선의 성립 시기는 기원전 2333년이다. 단군왕검이 나라를 세웠고, 농경사회를 기본으로 하였고 종교는 토테미즘이었다. 정치체제는 제정일치사회였다. 고조선의 세력 범위는 비파형동검과 탁자식 고인돌, 미송리식 토기와 같은 유물이 분포하는 지역이었다. 이로 볼 때 고조선은 청동기 문화가 발달한 나라였다는 것을 알 수 있다. 고조선은 법치국가로 8조의 법이 있었는데, "1. 사람을 죽인 자는 사형에 처한다. 2. 남을 다치게 한 자는 곡식으로 갚아야 한다. 3. 도둑질을 한 자는 데려다 노비로 삼는다. 만일 도둑질한 사람이 죄를 벗으려면 많은 돈을 내야 한다."는 조문이 지금까지 전해지고 있다.

2) 중학교 역사 교과서의 고조선 관련 수록 내용

청동기 문화가 발전함에 따라 만주의 랴오닝 지역에서 우리나라 최초로 세워진 국가가 조선이었다. 흔히 고조선이라고 부르며, 『삼국유사』에 의하면 단군이 고조선을 건국하였다고 한다.

단군신화를 통해 본 고조선 단군신화는 우리 민족이 하늘의 자손이며, 고조선과 그 뒤를 이은 우리나라 역사가 신성하다는 것을 말하고 있다. 고조선의 세력 범위는 비파형 동검과 탁자식 고인돌, 미송리식 토기의 분포를 통하여 짐작할 수 있다.

3) 고등학교 한국사 교과서 집필 기준 중 고조선 부문

고조선의 성립은 청동기 문화를 바탕으로 설명하고, 단군 신화와 사기 등 사서의 기록을 참고하여 국가의 성장 과정을 서술한다. 고조선 후기에는 철기 문화를 바탕으로 중국의 연나라 등과 대등한 입장에서 교류·대립하였으며, 한제국과의 전쟁이 갖는 역사적 의미를 서술한다. 고조선 이후 부여, 옥저, 동예, 삼한 등 여러 나라가 철기 문화를 기반으로 환경에 적응하며 발전하여 삼국 정립의 토대가 되었음을 파악하고, 각각의 사회와 문화적 특성을 서술한다. 고조선과 여러 나라가 동아시아의 여러 세력과 다양한 교류를 전개하였음을 서술한다. 고조선은 농경문화와 청동기 문화를 바탕으로 성립되었음에 유의한다. 고조선의 중심지에 대해서는 평양 중심설, 요동 중심설, 이동설 등 여러 학설이 존재하고 있음에 유의하며, 특정 학설을 지지하기보다는 고조선의 대표적인 유적과 유물을 통해 고조선의 대체적인 세력 범위와 문화권을 이해하도록 한다. 고조선과 여러 나라에 대한 최근의 고고학적 연구 성과를 반영하도록 권장한다.

위에서 본 바와 같이 초등학교부터 고등학교 교과서까지 단군과 고조선은 모두 교과서의 내용이나 편찬 지침이었다. 이런 내용을 볼 때 이전의 교과서보다는 매우 객관적으로 고조선을 보려고 하는 것을 볼 수 있다. 특히 고등학교 교과서의 편찬 지침은 다양하게 고조선을 이해할 수 있는 방향으로 유도하고 있는 것을 볼 수 있다.

이런 지침으로 교과서가 편찬되었는데 그 골자는 다음과 같다. 고조선(단군조선)의 건국 연대는 기원전 2333년이라고 생각되나 청동기시대의 연대를 근거로 기원전 10세기로 보는 인식도 존재한다. 고조선의 강역은 고조선의 표지 유물로 취급하는 비파형 동검과 고인돌을 기준으로 요서 지역 일부와 요동 지역 그리고 한반도 이북 지역으로 상정한다.

국사 교과서에 그려진 고조선 강역은 고고학 자료를 활용한 것이다. 고조선의 표지 유물로 알려진 고인돌과 비파형 동검을 기준으로 그 범위를 설정했다는 사실을 확인할 수 있다.

고조선의 영역

미래엔	비상교육	삼화출판사

* 고등학교 교과서에 실려 있는 고조선 영역(8종 교과서가 비슷함)

이런 교육 체계는 2020년 교과서에서 크게 바뀐다. 전체 교과서에서 고조선이 없어지거나 희미해지는 것이다. 이것은 무엇을 말하는 것일까?

2020년에 개정된 중고등학교 교과서에 단군 고조선은 다시 사라지거나 약해지고 있는 것을 볼 수 있다. 이런 체제는 교과서의 집필 기준을 정한 교육부의 방침으로 볼 수 있는 것이다.

1974년 이후 고조선 인정과 인정하지 않는 갈등은 한국 사회의 갈등의 한 원인이 되기도 한 것이 사실이다. 이런 갈등을 볼 때 그 갈등의 원인을 규명해볼 필요가 있는데 그 규명의 주체인 교육부는 학계가 떠밀고 그들이 주체가 되려고 하지 않는 데 가장 큰 원인이 있는 것으로 볼 수 있다. 그 근거가 바로 교과서의 집필 지침이다.

7. 맺음말

지금까지 한국사에 있어서 시대별로 고조선을 어떻게 인식하고 있었는지 분석해보았다.

한국 사람들은 고조선사에 대해 다른 시대의 역사보다 유난히 큰 관심을 둔다. 고조선에 관한 연구는 단순한 관심의 대상을 넘어서서 연구 방향이나 이해 내용에 따라 사람들의 성향을 분류되는 잣대가 되기도 한다. 그 이유는 무엇일까?

고조선의 건국 내력은 고려시대에 편찬되었다고 전해지는『삼국유사』에 비교적 자세히 실려 있다.[103] 내용을 간단하게 정리해보면 고조선은 하늘에서 내려온 환웅이 땅에서 곰이 변한 사람과 결혼하여 태어난 이가 세운 나라이며, 이른바 하늘과 땅의 결합으로 사람이 나타난 것은 한국의 고유 사상 중 하나인 '천지인 사상'에 기반하고 있다는 것이다. 이 기록은 현대 과학의 입장에서 보자면 그 사실 여부에 문제가 없지 않겠지만, 고조선 건국 무렵이나『삼국유사』저술 시기까지만 해도 의심은 가지만 그럴 수 있다는 생각으로 기록했을 것이다.

그럼에도 불구하고 고조선 이후 한국사에 등장하는 모든 왕조에서는 자신들의 기원과 정통성을 고조선에 두고, 고조선의 대표자인 단군에 대하여

---

103 『삼국유사』의 서술이 첫 기록이라는 것은 아니다. 지금까지 남아 있는 기록 중에서 자세한 내용을 담고 있는 것이『삼국유사』라는 것이다.

국조로서 깍듯한 예의를 차리고 대우하고 있는 것을 볼 수 있다.[104] 이런 인식의 계승은 동아시아의 독특한 사고 체계인 '역사 근거주의'에 입각하여 나라별 역사 연구에서 고조선이 한국사의 출발점이 되었음을 보여준다. 또한 어느 정도 지력이 있는 사람이라면 그 건국 과정의 내용을 이해하면서 고조선 사람들이 다른 나라 사람들보다 선민의식을 갖기에 충분한 근거를 제공하고 있음을 볼 수 있다.

이러한 고조선사는 14세기 후반부터 뜻하지 않은 고난을 당하게 된다. 조선이 건국되면서 조선 초기 명나라와 외교적인 문제들이 많이 발생하였다. 이것을 해결하기 위하여 많은 왕래를 하였는데, 이 사신단에 권근도 포함되어 있었다. 권근은 당당하게 명 태조에게 조선의 유구한 역사를 설명하였고, 명 태조 역시 이를 인정하였다.

고려를 배반하고 새로운 왕조를 세우고자 했던 이성계와 그 일파들은 새로운 세계를 구현하기 위해 분명한 명분을 제시해야 했다. 그들은 살아가면서 예의를 중시하던 유학이 아닌, 우주 원리에 입각하여 세상의 질서를 생각하는 성리학을 새로운 세상의 이념으로 내세웠고,[105] 그 결과 그동안 이어져 오던 단군의 중요성에 대한 인식이 점점 약해져가는 분위기가 형성되었다. 그러면서 얼마 되지 않아 기자에게 밀리기 시작했다. 이는 어쩔 수 없는 당시의 시대적 분위기였을 것이다. 결국 시대적 분위기에 따라 전통 사상이 약해진 것이다. 영조 때 영조를 중심으로 조선학이 부흥되면시 다시 선농사

---

104 한국은 시대별로 이념과 국체가 다르지만 단군을 국조로 대우하고 있는 것을 볼 수 있고, 일본은 천황을 만세일계로 생각하여 오늘날까지도 한 나라로 이어진다는 사고 구조를 가지고 있는 것을 볼 수 있는데, 이런 사고의 구조는 두 나라 간에 큰 차이가 있다고 볼 수 있다.

105 한국의 사상사를 돌아볼 때 유학과 성리학을 같은 궤의 학문으로 분류하는 것이 일반적이다. 그러나 유학과 성리학이 추구하는 방향이나 논리를 볼 때 두 학문이 같은 학문으로 분류될 수 있는지 의문이다. 이 문제는 다시 한번 분석을 해봐야 할 것으로 본다.

관이나 사상이 복원되는가 싶었지만 다시 정조부터 시작된 정신적 사대주의에 의하여 약화되면서 이어지는 외세의 침략으로 무너져 버렸다.

20세기에 들어와서 무력으로 대한제국을 침공한 일본은 점령군 사령부를 세우자마자 대한제국의 역사부터 조작하기 시작했다.[106] 그것은 한국인이 자부심을 갖고 있는 한국의 역사를 일본보다 못한 것으로 만들어야 대한제국 지배를 정당화할 수 있기 때문이었다. 역사 왜곡 작업 중 일제가 첫 번째로 추진한 것이 바로 고조선 역사의 날조였다. 얼마 전까지만 해도 신성시되며 멀쩡히 존재하던 역사가 어느 날 갑자기 내용이 과학적이지 않다는 이유를 들어 '황당무계'한 허구로 규정되었다.[107] 그리고 얼마 지나지 않아 고조선은 이 땅, 즉 한반도에서 일어난 일이 아니기 때문에 한국사에서 다룰 수 없는 역사라고 단정되었다.

이런 과정을 거쳐 고조선 역사가 어느 순간 공식 문서에서 사라지게 되자 많은 한국 사람들이 당황하게 되었고, 이를 지키기 위하여 적지 않은 사람들이 어려운 처지에서 부단한 노력을 기울였다.[108]

하지만 문제는 타의에 의해 형성된 한국사관, 특히 일제에 의해 집중적으로 왜곡된 사관이 1945년 대일승전 이후에도 계속 지속되었다는 점이다.

1974년 국정교과서 체제가 만들어지기 전까지만 하여도 국사는 자율적으로 기술할 수 있었기 때문에 학자들은 어떤 견해라도 자신의 의견을 서술하고, 배우는 사람들은 골라서 배울 수 있었다. 그러나 1974년 역사 과목이

---

106 일본이 한국사를 날조하기 위하여 조선사 연구 기관을 만든 것이 1915년이다.

107 일본이 고조선을 두고 황당무계하다고 주장한 것은 1800년대 말부터이다.
참조 : 林泰輔, 『朝鮮史』, 吉川七藏出版社, 1892.

108 1910~1920년대에 이른바 민족주의자로 분류되는 많은 사람들이 한국사 관련 책들을 다수 출간하였는데, 이 가운데 가장 많은 것이 한국 상고사 관련 책들이다. 이 책들에 대해서 오늘날의 평가는 엇갈리고 있다. 한국 상고사 관련 책들은 거의 위서(僞書)로 분류하고, 다른 시대사를 다룬 책들은 큰 문제가 없는 것으로 보고 있다.

국정으로 전환되면서 한국의 초·중·고 교과서에서 고조선은 신화적인 내용으로 언급되면서 사실상 역사에서 사라지고 말았다.

결국 정부의 이런 조치에 반대하는 역사 연구자들이 많은 문제점을 제기하고, 고조선사를 사실로 기록할 것을 강력하게 주장하면서 역사계에 큰 충돌이 일어났다. 이런 충돌이 일어나는 과정에서 국정교과서 내용을 반대하는 연구자들을 이른바 '재야'라고 분류하게 되었다. 이런 분류는 훗날, 이른바 주류학계에 반대하는 학설을 주장하는 모든 사람들에게 똑같이 적용되는 어이없는 결과를 초래하기도 하였다. 이 대립은 결국 학술적인 논쟁을 넘어 감정 대립으로까지 번지고 말았다. 그리고 고조선 역사를 없앤 사람들과 이를 지키고자 하는 사람들 간의 지리한 논쟁과 때에 따라 벌어지는 감정 싸움은 매우 오랫동안 지속돼오고 있는 상황이다. 전자의 주장은 '식민사학'으로, 후자의 견해는 '민족주의'로 평가받을 정도로 극단적 대립으로 이어지며 심각한 사회 갈등을 낳기도 하였다.

한국에서 고조선을 두고 갈등을 하는 것은 연구자들의 연구 출발점에서부터 많은 문제가 있었기 때문이다. 그 연구의 출발을 어떤 것으로 할 것인가에 대한 진지한 고민을 하지 않았던 것이다. 즉 어떤 사료를 활용하여 연구할 것인가 하는 것부터 제대로 성찰과 고민을 해보지 않았다. 그중 가장 큰 원인은 학계에서 그동안 단군, 또는 고조선에 대한 연구가 단편적인 사료를 중심으로 진행되었다는 것이다 분명한 것은 한국에는 고조선을 연구할 수 있는 기본 자료들이 많이 있다는 점이다. 그럼에도 불구하고 이런 자료들이 제외되고 연구가 시작된 것이 문제가 된 것이다. 이 역시 외래 사관의 영향으로 볼 수 있다.

단군을 없애려는 노력은 비단 어제, 오늘의 일은 아니었다. 조선시대 일부 유학자들도 그랬고, 근대에 들어와 일본 사람들도 그랬다. 한국 전통시대의 중화 근본의 성리학자들이나 일본 사람들이 먼 옛날부터 신격으로 형성된 단군을 없애려고 한 것은, 단군사상이 한국인들에게 미치는 영향이 지대하기 때문에 정치적 목적을 위해 자행한 정책이었던 것이다. 다만 조선의 중화 근본주의자들과 일본 학자들의 차이는 전자는 교묘하게 서서히 없애는 것이었고, 후자는 한 번에 없애 버린 차이가 있다.

그러나 한국인들은 그것을 지키기 위해 많은 노력을 하였고 그 결과가 오늘날 여러 방향에서 나타나고 있는 것이다. 이런 예는 서양에서 곰 숭배 사상을 없애기 위하여 무자비하게 탄압하고 그 자리에 유럽에는 살지도 않는 사자를 대신하도록 했는데, 아직도 유럽에서는 곰이 어린이들에게 가장 친숙한 인형으로 거듭나 사람들의 마음속에 자리 잡고 있는 것과 같은 것이다. 우리의 현실도 이렇지 않을까?

역사에 버젓이 남아 있는 고조선, 단군에 대한 내용들이 오늘날 우리에게는 유럽의 곰 인형이 된 건 아닐까?

태조 이성계
신도비문

필자는 이 글을 정리하면서 고려 후기부터 단군이나 고조선에 관한 기록이나 인식이 조금씩 바뀌고 있는 것을 보았는데, 그 증거를 쉽게 찾기가 어려웠다. 그런데 권근이 쓴 조선 태조의 신도비문에서 그 바뀌는 부분에 대한 실마리를 찾을 수 있었다. 권근의 후손들은 권근이 죽기 전에 지은 신도비문 원본 내용과 비문을 지은 후 권근이 죽자 비석에 글을 새긴 사람들이 단군 관련 내용을 빼고 새긴 것에 대하여 두 글의 원문을 그대로 실어 놓았기 때문이다. 그러므로 이 책을 보는 사람들에게 그 차이점을 알도록 부록으로 두 글을 실어 놓는다.

부록 내용은『양촌집(陽村集)』권36,「비명류(碑銘類)」에 있는 것이다.

1) 원본

有明諡康獻. 朝鮮國太祖. 至仁啓運聖㠯神武大王健元陵神道碑銘. 幷序. 元本.

先生撰進此文. 未閱月考終. 今石刻文. 頗經人更改. 與此文不同. 故兩存之.

天眷有德. 以開治運. 必先有禎祥之應. 以彰符命之徵. 夏禹之興也. 天有玄圭之錫. 周武之王也. 夢有協卜之祥. 漢唐以降. 歷代之興. 莫不各有符瑞之徵. 非可以智求. 非可以力致. 必待聖哲之資. 神武之德. 膺景

運而誕作. 握瑤圖而勃興. 然後轉衰世而回治平. 創大業而垂統緒. 皆由
天授. 非出人謀.

惟我太祖康獻至仁啓運聖文神武大王之在龍淵也. 出入將相數十年間.
符瑞之現. 前後駢臻. 其爲相也. 夢有神人執金尺. 自天而授之曰. 慶侍
中 復興 淸矣而已老. 崔都統 瑩 直矣而少戇. 持此正國. 非公而誰. 夏禹
玄圭之錫. 周武協卜之夢. 庶可以追配矣. 其爲將也. 庚戌之攻兀羅. 兵
踰鴨綠而紫氣漫空. 庚申之捷雲峯. 師出長湍而白虹貫日. 漢高帝芒碭
之雲氣. 宋太宗陳橋之日光. 亦可以儷美矣. 戊辰之歲. 爲崔瑩之逼攻
遼也. 外不敢犯上國之境. 內不敢違暴君之令. 進退惟厲. 師次于威化之
島. 霖雨數日. 水不甚漲. 及其仗義旋旆. 師旣渡岸. 大水時至. 全島墊
溺. 漢光武滹沱之冰. 元世祖錢塘之潮. 皆不得而專美矣. 九變圖之局.
十八子之說. 自檀君之世而已有. 歷數千載. 由今乃驗. 又有異僧. 從智
異山巖石之中得異書而來獻. 其說與上所言出於檀君之世者相合. 此亦
光武赤伏符之類. 讖緯之說. 雖云不經. 然亦理數之或有. 自古而屢驗.
天之眷佑有德. 信有徵哉. 臣謹按璿源李氏. 全之望姓. 自新羅司空諱
翰. 而後二十三世至皇烈考桓王積累承籍之美. 則我太祖龍淵之時. 先
正李穡所撰桓王墓碑具載之矣. 我太祖創業垂統. 神功偉烈之盛. 追王
四代之時文臣鄭摠所撰桓王定陵之碑悉書之矣. 臣今承命. 不敢贅陳.
姑撮其大言之. 司空始娶新羅宗姓之女. 六世而至兢休. 始仕高麗. 十三
世而至皇高祖穆王. 始仕皇元而長千夫. 四世襲爵. 咸能齊美. 元政旣
衰. 皇考桓王還仕高麗. 恭愍王時. 紅賊起侵犯上都. 蹂躪遼瀋. 天下莫
敢過其鋒. 至正辛丑. 來陷王京. 恭愍播越. 遣使克復. 我太祖先登獻捷.
威聲始振. 明年壬寅. 走胡人納哈出. 又明年癸卯. 逐僞王塔帖木. 摧鋒
却敵. 所向必克. 由是恭愍恃倚益重. 累官將相. 出入中外. 制寇安民. 屢
立殊績. 號令明信. 秋毫無犯. 豁達濟時之量. 仁厚好生之德. 出於至性

廟堂運籌之暇. 戰陣投戈之隙. 引名儒商確經史. 亹亹無倦. 或至夜分不寐. 尤樂觀眞德秀大學衍義. 慨然有挽回世道之志. 勇略蓋世. 英銳絶倫. 一時物望. 亦莫不注意. 恭愍暴薨. 螟蛉竊位. 權姦擅國. 濁亂朝政. 貪饕殺奪. 罔有紀極. 侍中崔瑩憤肆誅戮. 過於慘酷. 賴我太祖全活頗多. 瑩以太祖淸忠勇烈. 特擧爲右侍中. 仍授右軍都統節鉞. 妄動師旅. 逼遣攻遼. 於是有威化之次. 倡率諸將. 仗義旋旆. 以洪武二十一年戊辰六月. 執退瑩. 代以名儒李穡爲左侍中. 更新庶政. 以安一國. 方是時也. 前遭貪暴之濁亂. 後致狂悖之構釁. 危亡岌岌. 禍亂莫測. 微我太祖轉移之力. 一國民命. 殆靡爛矣. 穡白我太祖曰. 公今擧義. 回戈討罪. 以尊中國. 老夫居上. 同任國政. 使公忠誠畢達璜纈. 吾之責也. 剋日如京. 我太祖爲擇諸子. 以今我主上殿下充書狀官. 從穡偕朝. 高皇帝深嘉忠誠. 優禮而遣. 己巳之秋. 欽奉帝旨. 責以異姓爲王氏後. 太祖與諸將選立王氏宗親定昌君瑤. 盡心匡輔. 修明政刑. 革私田以戢奪攘. 重名器以汰冗濫. 群情胥悅. 洽然望治. 功高見忌. 讒慝交構. 定昌昏暗. 反惑貝錦. 我太祖屢以盛滿上箋請老. 而不得謝. 會因西行. 遘疾而還. 謀者抵隙. 禍切剝膚. 我殿下應機制變. 芟除根株. 支黨瓦解. 定昌政昏. 國勢杌陧. 以洪武二十五年壬申秋七月十六日. 天誘殿下. 與左侍中臣裴克廉, 右侍中臣趙浚等五十二人. 倡義推戴. 臣僚父老. 不謀僉同. 我太祖聞變驚起. 牢讓再三. 乃迫輿情. 勉登王位. 不下堂陛而化邦國. 易姓受命. 易如轉丸. 非天靖國啓佑有德. 疇克如玆. 卽遣知中樞臣趙胖奏聞. 帝詔曰. 三韓之民. 旣尊李氏. 民無兵禍. 人各樂天之樂. 乃帝命也. 繼又有勅國更何號. 星馳來報. 卽遣藝文館學士臣韓尙質奏請國名. 又詔曰. 惟朝鮮之稱美. 可以本其名而祖之. 體天牧民. 永昌後嗣. 蓋我太祖威聲素著. 天下服其勇. 忠義旣效. 天下高其智. 勳德升聞. 簡在帝心. 故當請命. 輒蒙兪音. 豈偶然哉. 越三年甲戌夏. 帝命遣親男入朝. 我太祖以我殿下通

經達理. 嘗朝帝廷. 卽遣應命. 旣至. 敷奏稱旨. 優禮慰遣. 其冬十月. 定
都于漢陽. 營宮室建宗廟. 追尊皇高祖穆王, 皇高祖妣孝妃李氏祀一室.
皇曾祖翼王, 皇曾祖妣貞妃崔氏祀二室. 皇祖度王, 皇祖妣敬妃朴氏祀
三室. 皇考桓王, 皇妣懿妃崔氏祀四室. 又各於山陵. 置守陵戶以時致
祭. 修禮樂而愍祀事. 定章服而辨等威. 贍資養而興學. 增奉祿而勸士.
辨詞訟之紛爭. 重守令之黜陟. 弊政急革. 庶績惟熙. 謹侯度以虔事大.
備戰艦以嚴禦侮. 帝賜歲至. 倭邦獻琛. 海寇讋威. 來服繼踵. 四境按堵.
民安物阜. 我太祖巍蕩聖德. 眞所謂天錫勇智. 時乂聰明. 神武而不殺.
雄偉而不常. 豪傑之主也. 姦臣鄭道傳以表辭獲譴. 帝再遣使責取. 誘疾
不行. 陰謀動兵攻遼拒命. 戊寅秋八月. 幸乘太祖弗豫之隙. 謀去諸嫡.
欲挾幼孽以肆己志. 夜聚私第. 禍機已迫. 我殿下炳機殲除. 以嫡以長.
請封上王爲世子. 彝倫以正. 宗社載定. 九月丁丑. 我太祖以疾未瘳. 內
禪于上王. 上王未有繼嗣. 且謂開國定社. 咸我殿下之績. 又冊殿下爲世
子. 庚辰秋七月己巳. 奉冊寶. 上我太祖啓運神武大上王之號. 冬十有一
月癸酉. 上王亦以疾禪位于我殿下. 遣使請命. 今皇帝卽祚. 賜以誥印.
永樂元年夏四月. 遣都指揮高得, 左通政趙居任來. 封我殿下爲國王. 繼
遣翰林待詔王延齡, 行人崔榮來. 賜殿下袞冕九章. 錦段紗羅書籍. 王妃
冠袍錦段紗羅. 我太祖錦段紗羅各有差. 自是藥財絲絹珍玩之賜. 連歲
沓至. 寵眷之重. 視古無比. 以永樂六年戊子五月二十四日壬申. 我太祖
宮車晏駕. 春秋七十四歲. 在王位七年. 老不聽政十有一年. 臣民咸願父
臨萬歲. 永享榮養. 一朝登仙. 弓釰忽遺. 嗚呼痛哉. 我殿下哀慕罔極. 亮
闇盡禮. 謹率群臣奉冊寶. 加上太祖至仁啓運聖文神武大王之號. 以是
年九月初九日甲寅. 葬于城東楊州治之儉巖山. 陵曰健元. 置寺其傍. 額
曰開慶. 以薦冥福. 喪葬之禮. 克盡誠心. 一遵古典. 遣使訃告. 皇帝震悼
罷朝. 特遣禮部郎中林觀. 賜以大牢. 爲文以祭. 其略曰. 惟王明達好善.

出乎天性. 敬順天道. 效義攄忠. 恭謹事天. 保恤一方之民. 以臻富庶. 我
皇考深嘉忠誠. 特賜復國號曰朝鮮. 王功德之著. 雖古朝鮮之賢王. 無以
過也. 又賜誥命. 諡曰康獻. 又勅殿下賜賻特厚. 寵異之典. 備極無憾. 惟
我太祖畏天之誠基之於前. 我殿下繼志之孝承之於後. 聖聖相承. 克享
天心. 故能精誠通於神明. 福慶延於宗社. 終始之際. 大獲天人上下之助
如此其至. 嗚呼盛哉. 首妃韓氏. 安邊世家. 贈領門下府事安川府院君諱
卿之女. 先薨. 初諡節妃. 後加諡承仁順聖神懿王后. 誕六男二女. 上王
居二. 我殿下居五. 長曰芳雨. 鎮安君. 先卒. 次三芳毅. 益安大君. 亦先
卒. 次四芳幹. 懷安大君. 次六芳衍. 登科不祿. 贈元尹. 女長慶愼宮主.
下嫁上黨君李佇. 非一李也. 次慶善宮主. 下嫁靑原君沈淙. 次妃康氏.
判三司事允成之女. 初封顯妃. 先薨. 諡神德王后. 誕二男一女. 男長芳
蕃. 贈恭順君. 次芳碩. 贈昭悼君. 女慶順宮主. 下嫁興安君李濟. 亦非一
李. 皆先卒. 上王配金氏. 今封王大妃. 贈門下侍中天瑞之女. 無嗣. 我中
宮靜妃閔氏. 驪興府院君諡文度公諱霽之女. 誕四男四女. 男長世子褆.
次祐. 孝寧君. 次 今上 忠寧君. 次幼. 女長貞愼宮主. 下嫁淸平君李伯
剛. 亦非一李. 次慶貞宮主. 下嫁平壤君趙大臨. 次慶安宮主. 下嫁吉川
君權跬. 次幼. 鎮安聚贊成事池淵之女. 生二男. 長曰福根. 奉寧君. 次曰
德根. 元尹. 益安娶贈門下贊成事崔仁䫢之女. 生男曰石根. 益平君. 懷
安娶贈門下贊成事閔璿之女. 生男曰孟宗. 義寧君. 臣觀歷代受命之君.
靈瑞之慶. 當時秉筆之士. 必詳記而特書之. 以昭德之符而杜非覬. 輝映
簡冊. 流光罔極. 今我朝鮮之誕興也. 受命之符. 駢集輻注. 于古有光. 是
雖在德不在慶. 然天心之眷佑由是而益彰. 是宜大德受命. 旣得其位. 又
得其壽. 峙洪基於不拔. 流景祚於無窮. 與天地而久長矣. 臣以不材. 叨
居載筆. 固當備錄以示于後. 況茲濫承勒碑之命. 敢不益欲竭情覃思. 鋪
張盛德. 以垂耿光. 然臣近筆力鄙拙. 不足以發揚盛美. 稱塞明旨. 是猶

蠡測河海. 毫摹天地. 豈能臻其涯涘. 窺其髣髴哉. 謹撰勳德在人耳目者. 敢拜手稽首而獻銘. 其詞曰.

遂古遐邈. 兩儀肇闢. 人參爲三. 立以司牧. 迺長迺治. 迺眷有德. 非天諄諄. 有命赫赫. 禹錫玄圭. 周夢協卜. 歷代之符. 史具可覩. 惟我朝鮮. 肇基王迹. 夢有神人. 授以金尺. 紫氣漫空. 虹凝日色. 慶瑞聯翩. 天心昭晰. 麗運旣終. 自取顚覆. 惟君昏狂. 維相慘酷. 農月興師. 大邦構隙. 國旣蔑咨. 危亡岌岌. 我旆義旋. 罪人斯得. 忠誠上聞. 帝心載懌. 繼奉綸音. 王祀復續. 迺反柔昏. 以訖天祿. 曆數有歸. 輿情斯迫. 大業旣成. 市肆不易. 高皇日咨. 惟爾有國. 民無兵禍. 樂天之樂. 繼賜國號. 朝鮮是復. 相地定都. 于漢之北. 虎踞龍蟠. 王氣攸積. 宮室崇崇. 宗廟翼翼. 寅祀祖宗. 尊以王爵. 仁深好生. 治蔚思輯. 百度具修. 萬化斯洽. 臣民父老. 蹈舞歌曲. 昔我顚隮. 方爲魚肉. 今我咸蘇. 沐浴膏澤. 耕鑿而居. 仰事俯育. 壽考萬年. 永膺多福. 迺倦于勤. 傳付聖嫡. 嫡又讓功. 惟世惟及. 明明我后. 炳幾若燭. 雨霾方凝. 見睍卽釋. 禍亂再平. 其慶克篤. 開國定社. 咸我之績. 大命難辭. 神器有托. 祗奉兩宮. 虔恭愈恪. 孝弟通神. 帝眷尤渥. 寵賚歲至. 如山如岳. 四境奠安. 遐邇靜肅. 遭喪悼悼. 哀慕踊擗. 帝聞震悼. 遣使弔哭. 大牢有祀. 厚賻有勅. 美諡褒嘉. 恤典備飭. 自天佑之. 終始不忒. 景祚綿綿. 子孫千億. 於萬斯年. 永保宗祐. 高山可飛. 滄海可涸. 宗祀悠長. 與天罔極.

유명시강헌 조선국태조 지인계운성문신무대왕건원릉 신도비명 병서. 원본.

이 비문은 원본이다. 선생이 이 비문을 찬하여 올리고 나서 달을 넘기지 못하고 졸하였다. 지금 석각본은 자못 남들의 수정을 거친 것이다. 이 글과 내용이 같지 않으므로 두 가지를 다 적어 둔다.

하늘이 덕 있는 이를 돌봐 다스리는 운수를 열어 줄 때에는, 반드시 먼저 특이한 상서의 감응이 있어 임금이 될 징조를 보이는 것이니, 하우씨가 나올 때에는 하늘이 현규를 준 일이 있었고, 주 무왕이 즉위할 때에는 꿈이 점과 맞는 상서로움이 있었다. 한·당 이후 역대 왕조가 일어날 때 모두 다 이와 같은 상서의 징조가 있었으니, 이는 사람의 지혜로 구할 수 없는 것이요, 사람의 힘으로 이룰 수 없는 것이다. 반드시 성철의 자질과 신무의 덕을 지닌 어진이를 기다려, 그가 천운을 받아 탄생하게 하고 그가 보위에 올라 흥기하게 한 뒤에야 쇠망해가는 세상을 전이하여 태평시대로 만들고, 대업을 창조하여 통서를 드리우게 되는 것이니, 이 모두 하늘이 주는 것이요 사람의 모책에서 이루어지는 것이 아니다.

오직 우리 태조 강헌 지인계운 성문신무대왕께서 용연에 있으면서 장상의 벼슬을 겸한 수십 년 동안 왕위에 오를 상서의 조짐이 계속 나타났다. 재상이 되었을 때에는 꿈에 신인이 금척을 가지고 하늘로부터 내려와 주며 말하기를, "시중 경복흥은 청백하되 이미 늙었고, 도통 최영은 강직하나 우직하다. 이것을 가지고 국정을 바로잡음에 있어 그대가 아니면 누가 하겠는가."라고 하였으니, 하우에게 현규를 줌과 주 무왕의 보필을 점치는 꿈을 짝할 만하고, 장군이 되어 경술년에 올라성을 격파할 때 군사가 압록강을 건너매 붉은 서기가 공중에 뻗쳤었고, 경신년에 운봉의 승첩을 거둘 때 군사가 장단에 나아가매 흰 무지개가 해를 관통하였으니, 한 고제 때 있었던 망탕산의 十름 기운과 송 태조 때 있었던 진교의 그 아름다운 햇빛을 짝할 만하다.

무진년 최영의 핍박으로 요동을 공격할 때 밖으로는 감히 상국의 지경을 침범할 수 없고, 안으로는 감히 폭군의 명령을 어기지 못하여 나아가지도 물러가지도 못하고 위화도에서 군사를 머물고 있는데, 여러 날 동안 장마가 져도 물이 불지 않더니, 의리의 깃발을 돌려 군사들이 이미 언덕에 오르자 큰물이 밀려와 온 섬이 침몰되었다. 이는 참으로 한 광무 때 있었던 호타의 얼음과 원 세조 때 있었던 전당 조수의 일만이 좋은 것이 아니었다. '구변도십팔자'의 전설이 단군 때부터 있어 수천 년을 지났는데, 지금에 와서 징험할 수 있다.

또 이승이 지리산 석굴로부터 이상한 책을 얻어 가지고 와 드렸는데, 거기에 씌어 있는 말이 위에서 말한 바 단군 시대에 나왔다는 것과 서로 부합되니, 이 또한 광무 때 있었던 적복부의 유와 참위의 설로서 믿을 만한 것이 못 된다 하겠으나, 역시 간혹 이수가 있어 옛날부터 여러 번 징험되었다. 하늘이 덕 있는 이를 돌봄은 진실로 징험이 있는 것이다.

삼가 선원을 상고하건대 이씨는 전주의 망족으로, 신라 때 사공 휘 한으로부터 23대 황렬고 환왕에 이르기까지 적덕누인으로 계승한 아름다움에 대해서는, 우리 태조께서 잠저에 있을 때 선정 이색이 찬한 환왕묘비에 자세히 실렸고, 우리 태조께서 왕업을 이루어 통서를 드리운 신기한 공로와 위대한 업적의 성대함은, 4대를 왕작으로 추존할 때 문신 정총이 찬한 환왕의 정릉비에 자세히 기재되어 있다. 이제 비명을 지으라는 명을 받았으나 감히 덧붙일 수 없어 그 대략만을 모아 쓴다.

사공이 처음 신라 종성의 딸에게 장가들었다. 6대손 긍휴에 이르러 처음으로 고려에 벼슬하였고, 13대 황고조 목왕에 이르러 처음으로 원 나라에 들어가 벼슬하여 천부장이 되었다. 4대에 걸쳐 습작하여 모두 좋은 성과를 거두었다. 원 나라의 정치가 쇠퇴하게 되므로 황고 환왕은 돌아와 고려 공민왕 조정에 벼슬하였는데, 당시 홍건적(紅巾賊)이 일어나 상도를 침범하여 요심을 유린하므로 천하가 감히 그 칼날을 막아낼 수 없더니, 지정 신축년에 왕경을 함락하였다. 그러므로 공민왕은 남쪽으로 파천하여 군사를 보내 극복하였는데, 우리 태조께서 맨 먼저 승첩의 보고를 올려 위엄의 명성을 비로소 떨쳤다.

이듬해 임인년에는 오랑캐 납합출을 쳐서 달아나게 하였고, 또 그 다음

해 계묘년에는 승왕 탑첩목을 쫓으니, 이처럼 날카로운 칼날을 꺾고 적을 물리쳐 가는 곳마다 필승을 거두었다. 그리하여 공민왕은 믿고 의지함이 더욱 두터웠으며 장상으로 안팎을 드나들면서 적을 치고 백성을 안정시켜 자주 특이한 공적을 세웠는데, 그 호령이 밝고 믿음직하여 추호도 범할 수 없었다. 세상을 제도할 만한 활달한 도량과 살리기를 좋아하는 인후한 덕은 지성에서 나왔으며, 국사를 논의하는 여가와 싸움터에서 쉬는 틈에도 명망 높은 선비를 맞아 경사를 논의하되, 힘써 노력하고 게을리 아니하여 혹은 밤이 되어도 잠자지 아니하였다. 더욱 진덕수가 지은 『대학연의』를 즐겨 읽으며 개연히 세도를 만회할 뜻을 품었는데 그의 용맹과 지략은 세상을 덮고, 영리하고 날래기는 무리에 뛰어나 한 시대의 물망이 모두 그에게 쏠리었다.

공민왕이 죽고 딴 성이 왕위를 빼앗으니, 권세를 잡은 간신들이 국정을 제멋대로 휘둘러 정치를 어지럽히며 재물을 탐내어 죽이고 약탈함이 이루 형언할 수 없었다. 시중 최영이 함부로 사람을 죽여 참혹하기 이를 데 없었는데, 우리 태조를 힘입어 생명을 보전한 자가 자못 많았다. 최영은 태조께서 충성스럽고 용맹이 있다 하여 특별히 우시중으로 삼았다가 곧 우군도통의 절월을 준 다음 망녕되이 군사를 일으켜 요동을 치게 하였다. 그리하여 태조는 위화도에 머물러 있다가 모든 장수를 거느리고 바른 의리를 지켜 깃발을 되돌렸다. 홍무 21년 무진 6월에 최영을 잡아 조정에서 물러나게 하고, 대신 학명 높은 이색을 좌시중으로 삼아 서정을 새롭게 고쳐시 한 나라를 안정시켰다. 이때를 당하여 앞서는 포학한 무리들의 탁란을 겪었고, 후에는 패려한 자들의 말썽으로 위망의 형세가 급급하여 그 화난을 예측할 수 없었다. 우리 태조의 전이한 힘이 아니었다면 온 나라의 생명은 참으로 위망에 빠지고 말았을 것이다. 이색이 태조에게, "공(公)이 지금 의로운 일로 창을 돌이켜 죄인을 치고 중국을 높였습니다. 내가 위에 있어 같이 국정을 맡고 있으니, 공의 높은 충성을 천자 앞에 진달하는 것이 나의 책임입니다." 하고,

날을 정하여 경사로 가려 하였다. 이때 태조는 여러 아들 중에서 지금의 우리 주상 전하를 서장관으로 삼아 색과 함께 조현하게 하니, 고황제가 그 충성을 가상히 여기어 두터이 예우하여 보냈다.

기사년 가을에 황제가 우리나라에서 딴 성로 왕씨의 뒤를 삼은 것을 문책해 오므로 태조가 여러 장군들과 의논하여 왕씨의 종친인 정창군 요를 세우고 정성을 다해 보필하여 국정을 바로잡았다. 사전의 제도를 혁파하여 약탈을 막았고, 관직을 중히 여겨 쓸데없고 참람한 벼슬아치를 도태시켰다. 그리하여 백성들은 모두 즐거워하며 흡족한 정치를 기대하였는데, 공로가 높으므로 시기하는 자가 생겨서 간악한 자들의 참소와 모함이 번갈아 일어났으며, 정창군은 혼암하여 도리어 그 소인들의 말에 현혹되었다. 태조께서는 여러 번 직책이 분에 넘치므로 글을 올려 청로하였으나 사양을 받아주지 않았다. 그때 마침 서행으로 인하여 병을 얻어 돌아오니, 모함하는 자들의 음모가 더욱 급격하게 되었다.

우리 전하께서 기회를 놓치지 않고 변고를 막아 송두리째 꺾어버려 일당이 모두 와해되었으나 정창이 정사에 어둡고 국세는 위태하여졌다.

홍무 7월 16일에 하늘이 전하와 좌시중 배극렴·우시중 조준 등 52인을 유도하여 바른 의리로 태조를 추대하게 하니 신료와 부로들도 모의한 일 없이 모두 뜻을 같이하게 되었다. 우리 태조는 정변을 듣고 놀라 일어나서 두세 번 군이 사양하다가 중의에 못이겨 억지로 왕위에 올랐다. 가만히 앉아 있어도 한 국가가 저절로 이루어져서 성을 바꾸고 천명을 받은 것이 마치 환을 굴리듯이 쉬웠으니, 하늘이 나라를 안정시킴에 있어 덕 있는 이를 계도한 도움이 아니고서야 누가 능히 이와 같을 수 있겠는가. 즉시 지중추 조반을 보내 황제에게 알리니, 황제가 조서를 내려 이르기를, "삼한의 백성이 이미 이씨를 높였으며, 백성에게는 병화가 없이 사람마다 제각기 하늘이 주는 즐거움을 즐기고 있으니, 바로 천명이라 하겠다." 하고, 이어서 또 칙명을 내려 이르기를, "나라 이름은 무엇으로 고치려 하는가? 사신을 빨리 보내어 아뢰라." 하므로, 즉시 예문관 학사 한상질을 보내어 나라 이름을 주청하니, 황제가 또 조서를 내려 이르기를, "조선이라는 명칭이 아름다우니, 그 이름에 근본하여 짓는 것이 좋겠다. 하늘을 본받아 백성을 길러서 깊이 후손에까지 번창하게 하라." 하였다.

우리 태조께서는 위엄과 명성이 평소부터 높은 분이라 천하가 그 용맹에 복종하였고, 이미 충의를 바친 분이라 천하가 그 지략을 높였다. 이와 같은 훈덕이 위에 들려 황제의 마음에 남아 있었기 때문에, 청명하자 윤허를 얻게 된 것이니, 어찌 우연한 일이겠는가. 3년을 지난 갑술년 여름에 임금의 친아들을 입조시키라는 황제의 명이 있었다. 태조께서는 지금의 우리 전하가 경서에 능통하고, 사리에 통달하며 일찍이 황제의 조정에 입조한 일이 있다 하여 즉시 보내어 명령에 응하였는데, 우리 전하께서 황제 앞에 이르러 진술하는 의견이 황제의 뜻에 맞았으므로 황제는 예로 대접하여 돌려보냈다.

그해 겨울 1월에 한양에 도읍을 정하고 궁실과 종묘를 지었다. 황고조는 목왕, 황조비는 효비 이씨로 추존하여 제1실에 봉안하고, 황증조는 익왕, 황증조비는 정비 최씨로 추존하여 제2실에 봉안하고, 황조는 도왕, 황조비는 경비 박씨로 추존하여 제3실에 봉안하고, 황고는 환왕, 황비는 의비 최씨로 추존하여 제4실에 봉안하였으며, 산릉에도 각각 수릉호를 두어 수시로 제사를 받들게 하였다.

예악을 닦아 제사를 빛내고, 복장을 정하여 등위를 분변하였으며, 비용을 넉넉히 하여 학교를 일으키고, 봉록을 두터이 하여 선비를 권면하였으며, 송사의 분쟁을 밝게 분별하고 수령의 출척을 신중히 했으며, 좋지 못한 정치를 급히 고치므로 모든 공적이 밝게 빛났다. 제후의 법도를 삼가 대국을 섬김에 정성을 다하였고, 전함을 만들어 왜침의 방어를 튼튼히 하였다. 황제의 하사품은 해마다 이르렀고, 왜국에서는 보물을 바쳐 왔다. 바다의 외적들은 두려움에 떨어 복종해 오는 자가 잇달았고 온 나라는 마음 놓고 살 수 있었으며, 백성이 안정되고 물품이 풍성하였다. 우리 태조의 광대한 성덕은 정말 하늘이 주신 용기와 지혜로서 총명하게 다스렸다. 신무하되 살해하지 않고 웅위하되 범상치 않은 분으로 호걸의 임금이라 하겠다.

간신 정도전이 표전 때문에 견책을 받게 되어 황제가 두 번이나 사신을 보내어 책망하였으되, 병을 핑계하면서 가지 않고 군사를 일으켜 요동을 치며 명령을 거부하려고 음모하였다. 무인년 가을 8월에 우리 태조가 병중인 틈을 타서 모든 적자를 제거하고 어린 서얼을 끼고 제멋대로 자신의 뜻을 펴고자 밤에 사제에 모이곤 하여 그 화단의 기미가 이미 긴박하였다. 전하께서 그 기미를 밝게 살피어 남김 없이 제거하고 적장자인 지금의 상왕을 세자로 세울 것을 청하므로, 인륜이 바로잡히고 종사가 곧 안정되었다. 9월 정축일에 태조가 병이 낫지 아니하므로 지금의 상왕에게 선위하였고, 상왕은 후사가 없고 또한 나라를 열고 사직을 정한 것은 다 우리 전하의 공적이라 하여 전하를 세자로 책봉하였다.

경진년 가을 7월 기사일에 책보를 받들어 우리 태조에게 계운신무 태상왕의 존호를 올리고, 겨울 11월 계유일에는 상왕 또한 병 때문에 우리 전하에게 선위하였다. 명나라에 사신을 보내어 명을 청하니, 지금의 황제가 즉위하여 고인을 하사하였다. 영락 원년 여름 4월에 황제가 도지휘 고득, 좌통정 조거임 등을 보내어 우리 전하를 책봉하여 국왕으로 삼고, 이어 한림대조왕연령과 행인 최영을 보내와서, 우리 전하에게는 구장의 곤면과 금단사라·서적·왕비에게는 관포와 금단사라, 태조에게는 금단사라를 하사하되 각각 차등을 두었다. 이로부터 약재·사견·진완의 하사가 해마다 이르러 그 중한 은총을 입음이 옛날에 비할 바 아니었다.

영락 6년 무자 5월 24일 임신에 태조께서 승하하시니 춘추가 74이다. 재위가 7년이었고 태상왕으로 물러나 있은 것이 11년이었다. 신민은 다같이 아버지처럼 임어하시어 만세에 길이 영화로운 낙을 누리기 기대하였는데, 하루아침에 승하하여 갑자기 활과 칼을 버렸도다.

아, 슬프도다. 우리 전하께서는 망극한 슬픔으로 거상의 예를 극진히 하였으며, 삼가 뭇 신하를 거느리고 책보를 받들어 태조에게 지인계운성문신무대왕의 존호를 올렸다. 이해 9월 초9일 갑인에 도성의 동쪽 양주 검암산에 장사하고 건원릉이라 하였다. 그 곁에 절을 지어 개경사라 하고 명복을 빌게 하였으며, 상장의 예에 성심을 다하여 한결같이 옛 제도를 따랐다. 사신을 보내어 명 나라에 부음을 전하니 황제는 매우 슬퍼하며 조회를 파하는가 하면, 특별히 예부 낭중 임관을 보내어 태뢰를 내리고 제문을 지어 제사하게 하였으니 그 제문의 대략에, "왕은 밝고 통달하며 선을 좋아하는 것이 천성에서 나오고 있다. 천도를 따르고 충의를 바쳐 근신한 마음으로 대국을 섬기고 한 나라의 백성을 보호하여 잘살게 하므로, 우리 황고께서 그 충성을 가상히 여겨 특별히 다시 조선이라는 국호를 내렸다. 왕의 드러난 공덕은 비록 고대 조선의 어진 임금이라도 더 나을 수 없다." 하고, 또 고명을 내려 시호를 강헌이라 하였다. 그리고 전하에게 조칙을 내리고 부의를 특별히 후하게 내렸으니, 남달리 총애하는 은전이 유감 없이 갖추어졌다. 오직 우리 태조의 하늘을 두려워하는 정성이 앞에서 기초를 닦고, 우리 전하의 뜻을 계승하는 효성이 뒤에서 받들어서 성은이 서로 천심을 누리므로 그 정성이 신명에 통하고 경사가 종사에 뻗치며, 국말 국초에 즈음하여 천인의 도움이 이처럼 시극함을 얻게 되었다. 아, 성대하도다.

수비 한씨는 안변의 세가로서 증 영문하부사 안천부원군 휘 경의 딸인데 먼저 죽었으며, 처음의 시호는 절비로 하였다가 뒤에 승인순성 신의왕후로 시호를 올렸다. 6남 2녀를 낳았는데 상왕이 둘째이며 우리 전하가 다섯째다. 장남 방우는 진안군으로서 먼저 죽었고, 셋째 방의는 익안대군으로서 역시 먼저 죽었으며, 넷째 방간은 회안대군이며, 여섯째 방연은 등과하였으나 일찍 죽어 원윤에 추증되었다. 장녀는 경신궁주로서 상당군 이저에게 하가하였으니 동본의 이씨가 아니며, 차녀는 경선궁주로서 청원군 심종에게 하가하였다.

차비 강씨는 판삼사사 윤성의 딸로서 처음에는 현비에 봉하여졌다가 먼저 죽었으며 시호는 신덕왕후라 하였다. 2남 1녀를 두었는데, 첫째 방번은 공순군에 추증되고, 둘째 방석은 소도군에 추증되었으며, 딸 경순궁주는 흥안군 이제에게 하가하였으니 역시 동본의 이씨가 아니며, 다 먼저 죽었다.

상왕의 배위 김씨는 지금 왕대비에 봉해졌는데 증문하시중 천서의 딸로서 후사가 없으며, 우리 중궁은 정비 민씨로서 여흥부원군 문도공 휘 제의 딸이다.

4남 4녀를 두었으니 장남은 세자인 제요, 다음 우는 효령군이요, 다음은 금상 충녕군이요, 다음은 어리. 장녀 정신궁주는 청평군 이백강에게 하가하였으니 역시 동본의 이씨가 아니며, 다음 경정궁주는 평양군 조대림에게 하가하였으며, 다음 경안궁주는 길천군 권규에게 하가하였으며, 다음은 어리. 진안군은 찬성사 지윤의 딸에게 장가들어 2남을 낳았으니, 장남 복근은 봉녕군이요, 다음 덕근은 원윤이다.

익안군은 증문하찬성사 최인규의 딸에게 장가들어 아들 석근을 낳았으니 익평군이며, 회안군은 증문하찬성사 민선의 딸에게 장가들어 아들 맹종을 낳았으니 의령군이다.

천명을 받은 역대의 임금을 보니, 그 상서로운 경사를 당시 붓을 잡은 선비가 반드시 상세히 기록하였으되, 특히 빛나는 덕의 부명을 써서 그릇되게 엿보는 것을 막으므로 그것이 간책에 빛나 무한한 덕을 후세에 전하였다. 지금 우리 조선이 탄생하여 일어남에 천명을 받는 부명이 한꺼번에 모여 옛날에 비해 더욱 광채가 난다. 이것이 비록 덕에 있는 것이고 경사에 있는 것이 아나나 하늘의 도움이 이로 말미암아 더욱 빛나는 것이다. 이는 마땅히 큰 덕업으로 이미 왕위를 얻고 또 그 장수를 얻을 것이며, 넓은 터전을 확고히 다져 높이고, 큰 복록을 무한히 전하여 천지와 함께 유구하리라.

변변치 못한 재주나마 외람되이 붓을 잡은 직책에 있으니, 마땅히 갖추 기록하여 후세에 전해야 하거늘, 하물며 이처럼 외람되이 비명을 지으라는 명령을 받았으니 어찌 감히 정성을 다하여 성대한 덕을 펴서 그 밝은 빛을 후세에 드리우게 하지 않을 수 있으랴. 그러나 요즈음 필력이 비졸하여 그 성대한 아름다움을 드러내고 밝은 뜻을 만족하게 칭송하기에는 마치 좀벌레가 하해를 헤아리고, 털끝으로 천지를 그리는 격이라, 어찌 그 넓음을 방불하게나마 엿볼 수 있겠는가. 삼가 사람들의 이목에 남아 있는 훈덕을 찬술하고, 감히 머리 조아려 절하며 다음과 같이 명(銘)을 드린다.

아득한 옛날에 하늘과 땅이 생기고 사람이 그 사이에 참여하여 셋이 되었는데, 거기에 임금을 세워 백성을 기르고 다스리게 할 제 이에 덕 있는 이를 돌보았도다. 하늘이 순순히 말해주는 것은 아니지만 명령은 분명하게 나타나 있으니, 우임금에게는 현규를 주었고 주 무왕의 꿈은 점과 맞아 역대의 부명이 사책에 갖춰져 볼 만하도다.

우리 조선도 왕업을 일으킬 적에 꿈에 신인이 나타나 금척을 주었는데, 붉은 기운이 공중에 뻗치고 무지개가 해에 엉기어, 경사로운 상서가 잇달아 일어나고 천심이 밝았도다. 고려의 운수가 끝난 것은 그 전복을 자초함이라, 그 임금이 혼암하고 재상이 혹독하여, 농사철에 군사를 일으켜 내국에 싸움을 걸었도나. 나라는 이미 망해가는 지경이라 위망이 급급하더니, 우리 태조 바른 의리를 지켜 깃발을 되돌려서 죄인을 잡으니 그 충성 위에 들려 황제가 기뻐하였도다. 이에 윤음을 받들어서 왕사를 다시 잇고, 유약하고 혼암함을 바로잡아 천명을 마치게 하였는데, 천운이 돌아오고 민정이 절박하여 왕업을 이미 이뤘으나 저자의 상인들도 동요되지 않았도다. 고황제가 찬탄하여 이르기를, "훌륭하도다. 그대가 나라를 이룩하였으되 백성들은 병화가 없이 하늘이 주는 기쁨을 즐기네." 하고 이어 조선이라는 옛 국호를 다시 쓰게 하였도다.

지리를 살펴 도읍을 정하니 한양의 북쪽이라, 범이 웅크리고 용이 도사린 듯 왕기가 쌓였도다. 궁궐은 높고 높으며 종묘는 우뚝한데, 조종에 정성껏 제사하며 왕작으로 높였도다. 어진 마음 매우 깊어 살리기 좋아하며, 정치는 빛나고 생각이 화순하였도다. 온갖 제도는 갖추 닦아지고 만화가 이에 흡족하니, 온 신민 부로들은 춤추며 노래하도다. 옛날에 우리가 전복되어 어육이 되었더니, 지금은 우리 모두 소생하여 그 은택에 젖었도다. 자급자족하여 부모를 섬기고 처자를 보살피며 만년의 장수를 누려 길이 많은 복을 받았도다.

근정하시기에 지쳐서 맏아들에게 전하시고, 맏아들 또한 공로가 있는 이에게 사양하여 부자·형제간에 계승하였도다. 밝고 밝은 우리 임금 기미를 살핌이 촛불과 같았고, 눈비가 엉겼다가 햇빛을 보자 풀리듯 하였도다. 화란을 두 번이나 평정하여 그 경사가 더욱 독실하도다.

나라를 열고 사직을 안전하게 한 것은 모두 다 우리 전하의 덕이니, 천명을 사양하기 어렵고 신기는 제대로 의탁되었도다. 두 임금을 받들어 모심에 정성을 다하여 공손하고 더욱 정성스러웠도다. 그 효제 신명에 통하여 상제의 보살핌이 더욱 두터웠도다. 총애로 내리는 선물이 해마다 이르러 산처럼 쌓였으며, 사경이 안정되고 원근이 고요하였도다.

상을 당하자 근심에 잠겨 슬피 사모하며 몸부림쳐 울부짖었는데, 황제께서 부고를 듣고 애도하며 사신을 보내어 조문하였도다. 또 태뢰를 내려 제사하고 부의를 후하게 하라는 칙명을 내리는가 하면, 아름다운 시호까지 주어 칭찬하니, 조상하는 예법이 완전히 갖추어졌도다.

하늘의 도움이 시종일관 변함없어, 큰 복록이 길이 이어지고 자손은 천억으로 번창하며 만년토록 길이 종사를 보존하여 고산이 닳고 푸른 바다가 마르도록 종사가 유구하여 하늘과 더불어 다함이 없으리라.

2) 단군 관련 내용을 뺀 변형본

石刻本

天眷有德. 以開治運. 必先現異. 彰其符命. 夏有玄圭之錫. 周有協卜之
夢. 由漢以降. 代各有之. 皆有天授. 非出人謀. 惟我太祖大王之在龍淵
也. 勳德旣隆. 符命亦著. 夢有神人執金尺自天降而授之曰. 公宜持此正
國. 夏圭周夢. 可同符矣. 又有異人來問獻書. 云得之智異山巖石之中.
有木子更正三韓之語. 使人出迎則已去矣. 書雲觀舊藏祕記. 有九變震
檀之圖. 建木得子. 朝鮮卽震檀之說. 出自數千載之前. 由今乃驗. 天之
眷佑有德. 信有徵哉. 臣謹按璿源李氏. 全州望姓. 司空諱翰. 仕新羅. 娶
宗姓之女. 六世而至兢休. 始仕高麗. 十三世而至皇高祖穆王. 入仕元朝
而長千夫. 四世襲爵. 咸能濟美. 元政旣衰. 皇考桓王還事高麗恭愍王.
至正辛丑. 紅寇陷王京. 恭愍南遷. 遣使克復. 我太祖先登獻捷. 明年壬
寅. 擊走胡人納哈出. 又明年癸卯. 却逐僞王塔帖木. 恭愍恃倚益重. 累
官至將相. 出入中外. 樂觀經史. 亹亹無倦. 濟時之量. 好生之德. 出於至
性. 恭愍薨. 異姓竊位. 權奸擅國. 濁亂朝政. 海寇深入. 焚掠郡縣. 洪武
庚申. 我太祖戰捷雲峯. 東南以安. 戊辰. 侍中崔瑩誅戮權奸. 過於慘酷.
賴我太祖全活頗多. 瑩以太祖爲侍中. 仍授右軍都統節鉞. 逼遣攻遼. 師
次威化島. 倡率諸將. 仗義旋斾. 師旣登岸. 大水沒島. 人皆神之. 執退
瑩. 代以名儒李穡爲左侍中. 方是時也. 權奸濁亂. 狂悖構隙. 危亡岌岌.
禍亂莫測. 非我太祖轉移之力. 一國殆矣. 穡曰. 今公擧義以尊中國. 然
非執政親朝則不可. 剋日如京. 太祖爲擇諸子. 以今我主上殿下與穡偕
朝. 高皇帝嘉賞而遣. 己巳秋. 帝責異姓爲王. 太祖與將相選立王氏宗親

定昌君瑤. 盡心輔政. 革私田汰冗官. 群情胥悅. 功高見忌. 讒慝交構. 定
昌頗惑焉. 太祖以盛滿請老而不得謝. 會因西行. 遘疾而環. 謀者益急.
我殿下應機制變. 群謀瓦解. 洪武壬申秋七月十六日. 殿下與大臣裴克
廉, 趙浚等五十二人. 倡義推戴. 臣僚父老不謀僉同. 太祖聞變驚起. 牢
讓再三. 勉登王位. 不下堂陛而化邦國. 非天啓佑有德. 疇克如玆. 卽遣
知中樞院事臣趙胖奏聞. 帝詔曰. 三韓之民. 旣尊李氏. 民無兵禍. 人各
樂天之樂. 乃帝命也. 繼又有勅國更何號. 卽遣藝文館學士臣韓尙質奏
請. 又詔曰. 維朝鮮之稱美. 可以本其名而祖之. 體天牧民. 永昌後嗣. 緜
我太祖威聲義烈升聞于上. 簡在帝心. 故當請命. 輒蒙俞音. 豈偶然哉.
越三年甲戌夏. 有構國家者. 帝命遣親男入朝. 太祖以我殿下通經達理.
賢於諸子. 卽遣應命. 旣至. 敷奏稱旨. 優禮賜還. 其冬十一月. 定都于漢
陽. 營宮室建宗廟. 嘗已追尊四代. 皇高祖爲穆王. 配李氏爲孝妃. 皇曾
祖爲翼王. 配崔氏爲貞妃. 皇祖爲度王. 配朴氏爲敬妃. 皇考爲桓王. 配
崔氏爲懿妃. 修禮樂而愼祀事. 定章服而辨等威. 興學以育才. 重祿以勸
士. 辨析詞訟. 愼簡守令. 弊政悉革. 庶績惟熙. 海寇來服. 四境按堵. 我
太祖巍蕩盛德. 眞所謂天錫勇智. 聰明神武雄偉之主也. 奸臣鄭道傳以
表辭獲譴帝庭. 陰謀拒命. 戊寅秋八月. 乘我太祖不豫之隙. 欲挾幼孽以
肆己志. 我殿下炳機殲陰. 以嫡以長. 請建上王爲世子. 九月丁丑. 太祖
以疾未瘳. 禪于上王. 上王未有繼嗣. 且謂開國定社. 咸我殿下之績. 乃
冊爲世子. 庚辰秋七月己巳. 獻太祖以啓運神武大上王之號. 冬十有一
月癸酉. 上王亦以疾禪位于我殿下. 遣使請命. 永樂元年夏四月. 帝遣都
指揮使高得等奉詔印來. 封我殿下爲國王. 繼遣翰林待詔王延齡等來.
賜殿下袞冕九章. 秩視親王. 我殿下奉養兩宮. 誠敬備至. 永樂戊子五月
二十四日壬申. 太祖晏駕. 春秋七十四歲. 在王位七年. 老不聽政十有一
年. 弓釰忽遺. 嗚呼痛哉. 我殿下哀慕罔極. 諒闇盡禮. 奉冊寶上太祖至

仁啓運聖文神武大王之號. 以是年九月初九日甲寅. 葬于城東楊州治之
儉巖之山. 陵曰健元. 及訃聞. 皇帝震悼罷朝. 卽遣禮部郎中林觀等. 賜
祭以太牢. 其文略曰. 惟王明達好善. 出於天性. 敬順天道. 效義撫忠. 恭
謹事大. 保恤一方之民. 我皇考深嘉忠誠. 賜復國號曰朝鮮. 王功德之
著. 雖古朝鮮之賢王. 無以過也. 又賜誥命. 諡曰康獻. 又勅殿下賜賻特
厚. 寵異之典. 備極無憾. 蓋我太祖畏天之誠. 殿下繼志之孝. 前後相承.
克享天心. 故於終始之際. 大獲天人上下之助如此其至. 嗚呼盛哉云云.
臣觀歷代受命之君. 德業之盛. 符命之神. 輝映簡冊. 流光罔極. 今我朝
鮮之誕興也. 盛德貞符. 于古有光. 是宜旣得其位. 又得其壽. 峙洪基而
流景祚. 與天地而久長矣. 臣近濫承勒碑之命. 敢不竭精鋪張盛德. 以垂
耿光. 然臣筆力鄙拙. 不足以發揚盛美. 稱塞明旨. 謹撰勳德之在人耳目
者. 敢拜手稽首而獻銘. 其詞曰.

天生斯民. 立以司牧. 迺長迺治. 迺眷有德. 非天諄諄. 有命赫赫. 禹錫玄
圭. 周夢協卜. 惟我朝鮮. 肇基王迹. 夢有神人. 授以金尺. 符籙前定. 天
心昭晳. 麗運旣終. 君昏相酷. 農月興師. 大邦構隙. 我旆義旋. 罪人斯
得. 忠誠上聞. 帝心載懌. 曆數有歸. 輿情斯迫. 大業旣成. 市肆不易. 高
皇曰咨. 惟爾有國. 民無兵禍. 樂天之樂. 繼賜國號. 朝鮮是復. 相地定
都. 于漢之北. 虎踞龍蟠. 王氣攸積. 宮室崇崇. 宗廟翼翼. 仁深好生. 治
蔚思輯. 百度具修. 萬化斯洽. 迺倦于勤. 傳付聖嫡. 迺讓于功. 惟世惟
及. 明明我后. 有幾必燭. 禍亂再平. 其慶克篤. 開國定社. 咸我之績. 大
命難辭. 神器有托. 祗奉兩宮. 虔恭愈恪. 孝弟通神. 帝眷尤渥. 遭喪悍
悍. 哀慕踊擗. 帝聞震悼. 遣史弔哭. 太牢有祀. 厚賻有勅. 美諡褒嘉. 恤
典備飭. 自天佑之. 終始不忒. 景祚綿綿. 子孫千億. 宗祀悠長. 與天罔
極.

석각본

　하늘이 덕 있는 이를 돌봐 다스리는 운수를 열어 줄 때에는 반드시 먼저 특이한 징조를 나타내어 그의 부명을 보이는 것이니, 하나라에서는 현규를 준 일이 있었고, 주 나라에는 점과 맞는 꿈이 있었다. 한 나라를 거쳐 그 이후로 어느 왕조에서나 다 이러한 징조가 있었으니, 이는 모두가 하늘이 주는 것이요 사람의 모책에서 이루어지는 것이 아니다. 우리 태조대왕께서 잠저에 계실 때 공덕이 이미 높았으며 부명 또한 현저하였다. 꿈에 신인이 금척을 가지고 하늘로부터 내려와 주면서 이르기를, "그대는 마땅히 이것을 가지고 나라를 바로잡으라."고 한 일이 있었으니, 하 나라의 현규와 주 나라의 꿈으로 더불어 같은 부명이라 하겠다. 또 이인이 문 앞에 와 글을 올리면서 이르기를, "지리산 바위 틈에서 얻은 것인데 '목자가 삼한을 고쳐 바로잡는다.'는 말이 있습니다." 하기에, 사람을 시켜 나아가 맞으려 하니 이미 가버리고 없어진 그런 일이 있었다.

　그리고 서운관에 예전부터 비장하여 오는 비기의 구변진단도에 '나무를 세워 아들을 얻는다.'는 말이 있었다. 조선을 진단이라고 하는 말은 수천 년 전부터 떠돌았는데 이제야 징험되니, 하늘이 덕 있는 이를 돌본다는 것은 진실로 징험이 있는 것이다.

　삼가 선원을 상고하여 보니, 이씨는 전주의 망족으로, 사공인 휘 한이 신라에 벼슬하고 신라 종성의 딸에게 장가들었으며, 6대손 긍휴에 이르러 처음으로 고려에 벼슬하였고, 13대 황고조 목왕에 이르러 원나라 조정에 들어가 벼슬하여 천부장이 되었다. 4대에 걸쳐 습작하여 모두 다 좋은 성과를 거두었는데, 원 나라 정치가 쇠퇴해지자 황고 환왕은 돌아와 고려 공민왕을 섬기었다. 지정 신축년에 홍건적이 내침하여 왕경을 함락하므로, 공민왕이 남쪽으로 파천하여 군사를 보내어 극복할 제 우리 태조께서 맨 먼저 승첩의 보고를 올렸다.

이듬해 임인년에는 오랑캐 납합출을 격퇴하였고, 또 이듬해 계묘년에는 위왕 탑첩목을 물리쳐 쫓으므로 공민왕의 신임이 더욱 두터웠고, 여러 번 벼슬이 승진되어 장상으로 안팎을 드나들게 되었다.

경사를 보기 즐거하여 노력을 게을리 아니하며, 세상을 구제할 도량과 살리기 좋아하는 심덕은 지성에서 나온 것이었다. 공민왕이 죽고 딴 성이 왕위를 빼앗으니, 권력 있는 간신들이 국정을 제멋대로 휘둘러 조정을 어지럽히고, 해구가 깊이 침입하여 군현을 불지르고 약탈하였는데, 홍무 경신년에 우리 태조가 운봉에서 싸워 이기므로 동남쪽이 편안하게 되었다.

무진년에 시중 최영이 권간을 죽일 때에 지나치게 참혹하였는데, 우리 태조에게 의지하여 생명을 보전한 자가 적지 않았다. 최영은 태조를 시중으로 삼고 곧 우군도통사의 절월을 주어서 억지로 요동을 치게 하였다. 군사가 위화도에 머물러 있을 때 앞장서 모두 장수를 거느리고 바른 의리를 지켜 깃발을 되돌렸는데, 군사들이 언덕에 오르자 큰물이 섬을 삼켜버리므로 사람들은 모두 신기하게 여기었다. 최영을 잡아 조정에서 물러나게 하고 그 대신 이름 높은 유학자 이색을 좌시중으로 삼았다. 바로 이때 권간들은 국정을 어지럽히고 패려한 자들은 모함을 일삼아 위망의 형세가 급급하여 닥쳐올 화란을 예측할 수 없었다. 실로 우리 태조의 전이한 공로가 아니었다면 이 나라는 위태한 지경에 빠지고 말았을 것이다. 이색이 말하기를, "이제 공이 거의하여 중국을 높였으니 집정대신이 친히 조회히지 않아서는 안 됩니다." 하고, 날을 가려 경사에 가게 하였다. 태조는 여러 아들 중에서 지금의 우리 주상 전하를 택해서 이색과 함께 조현하게 하니, 고황제가 칭찬하여 돌려보냈다.

기사년 가을에 황제가 우리나라에서 딴 성인 사람을 임금으로 삼은 것을 문책하여 오므로, 태조는 여러 장상과 더불어 왕씨의 종친인 정창군 요를 세우고 정성을 다하여 정사를 보필하였다. 사전의 제도를 혁파하고 쓸데없는 관원을 도태하므로 민중의 마음은 서로 즐거워하였다. 그러나 공로가 높아지므로 시기하는 자가 생겨서 참소와 간악한 모함이 번갈아 일어나니 정창이 자못 이에 현혹되었다.

태조는 벼슬이 성만하므로 노퇴를 청하였으나 그 사양의 뜻을 이루지 못하였다. 그때 마침 서행으로 인하여 병을 얻어 돌아오니 모함하는 자들의 음모가 더욱 급격하게 되었다. 우리 전하께서 기회를 놓치지 않고 변고를 막아버림으로 온갖 모의가 와해되고 말았다.

홍무 임신년 가을 7월 16일에, 전하가 대신 배극렴·조준 등 52명으로 더불어 창의하여 태조를 추대하니, 신료와 부로들도 모의한 일 없이 모두 뜻을 같이하게 되었다. 태조는 정변을 듣고 놀라 일어나 두세 번 굳이 사양하다가 어찌할 수 없이 왕위에 올랐다. 가만히 앉은 채 한 국가가 저절로 이루어졌으니, 하늘이 덕 있는 이를 계도하는 도움이 아니고서야 누가 능히 이와 같을 수 있겠는가. 즉시 지중추원사 조반을 보내어 알리니, 황제가 조서를 내려 이르기를, "삼한의 백성이 이미 이씨를 높였으며, 백성은 병화가 없이 사람마다 제각기 하늘이 주는 즐거움을 즐기고 있으니, 바로 상제의 명이라 하겠다." 하고, 이어 또 칙명에 이르기를, "나라 이름은 무엇이라고 고치려 하는가?" 하므로, 즉시 예문관 학사 한상질을 보내어 주청하니, 황제가 또 조서를 내려 이르기를, "'조선'이라는 명칭이 아름다우니, 그 이름에 근본하여 이름을 짓는 것이 좋겠다. 하늘을 본받아 백성을 길러서 길이 후세의 자손에게 이르도록 창성하게 하라."하였다. 우리 태조의 위성과 의열이 위에 들려 황제의 마음에 남아 있었기 때문에 청명하자 곧 윤허를 얻게 된 것이다. 이 어찌 우연한 일이겠는가. 3년이 지난 갑술년 여름에 우리나라를 황제에게 구무한 자가 있어서, 임금의 친아들을 입조시키라는 황제의 명령이 있었는데, 태조께서는 지금의 우리 전하가 경서에 능통하고 사리에 밝아 여러 아들 중에 제일 현명하다 하여 즉시 보내어 명령에 응하였다. 이미 경사에 도착하여 진술하는 의견이 황제의 뜻에 맞으므로 황제는 예로써 우대하여 돌려보냈다. 그해 겨울 11월에 한양에 도읍을 정하여 궁궐과 종묘를 세우고, 일찍이 4대를 추존하여 황고조를 목왕, 배위 이씨를 효비라 하고, 황증조를 익왕, 배위 최씨를 정비라 하고, 황조를 도왕, 배위 박씨를 경비라 하고, 황고를 환왕, 배위 최씨를 의비라 하였다.

예악을 닦아 제사를 빛내고, 복장을 정하여 등위를 분변하고, 학교를 일으켜 인재를 육성하고, 녹봉을 후하게 하여 선비를 권장하였다. 송사를 밝게 분변하여 바르게 판단하고 수령을 뽑는 데 신중하였으며, 나쁜 정치를 모두 고치므로 여러 가지 공적이 함께 빛났으며, 해구가 와서 복종하므로 온 나라가 편안하게 되었다. 우리 태조의 높고 큰 성덕은 정말 하늘이 주신 용기와 지혜로서 총명하고 신무하며 영웅스럽고 위대한 임금이라 말할 수 있다.

간신 정도전이 표전 때문에 황제의 조정으로부터 견책을 받게 되자, 황제의 명령을 거역하려고 음모하였다. 무인년 가을 8월에 우리 태조가 병중인 틈을 타서 어린 서얼를 끼고 제 뜻을 펴려고 하자, 우리 전하께서 그 기미를 살펴 모조리 제거하고 적장자인 지금의 상왕을 세워 세자로 삼을 것을 청하였다. 9월 정축일에 태조의 병이 낫지 아니하므로 지금의 상왕에게 선위하였는데, 상왕은 후사가 없고 또한 나라를 열고 사직을 안정한 것은 모두가 우리 전하의 공로라 하여 전하를 세자로 책봉하였다.

경진년 가을 7월 기사일에 태조에게 계운신무 태상왕의 존호를 올리고, 겨울 11월 계유일에 상왕 또한 병으로 우리 전하에게 선위하였다. 명 나라에 사신을 보내어 명을 청하니, 영락 원년 여름 4월에 황제가 도지휘사 고득 등에게 조인을 받들려 보내와서 우리 전하를 국왕으로 책봉하고, 이어 한림대조 왕연령 등을 보내어 전하에게 구장의 곤면을 하사하니, 그 품수가 친왕에 비등하였다. 우리 전하께서 두 임금을 봉양함에 정성과 공경을 다하였다.

영락 무자년 5월 24일 임신일에 태조가 승하하시니 춘추는 74이었다. 재위 7년이요, 태상왕으로 물러나 있은 것이 11년인데, 활과 칼을 갑자기 버리시니 참으로 슬프도다. 우리 전하께서는 슬피 사모함이 망극하며 거상의 예절을 극진히 하였다. 옥책과 금보를 받들어 태조에게 지인계운 성문신무대왕의 존호를 올리고, 이해 9월 초9일 갑인일에 도성 동쪽 양주 검암산에 안장하고 건원릉이라 하였다. 황제는 부고를 듣자 매우 슬퍼하며 조회를 파하고 곧 예부 낭중 임관 등을 보내어 태뢰로써 사제하니, 그 제문의 대략에, "오직 왕은 밝고 통달하며 선을 좋아하는 것이 천성에서 나왔으며, 천도를 공경하여 따르고 충의를 다하며, 근신한 마음으로 대국을 섬기고 한 나라의 백성을 잘 보휼하므로, 우리 황고께서 그 충성을 가상히 여기어 나라 이름을 다시 '조선'이라고 내렸다. 이처럼 드러난 왕의 공덕은 비록 옛날 조선의 어떤 임금이라도 이보다 더 나을 수 없다." 하고, 또 고명을 내려 시호를 강헌이라 하였다. 또 전하에게 조칙을 내려 부의 내리기를 특별히 후하게 하였으니, 남달리 총애하는 은전이 유감 없이 갖추어졌다. 대체로 우리 태조의 하늘을 두려워하는 정성과 전하의 그 뜻을 계승하는 효성이 전후에 서로 이어져서 하늘의 마음을 잘 누리므로, 국말 국초를 즈음하여 크게 위로는 하늘과 아래로는 사람의 도움이 이처럼 지극함을 얻게 된 것이다.

아, 성대하도다. 운운 역대의 천명을 받아 창업한 임금을 보니, 덕업의 성대함과 부명의 신기함이 간책에 빛나 무한한 덕을 후세에 전하였다. 이제 우리 조선이 일어남에 성대한 덕과 큰 부명이 예보다 더욱 빛나니, 참으로 그 왕위를 얻고 또 그 장수를 얻은 것이다. 넓은 터전을 높여 큰 복록을 흘려보내니 천지와 더불어 장구하리라.

근이 외람되게 비명을 지으라는 명령을 받았으니, 감히 정성을 다하여 성대한 덕을 기술하여 밝은 빛을 후세에 드리우게 하지 않을 수 있으랴. 그러나 필력이 비졸하여 성대한 아름다움을 드러내고 밝은 뜻을 만족하게 칭송하기에 부족하므로, 삼가 사람의 이목에 남아 있는 훈덕만을 찬하고, 감히 머리 조아려 절하며 다음과 같이 명을 드린다.

하늘이 이 백성을 낳으시고 임금을 세워 백성을 기르고 다스리게 할 제 이에 덕 있는 이를 돌보았도다. 하늘이 순순히 말해주는 것은 아니지만 명령은 분명하게 나타나 있으니, 우 임금에게는 현규를 주었고, 주 무왕의 꿈은 점과 맞았도다. 우리 조선이 왕업을 창건할 적에 꿈에 신인이 나타나 금척을 주었도다. 부록이 미리 정하니 하늘의 뜻도 분명하도다.

고려의 운수가 이미 종말이라 임금이 혼암하고 재상이 혹독하여, 농사철에 군사를 일으켜 대국에 싸움을 걸었도다. 바른 의리로 깃발을 되돌려 죄인을 잡으니, 그 충성 위에 들려 황제가 기뻐하였도다.

천운이 돌아가고 민정이 절박하여 위대한 왕업을 이미 이루었으나, 저자의 상인들도 동요되지 않았도다. 고황제가 찬탄하여 이르기를, "그대가 나라를 이룩하였으되 백성들은 병화가 없이 하늘이 주는 기쁨을 즐기네." 하고, 이어 조선이라는 옛 국호를 다시 내렸도다.

지리를 살펴 도읍을 정하니 한양의 북쪽이라, 범이 웅크리고 용이 도사린 듯 왕기가 쌓였도다. 궁궐은 높고 높으며 종묘는 우뚝한데, 어진 마음 매우 깊어 살리기를 좋아하며, 정치는 빛나고 생각은 화순하였다. 온갖 제도는 갖추어 닦아지고 만화가 이에 흡족하도디. 근징하시기에 지쳐서 맏아들에게 전하시고 맏아들은 이어 공로가 있는 이에게 사양하여 오직 부자·형제간에 계승하였도다. 밝고 밝은 우리 임금 조그마한 기미도 반드시 살피는 분이다. 두 번이나 화란을 평정하니 그 경사 더욱 독실하도다. 나라를 열고 사직을 안정한 것은 다 우리 전하의 공덕이니, 천명은 사양하기 어렵고 신기는 제대로 의탁되었도다. 두 임금을 받들어 모심에 공손하고 더욱 정성스러웠도다. 이와 같은 효제 신명에 통하여 상제의 돌보심이 더욱 두터웠도다. 상

사를 당하자 근심에 잠겨 슬피 사모하며 몸부림쳐 울부짖었는데 황제께서
부음을 듣고 매우 애도하며 사신을 보내어 조문하였도다. 또 태뢰를 써 제
사하며 부의를 후하게 하라는 칙명을 내리는가 하면, 아름다운 시호까지 내
려 칭찬하니, 조상하는 예법이 완전히 갖춰졌도다. 하늘의 도움이 시종일관
변함없어 큰 복록이 길이 이어지고 자손은 천억으로 번창하며, 종사가 유구
하여 하늘과 더불어 다함이 없으리라.